FERDINAND NIELSEN

Grundfragen einer Reform des deutschen Gebrauchsmusterrechts

Schriften zum Wirtschaftsrecht

Band 42

Grundfragen einer Reform des deutschen Gebrauchsmusterrechts

Von

Dr. Ferdinand Nielsen

DUNCKER & HUMBLOT / BERLIN

Gedruckt 1982 bei Berliner Buchdruckerei Union GmbH., 1000 Berlin 61
Printed in Germany
ISBN 3 428 05215 3

Meinem Vater

Meiner Mutter zum Gedächtnis

Vorwort

Die vorliegende Untersuchung zum Gebrauchsmusterrecht wurde von der Juristischen Fakultät der Münchener Ludwig-Maximilians-Universität im Wintersemester 1981/82 als Dissertation angenommen; sie ist am Lehrstuhl für Privatrecht und Patentrecht an der Technischen Universität München entstanden.

Es ist mir ein Bedürfnis, an dieser Stelle meinem — auch über das Juristische hinaus — hochverehrten Lehrer, Herrn Prof. Dr. Rudolf Kraßer, dem Inhaber dieses Lehrstuhls, zu danken. Prof. Kraßer hat die Anregung zu der Arbeit gegeben und mich bei ihrer Anfertigung durch wertvolle kritische Hinweise unterstützt.

Herrn Prof. Dr. Wolfgang Fikentscher bin ich für die Übernahme des Erstberichts verbunden.

Mein Dank gilt ferner Herrn Senator E. h. Ministerialrat a. D. Prof. Dr. J. Broermann für die Einbeziehung meiner Arbeit in sein Verlagsprogramm und schließlich der Technischen Universität München für die Gewährung einer großzügigen Druckbeihilfe.

München, im August 1982

Ferdinand Nielsen

Inhaltsverzeichnis

Zweites Kapitel:

Das Anmeldeverfahren (§ 2 GbmG)

Drittes Kapitel:

Das Eintragungsverfahren (§ 3 GbmG)

Viertes Kapitel:

Inhalt und Umfang des Schutzes (§ 5 GbmG)

Fünftes Kapitel:

Das Löschungsverfahren

Abkürzungsverzeichnis

a. A.	anderer Ansicht
aaO	am angegebenen Ort
Abs.	Absatz
Abschn.	Abschnitt
a. E.	am Ende
a. F.	alte Fassung
amtl.	amtlich
Anm.	Anmerkung
ArbnErfG	Arbeitnehmererfindungsgesetz
Art.	Artikel
BayVBl.	Bayerische Verwaltungsblätter
BB	Der Betriebs-Berater
BGB	Bürgerliches Gesetzbuch
BGBl.	Bundesgesetzblatt
BGH	Bundesgerichtshof
BGHZ	Entscheidungen des Bundesgerichtshofs in Zivilsachen (amtliche Sammlung)
Bl.	Blatt für Patent-, Muster- und Zeichenwesen
BPatG	Bundespatentgericht
BPatGE	Entscheidungen des Bundespatentgerichts (amtliche Sammlung)
bzw.	beziehungsweise
ders.	derselbe
dgl.	dergleichen
Einl.	Einleitung
DÖV	Die Öffentliche Verwaltung
DPA	Deutsches Patentamt
DVBl.	Deutsches Verwaltungsblatt
EPÜ	Europäisches Patentübereinkommen
ff.	folgende
FN	Fußnote
Gbm	Gebrauchsmuster
GbmG	Gebrauchsmustergesetz
gem.	gemäß
GeschmMG	Geschmacksmustergesetz
GG	Grundgesetz
GPatG	Gemeinschaftspatentgesetz

GPÜ	Gemeinschaftspatentübereinkommen
GrSen	Großer Senat
GRUR	Gewerblicher Rechtsschutz und Urheberrecht
GRUR Int.	Gewerblicher Rechtsschutz und Urheberrecht, Internationaler Teil (seit 1967, früher GRUR Ausl.)
GWB	Gesetz gegen Wettbewerbsbeschränkungen
h. L.	herrschende Lehre
h. M.	herrschende Meinung
idR	in der Regel
idS	in diesem Sinne
insb.	insbesondere
IntPatÜG	Gesetz über internationale Patentübereinkommen
iSd	im Sinne des
iSv	im Sinne von
HS	Halbsatz
JW	Juristische Wochenschrift
JZ	Juristen-Zeitung
Kap.	Kapitel
LG	Landgericht
lit.	litera (Buchstabe)
LS	Leitsatz
l. Sp.	linke Spalte
Mitt.	Mitteilungen der deutschen Patentanwälte
MuW	Markenschutz und Wettbewerb
m. (w.) N.	mit (weiteren) Nachweisen
n. F.	neue Fassung
NJW	Neue Juristische Wochenschrift
Nr.	Nummer
OLG	Oberlandesgericht
PA	Patentamt
PatG	Patentgesetz
PatGebG	Gesetz über die Gebühren des Patentamts und des Patentgerichts vom 2. 1. 1968
PCT	Patent Cooperation Treaty (Patentzusammenarbeitsvertrag)
PräsPA	Präsident des Patentamts
PVÜ	Pariser Verbandsübereinkunft
RG	Reichsgericht
RGBl.	Reichsgesetzblatt
RGSt	Reichsgerichtsentscheidungen in Strafsachen (amtliche Sammlung)
RGZ	Reichsgerichtsentscheidungen in Zivilsachen (amtliche Sammlung)
RN	Randnummer
ROHG	Reichsoberhandelsgericht

RPA	Reichspatentamt
r. Sp.	rechte Spalte
S.	Satz, Seite
s.	siehe
StGB	Strafgesetzbuch
StraÜ	Übereinkommen zur Vereinheitlichung gewisser Begriffe des materiellen Rechts der Erfinderpatente vom 27. 11. 1963 (Straßburger Patentübereinkommen)
st. Rspr.	ständige Rechtsprechung
ÜG	Überleitungsgesetz
UrhG	Urheberrechtsgesetz
u. U.	unter Umständen
UWG	Gesetz gegen den unlauteren Wettbewerb
vgl.	vergleiche
WRP	Wettbewerb in Recht und Praxis
WuW	Wirtschaft und Wettbewerb
WZG	Warenzeichengesetz
z. B.	zum Beispiel
ZHR	Zeitschrift für das gesamte Handelsrecht und Wirtschaftsrecht
ZPO	Zivilprozeßordnung
ZRP	Zeitschrift für Rechtspolitik
zust.	zustimmend

Einführung

I. Rechtfertigung des Reformvorschlags

Zu einer Zeit, da eine steigende Gesetzesflut beklagt und nach Möglichkeiten ihrer Eindämmung gesucht wird[1], bedarf der Vorschlag der Reform eines ganzen Gesetzes besonderer Rechtfertigung. In dem Bewußtsein, mit der Schaffung neuer und der Änderung bestehender Rechtsnormen behutsam sein zu müssen, nicht ohne Zwang einer Novellierung das Wort reden zu dürfen und nicht verlangen zu können, daß sich mit einem „Blick ins Gesetzbuch alle Fälle gleichsam von selbst lösen"[2], gilt es zunächst zu klären, was die gegenwärtige Fassung zu leisten vermag; stellt sich dabei aber heraus, daß das Gesetz auf eine Fülle von Zweifelsfragen die Antwort schuldig bleibt, Ungereimtheiten aufweist, lückenhaft ist, und daß die Einfügung neuer Gedanken Vorteile[3] bietet, erscheint eine umfassende Neuregelung angezeigt.

Aus dem Text des Gebrauchsmustergesetzes ist seine Deutung, die es durch die jahrzehntelange Rechtsprechung und Praxis erfahren hat, nicht mehr zu ersehen[4]; der Rechtszustand wird in vielerlei Hinsicht als unbefriedigend oder zumindest als verbesserungsfähig empfunden[5]. Die Materie überschaubarer zu machen, dem Gebot der Rechtssicherheit zu folgen, Gesetzesklarheit zu schaffen und damit die Rechtsfindung zu erleichtern, muß das Bestreben sein; daraus erklärt sich die Forderung nach einer Reform des Gebrauchsmusterrechts[6].

---

1 Vgl. etwa Maassen NJW 79, 1473; Zuck NJW 79, 1681; Starck ZRP 79, 209; Sendler ZRP 79, 227; Vogel JZ 79, 321; Lange DVBl. 79, 533; Hillermeier BayVBl. 78, 321; Berner BayVBl. 78, 617; Weiß DÖV 78, 601; (sämtliche m. w. N.).

2 Vogel JZ 79, 323 r. Sp.; vgl. ferner Loewenheim GRUR 77, 683, 685 r. Sp., der darauf hinweist, daß im Gebrauchsmusterrecht der präzisen rechtlichen Definition durch die Vielgestaltigkeit der technischen und wirtschaftlichen Vorgänge insoweit Grenzen gesetzt sind, als jene auch an zukünftige Entwicklungen anpassungsfähig sein soll.

3 Wank DB 79, 1877 r. Sp., 1878 l. Sp.: „Ein wichtiger Grund für abweichendes Gesetzesrecht liegt darin, daß Gerichte aus dem geltenden Recht heraus argumentieren müssen, während der Gesetzgeber in seiner Regelung freier ist und auch dem bisherigen Recht unbekannte Gedanken einführen kann."

4 Vgl. Trüstedt GRUR 60, 414 l. Sp.; durch die Neufassung des Gesetzes vom 2. 1. 68 und die darauffolgenden geringfügigen Änderungen hat sich an der Berechtigung dieser Aussage nichts geändert.

5 Vgl. hierzu die Nachweise bei der Behandlung der einzelnen Problemkreise.

II. Geschichtliche Entwicklung des Gebrauchsmusterrechts

Bevor man darangeht zu verändern, muß man sich um das Verständnis für das Bestehende bemühen; die Geschichte trägt dazu bei; es ist daher ein Blick auf die historische Entwicklung insoweit zu werfen, als dadurch das geltende Recht begreiflicher[7] wird.

Das Gebrauchsmuster wurde am 1. 6. 1891 in Deutschland gesetzlich eingeführt[8]. Für den Schutz von Neuerungen auf gewerblichem Gebiet standen bereits vorher das Gesetz betreffend das Urheberrecht an Mustern und Modellen vom 11. 1. 1876 und das Patentgesetz vom 25. 5. 1877 zur Verfügung[9]; wie sich jedoch bald zeigte, reichten die vorhandenen Gesetze nicht aus, um einen lückenlosen Schutz zu gewährleisten.

Das Reichsoberhandelsgericht hatte in seiner Entscheidung vom 3. 9. 1878[10] nämlich festgestellt, daß das Gesetz betreffend das Urheberrecht an Mustern und Modellen von 1876 nur solche Muster erfasse, die sich an den Schönheitssinn wendeten und durch ihre neue Gestaltung ästhetische Wirkung erreichten: die sogenannten Geschmacksmuster; Neubildungen hingegen, die einen praktischen Zweck verfolgten, die Erhöhung der Verwendbarkeit, wurde der Schutz nach diesem Gesetz versagt[11]; das ROHG hielt es auch nicht für erforderlich, die sogenannten Nützlichkeits- oder Gebrauchsmuster dem Gesetz von 1876 zu unterstellen, da ihnen das Patentgesetz zur Seite stehe.

---

[6] GRUR-Unterausschuß GRUR 79, 29 ff.; für Gesetzesrevision auch Müller GRUR 79, 453 ff.; Conradt GRUR 63, 405 ff., 407 r. Sp. Vgl. ferner Wolf GRUR 80, 265 ff.; Kulhavy Mitt. 80, 206 ff. — a. A. Bossung GRUR 79, 668 (FN 31), der die Stunde für eine Gebrauchsmusterreform für noch nicht gekommen hält; gegen eine Reform zum jetzigen Zeitpunkt ferner Schlitzberger — in Mitt. 68, 101 ff., 111 r. Sp. hielt er sie im Rahmen der großen Patentrechtsreform für notwendig —, Dihm/Starck/Bühring GRUR 79, 193 ff., die aber eine weitere gründliche Diskussion befürworten, die auf einer möglichst breiten Grundlage stattfinden und bezüglich der einzelnen Fragenkreise umfassend sein soll.

[7] Auf diesen Aspekt weisen auch Busse GRUR 52, 123 r. Sp. und Weber, S. 8 hin.

[8] RGBl. 1891 Nr. 18, S. 290—293; Inkrafttreten gem. § 15 GbmG 1891 am 1. 10. 1891.

[9] Die schon vor dem Gebrauchsmustergesetz erlassenen, ebenfalls gegen unbefugte Nachbildung schützenden Gesetze — Gesetz betreffend das Urheberrecht an Werken der bildenden Künste vom 9. 1. 1876 und Gesetz betreffend den Schutz der Photographien gegen unbefugte Nachbildung vom 10. 1. 1876 — spielen in diesem Zusammenhang keine Rolle.

[10] ROHG Bd. 24, 109.

[11] Vor der Entscheidung des ROHG aaO war die Frage umstritten, ob das Gesetz von 1876 nicht auch die Gebrauchsmuster schütze (so z. B. die Vorinstanz); der Text dieses Gesetzes schloß die Möglichkeit nicht klar aus, weil nach seinem § 1 als Muster oder Modelle iSd Gesetzes „neue und eigentümliche Erzeugnisse" angesehen werden; vgl. dazu Isay GbmG Einl., RN 1 (S. 553), Lutter, S. 486, 487 und Landgraf § 1, Anm. 1.

Die durch das Patentgesetz gebotene Möglichkeit war indes für die einfachen, unbedeutenden Neuerungen dann nicht geeignet, wenn sie nur einen geringen finanziellen Erfolg versprachen und sich die hohen Patentgebühren für sie nicht lohnten oder wenn, wie bei Saisonartikeln[12], das patentamtliche Prüfungsverfahren zu langwierig war[13]. Häufig, und darin liegt das Entscheidende, war dieser Weg nicht nur unpassend, sondern verschlossen: die Neuerung mochte zwar technisch verwertbar sein, war aber nicht patentfähig, weil sie den an eine Erfindung iSd Patentgesetzes gestellten Anforderungen nicht entsprach[14].

Die betroffenen Industriekreise wollten weder auf den Reklamezweck („gesetzlich geschützt") verzichten[15] noch sich damit abfinden, daß ihre kleinen praktischen Verbesserungen der Nachahmung durch die Konkurrenz preisgegeben waren[16]. Sie versuchten daher, ihre Ideen in einer der beiden anderen Kategorien gewerblicher Erzeugnisse, für die Schutz bestand, unterzubringen[17].

Dieses Verhalten führte zu einer Fülle rechtsungültiger Eintragungen in die Geschmacksmusterregister[18], da die hierfür zuständigen Amtsgerichte eine Vorprüfung hinsichtlich der materiellen Berechtigung des Schutzes nicht vorzunehmen hatten. Wurde dagegen ein Patent begehrt, so sah sich das Patentamt — ohnehin überlastet[19], wozu die bedeutende Anzahl der von vornherein aussichtslosen Anmeldungen nicht unerheblich beitrug — häufig in dem Dilemma, entweder das für eine Erfindung erforderliche Niveau zu senken oder aber die Anmeldung zurückzuweisen, und zwar auch dann, wenn die Neuerung eines Schutzes würdig erschien[20]. Diese unbefriedigende Lage bei den Mustergerichten und beim Patentamt galt es zu beseitigen.

Bei der Patentenquête 1886 wurde schließlich mit nur einer Gegenstimme beschlossen: „Es möge in Erwägung genommen werden, ob und

---

12 Landgraf § 1, Anm. 1, S. 155: insb. in der Kurzwaren-, Schreibmaterialien- und Spielwarenbranche.

13 Busse GRUR 52, 123 r. Sp.; Landgraf aaO (FN 12).

14 Seligsohn, S. 459.

15 Landgraf § 1, Anm. 1, S. 154.

16 Bomborn, S. 158; Busse GRUR 52, 124 l. Sp.; Weber, S. 8.

17 Begründung zum Entwurf des Gesetzes von 1891, vor § 1.

18 Seligsohn, S. 459; Busse GRUR 52, 124 l. Sp.; Landgraf § 1, Anm. 1, S. 157, der Beispiele von rechtsungültigen Eintragungen in das Offenbacher Musterregister aufführt, wie etwa, um nur einige zu nennen: Druck- und Saugpumpen für Petroleum, Verschlüsse für Flaschen, Büchsen und dgl., eiserne Transportfässer, Militärtornister, Jagdstühle, Federhalter mit Tintenregulator, Reisetaschen-Einrichtungen, Sägegestelle, Korkzieher und ähnliches mehr.

19 Begründung zum Entwurf des Gesetzes von 1891, vor § 1; Patentenquête-Kommission 1886, S. 33; Busse GRUR 52, 124 l. Sp.

20 Vgl. Isay, S. 553.

in welcher Weise ein Schutz auf Nützlichkeitsmuster eingeführt werden kann[21]." Die Enquêtekommission, die damit einem in gewerblichen Kreisen weit verbreiteten Wunsch Rechnung trug, versprach sich davon eine Entlastung des Patentamts und eine strengere Praxis bei der Erteilung der Erfinderpatente[22]. Der dem Reichstag am 25. 11. 1890 nebst Begründung vorgelegte Entwurf wurde am 5. 12. 1890 in 1. Lesung beraten und an die schon mit dem Patentgesetz befaßte Kommission überwiesen, die nur geringfügige Änderungen vornahm[23]. Nach zwei weiteren Lesungen am 24. und 30. 4. 1891 und nach Zustimmung des Bundesrates wurde das Gesetz am 1. 6. 1891 verkündet; es trat am 1. 10. 1891 in Kraft.

Grund für die Schaffung des Gebrauchsmustergesetzes war also nicht die Absicht, „Patente zweiter Klasse" zu schaffen[24]; vielmehr sollte die gesetzgeberische Lücke geschlossen werden, die mit der Entscheidung des ROHG vom 3. 9. 1878 offenbar[25] geworden war. Auch zweckdienliche Verbesserungen an „Arbeitsgerätschaften oder Gebrauchsgegenständen" ohne erfinderische Qualität im patentrechtlichen Sinne wurden als schutzbedürftig anerkannt[26]; die Abweichung von bereits Bekanntem hatte freilich eine „selbständige, eigenartige"[27] zu sein. Man handelte aus der Erkenntnis heraus, daß die geistige Arbeit, auch wenn sie sich nur in geringen Formschöpfungen äußert, einen Anspruch auf Schutz gegen Nachbildungen hat[28].

Der an das englische Recht anlehnende („... reference to some purpose of utility"[29]) Begriff „Gebrauchsmuster", der sich in Literatur und

---

[21] Patentenquête-Kommission 1886, S. 33.

[22] Patentenquête-Kommission 1886, S. 33.

[23] Seligsohn, S. 460.

[24] Patentenquête-Kommission 1886, S. 32; der Gedanke, für eine gewisse Kategorie von Patenten eine Beschränkung der Vorprüfung eintreten zu lassen, wurde in der Patentenquête 1886 allgemein verworfen.

[25] Cantor, S. 3: „Lücke machte sich bemerklich"; a. A. Lutter, S. 489: ROHG hat „Lücke gerissen".

[26] Begründung zum Entwurf des Gesetzes von 1891, vor § 1: der Gesetzgeber dachte dabei vorwiegend an „Patentklassen, in welchen die im praktischen Leben wohl als ‚kleine Erfindungen' bezeichneten Erzeugnisse einen beträchtlichen Raum einnehmen": Bekleidungsindustrie, Hand- und Reisegeräte, hauswirtschaftliche Geräte, Hochbauwesen, Kurzwaren, Schankgerätschaften, Schneidewerkzeuge, Schreib- und Zeichenmaterialien — Gebiete also, in denen Anmeldungen verhältnismäßig häufig zurückgewiesen wurden, weil eine Erfindung iSd Patentgesetzes nicht vorlag.

[27] Begründung zum Entwurf des Gesetzes von 1891, zu § 1.

[28] Seligsohn, S. 460.

[29] Landgraf § 1, Anm. 1, S. 156. Der durch die Akte 5 und 6 Vict. c. 100 vom 10. 8. 1842 nur für die „designs for ornamenting articles of manufacture" vorgesehene Schutz wurde durch die Akte 6 und 7 Vict. c. 65 vom 23. 8. 1843 ausgedehnt auf „new or original designs for any article of manufacture having

Praxis eingebürgert hatte[30], wurde im Gesetz von 1891 beibehalten. Auf eine genaue Definition[31] verzichtete man, da man meinte, daß diese — sofern sie überhaupt möglich sei[32] — ebenso wie eine Bestimmung des Begriffs „Erfindung" eher zu Mißverständnissen als zur Verdeutlichung führe[33]. Man begnügte sich vielmehr mit einer — auch heute noch, nach 90 Jahren, zu Streitfragen Anlaß gebenden[34] — Umschreibung und schützte in § 1 Abs. 1 als Gebrauchsmuster „Modelle von Arbeitsgerätschaften oder Gebrauchsgegenständen oder von Teilen derselben, insoweit sie dem Arbeits- oder Gebrauchszweck durch eine neue Gestaltung, Anordnung oder Vorrichtung dienen sollen"; entsprechend hieß es in § 2 Abs. 1: „Modelle, für welche der Schutz als Gebrauchsmuster verlangt wird, ...".

Diese Formulierungen zeigen bereits, wie sehr das Rechtsdenken damals noch dem Körperlich-Gegenständlichen verhaftet war. In jenen Entwicklungsjahren des Immaterialgüterschutzes hatte man sich auf weiten Strecken noch nicht frei gemacht von der Bindung an den Begriff der „körperlichen Sache"[35]. Insbesondere bei der Bestimmung des durch das Gebrauchsmuster Geschützten stellte man — und man befand sich

reference to some purpose of utility, so far as such design shall be for the shape or configuration of such article". — Der Patents, Designs and Trade-Mark Act 1883 verschmolz beide Schutzarten durch eine allgemein gehaltene Definition der designs.

30 Begründung zum Entwurf des Gesetzes von 1891, zu § 1.

31 Vgl. dazu 1. Kap., 1. Abschn.

32 Um die Schwierigkeiten einer erschöpfenden Begriffsbestimmung zu zeigen, verwies man (Begründung zum Entwurf des Gesetzes von 1891, zu § 1) auf den kasuistischen Art. 60 des englischen Gesetzes vom 25. 8. 1883: „In and for the purposes of this Act — ‚Designs' means any design applicable to any article of manufacture, or to substance artificial or natural, or partly artificial and partly natural, whether the design is applicable for the pattern, or for the shape or configuration, or for the ornament thereof, or for any two or more of such purposes, and by whatever means it is applicable whether by printing, painting, embroidering, weaving, sewing, modelling, casting, embossing, engraving, staining, or any other means whatever, manual, mechanical, or chemical, separate or combined, not being a design for a sculpture, or other thing within the protection of the Sculpture Copyright Act of the year 1814".

33 Begründung zum Entwurf des Gesetzes von 1891, zu § 1. — Daß allerdings das Fehlen einer gesetzlichen Begriffsbestimmung auch und vielleicht sogar mit größerer Wahrscheinlichkeit Unklarheiten entstehen läßt, beweisen die Motive selbst, indem sie „Maschinen und Betriebsvorrichtungen", als für den Gebrauchsmusterschutz zu kompliziert, ausdrücklich ausnehmen wollten — eine Ansicht, die von der Rechtsprechung zwar zunächst übernommen, später aber mit ganz überwiegender Zustimmung in der Literatur nicht aufrechterhalten wurde: vgl. Isay GbmG § 1, RN 7 m. w. N., Bühring § 1, RN 56, Benkard GbmG § 1, RN 7, Reimer GbmG § 1, RN 14, PA GRUR 39, 58, BPatGE 1, 162.

34 Vgl. 1. Kap., 4. Abschn.

35 Tetzner Mitt. 76, 61 ff., 64 l. Sp. meint, dies sei „noch immer" der Fall.

im Einklang mit dem Gesetzeswortlaut — in erster Linie auf das Modell ab[36], wenngleich man darin „die im Raum verkörperte Darstellung eines dem Arbeits- oder Gebrauchszweck dienenden Erfindungsgedankens"[37] erkannte. Im Gebrauchsmuster sah man zunächst eine eigene, zwischen dem Geschmacksmuster und dem Patent liegende Kategorie[38], die mit dem Geschmacksmuster den Schutz einer Form gemeinsam habe, während sie mit dem Patent der Schutz des zweckmäßigen, gewerblich Nutzbaren verbinde[39]. Freilich bemerkte man die enge Verwandtschaft zum Erfindungen schützenden, „von konkreten Darstellungsformen jedoch unabhängigen"[40] Patent und lehnte deshalb die neu aufzustellenden Vorschriften an diejenigen des Patentgesetzes an[41].

Die gesetzliche Regelung sollte so einfach wie möglich gestaltet werden[42]. Man wollte „weniger verlangen und darum auch weniger gewähren" als das Patentgesetz[43]. Es sollte zwar, von Verfahren abgesehen, die sich unter den Wortlaut des § 1 Abs. 1 GbmG (Modelle; Arbeitsgerätschaften, Gebrauchsgegenstände; Gestaltung, Anordnung, Vorrichtung) keinesfalls subsumieren ließen, durchaus möglich sein — man erblickte in einem solchen Vorgehen des Anmelders keinen Nachteil —, unter Umständen auch für eine patentfähige Erfindung Gebrauchsmusterschutz zu erlangen[44]; erforderlich war das Vorliegen einer Erfindung iSd Patentgesetzes freilich nicht; technisch verwertbare Neue-

[36] Vgl. etwa LG Bochum vom 14. 4. 94, Bl. 96, 100 r. Sp.: „ ... schützt das Gebrauchsmustergesetz ausschließlich ... Modelle"; RG (Strafsenat) vom 2. 4. 94, Bl. 97, 54, 55 l. Sp. unten, r. Sp. oben: „ ... im Patentrecht die spezielle Verkörperungsform der Erfindung eine geringere Bedeutung hat als im Musterschutzgesetz, das sich schon seiner Benennung gemäß eng an das vorgelegte Muster als den Träger des Erfindungsgedankens anschließt"; RG vom 23. 10. 95, Bl. 96, 10, 12 l. Sp.; RG (Strafsenat) vom 19. 1. 97, Bl. 97, 54 l. Sp. — Teilweise wurde sogar die Ansicht vertreten, das Gebrauchsmustergesetz schütze nur die neue Formgebung, nicht aber die ihr zugrundeliegende Erfindung, vgl. Cantor § 1, Anm. 5 (S. 30); ähnlich Anm. 3 (S. 17).

[37] So RG vom 19. 2. 98, Bl. 98, 105, 107 l. Sp.; vgl. auch RG vom 23. 9. 99 = RGZ 44, 74, 76; ferner Allfeld, S. 373: „Schutzfähig ist also nur, was im Raume dergestalt verkörpert werden kann und was gerade in dieser seiner Raumform einer neuen Idee entspricht."

[38] Vgl. Begründung zum Entwurf des Gesetzes von 1891, vor § 1: „ ... das zwischen den Mustern jener Art (Geschmacksmuster) und den durch das Patentgesetz geschützten Erfindungen liegende Gebiet . . .".

[39] Vgl. Cantor § 1, Anm. 2 (S. 16).

[40] Zu diesem stark betonten Unterschied vgl. etwa RGZ 44, 74, 76 sowie Cantor § 1, Anm. 5 (S. 30).

[41] Vgl. Begründung zum Entwurf des Gesetzes von 1891, vor § 1.

[42] Dieses Bestreben des Gesetzgebers ist in der Begründung zum Entwurf des Gesetzes von 1891 mehrfach ausgesprochen oder klingt zumindest an: vor § 1; zu § 1, § 2, § 6.

[43] Begründung zum Entwurf des Gesetzes von 1891, vor § 1.

[44] Begründung zum Entwurf des Gesetzes von 1891, vor § 1. Vgl. etwa RG Bl. 97, 54 l. Sp.

rungen ohne Erfindungsqualität sollten ausreichend sein, für sie war das Gesetz ja in erster Linie geschaffen.

Die Konzeption des Gesetzes war auf einen einfach, schnell und billig zu erlangenden und für das Publikum gegebenenfalls ohne große Schwierigkeiten wieder zu beseitigenden Schutz gerichtet; sie fand vor allem darin ihren Ausdruck, daß auf die behördliche Vorprüfung über die materielle Zulässigkeit des Schutzes verzichtet wurde, man niedrigere Gebühren festsetzte und die Schutzfrist kürzer als beim Patent bemaß; das dem Patentnichtigkeitsverfahren nachgebildete Gebrauchsmusterlöschungsverfahren gab den Anspruch auf Löschung jedermann ohne Nachweis eines besonderen Rechtsschutzinteresses.

Im Laufe der Zeit erfuhr das Gebrauchsmustergesetz mehrere Änderungen[45], von denen als bedeutendste die Neufassung vom 5. 5. 1936 hervorzuheben ist. Die Anlehnung an das Patentgesetz wurde verstärkt. Durch die Streichung des Wortes „Modell" wollte man klarstellen, daß Schutzgegenstand nicht die Modelle als solche seien, sondern der „Raumgedanke[46] so, wie er in den Arbeitsgerätschaften und Gebrauchsgegenständen selbst verkörpert ist"[47]. Man führte das Erfordernis der Schutzansprüche ein; verlangte in § 2 Abs. 3 GbmG für die Anmeldung vorrangig eine Gebrauchsmusterzeichnung, da die Unterbringung der Modelle Schwierigkeiten bereitete[48]; schließlich übertrug man — die wohl wichtigste Abweichung vom bis dahin geltenden Recht — das Löschungsverfahren von den ordentlichen Gerichten auf das Patentamt: davon versprach man sich, nicht zuletzt durch die technische Sachkunde der Mitglieder des Patentamts, ein billigeres und schnelleres Verfahren und erhoffte sich eine Vereinheitlichung der „schwankenden und nach Ansicht weiter Kreise den Gebrauchsmusterschutz überspannenden Rechtsprechung"[49].

Trotz der zahlreichen Änderungen, die aber die Grundkonzeption von 1891 weitgehend unberührt ließen, blieb das Gebrauchsmustergesetz stets nur Gerüst: wo es, soweit möglich und zweckmäßig[50], klare Auskünfte und feste Regeln geben sollte, schwieg es entweder ganz[51] oder

---

[45] Vgl. im einzelnen Benkard PatG Einl., RN 3 ff. m. N.

[46] Gemeint ist damit der erfinderische Gedanke. Da dieser in einer „Raumform" Verkörperung finden muß, wird er beim Gebrauchsmuster auch als „Raumform-" oder „Raumgedanke" bezeichnet. Vgl. hierzu 1. Kap., 2. Abschn.

[47] Begründung zum Gesetz vom 5. 5. 1936, Bl. 36, 116 r. Sp. (zu § 1). — Die geistige Abkehr von dem körperlichen Gegenstand als dem Bezugsobjekt des gesetzlichen Schutzes wird in diesen Worten offenbar.

[48] Begründung zum Gesetz vom 5. 5. 1936, Bl. 36, 116 r. Sp. (zu § 2).

[49] Vgl. Begründung zum Gesetz vom 5. 5. 1936, Bl. 36, 116 ff., 117 r. Sp. (zu §§ 8—11).

[50] Vgl. Loewenheim GRUR 77, 685 r. Sp.

deutete nur an[52]. Seine heutige Gestalt, selbstverständlich mitgeprägt durch die rapide technische Entwicklung, die auch für das Gebrauchsmuster neue Situationen schuf, hat das Gebrauchsmusterrecht daher in ungewöhnlich weitem Maß durch den Richter erlangt; manches, was aus dem Gesetzeswortlaut nicht zu ersehen ist und vor dem Hintergrund der Entstehungsgeschichte unverständlich erscheinen mag, findet darin seinen Grund.

III. Bedeutung des Gebrauchsmusters

Da wiederholt gefordert[53] oder zumindest in Erwägung gezogen wurde[54], das Gebrauchsmuster abzuschaffen, ist es geboten, sich mit den seine Beseitigung befürwortenden Stimmen auseinanderzusetzen und auf seine heutige Bedeutung einzugehen.

Gegen das Gebrauchsmuster wurde geltend gemacht, daß bei seiner Inanspruchnahme eine Situation der Unsicherheit entstehe, die daraus resultiere, daß eine Prüfung der materiellen Berechtigung des Schutzes nicht stattfinde; die Frage nach der Bestandsfähigkeit und dem Schutzumfang bleibe offen[55]. Das ungeprüfte Recht sei nur ein Scheinschutzrecht[56] und führe zu Mißbräuchen[57], werde gering geschätzt[58] und sei

---

[51] Gesetzlich nicht geregelt sind etwa, um nur einiges zu nennen, die Schutzausschließungsgründe, das Verfahren bei einer unzureichenden Anmeldung, der Zeitpunkt, in dem von einer prioritätsbegründenden Anmeldung auszugehen ist, die Frage der Änderbarkeit von Unterlagen, die Möglichkeit der Aussetzung der Eintragung, die Methode der Bestimmung des Schutzumfangs.

[52] Vage ist das Gesetz z. B. bei den Schutzvoraussetzungen (das Merkmal „Erfindungshöhe“ ist gar nicht erwähnt) oder hinsichtlich der Prüfungsrechte und -pflichten der Gebrauchsmusterstelle beim Eintragungsverfahren.

[53] Linde GRUR 48, 24 ff.; Weidlich GRUR 48, 240 ff.; Stolle GRUR 65, 353, 354 l. Sp.; vgl. auch Weber, S. 9: von „maßgebenden Stellen“ sei Beseitigung angestrebt worden (vor 1936).

[54] GRUR-Unterausschuß GRUR 79, 29 ff., 30: zu Beginn der Arbeiten des GRUR-Unterausschusses für Gebrauchsmusterrecht — Einsetzung des Ausschusses am 6. 7. 66 — war die Frage nach der Erhaltung der Institution des Gebrauchsmusters völlig offen; vgl. zur Diskussion um die Aufhebung ferner Karl GRUR 65, 519 ff., 521 r. Sp. sowie die im Ergebnis für Beibehaltung plädierenden Jungblut GRUR 22, 191 ff., Mediger GRUR 43, 266 ff., 272, 273, Faust GRUR 48, 274 ff., Trüstedt GRUR 54, 244 ff., 250 r. Sp., Bunke GRUR 57, 110 ff., 113.

[55] GRUR-Unterausschuß, S. 30 l. Sp.

[56] Stolle aaO.

[57] Schäfer GRUR 1896, 81 ff., 82; Linde aaO; Mediger aaO (FN 54); GRUR-Unterausschuß aaO. Die fehlende Vorprüfung erleichtert ein mißbräuchliches Verhalten des Anmelders; auch wenn er weiß, daß nicht sämtliche — aber eben nicht geprüfte — materielle Erfordernisse für die Eintragung vorliegen, kann er diese u. U. erwirken und sodann mit dem Gebrauchsmuster werben oder aus ihm vorgehen. — Die Beseitigung der Gebrauchsmustereintragung im Wege des Löschungsverfahrens ist zumindest mit einem gewissen Aufwand verbunden.

im übrigen meist wertlos[59]. Ferner brachte man vor, der gewerbliche Rechtsschutz könne vereinfacht werden, da ein Bedürfnis für zwei Formen des Schutzes, Patent und Gebrauchsmuster, nicht bestehe[60]; andere Länder kämen auch ohne Gebrauchsmuster aus[61]. Schließlich führte man an, daß ein Monopolrecht, dessen geistiger Inhalt für ein Patent nicht ausreiche, nicht schutzwürdig sei, sondern den Verkehr ungerechtfertigt belaste[62]. Unverdient sei insbesondere jede Besserstellung des Gebrauchsmuster- gegenüber dem Patentanmelder[63], da für eine kleine erfinderische Leistung auch nur ein geringerer Schutz gewährt werden dürfe[64]. Außerdem könne der Personalmangel des Patentamts insofern gelindert werden, als mit Auflösung der Gebrauchsmusterabteilungen geschulte Arbeitskräfte für Aufgaben im Patentprüfungsverfahren frei würden[65].

Die gegen das Gebrauchsmuster sprechenden Argumente sind entweder nicht stichhaltig oder müssen hinter den Vorteilen zurücktreten, welche die Schutzform des Gebrauchsmusters nach geltendem Recht bietet.

Die Frage der Schutzwürdigkeit stellte sich bereits bei der Schaffung des Gesetzes vor dem Jahr 1891 und wurde seinerzeit in positivem Sinne beantwortet. Wollte man dem Bereich, dem das Gebrauchsmuster zugänglich ist, den Anspruch auf Schutz absprechen, so würde dies, wie auch damals, zu einem Absinken der Anforderungen an die Erfindungshöhe bei den sodann verstärkt erstrebten Patenten führen, eine Erscheinung, die gerade vermieden werden soll. Die mit dem Gebrauchsmuster gerade bezweckte[66] erleichterte Schutzerlangung ist nicht ungerecht, sondern sinnvoll. Sie vermag nämlich in verschiedener Hinsicht[67] Lücken des Erfindungsschutzsystems zu schließen. Da ihr eine kürzere Schutz-

---

[58] Schäfer aaO. Kritisch zur Bedeutung des Gebrauchsmusters auch Wolf GRUR 80, 265 ff. (265 r. Sp.).

[59] Stolle aaO: „zu 90 % wertlos“.

[60] Weidlich aaO.

[61] Karl aaO.

[62] Weidlich aaO.

[63] Liedl GRUR 57, 118 ff., 119 l. Sp.

[64] Zu diesem Gedanken vgl. neben Liedl aaO auch Fromme GRUR 58, 261 ff., 263 r. Sp., 264 l. Sp., 266 r. Sp., Schramm GRUR 64, 226 r. Sp., Schramm GRUR 75, 337 l. Sp., Moser von Filseck GRUR 74, 509 r. Sp., Benkard PatG § 14, RN 8 m. N., Schulte § 14, RN 9, Trüstedt GRUR 54, 244 ff., 249 r. Sp., Winkler GRUR 58, 205 ff. Preu GRUR 80, 691 ff., 691 l. Sp., 695 r. Sp., 696 l. Sp. sowie 4. Kap., 2. Abschn. III (FN 53); der Schutzumfang soll daher bei kleinen Erfindungen entsprechend geringer sein. Zu der Frage, inwieweit diese Überlegung auf die Neubestimmung des Gebrauchsmusterschutzumfangs Einfluß nehmen soll, vgl. 4. Kap., 2. Abschn. III.

[65] Stolle aaO; Karl aaO.

[66] Vgl. Einführung II, FN 42, 43 und Zeller GRUR 56, 532 l. Sp.

[67] Vgl. die FN 75 ff. sowie den dazugehörigen Text.

frist[68] und die Begrenztheit der durch das Gebrauchsmuster schützbaren Neuerungen gegenüberstehen, wird dem Interesse des Anmelders auch nicht über Gebühr zu Lasten der Allgemeinheit Rechnung getragen. — Der Behauptung, die Beseitigung des Gebrauchsmusters könne das Patentamt entlasten, weil die Gebrauchsmusterabteilungen wegfielen, ist entgegenzuhalten, daß die Patentprüfungsstellen dann um so mehr in Anspruch genommen würden; folgerichtig argumentierte man bei der Einführung des Gebrauchsmusters gerade umgekehrt. — Der Hinweis auf ein Fehlen des Gebrauchsmusterschutzes in anderen Ländern kann ebenfalls nicht überzeugen, da es einerseits in einer Reihe von Ländern Gebrauchsmusterschutz gibt[69], andererseits zum Teil das System des Registrierpatents besteht[70] und somit hinsichtlich der Schutzerlangung eine Gleichstellung mit dem deutschen Gebrauchsmuster erzielt wird. Die Rechtslage unterscheidet sich auch insofern, als die Schutzwirkung der offengelegten Patentanmeldung in manchen Ländern besser ausgestaltet ist[71]; zudem ist es nicht gesagt, daß das Gebrauchsmuster nicht noch anderswo eingeführt wird oder daß eine von anderen Ländern abweichende gesetzliche Regelung nicht Vorteile bietet. — Was den Wert des Gebrauchsmusters anbetrifft, so ist jedenfalls das Bedürfnis nach Gebrauchsmusterschutz unverkennbar, das in der nach wie vor erheblichen Zahl[72] der Gebrauchsmusteranmeldungen und -eintragungen zum Ausdruck kommt. Vor diesem Hintergrund ist die in den letzten Jahren festzustellende leicht rückläufige Tendenz weniger ein Zeichen für ein abnehmendes Interesse an der Institution des Gebrauchsmusters; sie bietet vielmehr Anlaß, die Gestaltung des Gebrauchsmusterrechts, das, wie gezeigt werden wird, eine unverzichtbare Funktion erfüllt, neu zu überdenken. — Die Gefahr des Mißbrauchs durch das Fehlen einer umfassenden Vorprüfung ist nicht allzu hoch einzuschätzen; einmal kann das zu Unrecht eingetragene Gebrauchsmuster durch den als Popularanspruch ausgestalteten Löschungsantrag von jedermann, wenn auch

[68] Hierauf weisen insbesondere Bossung GRUR 79, 661 ff., 663 r. Sp., 668 l. Sp. und Zeller GRUR 56, 532 r. Sp. hin.

[69] Vgl. Bühring § 1, RN 8: Marokko (ehemals spanischer Teil), Polen, Philippinen, Taiwan, Südkorea, Uruguay, Italien (Bl. 40, 196 ff.; 80, 305), Portugal (Bl. 41, 56 ff.), Spanien (Bl. 29, 296, 315; Bl. 39, 88, 115), Japan (Bl. 61, 377), Brasilien (Bl. 50, 306), Frankreich (Bl. 68, 304): Das französische Gebrauchszertifikat ist ein Kurzzeit-Patent, für das eine Recherche über den Stand der Technik nicht erforderlich ist (im Gegensatz zum Normalpatent).

[70] z. B. Belgien (vgl. Bossung GRUR 79, 665. Griechenland (vgl. Minoudis GRUR Int. 80, 585, 590 l. Sp.; im Rahmen der griechischen Patentrechtsreform wird allerdings die Einführung eines beschränkten Prüfungssystems in Erwägung gezogen: der Patentanmeldung soll nach diesem System eine — vorerst, d. h. bis zur Durchführung der Reorganisation der griechischen Patentbehörde — vom Europäischen Patentamt erstellte Recherche zum Stand der Technik folgen, vgl. Minoudis aaO).

[71] Vgl. Bossung GRUR 79, 665: Frankreich, Großbritannien, Schweden, Schweiz.

mit einem gewissen Aufwand, zu Fall gebracht werden; ferner ist der Einwand, das Gebrauchsmuster sei ungültig, im Verletzungsprozeß — vom Sonderfall des § 11 S. 3 GbmG abgesehen — unbeschränkt zulässig[73]; schließlich ist der Gebrauchsmusterinhaber gehalten, bei der Ausübung seines Rechts Vorsicht walten zu lassen, da ihn bereits dann eine Schadensersatzpflicht treffen kann, wenn er eine unberechtigte Verwarnung ausspricht[74]. Die noch verbleibende Mißbrauchsgefahr wird aber durch die Vorzüge, die das Gebrauchsmuster aufweist, mehr als aufgewogen.

Günstig ist zunächst, daß der Gebrauchsmusterschutz, da es einer zeitraubenden Vorprüfung nicht bedarf, einfach und schnell[75], zumindest wesentlich rascher als der Patentschutz, erreicht werden kann. Diese Tatsache gewinnt dadurch an Bedeutung, daß das Interesse der Wirtschaft an einem schnellen Schutz noch gewachsen ist, da die technische Entwicklung heute weniger von der Grundsatzerfindung als vielmehr von der Aufgabe bestimmt wird, kurzlebige wechselnde Bedürfnisse zu befriedigen[76]. Dem Anmelder kommt auch zugute, daß der Gebrauchsmusterschutz billig ist; der mit höheren Gebühren verbundene Patentschutz wäre für manche „kleine Erfindung“ unrentabel[77].

Ferner stellt das Gebrauchsmuster ein Mittel zur Bekämpfung des unlauteren Wettbewerbs dar[78]. Mit der gesetzlichen Anerkennung dieses

---

[72] Vgl. die Übersicht in Bl. 81, 83 ff., 99:

	Vollanmeldung	Hilfsanmeldung	Eingetragen	ohne Eintragung erledigt
1. 10. 48 bis 1973	444 486	682 399	501 960	513 920
1974	14 142	29 637	15 927	25 426
1975	13 801	28 251	14 280	24 754
1976	13 180	27 929	16 596	27 875
1977	12 623	27 962	14 941	28 740
1978	11 655	27 347	13 745	26 738
1979	10 962	25 903	13 654	26 843
1980	10 182	24 065	12 131	26 730

Bemerkenswert ist, daß die Zahl der Hilfsanmeldungen etwa 70 % aller Gebrauchsmusteranmeldungen ausmacht.

[73] Vgl. 5. Kap., 5. Abschn. (FN 111).

[74] Vgl. Bühring § 15, RN 42 ff., 47, 48 m. N. sowie 3. Kap., 1. Abschn. II 1 (FN 25—28).

[75] Bühring § 1, RN 6: „idR nicht mehr als 3 Monate“; Bossung GRUR 79, 664 r. Sp.: „Eintragung innerhalb weniger Monate“. — Müller GRUR 79, 454 l. Sp. verweist jedoch auf Fälle, in denen nach Ablauf der Schutzfrist noch keine Eintragung erfolgt ist.

[76] GRUR-Unterausschuß, S. 30 l. Sp.; Müller GRUR 79, 453 l. Sp.

[77] Wie FN 76.

[78] GRUR-Unterausschuß, S. 30 l. Sp.; Müller GRUR 79, 453 l. Sp.

Ausschlußrechts ist der sonst grundsätzlich freien[79] wirtschaftlichen Betätigung Dritter eine verbindliche Grenze gezogen. Bei Fehlen des Gebrauchsmusters wären neue technische, durchaus schutzwürdige Gedanken in weit größerem Umfang der Nachahmung preisgegeben. Grobe Unbilligkeiten könnten dann nur über die Generalklausel des § 1 UWG ausgeglichen werden[80], welche über ihr Ziel der Verhinderung unlauterer Wettbewerbshandlungen auch die schöpferische Leistung reflexartig schützt[81]. Eine Ausdehnung des Schutzes gegen „sklavische Nachahmung" — mit allen bekannten Abgrenzungsproblemen und Schwierigkeiten bei der Feststellung der Sittenwidrigkeit — wäre die wahrscheinliche Folge. Die Entwicklungsfreudigkeit der Wirtschaft würde zugleich gehemmt[82].

Begrüßenswert ist weiter die filternde Funktion, die das Gebrauchsmuster zugunsten des Patentrechts ausübt[83]. Die Möglichkeit des Gebrauchsmusters enthebt den Schutzsuchenden dem Zwang, ein Patent zu beanspruchen; entscheidet sich dieser an Stelle einer Patent- für eine Gebrauchsmusteranmeldung, tritt eine Erleichterung für das Patentamt ein. Dieser Gesichtspunkt spielt insbesondere eine Rolle im Arbeitnehmerfindungsrecht[84], da sich die Pflicht des Arbeitgebers zur Schutzrechtsanmeldung im Inland gemäß § 13 Abs. 1 ArbnErfG auf eine Gebrauchsmusteranmeldung beschränkt, wenn dies „bei verständiger Würdigung der Verwertbarkeit der Erfindung zweckdienlich erscheint". Die Schutzmöglichkeit durch das Gebrauchsmuster kann außerdem einen Anreiz für die Fortentwicklung durch Arbeitnehmer darstellen[85].

Ein wesentlicher Vorteil und ein für sich allein bereits ausschlaggebender Grund für die Beibehaltung des Gebrauchsmusters liegt schließlich darin, daß es das Patent in verschiedener Hinsicht flankiert[86] und somit den Erfindungsschutz vervollständigt.

---

[79] Vgl. Hubmann § 50 I m. N.; Baumbach-Hefermehl § 1 UWG, RN 378, 379, 382, 385 m. N.

[80] Vgl. z. B. auch die diesen Aspekt betreffende, bei den Überlegungen zum Entwurf eines griechischen Geschmacksmustergesetzes vorgebrachte Klage von Minoudis GRUR Int. 80, 145 l. Sp.

[81] Vgl. Baumbach/Hefermehl § 1 UWG, RN 379, wo zutreffend auf die unterschiedliche Zielsetzung von Wettbewerbsrecht und Ausschlußrechten hingewiesen wird.

[82] So GRUR-Unterausschuß, S. 30 l. Sp.

[83] GRUR-Unterausschuß, S. 30 l. Sp.

[84] Bossung GRUR 79, 666 l. Sp. — Bedeutsam ist in diesem Zusammenhang, daß der überwiegende Teil der Schutzrechtsanmeldungen beim Deutschen Patentamt auf Erfindungen von Arbeitnehmern beruht; vgl. GRUR-Unterausschuß, S. 30 r. Sp.

[85] Wie FN 84.

[86] Bossung GRUR 79, 663.

Die Flankierung des Patents ist einmal in den Fällen von Bedeutung, in denen zwar die Patentprüfung fehlschlägt, die Voraussetzungen für ein Gebrauchsmuster aber gleichwohl erfüllt sind. Abgesehen davon, daß eine andere Anspruchsformulierung oder eine Prüfung des Schutzbegehrens zu anderer Zeit oder durch andere Personen zu unterschiedlichen Beurteilungen führen kann, tritt eine solche Situation insbesondere dann ein, wenn die Neuerung das Maß der Erfindungshöhe für ein Patent nicht erreicht; denn nach ständiger Rechtsprechung sollen an die Erfindungshöhe bei Gebrauchsmustern geringere Anforderungen zu stellen sein als bei Patenten[87].

Dieselbe Lage kann sich ferner daraus ergeben, daß dem Patentrecht ein Begriff des Standes der Technik[88] zugrundeliegt, der wegen seiner gegenüber dem Gebrauchsmusterrecht weiteren Fassung[89] die Neuheit eher ausschließt. Außerdem kann für Gebrauchsmuster, anders als bei Patenten[90], die Ausstellungspriorität auf Grund des Gesetzes betreffend den Schutz von Mustern und Warenzeichen auf Ausstellungen beansprucht werden. Die Regelung in § 3 Abs. 4 Nr. 2 PatG vermag das deutsche Ausstellungsgesetz nicht erst deshalb nicht zu ersetzen, weil der Kreis der in § 3 Abs. 4 Nr. 2 PatG genannten Ausstellungen enger gezogen ist[91], sondern bereits aus dem Grunde, daß darin eine Vorverlegung der Priorität gar nicht vorgesehen ist[92].

Das Gebrauchsmuster hat auch in den Fällen seinen Zweck, in denen das — mitunter sehr langwierige — Patentprüfungsverfahren zum Erfolg führt. Die vollen Wirkungen des Patents gemäß §§ 9 ff. PatG treten erst mit seiner Erteilung gemäß § 49 PatG ein. Im Vorstadium der Prüfung ist der Schutz häufig unzureichend. Selbst die offengelegte Patentanmeldung genießt gemäß § 33 PatG nur beschränkten Schutz; der Be-

[87] Vgl. BGH GRUR 57, 271 m. w. N.; Bühring § 1, RN 157 m. w. N. Zur Frage, ob und inwieweit dies praktisch möglich ist sowie zur Problematik der Erfindungshöhe überhaupt vgl. 1. Kap., 12. Abschn.

[88] Der seit langem gebräuchliche Begriff des Standes der Technik wurde in § 3 PatG n. F. in das Gesetz eingeführt. Man versteht darunter die Gesamtheit der neuheitsschädlichen Tatsachen, vgl. amtl. Begründung zum IntPatÜG, Bl. 76, 333.

[89] Zu den Einzelheiten sowie zur Frage, inwieweit der gebrauchsmusterrechtliche Neuheitsbegriff der patentrechtlichen Regelung anzugleichen ist, vgl. 1. Kap., 10. Abschn.

[90] Das Gesetz betreffend den Schutz von ‚Erfindungen', Mustern und Warenzeichen auf Ausstellungen vom 18. 3. 1904 gilt gemäß Art. VI, Art. XI, § 3 Abs. 6 IntPatÜG nicht mehr für Patente. § 7 Abs. 3 PatG a. F. wurde daher auch insoweit geändert, vgl. § 12 PatG n. F.

[91] Zahn Mitt. 79, 5 r. Sp.

[92] Das Wesentliche des Gesetzes vom 18. 3. 1904 liegt nicht in der Verhinderung der Neuheitsschädlichkeit durch öffentliche Zurschaustellung — dies besorgt bereits die Neuheitsschonfrist —, sondern gerade in der Vorverlegung der Priorität, vgl. Fischer GRUR 59, 402 r. Sp.

rechtigte kann danach nur „eine nach den Umständen angemessene Entschädigung verlangen"; die Untersagung der Benutzung seiner Erfindung ist ihm dagegen nicht nur verwehrt, vielmehr kann für den „Verletzer" sogar eine aus § 254 Abs. 2 BGB resultierende Benutzungspflicht zum Zwecke der Minderung seines Schadens bestehen[93]. Das Bedürfnis nach einem, wenn auch zeitlich kürzeren, Vollschutz vermag das Gebrauchsmuster viel rascher zu befriedigen, da die Eintragung idR in wenigen Monaten gelingt[94]. Nach § 15 GbmG bestehen für den Rechtsinhaber Unterlassungs- und Schadensersatzansprüche. — Fraglich ist, ob sich eine Besserstellung des Erfinders durch das Gebrauchsmuster derzeit auch aus einer vom Patentrecht abweichenden Methode der Schutzumfangsermittlung ergeben kann[95]. — Eine Flankierung durch das deutsche Gebrauchsmuster kommt in gleicher Weise für das europäische Patent in Betracht[96], ein wichtiger europäischer Teilmarkt kann damit abgedeckt werden.

Die genannten Gründe zeigen, welchen Bedeutungszuwachs das Gebrauchsmuster im Laufe der Zeit erlangt hat. Seine Beibehaltung sollte außer Frage stehen. Die gegenwärtige lückenschließende, den Erfindungsschutz vervollständigende Grundkonzeption des Gebrauchsmusterrechts hat bei der Reform als Richtschnur zu dienen. Im einzelnen wird freilich zu prüfen sein, ob das daneben anzustrebende Ziel, die Herstellung eines systemgerechten Einklangs mit dem Patent, es zuläßt, sämtliche der dargelegten vorhandenen, den Erfinder begünstigenden Vorteile in vollem Umfang aufrechtzuerhalten.

---

[93] So OLG Karlsruhe GRUR 79, 267 ff., 270 r. Sp.; der Schaden wurde in der sonst vergeblichen Tätigung der Investitionen gesehen; diese müßten rentabilisiert werden; das OLG Karlsruhe aaO ließ es ausdrücklich dahingestellt sein, ob die Benutzung einer offengelegten Patentanmeldung als rechtswidriges Handeln zu qualifizieren sei (dafür Ohl GRUR 76, 557 ff. entgegen der h. M.; zum Meinungsstand vgl. die Nachweise bei Ohl aaO, FN 7—10).

[94] Vgl. FN 75.

[95] So Zahn Mitt. 79, 6 r. Sp., der die in § 14 PatG vorgeschriebene enge Bindung an den Inhalt der Schutzansprüche beim Gebrauchsmuster nicht für gegeben hält; anders aber BPatG GRUR 81, 126 ff., 127 l. Sp. — Zu diesem Problem und zur Bestimmung des Schutzumfangs des Gebrauchsmusters vgl. 4. Kap., 2. Abschn.

[96] Bossung GRUR 79, 667.

Erstes Kapitel

Schutzgegenstand und Schutzvoraussetzungen (§ 1 GbmG)

1. Abschnitt

Der Begriff „Gebrauchsmuster"

Bevor auf den Gegenstand und die Voraussetzungen des Gebrauchsmusterschutzes eingegangen wird, bedarf der auch insoweit erhebliche, zentrale Begriff „Gebrauchsmuster" der Klärung. Dieser wird in unterschiedlichem Sinne verwendet. Zweifelhaft ist, ob man unter „Gebrauchsmuster" den erfundenen Gegenstand (Arbeitsgerätschaft, Gebrauchsgegenstand) oder, ebenso wie unter „Patent"[1], das Schutzrecht zu verstehen hat.

Aus dem Gesetz ist ein eindeutiger Sinngehalt nicht ermittelbar[2]. In einigen Vorschriften steht „Gebrauchsmuster" zusammenfassend für die in Betracht kommenden Gegenstände, nämlich dann, wenn von „Bezeichnung" (§ 2 Abs. 2 GbmG), „Nachbildung" (§ 5 Abs. 1 GbmG), „Benutzung" des Gebrauchsmusters (§ 15 Abs. 1, § 16 Abs. 1 GbmG) oder davon die Rede ist, daß der Gegenstand „als" Gebrauchsmuster geschützt wird (§ 1 Abs. 1, § 2 Abs. 1, § 22 GbmG). An anderer Stelle muß mit „Gebrauchsmuster" dagegen das Schutzrecht gemeint sein: in § 13 GbmG („Recht auf das Gebrauchsmuster"), § 20 GbmG („Recht aus einem Gebrauchsmuster") und § 22 GbmG a. E. („ . . . auf welches Gebrauchs-

---

[1] Dazu, daß das „Patent" ein Recht ist, vgl. Benkard PatG § 1, RN 2 m. N. — Nach dem (vor allem früheren, hier aber außer acht zu lassenden) Sprachgebrauch ist das Patent auch „eine Urkunde über eine öffentliche Rechtshandlung, durch die einem Privaten ein Recht verliehen wird (z. B. Jagdpatent)" bzw. — früher — eine „Bestallungsurkunde für Beamte und Offiziere, Seeleute, Schiffer", vgl. Brockhaus, Band 14.

[2] Wie die Betitelung des Gesetzes von 1891 („Gesetz, betreffend den Schutz von Gebrauchsmustern" — also nicht „ . . . durch Gebrauchsmuster") und die Bezeichnung „Muster" (vgl. dazu Einführung II und Bühring § 1, RN 9) zeigen, sah man ursprünglich den körperlichen Gegenstand als das „Gebrauchsmuster" an; diesen Ansatzpunkt sollte man jedoch nicht überbewerten, da die Entwicklung des gewerblichen Rechtsschutzes damals noch in den Anfängen stand (vgl. Einführung II). — Im Gesetz von 1936 findet man bereits Formulierungen, die „Gebrauchsmuster" mit Schutzrecht gleichsetzen (vgl. etwa §§ 13, 20, 24 Abs. 2, §§ 25, 26 Abs. 1 und 3 GbmG 1936).

muster sich die Verwendung der Bezeichnung stützt“). Soweit das Gesetz von dem Inhaber, der Anmeldung, der Eintragung und der Löschung des Gebrauchsmusters spricht (vgl. etwa § 3 Abs. 4, § 6, § 9 Abs. 1; § 3a, § 10 Abs. 2, Abs. 4 Satz 2; § 5 Abs. 1, § 7 Abs. 1, § 8 GbmG), dürften beide Auslegungen vertretbar sein[3].

In der Literatur hat sich eine einheitliche, Klarheit schaffende Terminologie bislang ebenfalls nicht durchsetzen können[4]. Nach den wenigen anzutreffenden Definitionen[5] ist das Gebrauchsmuster als das Schutzrecht anzusehen. Mißt man ihm diesen Inhalt bei, so stimmt die Zielrichtung der Begriffe „Patent“ und „Gebrauchsmuster“ überein; der Verständlichkeit im allgemeinen und der Erfaßbarkeit des Gebrauchsmusterrechts im besonderen kann das nur dienlich sein. Im folgenden soll das Wort „Gebrauchsmuster“ daher ausschließlich iSv Schutzrecht gebraucht werden.

2. *Abschnitt*

Der Erfindungsgedanke als Schutzgegenstand

Trotz der Formulierungen in § 1 Abs. 1, § 2 Abs. 1 GbmG, die den Eindruck vermitteln, der Schutz komme den genannten Gegenständen selbst zu[6] („ ... -gegenstände ... als Gebrauchsmuster ... geschützt“;

---

[3] Im Stadium der Anmeldung ist ein Schutzrecht freilich noch nicht vorhanden, da dieses erst durch die Eintragung zur Entstehung gelangt (vgl. § 5 Abs. 1, Abs. 2 GbmG; Bühring § 3, RN 10, § 5, RN 2); „angemeldet“ wird jedoch auch nicht der körperliche, sondern der immaterielle (Schutz-) Gegenstand (vgl. dazu unten 2. Absch.), für den ein Ausschließungsrecht begehrt wird. Eintragung, Löschung und insbesondere Inhaberschaft müssen sich zwar nicht, können sich aber durchaus auf das Recht beziehen.

[4] Vgl. etwa Benkard GbmG, RN 3 vor § 1 („Es [das Gebrauchsmuster] ... bietet ... Schutz ...“; „Schutz des Gebrauchsmusters“), § 1, RN 6, S. 1196 („ ... Gegenstand ... durch ein Gebrauchsmuster geschützt“, „ ... Gegenstand als Gebrauchsmuster ... geschützt“), Ehrenstein GRUR 79, 209 („Schutz ... in ... Gebrauchsmustern“), Hubmann § 5 II, S. 48 (Hinweis darauf, daß „Gebrauchsmuster“ und „Gebrauchsmusterrecht“ dasselbe bedeuten können), § 10 III, S. 97 („durch ein Gebrauchsmuster geschützt“), § 10 III 3, S. 98 („Unbewegliche Sachen ... sind keine Gebrauchsmuster“).

[5] Bühring § 1, RN 2: „Es (das Gebrauchsmuster) ist ein vom Staat gewährtes Sonderrecht an bestimmten technischen Erfindungen, das dem Inhaber ein befristetes ausschließliches Benutzungsrecht gibt“; Reimer GbmG Einl. I (S. 1821): „Danach ist das Gebrauchsmuster ein gewerbliches Schutzrecht, das eine Lehre zum technischen Handeln zum Inhalt hat, die sich in einer neuen, die Verwendbarkeit eines Gegenstands erhöhenden Gestaltung oder Konstruktion offenbart“, III (S. 1824): „Das Gebrauchsmuster ist ein gewerbliches Schutzrecht wie das Patent“; Hubmann § 5 II 3 d, S. 51: „Patent und Gebrauchsmuster sind ... Vermögensrechte an der ... Erfinderidee“ bzw. „Immaterialgüterrechte“.

[6] Zu dieser Vorstellung vgl. Einführung II (FN 36).

„Gegenstände, für die der Schutz als Gebrauchsmuster verlangt wird, ...“), ist nach einhelliger Auffassung Gegenstand des Gebrauchsmusterschutzes nicht der (körperliche) Gebrauchsgegenstand als solcher, sondern der darin in einer neuen Form hervortretende erfinderische Gedanke, der sogenannte „Raumformgedanke“[7].

Die Richtigkeit dieser Ansicht liegt auf der Hand. Der Schutz muß, um wirksam zu sein, nicht nur die konkrete, sondern sämtliche Ausführungsformen umfassen; andernfalls könnte der Schöpfer des neuen Gedankens durch Nachbildung um den Wert seiner geistigen Leistung, den man ihm gerade sichern will, gebracht werden. Der hinter der konkreten Ausführungsform stehende Gedanke[8], das immaterielle Gut, muß daher der Schutzgegenstand sein. — Die Erscheinungsobjekte, an denen der erfinderische Gedanke zutage tritt[9], spielen freilich insoweit eine Rolle, als sich die Wirkung des Schutzes darin äußert, daß ihre Benut-

[7] Vgl. Begründung zum Gesetz vom 5. 5. 1936, Bl. 36, S. 116 r. Sp., zu § 1. Vgl. ferner etwa RG GRUR 40, 275; GRUR 36, 253, 254; JW 38, 3126, 3127; BGH GRUR 57, 270, 272; GRUR 65, 234, 236, 239, 242 r. Sp.; BPatG Mitt. 65, 79, 80 l. Sp.; Bühring § 1, RN 10, 11; Benkard GbmG § 1, RN 1; Hägermann Mitt. 59, 142 ff., 145 r. Sp.; Trüstedt GRUR 58, 309 ff., 311 r. Sp.; Schirm GRUR 58, 474 ff., 476 r. Sp. — Die irreführende Formulierung des Gesetzes wird häufig übernommen, wenn z. B. davon die Rede ist, daß der körperliche Gegenstand „als Gebrauchsmuster schutzfähig“ (Benkard GbmG § 1, RN 6, 7, 9; Bühring § 1, RN 77) bzw. „Gegenstand eines Gebrauchsmusters“ (Reimer GbmG § 1, RN 8; Bühring § 1, RN 84) sei, für ihn Schutz erlangt werden könne (BGH GRUR 65, 234, 235 r. Sp.; Faust GRUR 64, 15) oder „das Schutzbegehren auf ihn gerichtet“ (Bühring § 1, RN 108) sei, wenn er also mit dem immateriellen Schutzgegenstand gleichgesetzt wird. Es soll damit aber lediglich gesagt werden, und insofern erscheinen Formulierungen wie „gebrauchsmusterfähiger“, „schutzfähiger“ oder „dem Gebrauchsmusterschutz zugänglicher“ Gegenstand (vgl. etwa Benkard GbmG § 1, RN 9) eher vertretbar, daß der Gegenstand als ein für den geschützten Gedanken geeignetes Erscheinungsobjekt in Betracht kommt.

[8] Die Begriffe „Erfindungsidee“ — das objektive, in der Natur vorgegebene geistige Prinzip — und „Erfindungsgedanke“ — die subjektive Vorstellung des Erfinders von dieser natürlichen Gesetzmäßigkeit — werden regelmäßig einander gleichgestellt; ihre Unterscheidung ist mehr von philosophischer als von praktischer Bedeutung. — a. A. Hubmann § 4 II 1, 2, der mit dieser Differenzierung erklären will, weshalb es für eine Erfindung zwar mehrere Erfinderrechte, aber nur ein Patent geben könne; Hubmann aaO sieht den Grund darin, daß Gegenstand des Patents die einmalige Idee, Gegenstand des Erfinderrechts der wiederholbare Gedanke sei. — Diese Ansicht ist nicht zwingend. Einmal bezeichnet Hubmann selbst an anderer Stelle (§ 4 II pr.) Erfindungsgedanke und Erfindungsidee als Erscheinungsweisen des Schutzgegenstands der Erfindung; zum anderen wäre bei entsprechender gesetzlicher Ausgestaltung auch unter der Prämisse, daß die Idee Gegenstand des Patents ist, ein Nebeneinander von Patenten denkbar: dies zeigt die Möglichkeit des Bestehens von Patent und Gebrauchsmuster für denselben Schutzgegenstand.

[9] Zur Unterscheidung der „Erfindung“ (= Lehre zum technischen Handeln) von dem „Gegenstand der Erfindung“ (= das Ergebnis der Anwendung oder Verwirklichung der erfinderischen Lehre) vgl. Preu GRUR 80, 444 ff., 446 r. Sp.

zung in dem in § 5 GbmG festgelegten Umfang allein dem Rechtsinhaber vorbehalten ist.

Ungeachtet der vorhandenen Einmütigkeit erscheint es erforderlich, im Gesetz präzise zum Ausdruck zu bringen, daß es der neue Gedanke ist, der geschützt wird. Im Patentgesetz geschieht dies in § 1 Abs. 1 dadurch, daß ein Patent für eine „Erfindung" erteilt wird — ein Begriff, um dessen Klärung immer gerungen werden wird[10], der aber mit ausreichender Deutlichkeit auf den darin enthaltenen und somit geschützten Gedanken hinweist. — Ob auch in das Gebrauchsmustergesetz das Wort „Erfindung" aufgenommen werden soll oder ob man zur Unterscheidung vom Patentrecht etwa den Begriff „Neuerung"[11] oder eine andere Bezeichnung wählt, ist ein eigenes Problem, dessen Lösung von den Anforderungen abhängt, die man an den zu schützenden Gedanken stellt.

3. Abschnitt

Überblick über die Schutzvoraussetzungen

Nach der Rechtsprechung und h. L. muß der Gedanke, um Gebrauchsmusterschutz erlangen zu können, folgende aus dem Gesetz zum Teil nicht ersichtliche Voraussetzungen erfüllen.

Er muß

1. an einer Arbeitsgerätschaft oder an einem Gebrauchsgegenstand oder einem Teil davon in Erscheinung treten,
2. in einer Raumform Verkörperung finden[12],
3. technischer Natur sein[13],
4. dem Arbeits- oder Gebrauchszweck dienen,
5. nützlich sein[14],

---

[10] Vgl. etwa Lindenmaier GRUR 53, 13 m. N.; ders. Mitt. 59, 121, 124; Benkard PatG § 1, RN 40 ff. m. w. N.; ferner Winkler Mitt. 77, 13, 14; Öhlschlegel GRUR 64, 477 ff. m. w. N. (FN 2—13); Kuhlhavy Mitt. 80, 64 r. Sp.

[11] Vgl. dazu unten 12. Abschn. V.

[12] Zum Erfordernis der „Raumform" vgl. zunächst nur Bühring § 1, RN 2, 18, 79 ff. Unter „Raumform" versteht die h. M. nicht eine Zusammenfassung der Begriffe „Arbeitsgerätschaften, Gebrauchsgegenstände", sondern den „erfindungsfunktionellen Teil" des Gebrauchsgegenstands, vgl. dazu unten 5. Abschn. I. — Die Voraussetzungen 1 und 2 sind daher voneinander zu trennen.

[13] Vgl. Bühring § 1, RN 22 ff. sowie unten 6. Abschn.

[14] Vgl. Bühring § 1, RN 163, Reimer GbmG § 1, RN 17 sowie unten 8. Abschn.

6. gewerblich anwendbar sein[15],

ferner

7. neu sein,
8. fortschrittlich sein[16],
9. Erfindungshöhe aufweisen[17]

und darf

10. nicht Gegenstand eines früheren Schutzrechts und nicht dem niedergelegten Gedankengut eines anderen unbefugt entnommen sein.

Außerdem ist erforderlich, daß

11. seine Veröffentlichung oder Verwertung nicht gegen die öffentliche Ordnung oder gegen die guten Sitten verstoßen würde[18].

Die Voraussetzungen in 1—6 werden üblicherweise als die „absoluten", diejenigen in 7—10 als die „relativen Schutzvoraussetzungen"[19] und die in 11 als Schutzausschließungsgründe[20] bezeichnet. Die Ausdrucksweise „absolut — relativ" wird von denjenigen, die sich ihrer bedienen, nicht

---

[15] Vgl. Bühring § 1, RN 2 (unter a), 60; Gbm-Richtlinien Bl. 73, 346 ff., 350 l. Sp. (unter III 8) sowie unten 9. Abschn.

[16] Vgl. Bühring § 1, RN 151 ff. sowie unten 11. Abschn.

[17] Vgl. Bühring § 1, RN 156 ff. sowie unten 12. Abschn.

[18] Vgl. Bühring § 1, RN 164 sowie unten 13. Abschn.

[19] Vgl. etwa BGH GRUR 65, 235 l. Sp.; GRUR 67, 477, 480 l. Sp.; BPatG Bl. 78, 19, 20 l. Sp.; Gbm-Richtlinien Bl. 73, 347 l. Sp. (unter II 2); Bühring § 1, RN 11, 125; Benkard GbmG § 3, RN 3, PatG Einl., RN 26; Klauer/Möhring GbmG § 3, RN 4; Schlitzberger/Dihm/Starck/Bühring GRUR 79, 193 ff., 193 r. Sp., 196 l. Sp., 199 l. Sp. — Hubbuch GRUR 59, 225 ff., 227 l. Sp. rechnet das Merkmal „dem Arbeits- oder Gebrauchszweck dienend" zu den „relativen" Voraussetzungen; anders jedoch BGH GRUR 67, 480 l. Sp., wonach „im Rahmen des § 1 GbmG ... Neuheit, technischer Fortschritt und Erfindungshöhe ... (zu den relativen Schutzvoraussetzungen) gehören"; zu dieser Einordnung vgl. auch Bühring § 1, RN 11, 119, 125 (die Kommentierung erfolgt also nicht im Rahmen der „relativen" Voraussetzungen) und Gbm-Richtlinien aaO, S. 349 r. Sp. (III 6). — Zur „gewerblichen Anwendbarkeit" — die mit dem früheren Begriff „gewerbliche Verwertbarkeit" identisch ist, vgl. Begründung zum IntPatÜG Bl. 76, 322 ff., 334 l. Sp., Schulte § 5, RN 3 — als Eintragungsvoraussetzung vgl. Gbm-Richtlinien aaO, S. 350 l. Sp. und FN 15. — Das Kriterium der „Nützlichkeit" ist ebenfalls der Kategorie der „absoluten" Voraussetzungen zuzuordnen; dies ergibt sich aus dem Umkehrschluß zu den Ausführungen von BGH GRUR 67,480 l. Sp. und ferner daraus, daß es dabei letztlich um die Frage des Rechtsschutzinteresses geht, vgl. unten 8. Abschn. Fehlt dieses, ist die Anmeldung zurückzuweisen, vgl. Gbm-Richtlinien aaO, S. 349 r. Sp. (III 7). — Zur — selbstverständlich — „relativen" Schutzvoraussetzung in 10 (§ 5 Abs. 2 und 3 GbmG) vgl. Bühring aaO sowie 4. Kap., 3. Abschn.

[20] Vgl. Benkard GbmG § 1, RN und FN 18.

erklärt. Der Grund für diesen Sprachgebrauch liegt wohl[21] darin, daß die „absoluten“ Schutzvoraussetzungen im Eintragungsverfahren unbedingt zu beachten sind[22], während die „relativen“ grundsätzlich erst im Löschungsverfahren oder im Verletzungsprozeß überprüft werden[23].

4. Abschnitt

Arbeitsgerätschaften, Gebrauchsgegenstände

Die erste Anforderung ergibt sich aus § 1 Abs. 1 des Gesetzes selbst. Eine Definition der Begriffe „Arbeitsgerätschaft“, „Gebrauchsgegenstand“ hielt der Gesetzgeber von 1891 nicht für nötig; er war der — irrigen[24] — Meinung, sie gäben bereits als solche einen genügenden Anhalt für die zweckentsprechende Handhabung des Gesetzes, und stellte lediglich fest, Verfahren zur Herstellung von Gegenständen sowie Maschinen und Betriebsvorrichtungen hätten für den Gebrauchsmusterschutz außer Betracht zu bleiben[25]. Eine weitere Bestimmung dessen, was darunter zu verstehen sei, überließ man Rechtsprechung und Lehre, ein Zustand, der trotz zahlreicher Gesetzesänderungen bis heute fortdauert. Die wenigen[26] positiven Definitionen[27] brachten keine vollstän-

---

[21] Denkbar ist auch, daß die Wortwahl daher rührt, daß bei den „relativen“ Schutzvoraussetzungen erst eine vergleichende Betrachtung anzustellen ist, wogegen sich das Vorhandensein der „absoluten“ aus diesen selbst ergibt. — Diese Unterscheidung ist allerdings hinsichtlich „dem Arbeits- oder Gebrauchszweck dienend“ dann zweifelhaft, wenn man darunter eine Verbesserung versteht, vgl. dazu unten 7. Abschn., FN 186.

[22] Die „absoluten“ Schutzvoraussetzungen und die im Eintragungsverfahren ebenfalls zu berücksichtigenden Schutzausschließungsgründe (vgl. 3. Kap., 1. Abschn. I) werden deshalb auch „Eintragungsvoraussetzungen“ genannt, vgl. Bühring § 1, RN 11.

[23] Vgl. dazu 3. Kap., 1. Abschn. I.

[24] Vgl. BPatGE 7, 118, 120: „Was unter einem Gebrauchsgegenstand iSv § 1 GbmG zu verstehen ist, läßt sich aus dem Gesetz nicht entnehmen“. — Vgl. auch Einführung II (FN 33) sowie die Ausführungen zu diesem Abschnitt.

[25] Begründung zum Gesetz von 1891, zu § 1.

[26] Cantor § 1, Anm. 11, S. 68 und 69; in den aktuellen Kommentaren sind die Begriffe nicht positiv definiert.

[27] Vgl. etwa Cantor § 1, Anm. 11, S. 68: Nach allgemeinem Sprachgebrauch sind „ . . . Arbeitsgerätschaften einfache Werkzeuge und Vorrichtungen, welche als solche, vermöge ihrer Gestaltung, zur Ausführung einer technischen Arbeit körperlich unmittelbar benutzt werden“; S. 70: für Gebrauchsgegenstand fordert Cantor „bewegliche Sache“, die einem „körperlichen“ und „wirtschaftlichen oder technischen Gebrauch dient“. Allfeld, S. 375: Gebrauchsgegenstände: „alle beweglichen, leblosen, körperlichen Sachen, welche gebraucht werden können“, Arbeitsgerätschaften: „alle beweglichen leblosen körperlichen Gegenstände, welche vermöge ihrer körperlichen Beschaffenheit zur Verrichtung von Arbeit dienen“. Zeller, Gebrauchsmu-

dige Klärung insbesondere des als umfassender[28] angesehenen Begriffs „Gebrauchsgegenstand“ und vermochten in Streitfällen eine zuverlässige Antwort nicht zu geben. Es bildeten sich Fallgruppen heraus, innerhalb derer verschiedene, im Laufe der Zeit entstandene Kriterien darüber entscheiden, ob ein Gegenstand als Erscheinungsobjekt für den erfinderischen Gedanken geeignet ist. Bei dem Versuch, den Bedeutungsgehalt der in Frage stehenden Begriffe zu erfassen, soll vom allgemeinen Sprachgebrauch[29] auszugehen sein.

Früher meinte man, die Bezeichnungen „Arbeitsgerätschaften, Gebrauchsgegenstände“ setzten eine „relative Einfachheit“ voraus, so daß sich Maschinen nicht darunter subsumieren ließen[30]. Nach langen Auseinandersetzungen in Rechtsprechung und Literatur[31] wurde dieses unsichere Merkmal aufgegeben; nach einhelliger Auffassung kommt es heute auf die Größe und Kompliziertheit des Gegenstandes nicht mehr an[32].

---

sterrecht, S. 132: Arbeitsgerätschaften und Gebrauchsgegenstände sind „alle die der Verwirklichung menschlicher Arbeit und dem Gebrauch des Menschen dienenden Gegenstände“. Vgl. ferner LG Hamburg Bl. 97, 120, das zwar die Begriffe nicht definiert, wegen der griffigen Umschreibung aber hier erwähnt werden soll: „Zweck des Arbeitsgeräts ist die Vermittlung eines Arbeitsresultats. Die Gebrauchsgegenstände dienen kraft Selbstzweck dem Gebrauch“, z. B. Hammer ◄—► Aschenbecher.

[28] Vgl. die Definition Allfelds aaO, nach der alle Arbeitsgerätschaften auch Gebrauchsgegenstände sind; ferner Seligsohn, 4. Aufl., S. 438 Note 4: „alle Arbeitsgerätschaften sind auch Gebrauchsgegenstände und alle Gegenstände können gebraucht werden, so daß alle beweglichen Gegenstände eigentlich Gebrauchsgegenstände und dem Musterschutz an sich zugänglich sind“ (zitiert nach Cantor aaO, S. 68). — Die Streitfragen entzünden sich auch heute sämtlich am Begriff Gebrauchsgegenstand.

[29] Ständige Rechtsprechung, vgl. etwa RGZ 36, 16, 18; RG JW 97, 351; RG Bl. 96, 137; RG Bl. 97, 176; BGH GRUR 75, 367, 368 l. Sp.; BPatGE 1, 145 ff., 148, BPatGE 7, 118 ff., 120; BPatGE 9, 143, 145. Vgl. auch Cantor § 1, Anm. 11, S. 68; Bühring § 1, RN 64, 76, 78; Klauer/Möhring GbmG § 1, RN 9; Reimer GbmG § 1, RN 26 (S. 1855).

[30] Vgl. etwa RGZ 36, 16; 41, 74; 66, 313 sowie die zahlreichen Nachweise bei Isay GbmG § 1, RN 7. Vgl. auch Cantor § 1, Anm. 16 m. w. N., der darauf hinweist, daß die „sprachmißbräuchliche“ Bezeichnung eines Gegenstands als „Maschine“ nicht entscheidend sei (keine „Maschinen“ idS also Brotschneide-, Wring-, Messerputz-, Kochmaschine, dagegen aber, obwohl nicht den Namen Maschine tragend, Uhrwerk, Mühlwerk); damit wird dokumentiert, daß es nicht genügt, für die Bestimmung des Bereichs der geeigneten Gegenstände allein den Sprachgebrauch heranzuziehen.

[31] Vgl. Isay GbmG § 1, RN 7 (S. 562) m. N.

[32] Vgl. PA GRUR 39, 58; BPatGE 1, 162; 10, 51, 53; Reimer GbmG § 1, RN 14; Busse GbmG § 1, RN 2; Benkard GbmG § 1, RN 7; Bühring § 1, RN 56; Klauer/Möhring GbmG § 1, RN 12. — Wenn es hier freilich um die Bestimmung dessen geht, was als „Gebrauchsgegenstand“ anzusehen ist, so entspricht dieses Ergebnis doch letztlich der Erkenntnis, daß es nicht der körperliche Gegenstand ist, der im Mittelpunkt der Überlegungen zu stehen hat (vgl. dazu bereits Meyer GRUR 39, 11 ff., der zwischen dem Gegenstand und dem Inhalt der Musterschöpfung unterscheidet; die Intention des Gesetzes

I. Gebrauchsdienlichkeit

Erforderlich ist, daß der Gegenstand dem Gebrauch dient.

Die sogenannten Verbrauchsgegenstände[33] erfüllen diese Voraussetzung[34], da sich der Gebrauch letztlich immer im Verbrauch verwirklicht; wie schnell sich ein Gegenstand abnutzt, kann schon aus Gründen der Rechtssicherheit[35] nicht entscheidend sein.

Keine Gebrauchsgegenstände sind nach h. M. aber Nahrungs-, Genuß- und Arzneimittel, da sie nicht gebraucht, sondern genossen und verzehrt werden[36]. Sie sollen jedoch wie Gebrauchsgegenstände behandelt wer-

---

bestehe darin, kleine Erfindungen zu schützen, die sich auch an großen Geräten äußern können; bei der Begründung zum Entwurf des Gesetzes von 1891, zu § 1 — vgl. oben FN 25 — wurde dies allerdings noch nicht klar erkannt). Ferner war die ältere Ansicht, die sich aus dem Bestreben um Einfachheit des Gesetzes erklärt, insoweit unstimmig, als der Gebrauchsmusterschutz seit jeher auch solchen Erfindungen zugänglich war, die das für ein Gebrauchsmuster notwendige Maß an Erfindungshöhe überschritten (vgl. Begründung zum Entwurf des Gesetzes von 1891, vor § 1; siehe auch Einführung II, FN 44).

[33] Z. B. Kerze, Briefumschlag, Seife, Bleistift, Radiergummi, Geschoß, Rasierklinge, Streichholz.

[34] Heute einhellige Meinung, vgl. etwa BPatGE 1, 145, 148; Bühring § 1, RN 60; Benkard GbmG § 1, RN 8; Reimer GbmG § 1, RN 12; früher wurde teilweise eine dauernde Eignung zum Gebrauch verlangt, vgl. die Nachweise bei RG Bl. 97, 98, 99 l. Sp. — Soweit darauf hingewiesen wird (BPatG, Bühring, Benkard aaO), daß der Verbrauchsgegenstand für eine gewisse Zeit zum Verbrauch zur Verfügung stehen müsse, ist das für einen Gebrauchsgegenstand allgemein gültige Kriterium der hinreichenden „Beständigkeit" angesprochen, vgl. dazu unten II; die „Dauer im Gebrauch" ist aber stets unerheblich, vgl. RG Bl. 97, 99 l. Sp., wo der Gebrauchsmusterschutz nicht deshalb, sondern wegen fehlender „gewerblicher Verwertbarkeit" versagt wurde (mißverständlich insoweit Bühring und Benkard aaO).

[35] So Lutter GbmG § 1, Anm. 8 (S. 512).

[36] Früher stützte man den Ausschluß von Nahrungs-, Genuß- und Arzneimitteln auf den insoweit analog anwendbaren § 1 Abs. 2 Nr. 2 PatG a. F., vgl. RPA Bl. 29, 18 m.N., insbesondere unter Berufung auf RG vom 29. 1. 1900 (= RGZ 46, 1); so auch noch Busse GRUR 52, 123 ff., 133 r. Sp.; offengelassen in BPatGE 1, 157, 159. — Bereits vor Wegfall des Patentierungsverbots durch das Vorabgesetz vom 4. 9. 67 ging man jedoch dazu über, mit dem Begriff „Gebrauchsgegenstand" zu argumentieren, vgl. BPatGE 7, 118, 120; 8, 184, 185; 9, 143, 145, 146. Für die Zeit danach vgl. BGH GRUR 75, 367, 368 l. Sp.; BPatG GRUR 80, 993, 994 l. Sp. (Arzneimittel); vgl. Bühring § 1, RN 76; Reimer GbmG § 1, RN 26; Benkard GbmG § 1, RN 9; allgemein zur Problematik Hansen GRUR 76, 162 ff. — a.A. Weber MuW 32, 492 sowie Mediger Mitt. 62, 168 ff., Gorny GRUR 73, 578 ff., Müller-Börner GRUR 75, 333 ff., die für eine Wiederherstellung der zwischen Patent und Gebrauchsmuster ursprünglich vorhandenen — und, so Gorny aaO, S. 579 l. Sp., nur unbewußt aufgehobenen — Parallelität eintreten; der Begriff „Gebrauchsgegenstand" stehe nicht entgegen, da die Nahrungs-, Genuß und Arzneimittel verbraucht würden (auch die Tätigkeiten des „Verzehrens", „Genießens" — oder „Einnehmens" — seien Formen des „Verbrauchens", vgl. Gorny aaO, S. 580 r. Sp.) und Verbauchsgegenstände nach einhelliger Meinung unter die Bestimmungen des § 1 Abs. 1 GbmG fielen.

den, wenn eine neue Formgebung darauf abzielt, ihre Handhabung vor dem Verzehr zu erleichtern[37]. Ausnahmen gelten auch für die Fälle, in denen die Neuerung sich auf einen Bestandteil eines Nahrungs- bzw. Genußmittels bezieht, der zwar mitgenossen wird, selbst aber kein Nahrungs- oder Genußmittel ist[38], ferner dann, wenn ein üblicherweise als Gebrauchsgegenstand anzusehender Gegenstand aus teilweise eßbarem Material gebildet ist[39].

Schmuckstücke, die vom Menschen getragen werden und bei denen der Gebrauch zum Zwecke des Schmuckes erfolgt, stellen Gebrauchsgegenstände dar[40].

II. Formfestlegbarkeit und -beständigkeit

Der Gegenstand muß eine eindeutig festlegbare und hinreichend beständige Form haben.

Tiere und Pflanzen, die als lebende Organismen eine bestimmte Gestalt immer nur in einem Durchgangsstadium erreichen, scheiden daher als Gebrauchsgegenstände aus[41]. Gleiches gilt für Stoffe ohne feste Gestalt[42].

---

[37] BGH GRUR 75, 367, 368 l. Sp.: Verbesserung der Bruchfestigkeit einer Schokoladentafel durch deren besondere Gestaltung. Ebenso BPatG vom 15. 5. 79 (BB 79, 1421 r. Sp.), wo die Gebrauchmusterschutzfähigkeit einer die neue Gesatltung eines Lebkuchens betreffenden Lehre, die sich auf die Handbarkeit des Lebkuchens vor dem Verzehr bezieht, bejaht wird. Hansen GRUR 76, 162 ff., 163, 165 r. Sp. weist darauf hin, daß die für Lebensmittel getroffene Zeitgrenze „vor dem Verzehr" bei Arzneimitteln einer den Besonderheiten dieses Anwendungsbereichs Rechnung tragenden Auslegung bedarf.

[38] BPatGE 1, 157, 159 (Zigarette mit gelochtem Zigarettenpapier) unter Bezugnahme auf die patentrechtliche Entscheidung RGZ 154, 326 (Stanniolbehälter zur Aufnahme von Speiseeis mit einer Schicht aus Waffelmasse und einer Schokoladenschicht). Weitere denkbare Beispiele vgl. Hansen GRUR 76, 163 l. Sp.

[39] Hansen GRUR 76, 163 l. Sp. unter Verweisung auf BPatG 5 W (pat) 13/74 (mit Pralinen gefüllter Christbaumbehang).

[40] RGZ 36, 57, 59 (unrichtig zitiert in RGZ 39, 131, 133; das RG 36, 60 hat freilich ungenau auf einen technischen oder wirtschaftlichen Nutzzweck des Schmuckstücks — statt auf denjenigen des erfinderischen Gedankens — abgestellt und diesen für Schmuckstücke generell verneint); BPatGE 4, 194, 196 („Schmuckstück ist ein abstrahierter Begriff, der eine Vielzahl von Gebrauchsgegenständen umfaßt"); vgl. auch Bühring § 1, RN 63; Benkard GbmG § 1, RN 12. — Bei Neuerungen an Schmuckstücken wird jedoch häufig problematisch sein, ob sie technischer Natur sind bzw. „dem Arbeits- oder Gebrauchszweck" dienen, vgl. RG aaO; kritisch dazu Werner Mitt. 81, 58 ff., 59 l. Sp.

[41] BPatGE 1, 145, 148, 149; Bühring § 1, RN 78; Benkard GbmG § 1, RN 11. — a. A. Timpe GRUR 62, 131 ff., der, insbesondere auf den — subjektiv oft identischen — Verwendungszweck abstellend, dafür eintritt, Pflanzenzüchtungserzeugnisse als Gebrauchsgegenstände anzusehen. — Trüstedt GRUR 80, 877, 878 r. Sp. spricht sich dafür aus, Mikroorganismen als formbeständige

III. Handhabbarkeit

Ferner wird gefordert, daß der Gegenstand dazu geeignet ist, von Menschen gehandhabt zu werden[43].

Dieses Kriterium, das nicht gleichbedeutend ist mit der — nicht notwendigen — „leichten Handlichkeit“[44], begrenzt den Begriff Gebrauchsgegenstand einmal auf leblose[45] Körper in fester Gestalt[46], insbesondere aber auf bewegliche Sachen[47]. Gegenstände, die nach ihrer bestimmungsgemäßen Einfügung in eine unbewegliche Sache ihre Selbständigkeit verlieren[48], werden idS allerdings ebenso als beweglich angesehen

lebende Zellen wie Gebrauchsgegenstände zu behandeln, weist aber darauf hin, daß es — wie bei Flüssigkeiten — an einer eindeutig festlegbaren Form wohl deshalb fehle, weil es nicht auf die Form des einzelnen Organismus ankomme; vgl. zu dieser Frage auch Bossung GRUR 79, 661 ff., 664 l. Sp.

[42] z. B. Flüssigkeiten, Gase, Pulver; sie sind nicht nur mangels „Handhabbarkeit“ — vgl. dazu unten III —, sondern bereits aus diesem Grunde keine Gebrauchsgegenstände, vgl. hierzu Bühring § 1, RN 72—75, Benkard GbmG § 1, RN 15. — Wohl aber kann die einen Gebrauchsgegenstand betreffende Lehre Gebrauchsmusterschutz erlangen, „nach der ... ein geschlossener Hohlraum (Behältnis) des Gegenstands dauernd mit einer Flüssigkeit ausgefüllt sein soll“, vgl. BPatG GRUR 78, 428, 429 l. Sp. (Flüssigkeitsschaltquelle).

[43] BPatGE 1, 162; Bühring § 1, RN 57; Benkard GbmG § 1, RN 13.

[44] BPatGE 15, 171, 173; PA GRUR 42, 75, 78.

[45] Vgl. dazu FN 41.

[46] Vgl. dazu FN 42.

[47] Vgl. Bühring § 1, RN 64, 66, Benkard GbmG § 1, RN 13, Reimer GbmG § 1, RN 8; die Eigenschaft als Gebrauchsgegenstand wurde daher z. B. verneint für Deckenkonstruktion (RGZ 41, 65), Speicheranordnung für Talsperre (PA Bl. 20, 109), Luftschutzraum (PA GRUR 39, 57), Wehr (PA Bl. 51, 222), Brücke (PA Mitt. 56, 166), Dampfkesselanlage (PA Mitt. 58, 79). — Gegen den Ausschluß unbeweglicher Sachen Isay GbmG § 1, RN 9, Schirm GRUR 58, 474 ff., Conradt GRUR 61, 209, 211, Faust GRUR 64, 15, Werner Mitt. 81, 58, 59 r. Sp. a. E., kritisch auch Katscher Mitt. 74, 79, 80; vgl. auch Tetzner Mitt. 76, 61 ff., der ihre Eignung als Träger des Erfindungsgedankens bei einem Sachpatent uneingeschränkt bejaht (nach a.A. fehlt es an der „gewerblichen Anwendbarkeit“, vgl. etwa Schulte § 5, RN 7, Benkard, 6. Aufl., PatG § 1, RN 52; iSv Tetzner aaO jetzt Benkard, 7. Aufl., PatG § 5, RN 6), beim Gebrauchsmuster jedoch wegen des Begriffs „Gebrauchsgegenstand“ nicht für gegeben hält (61 l. Sp.). — Als maßgeblich wird angeführt, daß die Übertragung sachenrechtlicher Grundsätze auf das immaterielle Güter schützende Erfinderrecht verfehlt sei (Tetzner aaO, 61 r. Sp., 62 l. Sp., 63 r. Sp., Schirm aaO, 476 r. Sp., Conradt aaO, 211 l. Sp.); der Erfindungsgedanke verkörpere sich allein im Bauwerk und sei mit dem erfindungsrechtlich bedeutungslosen Grund und Boden eben nicht verbunden. Nach Tetzner aaO, 63, ist ein Erfindungsschutz nur dann nicht möglich, wenn die den Erfindungsgedanken verkörpernde Sache nach wirtschaftlicher Betrachtungsweise — nicht sachenrechtlich! — ihre Eigenschaft als selbständig gewerblich verwertbare Sache verloren hat und die entstandene Sachgesamtheit wirtschaftlich gesehen das Erfindungsfunktionelle nicht mehr erkennen läßt, also „erfindungsfremd“ ist; nur dann fehle es an „gewerblicher Verwertbarkeit“.

[48] Vgl. etwa BPatGE 3, 179, 181 (unter Berufung auf RG GRUR 34, 666) sowie die Nachweise bei Bühring § 1, RN 69.

wie die Bestandteile einer unbeweglichen Sache, die sich nach ihrer Abtrennung ohne Beeinträchtigung der Gebrauchsfähigkeit erneut verwenden lassen[49]. Sogar mobil konstruierte Gebäude genügen dem Merkmal der Handhabbarkeit und sind Gebrauchsgegenstände[50]. Dasselbe trifft konsequenterweise auf einen Schiffsrumpf zu, da dieser ja beweglich ist[51].

IV. Einheitlichkeit

Vielfach wird im Rahmen der Schutzvoraussetzungen hervorgehoben, der Gegenstand müsse einheitlich[52] sein.

Dieses Erfordernis findet aber seinen Grund[53] in § 1 Abs. 2 AnmBest Gbm[54], wonach „für jeden Gegenstand eine besondere Anmeldung" notwendig ist. Da die Anmeldung nicht einen Gegenstand, sondern einen erfinderischen Gedanken zum Inhalt hat[55], bedeutet es, daß dieser Gedanke nur an einen einheitlichen Gegenstand gebunden sein, sich also nicht auf eine Mehrheit von Gegenständen beziehen darf[56]. Es kann allerdings auch erfüllt sein, wenn der Gegenstand aus mehreren Teilen besteht, nach der Rechtsprechung allerdings nur, wenn die Annahme eines einheitlichen Gegenstands der Verkehrsanschauung[57] entspricht oder die Teile entweder in einem festen[58] körperlichen oder technisch-funktionellen[59] Zusammenhang stehen[60]. Da anerkannt ist, daß die bloße

---

[49] Vgl. etwa PA GRUR 42, 75; Bühring § 1, RN 68, 69 m. N.

[50] BPatG 15, 171, 173; Bühring § 1, RN 65, 88.

[51] BPatGE 1, 162.

[52] Vgl. etwa Bühring § 1, RN 84—88, Benkard GbmG § 1, RN 17. — Zur davon zu unterscheidenden (vgl. Bühring § 1, RN 83; Benkard GbmG § 1, RN 20; Schlitzberger Mitt. 68, 101 ff., 103 l. Sp., der zutreffend darauf hinweist, daß der von Hesse GRUR 67, 329 ff. betitelte Aufsatz „Die Einheitlichkeit der Raumform im Gebrauchsmusterrecht" die Einheitlichkeit des Gegenstands meint) „Einheitlichkeit der Raumform" vgl. unten 5. Abschn. IV, FN 118—120.

[53] BPatGE 19, 139, 140.

[54] Abgedruckt in Bl. 68, 292 ff.; zur Änderung vgl. Bl. 77, 30.

[55] Vgl. oben 2. Abschn.

[56] Dementsprechend sieht Bühring § 1, RN 84 das Erfordernis als ein zusätzliches im Vergleich zum Patentrecht an.

[57] Vgl. BPatGE 1, 160, 161 für Herrenanzug; auch in BPatGE 16, 164, 169 wird auf die Verkehrsauffassung abgestellt.

[58] „Fest" bedeutet nicht einen „solchen untrennbaren Zusammenhang (Verschmelzung), daß der einheitliche Gegenstand nicht wieder in seine Teile zerlegt werden könnte", vgl. BPatGE 19, 139, 143; 14, 51, 53 m. w. N.

[59] Ein „technisch-funktioneller Zusammenhang" liegt vor, „wenn die Einzelteile in ihrer Funktion der Erfüllung einer gemeinsamen technischen Aufgabe dienen, insbesondere beim Gebrauch zusammenwirken, und zu diesem Zweck in ihrer Form, d. h. in ihrer körperlichen Gestaltung, einander angepaßt sind", BPatGE 19, 158, 159; 16, 164, 168; 14, 51, 53; 10, 240, 243; 8, 168, 169; 7, 38, 40; 1, 154, 155; z. B. also die einander angepaßten Diaprojektor

körperliche Verbindung mehrerer selbständiger Gegenstände allein noch nicht die Einheitlichkeit zu begründen vermag[61], kommt es für die Frage der Einheitlichkeit entscheidend darauf an, ob „die Zuordnung (der Zusammenhang) der Teile äußerer Ausdruck der inneren Zusammengehörigkeit des Ganzen ist" und ob „der Zusammenhang der Teile ... (zur Erreichung des Arbeits- oder Gebrauchszwecks) ... derart auf Dauer angelegt ist, daß sie bei jeder bestimmungsgemäßen Verwendung in ihrer Zuordnung zueinander notwendig beharren"[62].

---

und Magazin (E 16, 164), Tablettenröhrchen mit infolge ihrer Anpassung an das Röhrchen stoß- und rüttelfrei gelagerten Tabletten (E 7, 38), eine aus Behälter, 4 Flaschen und einem Schwamm bestehende Mehrfachpackung (E 19, 158), ein aus den selbständigen Geräteteilen eines Meßwerks und einer Ablesevorrichtung bestehender Elektrizitätszähler (BPat Mitt. 80, 213 mit Anm. von Müller).

[60] Vgl. BPatG aaO (FN 59).

[61] BPatGE 19, 139, 142; dies wird insbesondere von Hesse GRUR 67, 329 ff., 331 r. Sp. betont; er folgert daraus zutreffend, daß der rein körperliche Zusammenhang hinsichtlich der Frage der „Einheitlichkeit des Gegenstands" keine Aussagekraft hat, daß also vielmehr der technisch-funktionelle Zusammenhang der Teile darüber entscheidet. — Da die sinnlose Zusammensetzung einzelner Teile jedoch die Ausnahme sein dürfte, wird bei einer festen körperlichen Verbindung freilich in aller Regel die Einheitlichkeit zu bejahen sein; für diese Indizwirkung auch BPatGE 19, 139, 143. — Zur Problematik der Einheitlichkeit von Anlagen vgl. Hesse, S. 332, nach dem mehrteilige Vorrichtungen einheitlich sind, „wenn ein technisch-funktioneller Zusammenhang zwischen den Einzelteilen durch ein einstufiges Verfahren hergestellt wird und wenn keines der Einzelteile aus der Gesamtvorrichtung entfernt werden kann, ohne daß das Einzelteil und die Gesamtvorrichtung ihre Eignung zu dem ihnen jeweils zugeordneten Zweck einbüßen würden"; kritisch hierzu Schlitzberger Mitt. 68, 101 ff., 103 l. Sp., der damit die Schwierigkeiten der „Einheitlichkeit" nicht beseitigt sieht.

[62] BPatGE 19, 139, 142, 143; 19, 158, 160; BPatG vom 31. 7. 80, vgl. LS in Mitt. 80, 213. Dieser Grundsatz soll nach BPatGE 19, 158, 160 in gleicher Weise für die körperlich feste wie für die technisch-funktionelle Verbindung mehrerer Teile gelten. BPatGE 19, 158, 161 hat klargestellt, daß es der „Einheitlichkeit des Gegenstands" nicht entgegensteht, wenn die Einzelteile vor und nach Beendigung des Verwendungsvorgangs getrennt gehandhabt werden können; entscheidend sei die gemeinsame Handhabung im Rahmen des Gebrauchszwecks. Während des bestimmungsgemäßen Gebrauchs muß eine Verbindung bestehen, vgl. BPatG Mitt. 80, 215 l. Sp. — Diesen vom Bundespatentgericht in neuerer Zeit entwickelten Kriterien entspricht es nicht, die „Einheitlichkeit des Gegenstands" nur anzuerkennen, wenn die Einzelgegenstände ihre vorher vorhandene Selbständigkeit infolge des technisch-funktionellen Zusammenhangs verloren haben (so aber noch BPatGE 16, 164, 170; so auch Bühring § 1, RN 85 m. N.). — Die Einheitlichkeit von Verkaufs- und Verpackungseinheiten (vgl. hierzu Bühring § 1, RN 85 m. N., Benkard GbmG § 1, RN 17) ist somit nicht generell zu verneinen, sondern im Einzelfall nach den — richtigen — Grundsätzen des Bundespatentgerichts zu beurteilen.

V. Bestimmtheit

Schließlich hat der Gegenstand bestimmt zu sein[63].

Darunter ist — entsprechend dem § 2 Abs. 2 Nr. 2, § 3 Nr. 2 S. 2 AnmBestGbm — eine ausreichende Konkretisierbarkeit des Gegenstands zu verstehen. Als zur Individualisierung nicht genügend werden Beschreibungen erachtet, die eine Vielzahl unterschiedlicher, lediglich unter denselben Begriff fallender Gegenstände umfassen[64]. Die Möglichkeit mehrerer Ausführungsformen eines Gegenstands steht der „Bestimmtheit" freilich nicht entgegen[65]. — Wie bei der „Einheitlichkeit" geht es auch bei dieser Voraussetzung also nicht darum, eine dem Gegenstand selbst anhaftende Eigenschaft zu bezeichnen. Vielmehr soll damit gewährleistet werden, daß der erfinderische Gedanke tatsächlich an einen Gegenstand gebunden ist und, darüber hinaus, in einer „Raumform"[66] zum Ausdruck kommt[67].

Mitunter wird weiter verlangt, der Gegenstand müsse „gewerblich verwertbar" sein[68].

Die „gewerbliche Verwertbarkeit" knüpft jedoch gemäß § 1 PatG, dem sie entlehnt ist, an die Erfindung, also den Gedanken an und kann daher bei gleichem Bedeutungsinhalt kein vom Gebrauchsgegenstand zu erfüllendes Merkmal sein[69]; auf sie ist an anderer Stelle einzugehen[70].

VI. Wertung

Bei einer Betrachtung des geltenden Rechtszustandes fällt zunächst auf, daß der Begriff „Arbeitsgerätschaft" heute keine Rolle mehr spielt; er läßt sich mühelos unter denjenigen des „Gebrauchsgegenstandes" subsumieren, welcher die gezeigte weite Auslegung erfahren hat. Wenn aber die Behauptung — mehr denn je[71] — zutrifft, die „Arbeitsgerätschaften" seien nur ein Unterfall der „Gebrauchsgegenstände" und hätten

---

63 Vgl. Bühring § 1, RN 91, Benkard GbmG § 1, RN 16 sowie die Nachweise dort.

64 z. B. „elektrische Verbindung" (BPatGE 10, 51), „Formkörper ... für Behälter, Rohrschüsse, Teilstücke von Austauschtürmen oder Auskleidungen für Rohre oder ähnliches" (PA Bl. 56, 224), „Folien zum Bekleben von Fahrzeugen und Fahrzeugteilen" (PA Mitt. 58, 156).

65 BPatGE 10, 51, 52.

66 Vgl. dazu unten 5. Abschn.

67 In diesem Sinne auch BPatGE 10, 51, 52.

68 Bühring § 1, RN 60.

69 Freilich kommt es letztlich auf die gewerbliche Herstellbarkeit und Benutzbarkeit des körperlichen Gegenstands an, vgl. § 5 Abs. 1 PatG; es ist aber auf einen exakten Sprachgebrauch zu achten.

70 Vgl. unten 9. Abschn.

71 Vgl. bereits Allfeld und Seligsohn aaO (FN 28).

demzufolge keine eigenständige Bedeutung, dann liegt es nahe, auf die weitere Verwendung dieses Begriffs zu verzichten. Damit würde auch der sprachlich bestehende („Arbeitsgerätschaften *oder* Gebrauchsgegenstände"), in der Rechtswirklichkeit sich aber nicht auswirkende Gegensatz beider Begriffe vermieden. Auch kommt dem Begriff „Arbeitsgerätschaft" nicht mehr wie früher eine den Kreis der fraglichen Gegenstände erläuternde Funktion zu; er ist überholt, überflüssig und sollte abgeschafft werden.

Auch der Begriff „Gebrauchsgegenstand" besitzt nicht den Gehalt, der ihm heute beigemessen wird. Ohne eine positive Definition geben zu wollen, läßt sich wohl doch negativ sagen, daß ein Schiffsrumpf[72] oder ein mobil konstruiertes Gebäude[73] jedenfalls nicht unter Berücksichtigung des ursprünglichen Sinngehalts als „Gebrauchsgegenstand" anzusehen sind. Für Dinge dieser Art ist der Begriff zu eng[74]. Diese der Praxis nicht entsprechende Begrenztheit läßt sich dadurch beseitigen, daß man das Wort „Gebrauch", das eben — sonst wäre es sinnlos — eine Reihe von Gegenständen, manche ungewollt, ausschließt, einfach fallenläßt. Als (körperlicher) „Gegenstand" sind Schiffsrumpf und Bauwerk ohne jeden Zwang zu betrachten; „Gebrauch" dagegen klärt nicht, sondern bewirkt Unsicherheit.

Zu überlegen ist, ob und inwieweit in Zukunft festgelegt werden soll, was unter einem „Gegenstand" iSd § 1 GbmG zu verstehen ist.

In Anbetracht der Schwierigkeit, wenn nicht Undurchführbarkeit eines solchen Unterfangens, vor allem aber wegen der Gefahr, sich durch eine detaillierte Definition jeder vernünftigen Weiterentwickelung zu verschließen[75], sollte man auf eine positive Umschreibung des Begriffs „Gegenstand" verzichten. Andererseits erscheint es unerläßlich, im Gesetz eine bessere als die gegenwärtig vorhandene Stütze für die Beantwortung der Frage zu geben, wie das körperliche Erscheinungsobjekt für den erfinderischen Gedanken beim Gebrauchsmuster beschaffen sein muß. — Die zur Erfassung der Gruppe der „Gebrauchsgegenstände" gebildeten Kriterien können dabei behilflich sein; sie sind jedoch auf ihre Berechtigung hin zu überprüfen.

Vorweg ist festzustellen, daß die Kriterien der „Einheitlichkeit" und „Bestimmtheit" systematisch nicht zu den Schutzvoraussetzungen, sondern zu den Regeln über Anmeldung und Eintragung gehören; ihre Er-

---

[72] BPatGE 1, 162, vgl. oben III, FN 51.

[73] BPatGE 15, 171, vgl. oben III, FN 50.

[74] Vgl. Trüstedt GRUR 54, 137, 139 l. Sp., der unter Hinweis auf die immer weitere Auslegung des Begriffs „Gebrauchsgegenstand" die Frage aufwirft, ob man nicht alles darunter fassen soll, was durch Sachpatent schützbar ist.

[75] Vgl. Loewenheim aaO (Einführung I, FN 2).

forderlichkeit sollte daher in den Anmeldebestimmungen, nicht aber im Gesetz ausgesprochen werden.

Die Aufgabe des Merkmals der „Gebrauchsdienlichkeit" folgt bereits daraus, daß man nur mehr auf einen körperlichen Gegenstand abstellt. Darunter sind dann ohne Einschränkung Nahrungs-, Genuß- und Arzneimittel zu subsumieren — ein Ergebnis, das wegen der Wiederherstellung der insoweit verloren gegangenen Parallelität zum Patentrecht zu begrüßen ist[76]. Eine Angleichung an dessen Regelungen ist wünschenswert, weil jeweils der Erfindungsgedanke geschützt wird und daher ein Unterschied im inneren Wesen der Schutzrechte nicht besteht[77]. Eine andersartige Behandlung der Schutzfähigkeit innerhalb derselben Erfindungsart, nämlich des Bereichs der Erfindungen, die in einem Gegenstand Verkörperung finden, ist, wenn nicht systemwidrig, so doch unverständlich, sofern besondere Zielsetzungen des Gebrauchsmusterrechts dazu nicht zwingenden Anlaß geben. Die Ausschließung der Erfindungskategorie der Verfahren mag dagegen zweckmäßig bzw. sogar geboten[78] sein.

Ebenfalls nicht in das Gesetz aufgenommen werden sollte das undeutliche, ja irreführende Kriterium der „Handhabbarkeit". Wollte man unbewegliche Sachen nicht zu den körperlichen Gegenständen des § 1 GbmG zählen, bedürfte es nur der Einfügung des Adjektivs „beweglich". Dies sollte aber nicht geschehen, da die Eignung als Verkörperungsobjekt des Gedankens nicht von zivilrechtlichen Wertungen abhängig sein darf[79]. Günstiger ist es daher, wenn der Gesetzeswortlaut eine Entscheidung über die Beweglichkeit des Gegenstandes nicht trifft, damit für Patent und Gebrauchsmuster dieselben Maßstäbe gelten[80] und für beide in gleicher Weise die Möglichkeit einer Trennung von der sachenrechtlichen Betrachtungsweise, einem Relikt vergangener Jahre, offen gehalten wird.

Der körperliche Gegenstand sollte jedoch wie bisher eine „eindeutig festlegbare und hinreichend beständige Form" aufweisen, also leblos[81] und von fester Gestalt sein müssen. Diese Eingrenzung des gebrauchsmusterrechtlichen Gegenstandsbegriffs erscheint hinsichtlich der Tiere und Pflanzen bereits im Hinblick auf § 2 Nr. 2 PatG, im übrigen, um eine klare Grenze zu den Verfahrenserfindungen zu ziehen, schließlich

---

[76] Vgl. dazu oben I, FN 36.

[77] Trüstedt GRUR 54, 137 r. Sp., 139 l. Sp. (vgl. FN 74).

[78] Vgl. dazu unten 5. Abschn. V 2 b.

[79] Vgl. oben III, FN 47.

[80] Zur „gewerblichen Anwendbarkeit" im Gebrauchsmusterrecht vgl. unten 9. Abschn.

[81] Neuerungen an Mikroorganismen sind somit dem Gebrauchsmusterschutz weiterhin nicht zugänglich, vgl. dazu oben II, FN 41.

aber auch deshalb erforderlich, damit durch die Anschaulichkeit und Greifbarkeit des Erscheinungsobjekts der geschützte Gedanke einfacher erkennbar und in seinem Umfang leichter ermittelbar als beim Patent bleibt[82]. Insoweit dürfte es nützlich sein, das ursprüngliche Ziel der Einfachheit des Gebrauchsmusterrechts[83] zu wahren — sofern man nicht einen anderen Weg einschlagen und die Bindung an den „Gegenstand" lösen will. Dieses Problem ist eng mit der als nächste zu untersuchenden Fragen, der „Raumform", verknüpft und daher in jenem Zusammenhang zu behandeln.

5. *Abschnitt*

Raumform

I. Begriff

Der im Gesetz zu keiner Zeit erwähnte, von Rechtsprechung und Literatur geschaffene Begriff „Raumform", dessen ersten Ansätzen man schon früh begegnet[84], wurde aus dem Tatbestand des § 1 Abs. 1 GbmG 1891 entwickelt. Danach kam es für die die Erlangung des Gebrauchsmusterschutzes zunächst darauf an, daß ein „Modell" vorlag; im Gebrauchsmusterrecht verstand man unter „Modell" seit jeher ein körperliches Veranschaulichungsmittel[85]; das Reichsgericht definierte es als eine „im Raum verkörperte Darstellung des Erfindungsgedankens"[86]. Ferner war es erforderlich, daß das Modell, der Raumkörper, eine „neue Gestaltung, Anordnung oder Vorrichtung", also eine neue Formgebung aufwies; diese mußte sich somit im Raume äußern, worauf auch die Worte „Gestaltung, Anordnung, Vorrichtung", denen jeweils das Kennzeichen der körperlichen Form zu eigen ist[87], hindeuteten[88].

---

[82] Ähnlich GRUR-Unterausschuß, S. 30 r. Sp.

[83] Vgl. Einführung II (FN 42).

[84] Der Begriff ist nicht etwa erst nach 1936 (Streichung des als entbehrlich erachteten Wortes „Modell" durch die Neufassung des Gebrauchsmustergesetzes vom 5. 5. 36, vgl. amtl. Begründung Bl. 36, 116, zu § 1) eingeführt worden (so aber Reinländer GRUR 61, 389 ff., 393 l. Sp.), vgl. etwa Kohler GRUR 3, 113, Allfeld, S. 373, Cantor § 1, Anm. 5, Seligsohn GbmG § 1, Anm. 2 (S. 463) und RG vom 23. 9. 99 (= RGZ 44, 74, 76): „Das Gesetz ... ist für Erzeugnisse bestimmt, die durch eine neue Form ... die gewerbliche Nutzbarkeit erhöhen. Das Patentgesetz dagegen soll Erfindungen schützen, die mehr sind als die im Raume verkörperte Darstellung eines ... Erfindungsgedankens."

[85] Vgl. Cantor § 1, Anm. 2 m. N.

[86] RG Bl. 98, 105, 107 l. Sp.; RGZ 44, 74, 76.

[87] Die teilweise für entbehrlich gehaltenen (Isay GbmG § 1, RN 12, S. 565; Seligsohn GbmG § 1, Anm. 6, S. 468) Definitionen dieser Begriffe haben sich im Laufe der Zeit nicht wesentlich geändert, vgl. etwa Cantor § 1, Anm. 27 (1911): „Gestaltung bezieht sich auf jede Veränderung der äußeren Form

Wenngleich allgemein anerkannt ist, daß der Erfindungsgedanke in einer „Raumform" zutage treten muß[89], wird der Inhalt des Begriffs nicht einheitlich beurteilt.

Teilweise dient „Raumform" als Sammelbezeichnung für die in § 1 Abs. 1 GbmG aufgeführten „Arbeitsgerätschaften oder Gebrauchsgegenstände oder Teile davon"[90]. Diese Auffassung ist daraus zu erklären, daß bei ihr die — sachlich nie aufgegebene[91] — Modellfähigkeit, der Raumcharakter des Gegenstands im Vordergrund steht.

Der BGH faßt „Raumform" dagegen enger; nach seiner Rechtsprechung bedeutet „Raumform" nur das „Ergebnis der in einer ‚Gestaltung, Anordnung oder Vorrichtung', (somit) in einer räumlich-körperlichen Ausformung bestehenden und für die Schutzfähigkeit in erster Linie wesentlichen Maßnahmen"[92], „die im kennzeichnenden Teil des Schutzanspruchs als neu bezeichnete körperliche Formgebung"[93], mithin den „erfindungsfunktionellen Teil"[94] bzw. das „erfindungswesentliche Merkmal"[95] des Gegenstands. — Diese Ansicht[96] leitet „Raumform" also aus den Formulierungen in § 1 Abs. 1, § 2 Abs. 2 GbmG „neue Gestaltung, Anordnung, Vorrichtung" ab, die zusammenfassend „Raumform" genannt werden[97].

---

eines Gegenstandes", „Anordnung auf das technische Verhältnis einzelner Teile eines Gegenstandes zueinander", „Vorrichtung ist ein ... räumlich sich darstellendes Hilfsmittel an einem Gegenstand" sowie Bühring § 1, RN 15—17 (1978): „Gestaltung bedeutet die Form eines Einzelgegenstandes", „Anordnung ist idR das räumliche Verhältnis mehrerer Teile eines einheitlichen Gegenstands zueinander, umfaßt aber auch die stoffliche Zusammensetzung" — a. A. insoweit z. B. noch Schanze GRUR 1900, 242 r. Sp. —, „Vorrichtung ... meint körperliche Gegenstände schlechthin"; ganz ähnlich Benkard GbmG § 1, RN 18. — Die Subsumierung der Stoffvertauschung unter „Anordnung" erfolgte naturgemäß erst mit der Entwicklung dieses Problemkreises.

[88] Vgl. Cantor § 1, Anm. 26 (S. 141).

[89] Vgl. etwa RGZ 120, 224, 227; BGH GRUR 57, 270; 65, 234; 65, 239; 65, 247; BPatG 15, 62; Bühring § 1, RN 14; Benkard GbmG § 1, RN 3 m. N.; s. auch oben 2. Abschn., FN 7.

[90] So z. B. Reimer GbmG § 1, RN 4; Hesse GRUR 67, 329 ff.; Müller GRUR 79, 455 (vgl. die Formulierung des Vorschlags von § 1 Abs. 1); Reinländer GRUR 61, 393 l. Sp.; BPatG Bl. 60, 339 r. Sp.; Mitt. 62, 57 r. Sp.

[91] Vgl. Begründung zur Fassung vom 5. 5. 36, Bl. 36, 116, zu § 1 und dazu BGH GRUR 65, 239 ff., 245 l. Sp.

[92] BGH GRUR 65, 239, r. Sp.

[93] BGH aaO, 242 l. Sp.

[94] So Schramm GRUR 65, 250 r. Sp.

[95] Vgl. Leitsatz von BGH aaO.

[96] Wie der BGH aaO auch Bühring § 1, RN 18, 80, Benkard GbmG § 1, RN 18, insb. aber Walther GRUR 62, 221 ff., 224 l. Sp., dessen Ausführungen sich der BGH aaO, S. 241 r. Sp. angeschlossen hat. Vgl. ferner Klauer/Möhring GbmG § 1, RN 3.

[97] BGH GRUR 65, 241 r. Sp.; GRUR 69, 184, 185 r. Sp.; Bühring § 1, RN 18; Benkard GbmG § 1, RN 18.

Der Raumform-Definition des BGH ist der Vorzug zu geben, da sie besser zum Ausdruck bringt, daß beim Gebrauchsmuster der Erfindungsgedanke nicht nur — wie beim Sachpatent — in einem körperlichen Gegenstand in Erscheinung treten muß, sondern daß weiter erforderlich ist, daß die Lösung der Erfindungsaufgabe gerade durch räumlich-körperliche (mechanisch-konstruktive) Maßnahmen erfolgt[98] — ein Ergebnis, das sich aus dem Gesetzeswortlaut ergibt (Förderung des Arbeits- oder Gebrauchszwecks „durch eine neue Gestaltung, Anordnung oder Vorrichtung") und über das Einigkeit besteht. „Raumform" als Zusammenfassung von Arbeitsgerätschaften und Gebrauchsgegenständen deutet dagegen nicht mit der notwendigen Klarheit auf diese für die Schutzfähigkeit entscheidende Voraussetzung[99] hin und wird daher dem Gesetz nicht mit der gleichen Präzision gerecht[100].

Es wird gefordert, die „Raumform" müsse wahrnehmbar[101], bestimmt[102] und einheitlich[103] sein. Zur Klärung des geltenden Rechtszustands ist zu untersuchen, wie diese Anforderungen an die Beschaffenheit der „Raumform" zu verstehen sind.

II. Wahrnehmbarkeit

„Wahrnehmbar" bedeutet die Erfaßbarkeit der neuen „Raumform" oder der durch sie erzielten Vorteile durch den menschlichen Sinn[104], wobei dies mit wissenschaftlichen Untersuchungs- und Erkenntnismethoden selbst dann ermöglicht werden kann, wenn der Gegenstand dabei unbrauchbar wird[105]. — Die „Raumform" wird daher, wenn vorhanden,

---

[98] BGH GRUR 65, 239, 244 r. Sp.; BGH GRUR 68, 40, 41; Essel Mitt. 62, 84, 85; Schlitzberger Mitt. 68, 103; Benkard GbmG § 1, RN 25; Bühring § 1, RN 118; — vgl. schon Cantor § 1, Anm. 26: „Der im Modell verkörperte Erfindungsgedanke muß in einer ... neuen Formgebung oder räumlichen Konstruktion bestehen". — Die Bezeichnung des Erfindungsgedankens als „Raumformgedanken" veranschaulicht dieses Erfordernis recht plastisch; die Kritik von Schramm GRUR 64, 226 l. Sp. und 65, 251 r. Sp. an diesem Begriff („Raumform ist etwas Körperliches, Konkretes, in der Dimension Meßbares: der Raumformgedanke ist ein Abstraktum, das Gegenteil von Raum") veranlaßt nicht dazu, ihn aufzugeben.

[99] Walther GRUR 62, 224 l. Sp.; BGH GRUR 65, 234, 239, 247; BGH GRUR 68, 40.

[100] Walther GRUR 65, 645 l. Sp.

[101] Vgl. Bühring § 1, RN 82 m. N.; Benkard GbmG § 1, RN 19 m. N.

[102] Vgl. Bühring § 1, RN 90 m. N.; Benkard GbmG § 1, RN 21 m. N.

[103] Vgl. Bühring § 1, RN 83 m. N.; Benkard GbmG § 1, RN 20 m. N.

[104] RG 84, 65 (Tastsinn); RG GRUR 37, 556, 558; BGH GRUR 69, 184, 186 l. Sp.; Bühring § 1, RN 82; Benkard GbmG § 1, RN 19.

[105] RGZ 128, 205, 210 (Röntgen-Strahlen); RG MuW 30, 376, 377; BGH GRUR 69, 186 l. Sp.; Reimer GbmG § 1, RN 7; Bühring § 1, RN 82: z. B. Magnetismus.

fast immer „wahrnehmbar“ sein; da sie auch die inneren Teile des Gegenstands betreffen kann, muß dieser keineswegs eine veränderte äußere Gestaltung aufweisen[106].

III. Bestimmtheit

„Bestimmtheit der Raumform“ bedeutet ihre eindeutige Festlegbarkeit[107]. Da beim Gebrauchsmuster nicht nur das im einzelnen erläuterte Modell, sondern der dahinterstehende allgemeine Raumformgedanke Schutzgegenstand ist, kann der Raumform die hinreichende Bestimmtheit nicht abgesprochen[108] werden, wenn nach Angabe des Lösungsprinzips eine Vielzahl möglicher Ausführungsformen besteht[109]. Erforderlich ist aber, daß der Raumformgedanke ein gemeinsames, die Vielzahl der Verwirklichungsformen zusammenhaltendes Prinzip geometrischer[110] oder mechanisch-konstruktiver[111] Art beinhaltet[112], durch welches die neue Raumform positiv, wenn auch alternativ[113], in bestimmter Weise gekennzeichnet wird. Nicht ausreichend ist daher beispielsweise die Bezeichnung eines Körperchens als „Granulat“, weil damit nur negativ beschrieben wird, daß eine harmonische geometrische Form fehlt[114]. Die Raumform darf auch nicht von einem sich erst bei der Verwendung ergebenden veränderlichen Umstand abhängen[115], sondern muß, um „bestimmt“ zu sein, von vornherein durch die Angaben in der Anmeldung feststehen. — Im Bereich der Stoffvertauschung muß der neue Stoff zwar nicht konkret benannt, wohl aber ausreichend individualisiert[116] und gegenüber dem ersetzten eindeutig abgrenzbar[117] sein.

---

106 BGH GRUR 65, 239, 242 l. Sp.; BGH GRUR 69, 184, 186.

107 Bühring § 1, RN 90.

108 So aber zu Unrecht BPatG Mitt. 62, 57, 58 r. Sp.; Mitt. 62, 139, 140 l. Sp.

109 BGH GRUR 65, 239, 242 r. Sp.; Walther GRUR 65, 644, 645 l. Sp.; BPatG GRUR 79, 316, 317 l. Sp.

110 z. B. Kugel, Zylinder.

111 Bei elektrischen Schaltungen kommt es stets entscheidend darauf an, ob das Prinzip mechanisch-konstruktiver oder elektrisch-funktioneller Art ist, ob also die Neuerung unmittelbar (primär) durch einen räumlich-körperlichen Akt herbeigeführt wird oder ob sich die körperliche Form nur als mittelbare (sekundäre) Folge anderer als rein körperlicher, für den Erfolg ursächlicher Maßnahmen ändert, vgl. BGH GRUR 65, 239, 243 l. Sp.; BGH GRUR 68, 40, 41; Schlenk GRUR 68, 44 l. Sp.; Walther GRUR 65, 644, 645; Bühring § 1, RN 90.

112 BGH GRUR 65, 239, 245 l. Sp.; BPatG GRUR 79, 316, 317 l. Sp.

113 Beispielsweise ist die alternative Raumformangabe „zylindrisch, kubisch oder rhombisch“ zulässig, vgl. BPatG GRUR 79, 316, 317 r. Sp.

114 Vgl. BPatG aaO (FN 109, 111, 112).

115 BPatG 22, 123 = Bl. 80, 208 im Anschluß an BPatGE 18, 174, 176. — Keine „Bestimmtheit“ daher bei „symmetrisch zur Trittfläche anzuordnenden Markierungen“ auf einem Ski, weil die Trittfläche von der unbekannten, veränderlichen Schuhgröße abhängt, BPatG Bl. 80, 208.

116 BPatGE 8, 184, 186; BPatG GRUR 80, 993 ff., 994 r. Sp., 995.

IV. Einheitlichkeit

Im Unterschied zur Wahrnehmbarkeit und Bestimmtheit handelt es sich bei der „Einheitlichkeit der Raumform“ nur um eine Ordnungsregel; bei Uneinheitlichkeit ist ein Löschungsgrund daher nicht gegeben[118]. — Für die Frage der „Einheitlichkeit der Raumform“ kommt es ebenso wie für die Bestimmtheit nicht darauf an, ob sich der Erfindungsgedanke in nur einer oder in vielen Ausführungsformen verwirklichen läßt; entscheidend ist allein, ob den beliebigen Formen ein gemeinsamer Gedanke zugrunde liegt[119]. Das Erfordernis der „Einheitlichkeit“ bezweckt, daß in einer Gebrauchsmusteranmeldung auch nur der Schutz eines Gedankens erreicht werden kann[120].

V. Reformüberlegungen

Bei einer Bewertung des geltenden Rechtszustandes ist vorab festzustellen: wenn — zu Recht — auf eine strenge Unterscheidung der Begriffe „Gestaltung, Anordnung, Vorrichtung“ verzichtet wird und sich der alle Fälle einbeziehende Sammelbegriff „Raumform“ gebildet hat[121], so gibt es keinen Anlaß, auch weiterhin das eine in Frage stehende Merkmal mit 3 Begriffen zu umschreiben; falls man daran festhalten will, sollte man „Gestaltung, Anordnung, Vorrichtung“ durch „Raumform“ ersetzen.

---

[117] BPatGE 22, 14 (LS in Bl. 80, 207): Die Angabe, daß der Grundkörper eines Fensterführungsprofils aus „lederhartem Gummi“ bestehe, ist nicht ausreichend, weil durch den Begriff „lederhart“ der Härtebereich nicht scharf genug von bekanntermaßen bereits verwandten Härtegraden abgegrenzt werde.

[118] Zeller, S. 298; LG Dresden Bl. 10, 238; RG Bl. 32, 138; Feder GRUR 68, 413; Bühring § 1, RN 83 a. E.

[119] RG GRUR 40, 275; BPatGE 6, 203 = Mitt. 65, 79; Feder aaO; Benkard GbmG § 1, RN 20; Bühring § 1, RN 83.

[120] BPatGE 7, 125, 129; Zeller, S. 298, 299; Boecker GRUR 62, 67; Harraeus GRUR 62, 393 ff.; ausführlich zur Problematik der Einheitlichkeit von Erfindungen Schiller GRUR 80, 24 ff. Gemäß § 1 Abs. 2 AnmBestGbm ist „für jeden Gegenstand eine besondere Anmeldung erforderlich“. Ebenso wie durch § 35 Abs. 1 Satz 2 PatG soll damit vermieden werden, daß durch Aufnahme mehrerer Erfindungsgedanken in eine Gebrauchsmusteranmeldung die Gebühren willkürlich herabgedrückt werden können; ferner sollen Registrierung und Prüfung und die Übersicht über die Schutzrechte erleichtert werden (vgl. Boecker GRUR 62, 63 l. Sp.). — Die Formulierung in § 1 Abs. 2 AnmBestGbm. entspricht dem § 1 Abs. 1 GbmG, wo vom Schutz des Gegenstands und nicht des Gedankens die Rede ist.

[121] Vgl. FN 97.

1. Die Bindung an „Gegenstand“ und „Raumform“

a) Folgen

Fraglich ist aber, ob auch in Zukunft gefordert werden soll, daß der Erfindungsgedanke in einem körperlichen Gegenstand in Erscheinung tritt und in einer Raumform Verkörperung findet. Eine Beseitigung der Beschränkungen des Gebrauchsmusterschutzes durch „körperlichen Gegenstand“ und „Raumform“ bzw. „Raumform“ allein ist deshalb erwägenswert[122], weil bislang Verfahrenserfindungen durch Gebrauchsmuster nicht schützbar sind[123], die Vorteile des Gebrauchsmusters in diesem Bereich also nicht zur Entfaltung kommen können, und weil bei anderen Neuerungen — wie bei Schaltungen — das Kriterium der „Raumform“ einmal erhebliche Schwierigkeiten bereitet und zum anderen ein Gebrauchsmuster für Schützenswertes verhindert; teilweise ist man zum Zwecke der Ausdehnung des Gebrauchsmusterschutzes gezwungen, das Erfordernis „Raumform“ bis zur Aufgabe des Wortsinns extensiv auszulegen — insbesondere bei Flächenmustern und bei der Stoffvertauschung.

Gebrauchsmusterschutz für Verfahrenserfindungen scheidet aus, da beim Verfahren als zeitlich aufeinanderfolgendem Vorgang der Erfindungsgedanke nicht durch räumlich-körperliche Merkmale gekennzeichnet, somit nicht in einer „Raumform“ verkörpert ist und auch nicht — darauf bezieht er sich nämlich gar nicht — in einem körperlichen Gegenstand in Erscheinung tritt[124]. — Das Erfindungswesentliche der Verfahrenserfindung besteht nicht im Schaffen besonderer Eigenschaften, sondern in der Methode der Zweckerreichung, also der Herstellungsweise (Herstellungsverfahren) bzw. der Erzielung des Arbeitsergebnisses (Arbeitsverfahren). Wenn beim Herstellungsverfahren Erzeugnisse hergestellt, beim Arbeitsverfahren Arbeitsmittel eingesetzt, beim Anwendungsverfahren[125] Gegenstände verwendet werden, ist ein „mittelbarer Verfahrensschutz“ durch Gebrauchsmuster lediglich insoweit möglich,

---

[122] Vgl. zu dieser Frage: GRUR-Unterausschuß, S. 30 r. Sp.; Schlitzberger GRUR 79, 194 l. Sp.; Bossung GRUR 79, 665 l. Sp., FN 22, und 668, FN 31 — für die Aufrechterhaltung der bestehenden Rechtslage; a. A. (für den Fortfall zumindest der „Raumform“) Werner Mitt. 81, 58, 59 l. Sp.; Müller GRUR 79, 454; Loewenheim GRUR 77, 685 r. Sp.; Klauer/Möhring GbmG § 1, RN 1, 3, 19, 20; Fischer GRUR 69, 186 (Anm. zu BGH GRUR 69, 184); für die Einführung von Gebrauchsverfahren bereits Ephraim GRUR 98, 100 ff.

[123] Einhellige Meinung; RGZ 36, 57; RG Bl. 98, 86; Bl. 2, 61; MuW 22, 152; 26, 264; PA Bl. 55, 183; BPatGE 9, 54; 11, 96, 102; Bühring § 1, RN 104; Benkard GbmG § 1, RN 14; Klauer/Möhring GbmG § 1, RN 4; Isay GbmG § 1, RN 4 m. w. N.

[124] Vgl. FN. 122 und ferner Bühring § 1, RN 105; Busse GRUR 52, 123, 127 l. Sp.; Weber, S. 18, 21.

[125] Die Anwendungserfindungen gehören in die Kategorie der Verfahrenserfindungen, vgl. Reimer PatG § 1, RN 70 m. w. N.

als in dem beim Verfahren hergestellten, eingesetzten oder verwendeten körperlichen Gegenstand die Voraussetzungen des Gebrauchsmusterschutzes erfüllt und aus seiner neuen Formgebung die Besonderheiten des Verfahrensablaufs erkennbar sind[126].

Die Frage der Gebrauchsmusterschutzfähigkeit von — insbesondere elektrischen[127] — Schaltungen wurde eingehend diskutiert[128] und kann seit den Entscheidungen des BGH hierzu[129] als geklärt angesehen werden. Das auf der Grundlage des geltenden Rechts vom BGH und der h. L. in zutreffender Weise gewonnene Ergebnis läßt sich dahingehend zusammenfassen, daß zwar nicht das Schaltprinzip (die Lehre zum technischen Handeln im funktionellen Bereich zur Herbeiführung von Impuls-Kreisläufen mit bestimmten funktionellen Wirkungen) und das Schaltbild (die zeichnerische Darstellung der Kreislauflehre) dem Gebrauchsmusterschutz zugänglich sind, wohl aber die körperliche Schaltung (die Verwirklichung des Schaltprinzips)[130], sofern die Lösung der Erfindungsaufgabe durch räumlich-körperliche Maßnahmen erfolgt. — Mit der theoretischen Klärung sind aber nicht zwingend zugleich die praktischen Schwierigkeiten behoben, die vor allem das Eintragungsverfahren, in dem die „Raumform" als absolute Schutzvoraussetzung zu prüfen ist, belasten. Es wird beklagt, daß häufig selbst für den Techniker nicht leicht zu entscheiden sei, ob die Neuerung durch räumlich-körperliche oder elektrisch-funktionelle Maßnahmen herbeigeführt

---

[126] Bühring § 1, RN 106, 107 m. N.; Benkard GbmG § 1, RN 14; Reimer GbmG § 1, RN 9; Busse aaO (FN 124); Isay aaO (FN 123); RG Bl. 30, 240; RG GRUR 33, 307 = Bl. 33, 299; GRUR 34, 356; Mitt. 37, 376, 377; PA MuW 39, 151. — Das BPatG verlangt im Gegensatz zu RPA Mitt. 42, 119, daß die schriftlichen Eintragungsunterlagen eindeutig ergeben müssen, daß das Schutzbegehren unmittelbar auf einen Raumformgedanken gerichtet ist. Der Hinweis auf ein Verfahren im Schutzbegehren kann allerdings zulässig sein, insbesondere bei einfachen Angaben, die einerseits das Verfahren mitteilen, andererseits aber der Raumform-Kennzeichnung des Verfahrenserzeugnisses dienen (z. B. „verleimt", „angeschweißt", „vernickelt"), BPatGE 9, 54, 55. — „Anpassungserfindungen", bei denen zur Anpassung an den neuen Zweck eine Formänderung erfolgt, sind selbstverständlich dem Gebrauchsmusterschutz zugänglich, Bühring § 1, RN 101 m. N.; RG GRUR 36, 430 = MuW 36, 232; LG Düsseldorf GRUR 56, 414.

[127] Die mit Schaltungen zusammenhängenden Probleme wurden ganz vorwiegend für elektrische Schaltungen entwickelt; die hierbei aufgestellten Grundsätze gelten in gleicher Weise für hydraulische, pneumatische oder ähnliche Schaltungen, BPatG Bl. 75, 192; Bührung § 1, RN 116.

[128] Schips GRUR 59, 229; Zeller GRUR 61, 118; Conradt GRUR 61, 210; Reinländer GRUR 61, 389; Mitt. 62, 211; Moser Mitt. 62, 15; Mediger GRUR 61, 164; 65, 515; Mitt. 62, 234; Essel Mitt. 62, 84; Walther GRUR 62, 221; 65, 644; Baader GRUR 62, 437.

[129] Vgl. Landstorfer/Schlenk/Walther, Sechs gebrauchsmusterrechtliche Entscheidungen des BGH mit den wesentlichen Materialien, 1965; insb. BGH GRUR 65, 234 ff., 239 ff., 247 ff., ferner GRUR 68, 40 ff.

[130] Bühring § 1, RN 110, 111; Benkard GbmG § 1, RN 25; ganz ähnlich Reimer GbmG § 1, RN 13.

werde; die Grenzziehung zwischen Eintragbarkeit und fehlender Eintragbarkeit sei gekünstelt[131].

b) Ungereimtheiten bei der Raumform

Zur Erweiterung der Schutzmöglichkeiten wird die Raumformqualität einer Neuerung auch dort bejaht, wo es sich mit dem ursprünglichen Sinngehalt des Begriffs „Raumform" nicht vereinbaren läßt.

So ist seit langem anerkannt, daß auch beim zweidimensionalen Flächenmuster[132] — sofern, was hier besonders problematisch ist, der Erfindungsgedanke technischer Natur ist und nicht nur eine Anweisung an den menschlichen Geist darstellt — das Kriterium „Raumform" erfüllt[133] ist, obwohl spezifisches Kennzeichen des „Raumes" von der eigentlichen Wortbedeutung her die dritte Dimension ist[134]; daran fehlt es beim Flächenmuster, wenn man die dritte Dimension nicht in der Druckfarbe, die sich über die von der Farbe freie Fläche heraushebt, sehen will.

Ferner soll nach einhelliger Meinung die Stoffvertauschung der Anforderung der neuen „Raumform" genügen[135]. Daß in der Auswechslung des Materials eine schützenswerte Neuerung begründet sein kann, liegt auf der Hand; fraglich ist nur, ob bei der Erlangung dieses Ergebnisses noch mit dem Begriff „Raumform" operiert werden kann, da die Stoffvertauschung weder unter Gestaltung und Vorrichtung, aber auch nicht unter Anordnung[136] — diese bedeutet das räumliche Verhältnis mehrerer

---

131 Müller GRUR 79, 454. Bedeutsam ist in diesem Zusammenhang, daß die Gebrauchsmuster-Klasse „Elektrotechnik" bis einschließlich 1974 die meisten Anmeldungen und Eintragungen aufwies, vgl. Bl. 75, 88 (1974: 5108 Anmeldungen und 1629 Eintragungen). Erst ab 1975 sind mit der neuen internationalen Klasseneinteilung die „grundlegenden elektrischen Bauteile" an die dritte Stelle hinsichtlich der Zahl der Anmeldungen und Eintragungen gerückt, vgl. Bl. 76, 87 (1975: 2388 Anmeldungen und weniger als 1000 Eintragungen). Das Gebiet Elektrotechnik insgesamt ist aber weiterhin führend, vgl. Bl. 79, 99, Bl. 80, 91 und Bl. 81, 103, Klasse „H".

132 Die dreidimensionalen Flächenmuster wie Rillungen, Stanzungen, Perforationen werden als „unechte" bezeichnet (vgl. Bühring § 1, RN 95) und gehören nicht hierher.

133 RGZ 115, 128, 134 = GRUR 27, 181; Bl. 37, 227 r. Sp.; PA MuW 38, 483; BGH GRUR 69, 184, 185 r. Sp.; Bühring § 1, RN 92, 93; Benkard GbmG § 1, RN 22; so bereits Isay GbmG § 1, RN 17 m. w. N.

134 Vgl. Brockhaus: „Länge, Breite und Höhe".

135 RG Bl. 98, 105, 106 r. Sp.; RGZ 86, 226 = Bl. 15, 191; MuW 29, 220 = GRUR 29, 483; GRUR 31, 262; GRUR 37, 556, 558; PA Mitt. 57, 16; Mitt. 58, 157; BPatGE 8, 184, 186; 18, 56, 64; 19, 145, 147 ff.; BPatG GRUR 80, 993 ff., 994 r. Sp.; BGH GRUR 65, 239, 242 l. Sp.; GRUR 69, 184, 185. Bühring § 1, RN 95—99; Benkard GbmG § 1, RN 23; Reimer GbmG § 1, RN 11; Isay GbmG § 1, RN 14 m. w. N., der im Einklang mit der damaligen Meinung mit der „stofferfüllten Form" argumentiert.

136 Vgl. die Definitionen in FN 87; die Stoffvertauschung soll heute unter „Anordnung" fallen, vgl. Reimer aaO, Bühring aaO, m. N.

Teile eines einheitlichen Gegenstands zueinander — subsumiert werden kann[137], ohne den ursprünglichen Wortgehalt zu verlassen; für den aus den Einzelbegriffen abgeleiteten Sammelbegriff „Raumform“ gilt nichts anderes.

c) *Notwendigkeit?*

Gegen den Verzicht auf die Kriterien „Gegenstand“ und „Raumform“ wird geltend gemacht, eine Reform sei in diesem Punkt nicht angezeigt, weil die nach der Rechtsprechung zur Stoffvertauschung auf der Grundlage des geltenden Rechts bestehenden Möglichkeiten noch gar nicht ausgeschöpft würden[138].

Ferner dürfe ein einfaches und übersichtliches, andererseits aber nicht geprüftes Schutzrecht nicht mit Erfindungen belastet werden, die in Bestand und Schutzumfang unsicher einzuschätzen seien. Die Überschaubarkeit des Inhalts registrierter Schutzrechte sei sowohl für die Öffentlichkeit als auch für den Verletzungsrichter erforderlich[139]. Die Bindung an „Gegenstand“ und „Raumform“ wird auch deshalb als notwendig erachtet, weil nur sie das Gebrauchsmuster zu einem aliud gegenüber dem Patent mache und es erlaube, andere Kriterien der Schutzfähigkeit vorzusehen als sie im Straßburger Übereinkommen[140] enthalten sind[141].

2. Lösungswege

Fraglich ist daher, wie der Schutzgegenstand des Gebrauchsmusters neu bestimmt werden soll; es kommen insoweit 3 denkbare Lösungen in Betracht:

(a) Die geltende Rechtslage bleibt hinsichtlich der Erfordernisse „Gegenstand“ und „Raumform“ unverändert; die Gesetzesfassung wird lediglich sprachlich präzisiert und es wird festgelegt, ob bestimmte Arten von Gegenständen als Verkörperungsobjekt des Erfindungsgedankens ausscheiden.

---

137 Vgl. Klauer/Möhring GbmG § 1, RN 20.

138 Schlitzberger GRUR 79, 194 l. Sp.; ferner Hansen GRUR 76, 162 ff., 165, der darauf hinweist, daß die Praxis die sich vor allem bei chemischen Verbesserungen — insb. bei Lebens-, Genuß- und Arzneimitteln — bietenden Schutzmöglichkeiten kaum genutzt habe. — Der GRUR-Unterausschuß, S. 30 l. Sp. stellte bei den Vertretern der chemischen Industrie von der technischen Materie her geringes Interesse fest.

139 GRUR-Unterausschuß, S. 30 r. Sp.; ebenso Schlitzberger aaO (FN 138).

140 Das „Übereinkommen zur Vereinheitlichung gewisser Begriffe des materiellen Rechts der Erfinderpatente“ vom 27. 11. 63 (Straßburger Patentübereinkommen), abgedruckt in Bl. 64, 372, BGBl. 1976 II, 649, Bl. 76, 270, ist gemäß Art. 9 Abs. 2 StraÜ für die BRD und 7 weitere europäische Staaten am 1. 8. 1980 in Kraft getreten, vgl. BGBl. II 1980, 572 sowie die Bekanntmachungen in Bl. 80, 167 r. Sp., 311 l. Sp.; das Patentgesetz ist ihm bereits angepaßt.

141 Bossung GRUR 79, 665, FN 22, 668 l. Sp.

(b) Die Forderungen, der Erfindungsgedanke müsse in einem körperlichen Gegenstand in Erscheinung treten und sich in einer Raumform verkörpern, werden fallengelassen. Dies würde bedeuten, das Gebrauchsmuster gewissermaßen in ein Patent ohne vorhergehendes umfassendes Prüfungsverfahren umzuwandeln.

(c) Man verzichtet lediglich auf das Kriterium „Raumform"; der Erfindungsgedanke muß aber nach wie vor in einem körperlichen Gegenstand in Erscheinung treten. Damit würde eine Angleichung an das Sachpatent erzielt, freilich mit dem wesentlichen Unterschied, daß nicht Patentrecht, sondern das — wie gezeigt — hiervon abweichende, den Anmelder in mancher Hinsicht günstiger stellende Gebrauchmusterrecht Anwendung findet.

a) Aufrechterhaltung der Rechtssituation

Die Entscheidung für die Möglichkeit (a) böte den Vorteil, das Gebrauchsmusterrecht behutsam weiterentwickeln zu können — aufbauend auf der bestehenden Rechtssituation, den Blick auf die Entwicklung des Patentrechts gerichtet[142]. Den darüber hinaus für die Beibehaltung der Merkmale „Gegenstand" und „Raumform" sprechenden Gründen[143] wäre Rechnung getragen. — Bei einem Votum für (a) müßte man aber die oben genannten unbefriedigenden Folgen[144] des geltenden Rechtszustandes in Kauf nehmen. Günstiger wäre es also, zu einer vertretbaren Lösung zu gelangen, welche die gegenwärtigen Nachteile vermeidet, ohne ihrerseits gravierende Unzulänglichkeiten aufzuweisen.

b) Verzicht auf die Kriterien „Gegenstand" und „Raumform"

aa) Vorteile

Der Vorschlag (b) führte zum anmelderfreundlichsten Ausbau des Schutzrechtssystems, da mit dem Verzicht auf das Kriterium der „Raumform" alle Erfindungen unabhängig von der Verkörperung ihres wesentlichen Merkmals im Raum und mit der Abschaffung von (körperlichem) „Gegenstand" auch sämtliche Verfahrenserfindungen durch Gebrauchsmuster geschützt werden könnten. Wesentliche Schwierigkeiten beim Eintragungsverfahren entfielen; die Widersprüchlichkeiten im Bereich der Flächenmuster und der Stoffvertauschung wären beseitigt.

---

142 Bossung GRUR 79, 668 r. Sp.

143 Vgl. oben 1 c.

144 Vgl. oben 1 a, b.

bb) Einwände, insbesondere das Verhältnis des Gebrauchsmusterrechts zum Straßburger Patentübereinkommen

Vor einer detaillierten Auseinandersetzung mit dem Einwand der fehlenden Notwendigkeit einer dahingehenden Gesetzesänderung[145] und des drohenden Verlustes der Überschaubarkeit des Inhalts registrierter Schutzrechte[146] sowie dem möglichen Vorwurf einer Verlagerung der Probleme vom Eintragungsverfahren auf den Verletzungsstreit muß zunächst geklärt werden, wie sich ein derart konzipiertes, aber auch, wie sich das gegenwärtig vorhandene Gebrauchsmuster zu den Vorschriften des Straßburger Übereinkommens verhält.

Nach Art. 1 S. 1 StraÜ müssen die Vertragsstaaten für alle Erfindungen, „die gewerblich anwendbar sind, neu sind und auf einer erfinderischen Tätigkeit beruhen", Patente erteilen. Diese Verpflichtung wird durch die Festlegung der Bedingungen, unter denen ein Patent gewährt werden muß, konkretisiert. Aus Art. 1 S. 2 StraÜ sowie aus dem schon aus der Betitelung des Straßburger Übereinkommens ersichtlichen, auf die Vereinheitlichung von Begriffen mit materiellrechtlichem Gehalt auf dem Gebiet des Patentrechts gerichteten Zweck folgt, daß ein Patent nicht wirksam erteilt werden kann, wenn die Erfindung die vorgegebenen Erfordernisse nicht erfüllt; andernfalls ließe sich die erstrebte Harmonisierung der verschiedenen Patentsysteme[147] nicht erreichen.

In der Bundesrepublik Deutschland wird den Forderungen des Straßburger Übereinkommens durch das Patentgesetz entsprochen.

Es verstößt daher gegen das Straßburger Übereinkommen zumindest nicht unmittelbar, wenn im Gebrauchsmusterrecht mit den Kriterien (körperlicher) „Gegenstand" und Raumform" zusätzliche Voraussetzungen aufgestellt werden, denen eine Erfindung zur Erlangung dieses Schutzes genügen muß. Auch der Sinn des Übereinkommens steht dem nicht entgegen, weil insoweit die Schützbarkeit der Erfindung durch ein Gebrauchsmuster im Vergleich zu derjenigen durch ein Patent lediglich erschwert wird, ohne daß diese zugleich ausgeschlossen würde — sie bleibt davon vielmehr unberührt. „Gegenstand" und „Raumform" stellen also keine Schranken dar, die der erwünschten gegenseitigen Abstimmung der Patentsysteme in den Vertragsstaaten hinderlich sein könnten.

Da das Gebrauchsmuster Erfindungsgedanken schützt, ist jedoch zu prüfen, ob das Straßburger Übereinkommen auch für das Gebrauchsmusterrecht bindend ist.

---

145 Vgl. oben FN 138.

146 Vgl. oben FN 139.

147 Zu Entstehungsgeschichte, Zielsetzung und Inhalt des StraÜ vgl. Pfanner GRUR Int. 62, 545 ff.; ders. GRUR Int. 64, 247 ff.

Wäre dies der Fall, dann müßte nicht nur die — eventuell ohnehin vernünftigerweise in das Gebrauchsmustergesetz sinngemäß einzuführende[148] — Bestimmung des Art. 8 Abs. 3 StraÜ über die Methode der Schutzumfangsermittlung, sondern auch der Erfindungshöhebegriff in Art. 5 StraÜ, vor allem aber der strenge Neuheitsbegriff des Art. 4 StraÜ übernommen werden; die gebrauchsmusterrechtliche Gestaltungsfreiheit bestünde dann lediglich noch hinsichtlich der im StraÜ nicht geregelten Punkte, also im formalen Bereich wie etwa bei der Länge der Schutzfrist oder dem Prüfungsumfang im Eintragungsverfahren.

Verzichtete man nun auf die beiden Kriterien „Gegenstand" und „Raumform", käme man nicht umhin, die Normen des Straßburger Übereinkommens auf das somit nicht mehr eigenständige, dem Patent vielmehr gleichzustellende Gebrauchsmuster anzuwenden[149]. Der Gebrauchsmusterschutz käme dann nämlich für jede technische Erfindung in Betracht. Der allgemeine Schutz für diese soll aber nach der Intention des Straßburger Übereinkommens nach einheitlichen Maßstäben beurteilt werden. Der Verpflichtung zur Patenterteilung nur unter Einhaltung der dafür vorgegebenen Voraussetzungen kann man sich nicht durch die bloße Bezeichnung als „Gebrauchsmuster" entziehen, da „Gebrauchsmuster" und Patent bei einer solchen Ausgestaltung genau dasselbe betreffen würden.

Fraglich ist, ob etwas anderes gilt, wenn man, wie bisher schon, beim Gebrauchsmuster den Kreis der zu schützenden Erfindungen durch besondere an sie gerichtete Anforderungen begrenzt.

Das Straßburger Übereinkommen befaßt sich nicht ausdrücklich mit dem Problem der Zulässigkeit freier nationaler Sonderschutzformen. Ob in diesen eine verbotene Umgehung zu sehen ist, hängt deshalb davon ab, ob sie die Zielsetzung des Straßburger Übereinkommens gefährden.

Zentraler Begriff des Übereinkommens ist der des Patents. Damit ist die allen Gebieten technischer Erfindungen zugängliche allgemeine Schutzform gemeint[150]; für diese sollen einheitliche Verhältnisse hergestellt, ihre Internationalisierung soll erleichtert werden — daher der Zwang zur Patenterteilung unter gleichen Schutzfähigkeitsvoraussetzungen. Eine volle Harmonie hinsichtlich des gesamten Erfindungsschutzsystems verlangt das Straßburger Übereinkommen dagegen nicht. Zwar ist es Ausdruck der vielfältigen internationalen, in letzter Konsequenz freilich darauf gerichteten Bemühungen[151]; daß seine Bestim-

---

148 Vgl. dazu 4. Kap., 2. Abschn.

149 So auch Bossung GRUR 79, 665 l. Sp., FN 22.

150 Vgl. Bossung aaO (FN 149).

mungen jedoch nur in dem alle technische Erfindungsarten umschließenden Patentbereich Wirkung entfalten, ergibt sich daraus, daß man sich bei seiner Schaffung der Existenz nationaler Sonderschutzrechte in Gestalt von Gebrauchsmustern durchaus bewußt war, diese aber gleichwohl unangetastet ließ. Die gebrauchsmusterrechtliche Beschränkung auf eine gewisse Kategorie von Erfindungen, somit die Vermeidung einer Identität in den Voraussetzungen von Gebrauchsmuster- und Patentfähigkeit, erlaubt es daher, von den Vorschriften des Straßburger Übereinkommens abzuweichen[152] — zumindest solange, als die Wahrung des Kernbereichs des bereits seinerzeit vorhandenen Gebrauchsmusters in Frage steht, und solange man nicht darangeht, das einheitliche Gebiet der technischen Erfindungen in einzelne Sektoren aufzuspalten und für diese eine jeweils andere gesetzliche, nicht mit dem Straßburger Übereinkommen übereinstimmende Regelung zu treffen.

Zur Erhaltung eines vom Straßburger Übereinkommen unbeeinträchtigten Regelungsfreiraums ist es also unerläßlich, die dem Gebrauchsmusterschutz zugänglichen Erfindungen einzugrenzen. Da etwa gerade der anmelderfreundliche Gebrauchsmuster-Neuheitsbegriff einen wesentlichen, nach Möglichkeit beizubehaltenden Vorzug des Gebrauchsmusters ausmacht, scheidet ein Ausbau des Gebrauchsmustersystems gemäß der Lösung (b) bereits unabhängig davon aus, ob ihm weitere Zweckmäßigkeitserwägungen entgegenstehen.

c) Verzicht nur auf das Merkmal „Raumform"

Um zur Nichtanwendbarkeit des Straßburger Übereinkommens zu gelangen, erscheint es jedoch genügend, lediglich zu fordern, der Erfindungsgedanke müsse an einem körperlichen Gegenstand zutage treten[153]. Dieses Kriterium stellt nämlich letztlich das entscheidende

[151] Vgl. dazu Pfanner GRUR Int. 62, 545 l. Sp., 546; Bossung aaO (FN 149). Vgl. ferner Benkard PatG, Einl. C.

[152] Im Ergebnis ebenso Bossung aaO (FN 149); GRUR-Unterausschuß, S. 31 l. Sp.; Starck GRUR 79, 199 l. Sp. — Starck aaO meint, die Vertragsstaaten seien bereits dann nicht daran gehindert, weitere gewerbliche Schutzrechte vorzusehen, wenn sie — wie in der BRD durch die Regelung des Patentgesetzes geschehen — der Verpflichtung zur Patenterteilung gemäß dem Straßburger Übereinkommen nachkommen.

[153] So wohl auch Bossung aaO (FN 149); es heißt dort zwar, „nur die ‚Raumform'-Bindung dürfte das Gebrauchsmuster zu einem aliud gegenüber dem Patent machen ..." (FN 22 aaO), im gleichen Zusammenhang aber auch „als Patent (allgemeine Erfindungsschutzform) ist das Gebrauchsmuster (besondere Erfindungsschutzform) jedenfalls solange nicht anzusprechen, als es besonderen Anmeldungsgegenständen, nämlich Arbeitsgerätschaften und Gebrauchsgegenständen in Raumform, vorbehalten ist"; die letzte Formulierung läßt darauf schließen, daß für die andersartige rechtliche Einstufung des Gebrauchsmusters eine — durch das Merkmal „körperlicher Gegenstand" vorhandene — Begrenzung des dem Gebrauchsmusterschutz Zugänglichen ausschlaggebend sein soll.

Wesensmerkmal des Gebrauchsmusters dar. Eine zusätzliche Einschränkung durch den erst später von der Rechtsprechung nuanciert entwickelten[154], auch heute noch häufig nicht klar davon unterschiedenen[155] „Raumform"-Begriff ist demgegenüber entbehrlich; bei einem Verzicht darauf wird der Kernbereich des Gebrauchsmusters nicht verlassen, der Weg zu diesem Schutz nicht sämtlichen Erfindungen geöffnet. Bei der Entscheidung, ob man die Forderung nach einer „Raumform" aufgeben soll, spielt das Straßburger Übereinkommen daher keine Rolle; allein maßgeblich ist, ob man dies für günstig erachtet.

Vorteilhaft wäre zunächst, daß zwar nicht Verfahrenserfindungen — mangels Verkörperung in einem Gegenstand —, wohl aber alle technischen Neuerungen an den oben näher beschriebenen körperlichen Gegenständen durch Gebrauchsmuster geschützt werden könnten. Hinsichtlich der elektrischen Schaltungen käme man damit nicht nur einem starken allgemeinen Interesse[156] nach; vielmehr würde auch die Beurteilung der Schutzfähigkeit von Neuerungen an diesen erheblich erleichtert; die damit zusammenhängenden Schwierigkeiten, deren Umfang die Fülle der Entscheidungen und Stellungnahmen in der Literatur zu diesem Thema dokumentiert[157] — auch wenn man berücksichtigt, daß die Voraussetzungen der Schutzfähigkeit erst erarbeitet werden mußten — sind nämlich ausschließlich auf das Kriterium „Raumform" zurückzuführen; die Frage, ob ein körperlicher Gegenstand vorliegt, ist ja leicht zu beantworten.

Behoben wären auch die Ungereimtheiten bei Flächenmuster und Stoffvertauschung[158].

Ferner verlangt die Kürze der Schutzfrist, wie das System des Gebrauchsmusters überhaupt, die Befreiung von unnötigen Komplizierungen, damit Fälle vermieden werden, in denen der Gebrauchsmusteranmelder den Eintragungsinstanzen noch nach dem Ablauf des Gebrauchsmusterschutzes gegenübersteht[159].

Für eine Neubestimmung gemäß (c) spricht schließlich, daß es für die Schutzwürdigkeit allein darauf ankommen kann, ob der Gegenstand eine Verbesserung erfährt, nicht aber, auf welche Weise die Verbesserung zustandegekommen ist[160]. Es erscheint unter diesem Gesichtspunkt

---

[154] Die grundlegenden Entscheidungen des BGH zum heutigen „Raumform"-Begriff ergingen am 30. 1. 1964, vgl. GRUR 65, 234 ff., 239 ff., 247 ff.

[155] Vgl. oben I, FN 90.

[156] Vgl. oben 1 a, FN 131.

[157] Vgl. oben 1 a, FN 128, 129.

[158] Vgl. oben 1 b.

[159] Müller GRUR 79, 453, 454 l. Sp.

[160] In diesem Sinne auch Klauer/Möhring § 1, RN 19. — Ein Beispiel für die häufig zweifelhaften, durch die Raumform-Bindung verursachten Er-

nicht sinnvoll — wenn auch vom geltenden Recht gedeckt —, die Gebrauchsmusterschutzfähigkeit gerade davon abhängig zu machen, ob das Wesen der Neuerung in einer räumlich-körperlichen Maßnahme besteht. Eher einsichtig ist es, den Gebrauchsmusterschutz auf Neuerungen an körperlichen Gegenständen zu beschränken — hier also die Grenze zu ziehen, nicht aber innerhalb der Gruppe von Neuerungen, die in einem solchen Gegenstand Verkörperung finden[161].

Fraglich ist jedoch, ob es Gründe gibt, die eine derartige Regelung verbieten.

Die Behauptung, die Möglichkeiten des Gebrauchsmusterschutzes seien nicht ausgeschöpft[162], mag zutreffen; sie bildet allerdings keinen stichhaltigen Einwand gegen das Abrücken von dem Merkmal der „Raumform", da selbst bei Wahrnehmung sämtlicher Möglichkeiten die durch die „Raumform" auftretenden Schwierigkeiten nicht beseitigt würden; die Frage der sinnvollen Grenzziehung bei der Schutzfähigkeit wird nicht angesprochen. — Der Hinweis darauf, daß das Spektrum des vom Gebrauchsmusterschutz Erfaßten größer sei als vielfach angenommen, steht im Einklang mit der allgemein feststellbaren Tendenz, die Schutzmöglichkeiten zu erweitern — man denke nur an die Ausdehnung der Begriffe „Arbeitsgerätschaften" und „Gebrauchsgegenstände" und an die Stoffvertauschung; er zeigt zudem: auch diejenigen, die an der bestehenden Gesetzesfassung festhalten wollen, erkennen das Interesse an einem weitreichenden Gebrauchsmusterschutz an.

Es wird befürchtet, mit dem Verzicht auf das Kriterium der „Raumform" werde der Inhalt des Schutzrechts schwerer einschätzbar und verliere an Übersichtlichkeit; dies sei, zumal eine Prüfung nicht stattfinde, im Interesse sowohl der Allgemeinheit als auch des Verletzungsrichters zu vermeiden[163].

Dieser Erwägung ist von der Zielsetzung her, soweit Klarheit des Schutzrechtsinhalts erstrebt wird, sicher beizupflichten. Auch hätte es keinen Sinn, nur im Interesse der leichteren Eintragbarkeit die Voraussetzungen der Schutzfähigkeit abzuschwächen, wenn hierdurch lediglich die Probleme in ein anderes Stadium, den Verletzungsstreit, verlagert würden, etwa weil nunmehr die Bestimmung des dort relevanten Schutzumfangs übermäßige Schwierigkeiten bereitete.

---

gebnisse ist etwa der bereits oben III, FN 115, 117 zitierte Fall (BPatG Bl. 80, 208), wo ein Rechtsschutz nur deshalb versagt blieb, weil die Lage der Markierungen auf dem Ski von einem veränderlichen, in der Praxis jedoch ohne jede Schwierigkeit bestimmbaren Umstand abhing.

[161] Im Ergebnis so auch Werner Mitt. 81, 58, 59 r. Sp.

[162] Vgl. oben 1 c, FN 138.

[163] Vgl. FN 139.

Es muß jedoch bezweifelt werden, daß das Absehen von dem Erfordernis der „Raumform" die Unsicherheit bei der Festlegung des Schutzrechtsinhalts — die ganz ungeachtet der „Raumform" bestehen und nie, da dem Erfinderrecht immanent, völlig ausgeschaltet werden kann — in unvertretbarer Weise erhöhen würde. Die bei der Ermittlung des Schutzumfangs auftretenden und auch trotz „Raumform" vorhandenen Schwierigkeiten[164] sind in erster Linie nämlich darin begründet, daß der abstrakte, nicht greifbare Gedanke bzw. der Inhalt des Schutzanspruchs konkretisiert werden muß, wenn es um die Frage geht, ob der der Beurteilung zugrundeliegende Fall in den Schutzbereich fällt. Die Bindung des Erfindungsgedankens an die „Raumform" bewirkt dabei weniger dessen Verdeutlichung und damit die des Schutzumfangs, sondern führt eher lediglich zu einer — nicht einmal konsequent durchgehaltenen (Stoffvertauschung; Flächenmuster) — Begrenzung des durch Gebrauchsmuster Schützbaren; denn durch die Tatsache, daß das Wesen der Neuerung nur in räumlich-körperlichen, nicht aber in anderen, etwa elektrisch-funktionellen Maßnahmen bestehen darf, wird der Schutzumfang in den in diesem Zusammenhang allein relevanten Grenzfällen nicht wesentlich plastischer — muß doch die neue „Raumform" nicht äußerlich sichtbar in Erscheinung treten, anschaulich, deutlich erkennbar, sondern nur — was so gut wie immer der Fall ist — „wahrnehmbar"[165] sein. Bei der Klärung des Schutzumfangs vermag die „Raumform" eine entscheidende Hilfe also nicht zu geben[166]; da andererseits die Kategorie der Verfahrenserfindungen wegen des Kriteriums des körperlichen Gegenstands vom Gebrauchsmusterschutz ausgeschlossen bleibt, können die damit verbundenen besonderen Schwierigkeiten bei der Schutzbereichsbestimmung gar nicht erst auftauchen.

Die für einen Verzicht auf das Kriterium „Raumform" sprechenden Gründe überwiegen somit die dadurch möglicherweise auftretenden, allenfalls aber geringfügigen Nachteile. Bei der Neuformulierung des Schutzgegenstands ist daher nach dem hier vertretenen Vorschlag weder von „Gestaltung, Anordnung, Vorrichtung" noch von dem Begriff „Raumform" die Rede.

---

164 Vgl. dazu 4. Kap., 2. Abschn.

165 Vgl. oben II, FN 101, 104—106.

166 Vgl. 4. Kap., 2. Abschn. III.

6. Abschnitt

Technische Natur des Erfindungsgedankens

Der Gedanke muß, um durch Gebrauchsmuster geschützt werden zu können, technischer Natur sein[167].

Dieses Erfordernis, das in § 1 GbmG nicht genannt ist, folgt aus der Entstehungsgeschichte des Gebrauchsmustergesetzes. Von Anfang an war man sich der Verwandtschaft mit dem technische Erfindungen schützenden[168] Patentrecht bewußt und war bestrebt, die Vorschriften des Gebrauchsmustergesetzes an das Patentgesetz anzulehnen[169].

Gemeinsames Merkmal aller sich nur in Nuancen unterscheidenden Definitionsversuche[170] des Technischen ist der Einsatz der Naturkräfte zur Erreichung des Erfolgs; gemeint sind nur solche Naturkräfte, die außerhalb der menschlichen Verstandestätigkeit liegen[171].

Daraus ergibt sich, daß die sog. „Anweisungen an den menschlichen Geist", deren Inhalt über den Verstand erst geistig erfaßt werden muß, die also nicht mechanisch oder in anderer Weise naturgesetzlich und daher nicht unmittelbar technisch wirken, für den Gebrauchsmusterschutz außer Betracht zu bleiben haben[172].

---

[167] Ständige Rechtsprechung u. h. M., vgl.. RG 115, 128; 120, 224, 227; BGH GRUR 77, 152 r. Sp.; BPatGE 13, 101, 102; Bühring § 1, RN 22 m. N.; Benkard GbmG § 1, RN 4 m. N.; vgl. ferner Trüstedt GRUR 60, 414 ff., FN 4 m. w. N.; Reimer PatG § 1, RN 3; a. A. Wertenson GRUR 72, 59 ff., der für die Patentierbarkeit von „Anweisungen an den menschlichen Geist" eintritt.

[168] Lindenmaier PatG § 1, Anm. 2 und Trüstedt GRUR 60, 414 l. Sp. unten, r. Sp. oben, meinen, der Begriff des Technischen werde von dem Wort „Erfindung" mitumfaßt und sei von diesem nicht zu trennen; dies gilt zweifellos im patent- und gebrauchsmusterrechtlichen Zusammenhang, im Hinblick auf den Sprachgebrauch wohl aber nicht im nichtjuristischen Bereich, vgl. Brockhaus, wo bei „Erfindung" auch „dichterische Gestalten" und „künstlerische Motive" genannt werden, wenngleich man „zuerst" an technische Erfindungen denke.

[169] Vgl. Begründung zum Entwurf des Gesetzes von 1891, vor § 1.

[170] Vgl. etwa BGH GRUR 69, 672, 673; 75, 549; 77, 96 ff., 98; 77, 152, 153 m. w. N.; Mitt. 80, 196; Bühring § 1, RN 22; Lindenmaier GRUR 53, 12 ff., 15 r. Sp.

[171] BGH GRUR 77, 98 l. Sp.; GRUR 77, 153 l. Sp.

[172] Ständige Rechtsprechung u. h. M., vgl. FN 167; der Begriff „Anweisung an den menschlichen Geist" hat sich im Laufe der Zeit eingebürgert (vgl. Trüstedt GRUR 60, 416 r. Sp. und S. 415, FN 8 sowie Mediger GRUR 59, 450 l. Sp., der ihn für unbrauchbar hält, S. 453 l. Sp.) und bildet das Gegenstück zur Abgrenzung vom Technischen. Die grundlegende Frage, ob nur die menschliche Geistestätigkeit angesprochen oder ob eine naturgesetzliche Wirkung erzielt wird, ist bei der Lösung sämtlicher Problembereiche zu stellen, also bei gedanklichen Mitteilungen (z. B. Gebrauchsanweisungen, Katalogen, Fahrplänen, Werbung auf Gegenständen wie etwa Streichholzschachtel mit Werbebild) sowie deren Anordnung (Totoscheine, Karteikasten,

Trotz des Vorhandenseins dieser theoretisch klaren und leicht faßbaren Regel hat die Bestimmung im konkreten Fall, ob eine technische Neuerung oder nur eine „Anweisung an den menschlichen Geist“ vorliegt, immer wieder z. T. erhebliche Schwierigkeiten bereitet, was die Fülle der Entscheidungen und Stellungnahmen in der Literatur zu dieser Frage zeigt[173].

Wenn man sich dieser Schwierigkeiten auch gerne entledigen würde: der Begriff des Technischen bleibt ein entscheidendes Kriterium für eine gebrauchsmusterfähige Neuerung, sofern man nicht von ganz anderen Voraussetzungen des Gebrauchsmusterrechts ausgehen will[174] — eine Abkoppelung vom Patentrecht und eine damit verbundene völlige Neuorientierung, die zwangsläufig neue Probleme schaffen würde, kann aber nicht zur Debatte stehen. — Bei einer Reform des Gebrauchsmustergesetzes stellt sich somit lediglich die Frage, ob man in § 1 GbmG das Erfordernis der technischen Natur des Erfindungsgedankens zur Klarstellung nicht ausdrücklich nennen soll; dies sollte geschehen, da das Technische dem Wesen von „Erfindung“ und „Neuerung“ zumindest nicht eindeutig immanent ist[175].

7. *Abschnitt*

Arbeits- und Gebrauchszweck

Das Gesetz fordert in § 1, daß der Gegenstand — präziserweise müßte freilich auf den Erfindungsgedanken abgestellt werden[176] — durch eine neue Gestaltung, Anordnung oder Vorrichtung „dem Arbeits- oder Gebrauchszweck dienen soll“.

Buchführungsblätter), Markierungen (z. B. Rastereinteilung auf Zeichenpapier), Schreib- oder Zeichenhilfen (z. B. formularmäßige Aufteilung einer Fläche) und Skalen (z. B. auf Rechenschiebern oder Meßgeräten). — Die „Anweisung“ bildet bei Flächenmustern das Hauptproblem. Unter diesem Blickwinkel sind auch die gegen die bestehende Praxis vorgebrachten Einwände zu sehen, in deren Rahmen für eine extensivere Betrachtung plädiert wird (vgl. insb. Mediger aaO), ohne daß dabei zugleich ebenso exakte Abgrenzungskriterien geboten werden.

173 Vgl. FN 167 sowie die Rechtsprechungsnachweise bei Bühring, Benkard und Reimer aaO; vgl. ferner Röber GRUR 37, 270; Witte GRUR 59, 105; Mediger GRUR 59, 449; 61, 5; Mitt. 61, 85; 64, 9; 65, 107; Weiss GRUR 61, 113; Baltzer Mitt. 66, 170; Koch Mitt. 68, 130; Elben („Technische Lehre und Anweisung an den menschlichen Geist“, Diss. 1960); Müller-Börner GRUR 80, 430, 431 ff.

174 Trüstedt GRUR 60, 415 r. Sp.

175 Vgl. FN 168.

176 Vgl. oben 2. Abschn. sowie BGH GRUR 65, 239 ff., 241 l. Sp.: „Der ... Neuerungsvorschlag muß dem Arbeits- oder Gebrauchszweck ... dienen.“

Diese Voraussetzung wurde geschaffen, um das Gebrauchsmuster, ursprünglich auch „Nützlichkeitsmuster“ genannt[177], von dem sich an das ästhetische Empfinden richtenden Geschmacksmuster abzugrenzen[178]. Unter „Arbeits- und Gebrauchszweck“ verstand man früher ganz allgemein einen wirtschaftlichen und technischen Nutzzweck[179], so daß dieser auch in der billigeren Herstellung liegen konnte, wenn der Gegenstand nicht zugleich an Leistungsfähigkeit verlor[180]. Nach der neueren Rechtsprechung des Bundesgerichtshofs und des Bundespatentgerichts kommt es dagegen auf die Dienlichkeit bei der — allerdings in weitestem Sinne zu verstehenden — Verwendung des Gegenstands an[181]. Das Kriterium ist also z. B. erfüllt bei einer der Reklame nützlichen Gestaltung[182] des Gegenstands; umfaßt werden auch, soweit technisch bewirkt, Spiel-[183] und Lehr-[184], selbstverständlich aber nicht, da sich nur an den Schönheitssinn wendend, Schmuckzwecke[185].

Das Wort „dienen“ soll nach allgemeiner Meinung im Sinne von „fördern“, „steigern“, „verbessern“ aufzufassen sein: der Erfindungsgedanke müsse geeignet sein, die Tauglichkeit für den Arbeits- oder Gebrauchszweck zu erhöhen[186]. Entgegen der unscharfen Formulierung „dienen sollen“ sei dies jedoch nicht nach den subjektiven Vorstellungen des Anmelders, sondern auf Grund einer objektiven Würdigung aller Umstände zu beurteilen[187].

---

[177] Vgl. Einführung II sowie Landgraf § 1, Anm. 1 (S. 156).

[178] BPatGE 1, 145, 149; Seligsohn GbmG § 1, Anm. 8; Klauer/Möhring GbmG § 1, RN 17.

[179] RGZ 36, 57, 60; Cantor § 1, Anm. 23 a; Seligsohn GbmG § 1, Anm. 8; Busse, 3. Auflage, GbmG § 1, Anm. 3 b; Benkard GbmG § 1, RN 26; so auch BPatGE 1, 145, 149.

[180] RG Bl. 98, 234, 235 l. Sp.; RG GRUR 33, 307; Seligsohn GbmG § 1, Anm. 8.

[181] BGH GRUR 65, 239 ff., 241 l. Sp.; BPatG Mitt. 81, 67 r. Sp. — Eine Beschränkung auf das mechanisch-konstruktive Gebiet besteht also nicht, vgl. BGH aaO, S. 245 r. Sp. sowie Bühring § 1, RN 119.

[182] RGZ 107, 100, 102; Bühring § 1, RN 123 m. w. N.

[183] BPatGE 2, 109, 110; vgl. auch BPatGE 1, 156, 157 hinsichtlich der — dort allerdings untechnisch wirkenden — Markierung von Brettspielfeldern. Vgl. ferner Bühring § 1, RN 121 m. w. N.

[184] Bühring § 1, RN 122 und Busse GbmG § 1, RN 25 unter Hinweis auf OLG Hamburg Bl. 4, 40.

[185] RGZ 36, 57, 60; 107, 100, 102; Bühring § 1, RN 124; Busse GbmG § 1, RN 25.

[186] Seligsohn GbmG § 1, Anm. 8; Bühring § 1, RN 119; Busse GbmG § 1, RN 25; Klauer/Möhring GbmG § 1, RN 17, 18; Benkard GbmG § 1, RN 26; BGH GRUR 65, 239 ff., 241 l. Sp., 245 r. Sp., GRUR 68, 40, 41 r. Sp. — Fraglich ist, ob „Dienlichkeit“ nicht auch dann vorliegen kann, wenn eine Verbesserung nicht eintritt.

[187] RGZ 48, 21; Klauer/Möhring GbmG § 1, RN 18; Bühring § 1, RN 119 a. E.; Benkard GbmG § 1, RN 26.

Wegen der Forderung, die Tauglichkeit für den Gebrauchszweck müsse erhöht werden, weist das Merkmal „dem Arbeits- oder Gebrauchszweck dienend“ neben der Unterscheidung vom Geschmacksmuster noch einen weiteren Aspekt auf, nämlich den engen Zusammenhang mit dem „Fortschritt“; beide Kriterien werden miteinander verschmolzen, wenn in der Förderung der Gebrauchsdienlichkeit der technische Fortschritt gesehen wird[188].

Bei einer Neubestimmung des Schutzgegenstandes erscheint es nicht erforderlich[189], zum Ausdruck zu bringen, der Erfindungsgedanke müsse die Eignung für den Arbeits- oder Gebrauchszweck steigern können.

Eine Unterscheidung vom Geschmacksmuster wird nämlich bereits durch den — in das Gesetz aufzunehmenden[190] — Begriff „technisch“ getroffen; eine zusätzliche Klarstellung ist entbehrlich. — Die Formulierung „dienen sollen“ war ohnehin mißglückt, da sie auf eine subjektive Zielrichtung hindeutet, während eine objektive Betrachtung entscheidend sein soll.

Ist die Berechtigung des Kriteriums „dem Arbeits- oder Gebrauchszweck dienen sollen“ somit schon nach geltendem Recht zweifelhaft, so muß es jedenfalls mit der Aufhebung der Beschränkung auf „Arbeitsgerätschaften und Gebrauchsgegenstände“[191] in gleicher Weise beseitigt werden; die Bezeichnung „Arbeits-, Gebrauchszweck“ ist nicht mehr stimmig. Eine Aufrechterhaltung des in Frage stehenden Merkmals läßt sich auch nicht etwa damit begründen, daß es die gesetzliche Grundlage für andere Voraussetzungen, den „Fortschritt“ und die „Nützlichkeit“, bildet. Soweit man an den Erfindungsgedanken diese Anforderungen stellt[192], muß man sie im Gesetz entweder unmittelbar festschreiben oder sich damit begnügen, daß sie in den Begriffen „Erfindung“ bzw. „Neuerung“ Anklang finden[193].

---

188 Vgl. BGH GRUR 65, 241 l. Sp.: „In dieser Förderung des Gebrauchszweckes ... liegt der mit der Lehre des Gebrauchsmusters erstrebte erfindungswesentliche technische Fortschritt“. — Vgl. auch Bühring § 1, RN 119: „Fortschrittlich ist ein Gebrauchsmuster ... erst dann, wenn ... (irgendeine) Gebrauchsverbesserung eintritt“. Hubbuch GRUR 59, 226, 227 l. Sp.: „Eine Erhöhung des Gebrauchszwecks ist zweifellos beim Vorliegen eines technischen Fortschritts gegeben ...“; Reimer GbmG § 1, RN 22 mit Verweisung auf PA MuW 38, 426 (427, 428). Anders Bunke GRUR 57, 110 ff., 116 l. Sp., nach dem Fortschritt iSd GbmG nicht „technischer Fortschritt“ wie beim Patent, sondern Förderung des Arbeits- und Gebrauchszwecks bedeutet.

189 So auch Werner Mitt. 81, 58, 59 l. Sp.

190 Vgl. oben 6. Abschn.

191 Vgl. oben 4. Abschn. VI.

192 Vgl. unten 8. und 11. Abschn.

193 Nach Meinung von Winkler Mitt. 77, 13 ff., 15 r. Sp., 16 l. Sp. ist der technische Fortschritt dem Begriff „Erfindung“ immanent; vgl. bereits Cantor § 1, Anm. 36 e: „ ... der gewerbliche Fortschritt dem Erfindungsbegriff immanent ist ...“.

8. Abschnitt

Nützlichkeit

Das weder im Patent- noch im Gebrauchsmustergesetz ausdrücklich erwähnte, aus dem Sinn des Erfindungsschutzes hergeleitete[194] Erfordernis der „Nützlichkeit" wird ebenso wie der „Fortschritt"[195] herangezogen[196], um überflüssigen oder rückschrittlichen „Erfindungen" den Schutz zu versagen[197]. Die „Nützlichkeit" ist mit dem „technischen Fortschritt" allerdings nicht identisch, denn sie verlangt weniger, weil sie auch dann vorhanden sein kann, wenn die Erfindung eine Verbesserung gegenüber dem Stand der Technik nicht aufweist[198].

Führte man das Kriterium in das Gesetz ein, wären neue Meinungsverschiedenheiten vorprogrammiert; denn die Ansichten darüber, was „nützlich" ist, dürften weit auseinandergehen. Diese Vermutung wird dadurch verstärkt, daß sich ein einheitlicher Begriffsinhalt der „Nützlichkeit" in ausländischen Patentrechtsordnungen nicht herausgebildet hat[199]. Bei der Beurteilung dieses Merkmals müssen Wertungen angestellt werden, die naturgemäß unterschiedlich ausfallen und einem starken Wandel unterliegen. Ungerechtfertigt erschiene es aber, scheiterte der Schutz an der „Nützlichkeit" auch in solchen Fällen, in denen sie zweifelhaft ist.

Ein Schweigen des Gesetzes zur „Nützlichkeit" würde keinen ersichtlichen Nachteil in sich bergen. Man bedarf dieses auf die Wahrung der Schutzwürdigkeit abzielenden Kriteriums nicht. Offensichtlichen Mißbräuchen, also dem Schutzbegehren für etwas Nutzloses[200], kann man wirksam ebenso gut mit dem allgemein gültigen Verfahrenserfordernis

---

194 Vgl. Schulte § 1, RN 9.

195 Für eine solche Funktion des „technischen Fortschritts" Preu GRUR 80, 444 ff., 446 r. Sp., 447 l. Sp., 448 r. Sp.; vgl. dazu unten 11. Abschn. I (FN 261, 262).

196 Vgl. Bühring § 1, RN 163; Benkard GbmG § 1, RN 38; Reimer GbmG § 1, RN 17 m. N.

197 Vgl. etwa den vom BPatGE 19, 87 entschiedenen Fall, wo der Erfolg einer Patentanmeldung an mangelnder „sozialer Nützlichkeit" scheiterte; der Anmelder bezweckte die „Schaffung eines künstlichen Bewußtseins", das mittels einer Apparatur durch übereinandergelagerte Bilder auf einem Monitor erreicht werden sollte, dessen nähere Beschreibung aber dem Anmelder selbst nicht gelang.

198 Schulte § 1, RN 10.

199 Vgl. Preu GRUR 80, 447, FN 33.

200 Vgl. die obskuren Beispiele von Beier GRUR 72, S. 222 r. Sp. („Guillotine für Fliegen"; „Fahrrad für Pferde" — dieses ließe sich jedoch möglicherweise im Zirkus verwenden und wäre damit „nützlich", vgl. Reimer PatG § 1, RN 21); vgl. ferner Schulte § 1, RN 9: „Hutabnehmemaschine".

des Rechtsschutzbedürfnisses begegnen[201]. — Soweit ein Zweifel bleibt, tritt der Schutz für die Neuerung ein[202].

Von einer gesetzlichen Fixierung der „Nützlichkeit" sollte man daher absehen[203].

9. Abschnitt

Gewerbliche Anwendbarkeit

Die Neuerung muß ferner „gewerblich verwertbar" bzw., was dasselbe meint[204], „gewerblich anwendbar" sein[205].

Das Merkmal läßt sich aus § 1 Abs. 1 PatG, in dem es ausdrücklich genannt ist, aber auch aus der Formulierung des § 5 Abs. 1 GbmG („gewerbsmäßig"; „in Verkehr bringen") ableiten. In aller Regel wird es erfüllt sein, da der durch Gebrauchsmuster geschützte Gedanke an einem „Gegenstand" in Erscheinung treten muß und das Erfundene daher zumeist „zur Herstellung in einem technischen Gewerbebetrieb oder zur technischen Verwendung in einem Gewerbe geeignet"[206] sein und damit den Voraussetzungen des § 5 Abs. 1 PatG genügen wird[207].

Das Erfordernis der „gewerblichen Anwendbarkeit" sollte in das Gesetz aufgenommen werden[208]. Neben dem Gesichtspunkt der Gesetzesklarheit spricht dafür die Erzielung einer Übereinstimmung mit dem Patentrecht, die hinsichtlich der — teilweise befürworteten — gegenwärtigen Ausschlußfunktion dieses Kriteriums bei unbeweglichen Sachen von besonderer Bedeutung ist[209].

---

201 Preu GRUR 80, 448 r. Sp., 449 l. Sp. — Zur Zurückweisungsmöglichkeit der Anmeldung wegen fehlenden Rechtsschutzbedürfnisses vgl. auch Gbm-Richtlinien Bl. 73, 346 ff., 349 r. Sp. (III 7).

202 Preu GRUR 80, 449 r. Sp.

203 Walleser GRUR 64, 533 ff., 536 r. Sp. stellte — für das Patentrecht — zur Diskussion, ob man nicht das Kriterium „technischer Fortschritt" aufgeben und durch „Nützlichkeit" ersetzen soll.

204 Vgl. oben 3. Abschn., FN 19.

205 Gbm-Richtlinien Bl. 73, 346 ff., 350 l. Sp.; Bühring § 1, RN 2 (unter a).

206 BGH-GRUR 68, 142, 145 r. Sp. unter Berufung auf Reimer PatG § 1, RN 19 im Anschluß an Pietzcker PatG § 1, Anm. 19, Lindenmaier GRUR 39, 153, 154.

207 Auch im Patentrecht ist der „Nachweis der gewerblichen Anwendbarkeit idR nicht erforderlich, da sie sich von selbst versteht", vgl. Schulte § 5, RN 6.

208 Im Ergebnis ebenso Werner Mitt. 81, 58, 59 r. Sp., der auch mit dem Fortfall des Merkmals „dem Arbeits- oder Gebrauchszweck dienen" argumentiert.

10. Abschnitt

Neuheit

Gebrauchsmusterschutz tritt nur ein, wenn der Erfindungsgedanke neu ist.

I. Begriff

Die Neuheit ist in § 1 Abs. 2 GbmG negativ definiert[210]. Danach stehen der Neuheit eine Beschreibung des Erfindungsgedankens in öffentlichen Druckschriften sowie eine offenkundige Benutzung im Inland zur Zeit der Anmeldung entgegen, es sei denn, die Offenbarung erfolgte innerhalb von sechs Monaten vor der Anmeldung und beruht auf der Ausarbeitung des Anmelders oder seines Rechtsvorgängers.

Die bei der Bestimmung der Neuheit verwendeten Begriffe („zur Zeit der Anmeldung"[211]; „öffentliche"[212] „Druckschrift"[213]; „beschrieben"[214]; „offenkundige Benutzung"[215]; „Inland"[216]) sind weitgehend geklärt und bilden nicht den Gegenstand konträrer Meinungen.

---

[209] Vgl. dazu oben 4. Abschn. III, FN 47.

[210] Zur Frage, ob es sich bei § 2 Abs. 1 PatG a. F. um eine Fiktion, eine unwiderlegliche Vermutung oder eine Definition des Neuheitsbegriffs handelt, vgl. Liedel, S. 193, 194 FN 7 m. N.; für Definition Liedel aaO, ebenso Bossung GRUR Int. 78, 388, FN 51 m. N.

[211] Der für die Neuheit maßgebliche Zeitpunkt ist grundsätzlich der Anmeldetag, es sei denn, eine Priorität auf Grund des Gesetzes zum Schutz von ‚Erfindungen', Mustern und Warenzeichen auf Ausstellungen oder auf Grund eines Staatsvertrages, insbesondere des Art. 4 PVÜ, wird in Anspruch genommen; vgl. Bühring § 1 RN 129; Klauer/Möhring GbmG § 1, RN 27.

[212] „Öffentlich" ist die Druckschrift, wenn ein nicht begrenzter Personenkreis die Möglichkeit der Kenntnisnahme hat (Bühring § 1, RN 132) bzw. hatte (PAGrSen Bl. 53, 336 = GRUR 53, 440; Klauer/Möhring GbmG § 1, RN 28); der „öffentliche" Charakter geht also nicht dadurch verloren, daß die einmal dem Publikum zugänglich gewesene Schrift nachträglich nicht mehr zugänglich, z. B. vergriffen ist, vgl. PAGrSen GRUR 53, 441 r. Sp. m. N.

[213] „Druckschriften" sind Erzeugnisse der Druckerpresse; gleichgestellt werden aber alle anderen bestimmungsgemäß dauerhaft wiedergabefähigen und vervielfältigbaren Informationsträger wie etwa Papier, Film, Lochkarte, vgl. Bühring § 1, RN 130; auch die ausgelegten Unterlagen von Patentanmeldungen und die Unterlagen eingetragener Gebrauchsmuster sind hinsichtlich der nach dem 7. 8. 53 eingereichten Anmeldungen als öffentliche Druckschriften anzusehen, PAGrSen Bl. 53, 336; BGH Bl. 55, 300 = GRUR 55, 393. Vgl. ferner BPatG GRUR 80, 995 f. (Weiterbildung von BGH aaO). Zur geschichtlichen Entwicklung der für die Qualifizierung als „öffentliche Druckschriften" bedeutsamen (vgl. BGH aaO und BPatG aaO) Einsichtnahme in die ausgelegten Unterlagen von Patentanmeldungen und eingetragenen Gebrauchsmustern vgl. Pfanner GRUR 55, 110 ff.

[214] Eine „Beschreibung" liegt vor, wenn danach die Benutzung durch andere Sachverständige möglich erscheint, vgl. § 2 S. 1 PatG a. F. sowie Isay GbmG § 1, RN 20 und Klauer/Möhring GbmG § 1, RN 28.

II. Änderungen

Bei einer Neugestaltung des Gebrauchsmusterrechts stellt sich jedoch die Frage, ob der Neuheitsbegriff des Gebrauchsmustergesetzes aufrechterhalten oder an denjenigen des Patentgesetzes angeglichen werden soll.

Unterschiede ergeben sich daraus, daß nach § 3 Abs. 1 Satz 2 PatG im Gegensatz zu § 1 Abs. 2 Satz 1 GbmG sowohl lediglich mündliche Beschreibungen als auch Vorbenutzungen im Ausland sowie alle in sonstiger Weise der Öffentlichkeit zugänglich gemachten Kenntnisse in den Stand der Technik mit einbezogen werden. — Ferner wird die Neuheitsschonfrist im Patentrecht in erheblich geringerem Umfang als im Gebrauchsmusterrecht gewährt: gemäß § 1 Abs. 2 Satz 2 GbmG bleibt jede Veröffentlichung, die auf der Ausarbeitung des Anmelders beruht, innerhalb der sechsmonatigen Frist außer Betracht; § 3 Abs. 4 PatG[217] beschränkt dagegen die Nichtberücksichtigung der vor der Anmeldung erfolgten Offenbarung auf die Fälle des offensichtlichen Mißbrauchs zum Nachteil des Anmelders und der Zurschaustellung der Erfindung durch den Anmelder auf einer Ausstellung iSd Abkommens über internationale Ausstellungen[218]. — Schließlich stehen ältere Patentanmeldungen der Wirksamkeit des Gebrauchsmusters gemäß § 1 Abs. 2 Satz 1 GbmG erst mit der Auslegung (Offenlegung) der Unterlagen neuheitsschädlich entgegen[219], während § 3 Abs. 2 PatG strenger auf den Zeitpunkt der Anmeldung abstellt[220].

---

[215] Eine „offenkundige Benutzung" liegt vor, „wenn die in Rede stehende Benutzungshandlung es ermöglicht hat, daß beliebige zur Geheimhaltung nicht verpflichtete Dritte vom Gegenstand der neuen Raumform zuverlässige Kenntnis erlangen konnten", so BGH GRUR 62, 518, 520 r. Sp. m. N., vgl. auch Bühring § 1, RN 135, Benkard GbmG § 1, RN 29.

[216] „Inland" umfaßt nach Ratifizierung des Grundlagenvertrags (wohl) nicht mehr das Gebiet der DDR; vgl. Schulte § 3, RN 22, sowie Benkard GbmG § 1, RN 29 und PatG § 3, RN 130 (anders noch Bühring § 1, RN 141 unter Berufung auf BGH GRUR 69, 38, 39 mit krit. Anm. Pietzcker).

[217] § 3 Abs. 4 PatG n. F. gilt für Patentanmeldungen, die nach dem 1. 7. 1980 beim Patentamt eingereicht worden sind, vgl. Art. XI § 3 Abs. 6 Satz 1 IntPatÜG, Art. 12 Abs. 2 GPatG iVm der Bekanntmachung vom 20. 3. 80 BGBl. II, S. 572; zum Übergangsrecht zu § 3 Abs. 4 PatG n. F. vgl. Benkard PatG § 3, RN 116—121.

[218] Dieses Übereinkommen (RGBl. 1930 II, S. 728; BGBl. 1956 II, S. 2087; BGBl. 1968 II, S. 509) bezieht sich auf Weltausstellungen und internationale Fachausstellungen, die vom Bundesminister der Justiz bekanntgemacht werden, vgl. dazu Benkard PatG § 3, RN 104—108, Schulte § 3, RN 100. — Der Kreis der Ausstellungen, auf denen die Zurschaustellung keine Neuheitsschädlichkeit bewirkt, ist daher eng begrenzt.

[219] Vor Auslegung (Offenlegung) liegt, da der Öffentlichkeit nicht zugänglich, eine „öffentliche Druckschrift" iSd § 1 Abs. 2 Satz 1 GbmG nicht vor; vgl. hierzu Benkard GbmG § 1, RN 28; Bühring § 1, RN 131, 132.

Es wird geltend gemacht, für eine Beibehaltung des geltenden Stand-der-Technik-Begriffs des Gebrauchsmustergesetzes spreche seine erfinderfreundlichere Ausgestaltung; diese vermöge sich aus der Konzeption des Gebrauchsmusters als Kurzzeitschutzrecht für kleinere Erfindungen zu rechtfertigen. Zu berücksichtigen sei dabei, daß das Gebrauchsmuster überwiegend von Anmeldern mit rein inländischen Schutzinteressen in Anspruch genommen werde; diesen in der Regel kleinen Innovationsträgern solle, falls der Patentschutz zusammenbreche, wenigstens in einem Teilgebiet Europas ein Kurzzeitschutz belassen bleiben. Schließlich sei der inländischen und ausländischen Anmeldern gleichermaßen zugute kommende Stand-der-Technik-Begriff des Gebrauchsmusters für die Entwicklung Europas hilfreicher als ein abruptes Einschwenken auf die Linie des neuen Patentrechts[221].

Gegen einen unveränderten Neuheitsbegriff wird angeführt, die Beseitigung der Unterschiede zum Patentrecht entspreche dem Harmonisierungsgedanken. Auch die Rechtsdogmatik des Gebrauchsmusters verlange keine Andersartigkeit. Möglicherweise abzulehnen sei lediglich die starke Einschränkung der Neuheitsschonfrist[222].

Die Frage der Angleichung des Neuheitsbegriffs an das Patentrecht sollte nicht pauschal mit ja oder nein beantwortet werden; es erscheint vielmehr zweckmäßig, die jeweiligen Abweichungen gesondert zu untersuchen, ihre Vor- und Nachteile gegeneinander abzuwägen und unter Berücksichtigung des besonderen Charakters des Gebrauchsmusters einerseits und der wünschenswerten gegenseitigen Abstimmung der beiden technischen Schutzrechte andererseits eine Entscheidung zu treffen.

---

[220] Freilich nur, soweit es sich um eine der in § 3 Abs. 2 PatG genannten Anmeldungen handelt, vgl. dazu Schulte § 3, RN 22. — Zahn Mitt. 79, 5 ff., 6 l. Sp. meint, die Regelung des § 3 Abs. 2 PatG, die auf dem Gedanken beruht, die nochmalige Offenbarung von bereits früher Offenbartem stelle keine Bereicherung der Technik dar und dürfe daher nicht in Form eines Patents belohnt werden (vgl. Schulte § 3, RN 1, 18, 19 sowie unten 3, FN 229), könne zu einem anderen Ergebnis als § 5 Abs. 2 GbmG führen, bei dem nach wie vor die Verhinderung eines Doppelschutzes im Vordergrund steht: dann nämlich, wenn die Ansprüche einer mit einer früheren Patentanmeldung inhaltsgleichen Gebrauchsmusteranmeldung auf unterschiedliche Merkmale gerichtet seien.

[221] So Bossung GRUR 79, 663 r. Sp., 668 l. Sp.

[222] So GRUR-Unterausschuß 79, 31 l. Sp.; zustimmend Starck GRUR 79, 201 l. Sp. Für einen vollen Fortbestand der gebrauchsmusterrechtlichen Neuheitsschonfrist auch Bossung aaO (FN 221), Müller GRUR 79, 455 l. Sp., v. Pechmann GRUR 80, 436 ff., Kollmer GRUR 81, 109 r. Sp. — Die weitgehende Einschränkung der Neuheitsschonfrist wird zunehmend auch für das Patent bedauert, vgl. etwa Bossung GRUR Int. 78, 381 ff., Pietzcker GRUR 78, 473 l. Sp., v. Pechmann GRUR 80, 436 ff., Kollmer GRUR 81, 107 ff.

1. „Zeit der Anmeldung"

Zunächst — unabhängig von einer etwaigen Anpassung an das Patentgesetz — sollte § 1 Abs. 2 Satz 1 GbmG dahingehend präzisiert werden, daß für die Neuheit nicht mehr auf die „Zeit der Anmeldung" abgestellt wird, da der Anmeldetag dann nicht der maßgebende Zeitpunkt ist, wenn eine Priorität in Anspruch genommen wird[223] (insbesondere nach dem Ausstellungsgesetz oder nach Art. 4 PVÜ). Wie in § 3 Abs. 1 Satz 2 PatG sollte es daher auch in § 1 Abs. 2 Satz 1 GbmG heißen: „... vor dem für den Zeitrang der Anmeldung maßgeblichen Tag ...".

2. „Öffentliche Druckschrift"

Nicht aufrechterhalten werden sollte ferner der Begriff der „öffentlichen Druckschrift"; er ist zu eng, wenn alle anderen Informationsträger, die bestimmungsgemäß dauerhaft wiedergabefähig und vervielfältigbar sind, darunter subsumiert werden[224].

3. Absolut formeller Neuheitsbegriff

Ob und inwieweit die Regelung des § 3 PatG übernommen werden soll, ist allerdings fraglich.

Die Beschränkung des Stands der Technik auf „öffentliche Druckschriften" und „offenkundige Benutzungen im Inland" hat den Sinn, dem Patentamt den Vergleich mit dem Bekannten zu erleichtern und eine sichere Grundlage für die Nachprüfung zu geben[225]. Der Vorteil der relativen Neuheitskriterien für den Erfinder besteht darin, daß sie ihn schützen und ihm die Berufung etwa darauf gestatten, die Vorverlautbarung sei nur eine mündliche gewesen oder die Vorbenutzung habe nicht im Inland stattgefunden[226]. — Die gesetzliche Eingrenzung des Stands der Technik hat zur Folge, daß es für die Neuheitsschädlichkeit ausschließlich darauf ankommt, ob etwas in der gesetzlich vorausgesetzten Weise offenbart worden ist. Tatsächlich Bekanntes braucht daher nicht neuheitsschädlich zu sein; andererseits kann etwas zum Stand der Technik gehören, auch wenn es in die technische Praxis keinen Eingang gefunden hat („papierner Stand der Technik").

Die Abwendung von den relativen Neuheitskriterien wurde als notwendig erachtet, weil diese „dem grenzüberschreitenden Informations-

---

[223] Vgl. FN 210.
[224] Vgl. FN 213.
[225] Klauer/Möhring, 2. Auflage, PatG § 2, Anm. 2.
[226] Bossung GRUR Int. 78, 381 ff., 382 l. Sp.

fluß, der technischen Veränderung der Informationsträger und Informationsmedien und der Ausweitung der Märkte über die Schutzrechts-Territorien hinaus nicht mehr entsprachen“[227].

Der seit dem 1. 1. 78 geltende[228] Neuheitsbegriff des Patentrechts beruht auf dem Gedanken, daß die Anmeldung einer bereits offenbarten („der Öffentlichkeit zugänglich gemacht“) Lehre zum technischen Handeln nicht mit der Gewährung eines Ausschlußrechts belohnt zu werden verdient. Die Begrenzung der neuheitshindernden Tatsachen wird demgegenüber als willkürlich und der zumindest für Europa gewünschten einheitlichen Patentrechtserteilung im Wege stehend empfunden[229].

Die bei der Änderung des Patentgesetzes vorgebrachten Gründe sind auch bei einer Neugestaltung des Gebrauchsmusterrechts zu bedenken. Ausschlaggebend sollte nicht sein, wie etwas, sondern ob etwas offenbart worden ist. Dieser Gedanke gilt auch für das Kurzzeitschutzrecht Gebrauchsmuster, gleich, ob es in erster Linie Anmelder mit inländischen Schutzinteressen in Anspruch zu nehmen versuchen. Die Ausdehnung auf sämtliche[230], über die offenkundige Benutzung hinaus auch sonstige nicht reproduzierbare und daher von vornherein nur einer begrenzten Personenzahl unmittelbar zugängliche Offenbarungen kann die Neuheitsprüfung erschweren; für das Gebrauchsmusterlöschungsverfahren ist dies jedoch hinzunehmen, da es die Schaffung des Neuen ist, das die Versagung der Teilhabe anderer rechtfertigt — zumal „öffentliche Druckschriften“ ebenfalls nicht ohne weiteres oder sogar überhaupt nicht mehr allgemein zugänglich sein können[231]; für die Gebrauchsmustereintragung ist die zur Erleichterung der patentamtlichen Prüfung gedachte Beschränkung des neuheitsschädlichen Materials ohnehin nicht relevant, weil dabei eine solche Prüfung grundsätzlich nicht stattfindet[232].

---

[227] Bossung GRUR Int. 78, 384 r. Sp.

[228] Vgl. Art. IV Nr. 3, Art. XI Abs. 5, 6 IntPatÜG v. 21. 6. 76 (BGBl. II S. 649).

[229] Amtl. Begründung zum IntPatÜG zu Nr. 3 Abs. 1, Bl. 76, 333 l. Sp., vgl. auch Schulte § 3, RN 1, 18, 19; Zahn Mitt. 79, 6 l. Sp.

[230] Es kommen also Vorträge (BPatGE 16, 96 = Bl. 74, 323), gesprochene Erklärungen bei Führungen, in Radio- oder Fernsehsendungen, auf Werbeveranstaltungen (= „mündlich“, vgl. Schulte § 3, RN 9) ebenso in Betracht wie etwa Aufzeichnungen auf Bild- oder Tonträgern (= „in sonstiger Weise“, vgl. Schulte § 2, RN 14), da die Offenbarung der technischen Lehre nicht in irgendeiner Weise verkörpert zu sein braucht.

[231] Vgl. FN 212; Bossung GRUR Int. 78, 390 r. Sp., 391 l. Sp. verweist auf die Möglichkeit von Fällen, in denen es sich um eine vergriffene oder eine seltene ausländische oder eine inländische, sich aber nicht an Fachkreise wendende und daher einen praktisch kaum ermittelbaren Erfindungsinhalt aufweisende Druckschrift handele.

[232] Vgl. 3. Kap., 1. Abschn. I und die Nachweise dort.

Viel hängt davon ab, wie die Voraussetzung „der Öffentlichkeit zugänglich gemacht“ ausgelegt wird. Verstünde man darunter eine „qualifizierte Ermittelbarkeit“[233], würde dem Normzweck entsprochen, zwar alle Informationen zu erfassen, diejenigen aber auszuscheiden, die nicht zum verfügbaren technischen Wissen gehören; die Mißstände des alten Rechts könnten möglicherweise gelindert werden[234].

Für die Angleichung an die patentrechtliche Regelung spricht nicht nur deren Überlegenheit, sondern auch die enge, durch die Aufgabe der „Raumform“ noch verstärkte Verwandtschaft von Patent und Gebrauchsmuster, die eine gewisse Abstimmung aufeinander erforderlich erscheinen läßt, welche wenigstens so weit gehen sollte, daß beiden technischen Schutzrechten ein gemeinsamer, nämlich der sog. „absolut formelle“[235] Neuheitsbegriff zugrunde liegt. Eine restlose Übereinstimmung muß dagegen nicht hergestellt werden, insbesondere dann nicht, wenn es stichhaltige Gründe für eine Modifizierung gibt.

Fraglich ist daher, ob die von dem Grundsatz des § 3 Abs. 1 PatG („alles, was der Öffentlichkeit irgendwie zugänglich gemacht worden ist, gehört zum Stand der Technik“) abweichende — und im Gegensatz zu § 1 GbmG stehende — Regelung des § 3 Abs. 2 PatG übernommen werden soll. § 3 Abs. 2 PatG bezieht den Inhalt älterer anhängiger, später offengelegter Patentanmeldungen vom Anmelde- oder Prioritätstag an gerechnet[236] in den Stand der Technik mit ein. Sinn dieser neuen Bestimmung ist es, sich bei der Prüfung einer jüngeren Anmeldung von der im Doppelpatentierungsverbot (§ 4 Abs. 2 PatG a. F.) begründeten Notwendigkeit zu befreien, die Entscheidung über die ältere An-

---

[233] Der Begriff der „qualifizierten Ermittelbarkeit“ wurde von Bossung (GRUR Int. 78, 390) entwickelt. Er besagt, daß das Kriterium „der Öffentlichkeit zugänglich gemacht“ nur erfüllt ist, wenn „für einen des Recherchierens Kundigen, dem alle Informationsmittel der Technik und des Patentwesens zur Verfügung stehen, ein gewisses Maß an Ermittlungswahrscheinlichkeit gegeben ist“.

[234] Vgl. Bossung GRUR Int. 78, 391 l. Sp. — Es könnte also nichts dadurch zum Stand der Technik gemacht werden — was für defensive Zwecke geschieht —, daß es in irgendeiner Druckschrift veröffentlicht wird. Anders jedoch Schulte § 3, RN 51. Das Problem der Ermittelbarkeit besteht natürlich insbesondere bei mündlichen und in sonstiger Weise erfolgten Beschreibungen oder Benutzungen. Hier soll eine „gewisse Fähigkeit der offenen Kunde, durch eine uninteressierte Öffentlichkeit hindurch zu Interessenten durchzusickern“, erforderlich sein (Bossung aaO, S. 390 l. Sp.). Bei Anwendung dieses Auslegungsvorschlags verbleiben bei der Lösung mancher konkreter Fälle sicherlich Zweifel; als Grundüberlegung und Ausgangspunkt für die Beurteilung des Kriteriums „der Öffentlichkeit zugänglich gemacht“ ist er aber gleichwohl bedenkenswert.

[235] Vgl. amtliche Begründung zum IntPatÜG zu Nr. 3 Abs. 1, Bl. 76, 333 l. Sp. sowie Denkschrift Bl. 76, 338 r. Sp.

[236] Vgl. Schulte § 3, RN 31.

meldung abwarten zu müssen; die Lösung des § 3 Abs. 2 PatG n. F. erschien dem Gesetzgeber ausgewogener als die bisherige — unter Beachtung sowohl der Interessen von jüngerem und älterem Anmelder als auch denjenigen der Allgemeinheit[237].

Die Überlegung, nunmehr ohne Rücksicht auf das Schicksal einer älteren Patentanmeldung die jüngere Anmeldung prüfen zu können, trifft für den Bereich des Gebrauchsmusters nicht zu, da bei der Eintragung die relative Schutzvoraussetzung „Neuheit" keine Rolle spielt. — Die Argumentation mit dem Interesse der Allgemeinheit, dem es entspreche, nur bei Bereicherung des technischen Wissenstands ein Schutzrecht zu erteilen, und demjenigen des älteren Anmelders, der erwarten könne, daß durch ihn Offenbartes nicht für einen Dritten geschützt werde[238], geht insoweit fehl, als sie nicht bei der entscheidenden Frage ansetzt, ab wann eine neuheitsschädliche Offenbarung vorliegt. — Dies beurteilt sich aber nach dem Grundsatz des § 3 Abs. 1 PatG, wonach es darauf ankommt, wann der Erfindungsgedanke der Öffentlichkeit zugänglich gemacht worden ist. — Für eine Fiktion iSd § 3 Abs. 2 PatG ist daher im Gebrauchsmusterrecht ein Bedürfnis nicht zu erkennen; vielmehr sollte die Stellung des Gebrauchsmusteranmelders nicht unnötig verschlechtert werden.

4. Beibehaltung der Neuheitsschonfrist

Die bisherige, der gebrauchsmusterrechtlichen Regelung im wesentlichen entsprechende Neuheitsschonfrist des Patentrechts erfuhr durch die jüngste Gesetzesnovelle eine erhebliche Einschränkung, weil sie in den meisten ausländischen, insbesondere den europäischen Patentgesetzen kein Gegenstück fand[239]. Man sah daher in der unveränderten Aufrechterhaltung die Gefahr, daß der Erfinder die Möglichkeit verliert, in anderen Staaten Patentschutz zu erlangen, wenn ein- und dasselbe Verhalten vor der Anmeldung zwar im europäischen, nicht aber im deutschen Recht als neuheitsschädlich angesehen wird[240]. Gegen das Institut einer Schonfrist überhaupt, auch einer internationalen, wurde geltend gemacht, der Erfinder werde dadurch zu freimütiger Verlautbarung vor der Anmeldung verleitet, was zu einer Beeinträchtigung seiner eigenen, aber auch der Interessen Dritter führen könne: der Er-

[237] Vgl. amtliche Begründung zum IntPatÜG Bl. 76, 333 r. Sp.

[238] Vgl. FN 237.

[239] Vgl. GRUR-Unterausschuß, S. 31 l. Sp.; v. Pechmann GRUR 80, 436 ff., 437 r. Sp. weist allerdings darauf hin, daß 16 Staaten eine solche Schonfrist bereits eingeführt hatten, insbesondere die USA, Kanada, Australien und Japan, wobei die Frist in Kanada, Australien und den USA sogar 12 Monate beträgt.

[240] Schriftl. Bericht des Rechtsausschusses, Bl. 76, 347, 348.

finder müsse Rechtsminderungen, vor allem durch Vorbenutzungsrechte, befürchten; Dritte befänden sich in Ungewißheit über den Stand der Technik[241]. — Diese Überlegungen sind nicht imstande, die Einschränkung oder gar Abschaffung der gebrauchsmusterrechtlichen Neuheitsschonfrist zu rechtfertigen.

Die Gewährung einer Schonfrist steht weder den Interessen des Anmelders noch denen Dritter entgegen, da für den Anmelder eine Rechtsminderung durch ein Vorbenutzungsrecht eher hinzunehmen ist als ein völliger Rechtsverlust wegen fehlender Neuheit; die Ungewißheit Dritter über den Stand der Technik wird durch die Möglichkeit des Entstehens eines Vorbenutzungsrechts ausgeglichen[242]. — Die Gefahr, die eine lediglich im nationalen Recht vorhandene Neuheitsschonfrist mit sich bringen mag, betrifft fast nur größere Firmen, da es in erster Linie diese sind, die eine Nachanmeldung im Ausland vornehmen[243]; sie ist für solche größere Firmen aber nicht allzu hoch einzuschätzen, da diese in der Regel über Erfahrungen auf dem Gebiet der gewerblichen Schutzrechte verfügen[244]. Der verbleibende geringfügige Nachteil wird jedenfalls durch die Vorteile einer Neuheitsschonfrist iSd Gebrauchsmusterrechts (bzw. des alten Patentrechts) mehr als aufgewogen. — Die Neuheitsschonfrist bietet dem Erfinder nämlich insoweit Schutz, als ihm eigene Vorverlautbarungen nicht als neuheitsschädlich entgegengehalten werden können, wenn innerhalb der nächsten 6 Monate die Anmeldung erfolgt. Dieser Schutz ist um so dringlicher, wenn die Anforderungen an die Neuheit durch die Übernahme der Regelung des § 3 Abs. 1 PatG verschärft werden. Er hat Bedeutung nicht nur für den unerfahrenen, sondern für jeden, insbesondere den gerade im Gebrauchsmusterrecht anzutreffenden kleineren Erfinder, der darauf angewiesen ist, die Neuerung vor der Anmeldung auf dem Markt zu testen, um die wirtschaftlichen Erfolgschancen zu erforschen und ggf. auf diese Weise einen Geldgeber zu finden[245]. Wenn sich die Neuerung dabei als nicht rentabel oder als

[241] Vgl. Pfanner GRUR Int. 59, 66 und Hamburger, GRUR Int. 63, 189, 191.

[242] So Bossung GRUR Int. 78, 381 ff., 397 r. Sp. — Zu beachten ist freilich die Möglichkeit, das Wirksamwerden eines Vorbenutzungsrechts zu erschweren, indem der Mitteilung der Erfindung ein Vorbehalt beigefügt wird, vgl. § 12 Abs. 1 Satz 4 PatG; vgl. dazu Tetzner GRUR 73, 337 ff.; Kollmer GRUR 81, 107 ff.

[243] Vgl. v. Pechmann, S. 437 l. Sp. m. N.

[244] v. Pechmann, S. 438 l. Sp.

[245] In diesem Sinne v. Pechmann aaO; Müller GRUR 79, 455 l. Sp.; GRUR-Unterausschuß aaO; Bossung GRUR Int. 78, 384 r. Sp., 392 r. Sp., 393 l. Sp.; vgl. ferner die Begründung zum Gesetz vom 5. 5. 36, Bl. 36, 103, 104. Für den Erhalt der Neuheitsschonfrist auch Kollmer GRUR 81, 107 ff., 109 r. Sp., der für das geltende Patentrecht praktische Möglichkeiten aufzeigt, wie sich eine neuheitsschädliche Offenbarung bis zur amtlichen Hinterlegung vermeiden läßt. Bossung aaO, S. 393 l. Sp. weist zudem auf die Bedeutung der Schonfrist für Anmelder aus Entwicklungsländern, für die eine Geheimhal-

wenig brauchbar herausstellt und die Anmeldung deshalb unterbleibt, tritt eine Entlastung des Patentamts ein[246].

Das Bedürfnis des Anmelders nach dem Schutz durch die Neuheitsschonfrist besteht auch dann, wenn bei der Schutzrechtsanmeldung die sogenannte „innere Priorität" einer vorangegangenen inländischen Patent- oder Gebrauchsmusteranmeldung in Anspruch genommen werden kann[247]. Bei Fällen unbeabsichtigter, nicht in Form einer Anmeldung offenbarter Vorveröffentlichungen vermag nämlich nur die Neuheitsschonfrist, nicht aber die „innere Priorität" zu helfen[248].

Die Neuheitsschonfrist sollte aus diesen Gründen iSd geltenden Rechts beibehalten und lediglich die Formulierung dem geänderten Neuheitsbegriff angepaßt werden. Es ist dann nicht mehr darauf abzustellen, ob vor der Anmeldung eine „Beschreibung oder Benutzung" erfolgt ist, sondern darauf, ob der Erfindungsgedanke der Öffentlichkeit in irgendeiner Weise zugänglich gemacht worden ist; letzterer Vorgang läßt sich — im Einklang mit der Formulierung in § 3 Abs. 4 PatG — zusammenfassend als „Offenbarung" bezeichnen. — Zu beachten ist, daß Prioritäten nach der Pariser Verbandsübereinkunft oder dem Ausstellungsgesetz unberücksichtigt bleiben[249]; für die Berechnung der Neuheitsschonfrist ist also stets die Anmeldung maßgebend.

---

tung wegen der erforderlichen Zusammenarbeit mit Firmen aus Industriestaaten oft nicht möglich ist, sowie für Wissenschaftler hin (vgl. insoweit auch v. Pechmann, S. 438 l. Sp.), die häufig gezwungen sind, ihre Forschungsergebnisse in einem Stadium zu veröffentlichen, da noch keine fertige Erfindung vorliegt. — Diese Überlegungen spielen im Gebrauchsmusterrecht nur eine untergeordnete Rolle, sprechen aber für eine internationale Einführung der Neuheitsschonfrist; zu dieser Problematik vgl. Steup/Goebel GRUR Int. 79, 336 ff.

[246] Vgl. v. Pechmann, S. 440 r. Sp., 441 l. Sp. sowie GRUR-Unterausschuß, S. 31 l. Sp.

[247] Bislang steht das Rechtsinstitut der „inneren Priorität" gemäß § 40 PatG nur bei Patentnachanmeldungen zur Verfügung. Zur Frage der Erweiterung der „inneren Priorität" auf nachträgliche Gebrauchsmusteranmeldungen vgl. 2. Kap., 3. Abschn.

[248] Krieger GRUR Int. 81, 273 ff., 278 l. Sp. spricht daher auch nur davon, daß die Nachteile des weitgehenden Wegfalls der Neuheitsschonfrist durch die „innere Priorität" „bis zu einem gewissen Grade" ausgeglichen werden können.

[249] BPatGE 8, 190; vgl. auch Bühring § 1, RN 149.

11. Abschnitt

Fortschritt

Der Erfindungsgedanke muß fortschrittlich sein.

Das von der Rechtsprechung zum Patentrecht geschaffene Kriterium des „technischen Fortschritts" wird aus dem Wesen der patentfähigen Erfindung hergeleitet[250]; im Patentgesetz war und ist es nicht genannt; auch im Gebrauchsmustergesetz klingt es nur — ohne deutlich davon unterschieden zu sein — in dem überholten Merkmal „dem Arbeits- oder Gebrauchszweck dienend" an[251].

Bislang wird es als Voraussetzung für die Gebrauchsmusterfähigkeit gefordert[252]. Um die Frage nach seiner Weitergeltung und einer etwaigen gesetzlichen Festschreibung entscheiden zu können, ist es erforderlich, zunächst Klarheit darüber zu gewinnen, was unter „technischem Fortschritt" verstanden wird; ferner muß man die neuere Entwicklung auf dem Gebiet des Patentrechts betrachten.

I. Begriff

Der Begriff wird meist als bekannt vorausgesetzt[253]. Bei den Bemühungen, seinen Inhalt zu erfassen — es finden sich auch insoweit eher Umschreibungen als Definitionen[254] — sind 2 vom Ansatz her unterschiedliche, von der Praxis in der Regel jedoch nicht auseinandergehaltene, sondern miteinander vermengte[255] Hauptmeinungen festzu-

---

[250] Vgl. Benkard, 6. Aufl., PatG § 1, RN 56.

[251] Vgl. oben 7. Abschn., FN 188.

[252] Nahezu einstimmig, allerdings ohne weitere Begründung, da „auf der Hand liegend" (so Zeller, S. 120) wird für das Gebrauchsmuster „technischer Fortschritt" verlangt, vgl. Bühring § 1, RN 151; Benkard GbmG § 1, RN 32; Klauer/Möhring GbmG § 1, RN 25; Reimer GbmG § 1, RN 22; Busse GbmG § 1, RN 28; einschränkend lediglich Bunke GRUR 57, 110 ff., 111 l. Sp., 116 l. Sp., nach dem nur eine mit dem „technischen Fortschritt" nicht gleichbedeutende „Förderung des Gebrauchszwecks" erforderlich sein soll.

[253] So in den BGH-Urteilen, vgl. Liedel, S. 195, aber auch in den Kommentierungen, die sich in der Regel auf die Darstellung der Kasuistik beschränken, vgl. FN 252.

[254] Trüstedt GRUR 56, 349 ff.; Beier GRUR 72, 214 ff.; Zipse GRUR 72, 333 ff.; Tetzner GRUR 74, 766 ff.; Horn/Horn GRUR 77, 329; Winkler Mitt. 77, 13 ff.; Preu GRUR 80, 444 ff.

[255] Dies spiegelt sich in den Kommentierungen selbst und in den dort zitierten Entscheidungen wider, wenn es etwa heißt: „. . . .ein Gebrauchsmuster die Technik bereichern muß", „ . . . (kein „technischer Fortschritt" bei) Befriedigung wirtschaftlicher Bedürfnisse, solange nicht gleichzeitig die Technik bereichert wird", „(nach der Gegenmeinung) wirtschaftlicher Fortschritt genügen kann", vgl. Bühring § 1, RN 152 m. N. — „ ‚technischer Fortschritt'

stellen, deren Kern sich wie folgt zusammenfassen läßt: Die eine argumentiert von der Wortbedeutung her und sieht im „technischen Fortschritt" einen „Fortschritt der Technik"; entscheidend soll danach sein, ob dem Techniker neue Möglichkeiten an die Hand gegeben werden. Liegt eine solche Bereicherung der Technik vor, sei „technischer Fortschritt" vorhanden. Die davon zu trennenden Folgen des „technischen Fortschritts" können auch nach dieser Auffassung jeglicher Art sein[256]; der „technische Fortschritt" kann also z. B. in ästhetischer[257], geschmacklicher[258], medizinischer[259], physiologischer, biologischer oder rein wirtschaftlicher[260] Hinsicht wirken.

Die andere geht davon aus, daß das Patentrecht (ebenso das Gebrauchsmusterrecht) nicht eine Bereicherung der Technik, die keinen Eigenwert darstelle, um ihrer selbst willen anstrebe; vielmehr hätten die gewerblichen Schutzrechte einen sozialen Bezug, der darin bestehe, — mit freilich technischen Mitteln — eine Verbesserung der Bedürfnisbefriedigung der Allgemeinheit herbeizuführen. Erreiche eine Erfindung dieses Ziel, dann sei sie „technisch fortschrittlich". Da es demnach auf die „Nützlichkeit" der Erfindung ankomme, sei die Bezeichnung „technischer Fortschritt" in sich verfehlt[261]. Innerhalb dieser Meinungsgruppe wird neuerdings die Auffassung vertreten, der „technische Fortschritt" sei, da er wegen seines sozialen Bezugs ebenso wie die gewerbliche Anwendbarkeit nicht die Erfindung als solche, sondern die davon zu unterscheidende Verwirklichung der Erfindung betreffe, gar kein Kriterium der Patentfähigkeit, sondern nur eines der Patentierbarkeit, also nicht eine positiv festzustellende Voraussetzung, sondern ein negatives Merkmal, dessen Fehlen dem Anspruch auf Schutzrechterteilung ent-

---

wird zu bejahen sein, wenn der Gebrauchsgegenstand billiger, leichter oder billiger herstellbar, betriebssicherer und handhabbarer ... wird", vgl. Bühring § 1, RN 153 m. N. — Ähnlich Benkard GbmG § 1, RN 32. — Vgl. auch die Kritik von Winkler Mitt. 77, 15 l. Sp. und Tetzner GRUR 74, 767 l. Sp. „... Verwirrung".

[256] So vor allem Winkler aaO (FN 254), insb. S. 14 r. Sp. — Ähnlich Zipse aaO (FN 254), der aber bei „ungünstigen Nebenwirkungen" den „technischen Fortschritt" verneinen will; diese Beachtung der „Nützlichkeit" stellt bereits eine entscheidende Komponente der anderen Hauptmeinung dar.

[257] BGH GRUR 67, 590.

[258] BGH GRUR 66, 249.

[259] BGH GRUR 70, 408.

[260] BGH GRUR 66, 250 r. Sp.

[261] So Tetzner aaO (FN 254), insb. S. 767; Preu aaO (FN 254), insb. S. 446 r. Sp. — 449; Trüstedt aaO (FN 254), insb. S. 350 r. Sp., 351 l. Sp., FN 7; vgl. ferner Horn/Horn aaO (FN 254), S. 331 r. Sp., FN 26 m. N. In diese Richtung geht auch die Anthradipyrazolentscheidung des BGH GRUR 70, 408 ff., 411 insoweit, als zwar der „technische Fortschritt" zunächst mit Bereicherung der Technik gleichgestellt wird, diese aber „zur Herbeiführung eines für die Allgemeinheit nützlichen Erfolgs" geschehen muß; damit wird der „technische Fortschritt" an seine soziale Funktion gekoppelt.

gegenzuhalten sei; im Zweifelsfall sei der „technische Fortschritt" daher zu bejahen[262]. — Diese Ansicht erscheint deshalb plausibler, weil sie die Grundidee der Schutzrechtserteilung besser berücksichtigt und sich klarer von dem Kriterium der Neuheit, das mit dem „Fortschritt der Technik" angesprochen ist, abgrenzt[263].

Übereinstimmung herrscht insoweit, als der „technische Fortschritt" nicht erheblich, sondern nur überhaupt vorhanden sein muß. Im Gebrauchsmusterrecht sollen die Anforderungen noch geringer als im Patentrecht sein[264]. Auch deshalb gibt es nur wenige Entscheidungen, in denen der Schutz wegen fehlenden „technischen Fortschritts" versagt blieb; die Bedeutung des „technischen Fortschritts" für die Schutzrechterteilung tritt heute weit hinter den Erfordernissen der Neuheit und der Erfindungshöhe zurück[265].

Mit dem Inkrafttreten des Straßburger Patentübereinkommens steht für den Bereich des Patentrechts fest, daß der — dementsprechend auch in dem neuen § 1 Abs. 1 PatG bewußt nicht genannte — „technische Fortschritt" nicht mehr eigenständige Voraussetzung für die materielle Patentfähigkeit einer Erfindung sein kann[266]; gleichwohl soll er auch künftig „nicht ohne Belang", sondern bei der Prüfung, ob eine erfinderische Tätigkeit vorliegt, zu berücksichtigen sein[267]; dies gelte auch für das Gebrauchsmusterrecht[268].

II. Keine Einfügung in das Gesetz

Hätte es der Klarheit ohnehin wenig gedient, den uneinheitlich gebrauchten, verschwommenen und in sich unstimmigen Begriff des „technischen Fortschritts" in das Gebrauchsmustergesetz aufzunehmen, so

262 Preu aaO (FN 254, 261).

263 Nach Meinung von Preu GRUR 80, 447 r. Sp. fallen Neuheit und Fortschritt begrifflich zusammen, wenn man wie Winkler aaO unter „technischem Fortschritt" den „Fortschritt der Technik" versteht.

264 Reimer GbmG § 1, RN 22; Busse GbmG § 1, RN 28; Bühring § 1, RN 151; Klauer/Möhring GbmG § 1, RN 25; Trüstedt GRUR 56, 351 r. Sp.; Beier GRUR 72, 214, 223; Liedel, S. 196.

265 Vgl. Starck GRUR 79, 201 r. Sp.; Liedel, S. 197; Beier GRUR 72, 228 l. Sp.; Horn/Horn GRUR 77, 331, FN 19; Preu GRUR 80, 446 r. Sp.; Winkler Mitt. 77, 16 r. Sp.

266 BPatG Bl. 80, 288; Schulte § 1, RN 4; Preu GRUR 80, 445 r. Sp. unter Berufung auf den Wortlaut und die Entstehungsgeschichte des Straßburger Patentübereinkommens.

267 Begründung zum Entwurf des IntPatÜG Bl. 76, 332 l. Sp. zu Nr. 1, Abs. 1; vgl. auch Schulte § 1, RN 5; BPatG Mitt. 80, 239 r. Sp. („Beweisanzeichen für Erfindungshöhe"). — Winkler aaO (FN 254) will dagegen den „technischen Fortschritt" in Zukunft bei der Neuheit „ansiedeln" (S. 16 r. Sp.) bzw. „unterbringen" (S. 17 r. Sp.).

268 BPatG Mitt. 80, 239 r. Sp.

scheidet ein solches Vorhaben nunmehr vollends aus; mit dem Wesen des einfacheren, an die Schützbarkeit geringere Anforderungen stellenden Gebrauchsmusters ließe es sich nicht vereinbaren, ginge das Gebrauchsmuster insoweit über das Patent hinaus. Die Harmonie des Erfindungsschutzes gebietet es, dem „Fortschritt" im Gebrauchsmusterrecht in Zukunft den gleichen Rang wie im Patentrecht einzuräumen[269].

12. Abschnitt

Erfindungshöhe

I. Rechtsprechung

Obwohl vom Gesetz nicht ausdrücklich vorausgesetzt, darf nach ständiger Rechtsprechung die Neuerung, um Gebrauchsmusterschutz erlangen zu können, nicht nur auf rein handwerkliche Maßnahmen zurückzuführen sein; Voraussetzung ist vielmehr Erfindungshöhe[270], die allerdings nicht denselben hohen Grad wie beim Patent zu erreichen braucht[271].

II. Kritik

Diese Rechtsprechung ist nicht ohne Kritik geblieben. Teilweise wird bestritten, daß für die Schutzfähigkeit eines Gebrauchsmusters Erfindungshöhe überhaupt erforderlich sei[272]; andererseits wird verlangt, an die Erfindungshöhe beim Gebrauchsmuster dieselben Anforderungen wie beim Patent zu stellen[273]. Schließlich wird der Versuch unternom-

---

[269] a. A. Benkard GbmG § 1, RN 32, wonach an der „gewohnheitsrechtlich begründeten" Voraussetzung der technischen Fortschrittlichkeit festgehalten werden soll. — Auf Gewohnheitsrecht dürfte sich die Forderung nach technischem Fortschritt wohl deshalb nicht stützen lassen, weil sie stets mit einer gleichlautenden im Patentrecht — daraus leitet sie sich erst ab — verknüpft war.

[270] Der Begriff „Erfindungshöhe" wurde von Wirth geschaffen, vgl. Wirth GRUR 6, 57 ff. und Mitt. 38, 169.

[271] BGH GRUR 57, 270, 271 r. Sp.; RGZ 99, 211, 212; RG GRUR 39, 838, 840; RG GRUR 11, 72 l. Sp.; RG GRUR 10, 324; Zeller GRUR 56, 532 f.; vgl. ferner Reimer GbmG § 1, RN 23 und Bühring § 1, RN 157 sowie die Nachweise dort.

[272] Conradt GRUR 63, 405 ff. und GRUR 59, 111 ff.; Bunke GRUR 57, 110 ff.; Fischer GRUR 42, 45 ff.; Schlenk Mitt. 70, 156 ff. Vgl. bereits Starck GRUR 35, 341.

[273] Trüstedt GRUR 54, 137 ff.; GRUR 54, 244 ff.; GRUR 56, 349 ff.; GRUR 58, 309 ff.; GRUR 80, 877 ff., 880 r. Sp., 881, 882 r. Sp.; derselbe bei Reimer GbmG § 1, RN 23; so bereits LG Stuttgart vom 12. 7. 51 — 7 O 73/51, auf dessen Entscheidung Bunke GRUR 57, 114 r. Sp., FN 13, verweist. Auch Liedl GRUR 57, 118 ff., 120 erwägt eine Gleichstellung.

men, die an so unbestimmte Tatbestandsmerkmale geknüpfte, von subjektiven Wertungen abhängige und daher als äußerst unbefriedigend empfundene Urteilsfindung über das Vorhandensein von Erfindungshöhe zu objektivieren[274].

Bei einer Reform ist deshalb zu überlegen, ob und gegebenenfalls in welchem Maße Erfindungshöhe für das Gebrauchsmuster gefordert werden soll; ferner ist für den Fall der Aufrechterhaltung dieses Kriteriums die Möglichkeit zu untersuchen, die daran zu stellenden Anforderungen zu präzisieren. Unabhängig vom Ergebnis erscheint es wünschenswert, daß das Gesetz in Zukunft in der Frage der Erfindungshöhe Auskunft gibt.

Neben der beklagten Rechtsunsicherheit[275] wird gegen die Erfindungshöhe hauptsächlich geltend gemacht, sie sei gesetzlich nicht vorausgesetzt; das Wort „Erfindung" komme im Gebrauchsmustergesetz nicht vor; die Raumform müsse nur neu sein. Diese Ansicht werde durch die Entstehungsgeschichte bestätigt, da das Gebrauchsmustergesetz geschaffen worden sei, um einen Schutz auch dann gewähren zu können, wenn eine Erfindung nicht vorliege und lediglich die Technik bereichert worden sei[276].

Richtig ist, daß eine ausdrückliche gesetzliche Festschreibung fehlt. In § 1 Abs. 2 Satz 2 GbmG ist sogar von „Ausarbeitung" die Rede, was vom Wortlaut her sogar den Schluß nahelegt, ein sich von der normalen technischen Weiterentwicklung abhebender Akt sei nicht erforderlich. — Die Entstehungsgeschichte vermag diese Auffassung dagegen nicht zu bekräftigen. Das Gebrauchsmustergesetz hatte ursprünglich den Zweck, die Neuerungen nicht länger ungeschützt zu lassen, die den an das Patent gestellten Anforderungen nicht genügten[277]; daraus kann aber nicht gefolgert werden, eine Neuerung stelle keine Erfindung dar, sondern nur, daß es sich bei ihr nicht um eine Erfindung iSd Patentgesetzes handeln muß. Auch aus der Begründung zum Entwurf des Gesetzes von 1891 ergibt sich, daß die formale Neuheit allein den Gebrauchsmusterschutz noch nicht begründen soll, wenn es dort heißt[278]: „Der Begriff der Neuheit ist im allgemeinen ebenso wie im Patentgesetz

---

274 Vgl. insb. H. Winkler GRUR 58, 153 ff.; F. Winkler Mitt. 63, 61 ff.; Öhlschlegel GRUR 64, 477 ff. mit zahlreichen Nachweisen, vgl. S. 478, FN 19 ff.; ferner Kumm GRUR 64, 236 ff. und seine Kritik an Öhlschlegel in GRUR 65, 1 ff.; Kulhavy Mitt. 80, 61 ff.

275 Vgl. die Nachweise bei Dick GRUR 65, 169 ff., der für den unbedingten Schutz wertvoller technischer Erfindungen eintritt und die Erfindungsschutzgesetze durch die Erfindungshöhe ausgehöhlt sieht (S. 169 r. Sp.); ähnlich Eggert GRUR 68, 676; vgl. ferner Mediger Mitt. 59, 125, 129.

276 Conradt GRUR 63, 405 r. Sp., 406 l. Sp.; Bunke GRUR 57, 112 r. Sp., 115 l. Sp.; Fischer aaO (FN 272); Schlenk aaO (FN 272).

277 Vgl. Einführung II.

278 Begründung zum Entwurf des Gesetzes von 1891, zu § 1.

festgestellt worden (Abs. 2). Es liegt ohne weiteres in diesem Begriff, daß die Abweichung von bereits bekannten Gestaltungen oder Vorrichtungen eine selbständige, eigenartige sein muß; demgemäß erscheint die Hinzufügung des Wortes ‚eigentümlich' nicht notwendig." Ein über die bloße Neuheit hinausreichendes „Mehr" war also für das Gebrauchsmuster schon immer erforderlich. In der Rechtsprechung kommt dies durch den anfangs strengeren, zugunsten der Erfindungshöhe später zunehmend milder werdenden Maßstab, der an den „technischen Fortschritt" angelegt wurde, zum Ausdruck[279].

III. Erforderlichkeit

Gegen das reine Neuheitsprinzip spricht damals wie heute, daß ein Monopolrecht wie das Gebrauchsmuster nur für überdurchschnittliche geistige Leistungen gerechtfertigt und vernünftig erscheint[280]. Im Interesse einer ungehemmten natürlichen technischen Weiterentwicklung ist ein Freiraum erforderlich[281], der nicht über Gebühr eingeschränkt werden darf. Zu berücksichtigen ist auch die das Patent ergänzende Funktion des Gebrauchsmusters; die Beseitigung jeder Erfindungshöhe im Gebrauchsmusterrecht würde die wegen der Einheitlichkeit und Vollständigkeit des Erfindungsschutzes gerade zu vermeidende Abkoppelung vom Patent bedeuten[282]. Eine Entwertung und in der Konsequenz eine Abschaffung des Gebrauchsmusters wäre zu befürchten. Aus diesen — durchschlagenden — Gründen ist die Erfindungshöhe für das Gebrauchsmuster auch weiterhin unverzichtbar, zumal, wie oben dargelegt[283], eine Neubelebung des „technischen Fortschritts" ausscheidet.

IV. Geringeres Maß als beim Patent

Fraglich ist allerdings, ob für das Gebrauchsmuster ein im Vergleich zum Patent geringeres Maß an Erfindungshöhe genügen soll.

---

[279] Vgl. Reimer GbmG § 1, RN 22: „Allmählich wurde durch die Einführung des Begriffs der Erfindungshöhe (die) Schutzfähigkeit nicht mehr nach der Größe des Fortschritts, sondern der erfinderischen Leistung ausgerichtet." So auch derselbe in GRUR 56, 349, 352 l. Sp. und Liedel, S. 197, deren sich auf das Patentrecht beziehende Ausführungen auf das Gebrauchsmusterrecht in gleicher Weise zutreffen. Vgl. ferner Kumm GRUR 64, 236 r. Sp.

[280] Trüstedt GRUR 58, 311 l. Sp.; Fromme GRUR 58, 266 r. Sp. — Auch Conradt GRUR 63, 405 r. Sp. und Schlenk Mitt. 70, 158 l. Sp. weisen auf dieses Argument hin, ohne ihm im Ergebnis zu folgen.

[281] Isay PatG § 1, RN 26; Reimer PatG § 1, RN 31, Trüstedt aaO (FN 280) sowie derselbe bei Reimer GbmG § 1, RN 23; Starck GRUR 79, 200 l. Sp.; Kulhavy Mitt. 80, 63 r. Sp.

[282] Das wird insbesondere von Starck GRUR 79, 200 l. Sp. betont.

[283] Vgl. oben 11. Abschn.

Gegen diese ständige Übung der Rechtsprechung werden vor allem 2 Einwände erhoben. Einmal sei es nicht gerechtfertigt, wenn ein Patent mangels Erfindungshöhe versagt werde, das ungeprüfte und an sich schwächere Recht des Gebrauchsmusters aber gleichwohl entstehe; dieser „Schutzüberhang“ des Gebrauchsmusters sei unverdient[284]. Zum anderen wird bezweifelt, daß es überhaupt möglich sei, den Grad der Erfindungshöhe abzustufen, weil eine Aufteilung des für den Fachmann Naheliegenden in mehr oder weniger Naheliegendes logisch nicht durchführbar sei; es handele sich vielmehr um eine Alternativfrage[285].

Das eine Bedenken, die fehlende sachliche Rechtfertigung für eine Bevorzugung des Gebrauchsmusters gegenüber dem Patent, ist aus den bereits genannten Gründen zurückzuweisen[286].

Das andere wirkt auf den ersten Blick bestechend, denn die Gleichung „unbestimmt — × = unbestimmt“[287] scheint richtig zu sein; ihre Schwäche besteht allerdings darin, daß die zweimal auftauchende Komponente „unbestimmt“ trotz derselben Bezeichnung jeweils eine andere Bedeutung hat. Ein Indiz für die Unmöglichkeit einer Differenzierung innerhalb der Erfindungshöhe scheinen auch die Entscheidungen zu sein, in denen der Gebrauchsmusterschutz mangels Erfindungshöhe versagt, ein Patent für dieselbe Erfindung dagegen ohne eine Beanstandung der Erfindungshöhe erteilt wurde[288], in denen die Rechtsprechung also besonders deutlich ihrem eigenen Grundsatz widerspricht.

Bei der Beurteilung dieser Argumentation sind die beiden Fragen auseinanderzuhalten, ob es eine unterschiedliche Erfindungshöhe logisch geben kann und ob, sofern dies der Fall ist, das differierende Niveau wissenschaftlich meßbar ist.

---

284 Trüstedt GRUR 54, 138 l. Sp.; GRUR 56, 357 r. Sp.; ebenso Liedl GRUR 57, 118 ff., 119 l. Sp. Anders jedoch Trüstedt bei Reimer GbmG § 1, RN 23, S. 1850: „Es wäre nun m. E. vom praktischen Standpunkt nichts dagegen einzuwenden, wenn man das Maß der Erfindungshöhe beim Gebrauchsmuster ... geringer ansetzt als beim Patent. Die Rechtfertigung hierfür liegt in der ... Auffassung, daß als Korrelat für die kürzere Schutzdauer und das einfachere Eintragungsverfahren auch solche Neuerungen noch schutzfähig sind, die nicht mehr patentfähig sind, aber doch ein gewisses Maß an Erfindungshöhe aufweisen ...“.

285 Trüstedt aaO (vgl. FN 273); Conradt GRUR 63, 405 r. Sp.: Verstoß gegen „Denkgesetze“; Bedenken gegen eine unterschiedliche Erfindungshöhe auch bei Bossung GRUR 79, 661 ff, 663 l. Sp.

286 Vgl. Einführung III.

287 Trüstedt GRUR 54, 138 l. Sp.; zustimmend Bunke GRUR 57, 114 r. Sp.

288 Vgl. den Nachweis bei Schlenk Mitt. 70, S. 158, FN 4 sowie GRUR-Unterausschuß, S. 31 r. Sp., wo — ohne Belege — von solchen „Fällen“ die Rede ist.

1. Möglichkeit

Soweit behauptet wird, die Erfindungshöhe sei nicht unterteilbar in eine größere und eine kleinere, kann dem nicht gefolgt werden. Es ist nämlich nicht einsehbar, warum das, was man alles unter „naheliegend" versteht, nicht verschiedene Stufen soll aufweisen können. Die „Nähe" ist ein relativer, eine Entfernung angebender Begriff, wenn auch nicht exakt in Maßeinheiten bestimmbar. Logisch können demnach 2 Dinge „naheliegend" sein, obwohl ihr Abstand vom Ausgangspunkt nicht der gleiche ist[289]. Es ist somit nicht nur gerechtfertigt, sondern auch vom Ansatz her durchaus möglich, für das Gebrauchsmuster nur eine geringere Erfindungshöhe als für das Patent zu fordern. Bestätigt wird diese Behauptung durch jene Entscheidungen, in denen zwar kein Patent erteilt, Gebrauchsmusterschutz für dieselbe Erfindung aber gewährt werden konnte[290].

2. Meßbarkeit

Einwände können sich also nur dagegen richten, wie dieser Unterschied und das Vorhandensein von Erfindungshöhe überhaupt gegenwärtig festgestellt werden.

Für die Beurteilung der Erfindungshöhe steht nur der die Grundsätze der Rechtsprechung wiedergebende und insoweit auch für das Gebrauchsmusterrecht gültige § 4 PatG zur Verfügung, der darauf abstellt, ob sich „die Erfindung für den Fachmann in naheliegender Weise aus dem Stand der Technik ergibt". Wegen das Fehlens weiterer präziserer, eine Orientierung ermöglichender Kriterien wird die Erfindungshöhe daher als „Gummimaßstab"[291] und „gespenstisch abstrakt"[292] bezeichnet, es ist die Rede von „lottogleichem Wechselspiel"[293], „Angewiesensein

---

[289] Nichts anderes ergibt sich, wenn man statt von „Erfindungshöhe" von „Erfindungsniveau" oder „Erfindungsqualität" spricht (hierfür etwa Conradt GRUR 63, 405 l. Sp.). Niveau und Qualität können ebenfalls unterschiedlich sein; so wird niemand bestreiten wollen, daß das Niveau einer musikalischen Festspielaufführung höher liegt als die Darbietung eines Kurorchesters; dieses mag wiederum ein durchschnittliches Schulorchester übertreffen. Ob man das Entferntere auch noch als „naheliegend" ansieht, ist keine Willens-(Ermessens-), sondern eine — allerdings nachprüfbare, jedoch einen Beurteilungsspielraum einräumende — Wissensentscheidung über einen unbestimmten Rechtsbegriff; vgl. zur Problematik des unbestimmten Rechtsbegriffs Eyermann/Fröhler § 114, RN 9, 11.

[290] Dieser häufig ausgesprochene Grundsatz findet ein konkretes Beispiel in der Entscheidung des RG GRUR 10, 324; vgl. ferner etwa RG GRUR 11, 72, RGZ 39, 115 ff., 120 sowie FN 271.

[291] Dick GRUR 65, 171 r. Sp.

[292] Trüstedt GRUR 58, 309 r. Sp.

[293] Dick GRUR 65, 175 l. Sp.

auf Propheten und Hellseher"[294], „diktatorischer Handhabung"[295], „Boden unter den Füßen verlieren"[296].

Diese Kritik findet darin ihren Grund, daß die Erfindungshöhe zwei verschiedene, voneinander unabhängige Komponenten aufweist, nämlich eine kognitive und eine kreative[297]. Während die kognitive sich auf den objektiv ermittelbaren — relativierten, da auf das Fachgebiet und gegebenenfalls die Nachbargebiete beschränkten[298] — Stand der Technik, also auf das Wissen bezieht, betrifft die kreative das Können des Fachmanns. Wenngleich die Kritik überzogen wirkt, ist die mit dem zweiten Gedankenschritt, der zwangsläufig subjektiven Einschätzung der kreativen Komponente, verbundene erhebliche Rechtsunsicherheit in der Tat nicht zu leugnen. Die aus dieser unbefriedigenden Situation erklärlichen, bislang unternommenen zahlreichen Versuche, die Entscheidungsfindung zu objektivieren, sind als gescheitert anzusehen: teilweise deshalb, weil die als „objektiv" angebotenen Kriterien wieder mit Begriffen behaftet sind, die erst durch Wertungen ausgefüllt werden müssen[299], teilweise deshalb, weil das Problem des über die Neuheit hinausreichenden „Mehr" lediglich — auf den „technischen Fortschritt" — verlagert wird und die vorzunehmenden Wertungen daher nicht als entbehrlich entfallen[300], schließlich deshalb, weil sie unökonomisch und unpraktikabel erscheinen und zudem nicht einmal den Beweis erbringen, gerechtere Ergebnisse zu ermöglichen[301]. — Der neuerdings

---

[294] Moser von Filseck GRUR 63, 262.

[295] Dick GRUR 65, 175 l. Sp.

[296] Damme/Lutter, S. 178.

[297] So zutreffend Liedel, S. 202. Zwischen Wissen und Können des Fachmanns unterscheidet auch Falck Mitt. 69, 252, 257 l. Sp.

[298] Vgl. Liedel, S. 207, und Falck aaO, der sich gegen die Unterstellung wendet, der Fachmann kenne den „gesamten" Stand der Technik.

[299] So die von Öhlschlegel GRUR 64, 482 r. Sp. genanten Kriterien wie etwa „Nützlichkeit", „technische Güte", „Zuverlässigkeit", „Sinnreichtum", „Originalität" usw., die mit Hilfe der „Informationstheorie" Aufschluß über das Vorliegen von Erfindungshöhe geben sollen. Subjektive Wertungen bleiben auch nach der „geometrischen" Methode von Bernhard GRUR 17, 26 und dem Vorschlag von Ohnesorge GRUR 35, 461 (Koordinatensystem aus Zeit und Fortschritt) erforderlich; vgl. hierzu Öhlschlegel aaO, S. 479.

[300] Kumm GRUR 64, 236, der einen „entwicklungsraffenden technischen Fortschritt" ausschlaggebend sein lassen will, gleichzeitig aber erkennt (S. 237 r. Sp.), daß die Entscheidung darüber, ob ein entwicklungsraffender oder nur ein fachüblicher Fortschritt vorliegt, letztlich nicht objektivierbar ist. — Ähnlich H. Winkler GRUR 58, 153, der eine Leistung verlangt, „die von der normalen Entwicklung unter Einbeziehung von dritter Seite gegebener Impulse abweicht" (S. 155 r. Sp.).

[301] Nach dem Vorschlag von F. Winkler Mitt. 63, 61 r. Sp. wäre es erforderlich, „ . . . sämtlichen Sachverständigen des jeweiligen Fachgebiets unabhängig voneinander die Frage vorzulegen, ob sie allein auf Grund des Standes der Technik zum Erfindungsgegenstand gelangen könnten und den Prozentsatz derjenigen Sachverständigen zu ermitteln, welchen die Benutzung

gemachte, bei der Bestimmung des Begriffs „naheliegend" ansetzende Vorschlag, der für „naheliegend" ausschließlich darauf abstellt, ob „ein bekanntes Mittel aufgrund der bei ihm bekannten Eigenschaften verwendet wird"[302] will, obwohl dies nicht ausgesprochen wird — eine dahingehende Unterscheidung findet gar nicht statt —, die kreative Komponente der Erfindungshöhe ausschalten. Damit wären zwar objektive Ergebnisse gewährleistet, weil der Stand der Technik feststellbar ist; das Problem der Erfindungshöhe wird aber dennoch nicht gelöst, weil das dem Begriff der Erfindung immanente, sie eben ausmachende und über die Neuheit erhebende Element des Schöpferischen unberücksichtigt bleibt.

Eine ausschlaggebende, bei der Gesetzesfassung verwertbare Hilfe für die Bestimmung der Erfindungshöhe vermag auch nicht der Rückgriff auf die früher bei der Ermittlung des Schutzumfangs maßgebliche Äquivalenzlehre[303] zu bieten. Man könnte zwar z. B. „nichtglatte Äquivalente" für die gebrauchsmusterrechtliche Erfindungshöhe ausreichend sein lassen. Offen bliebe dabei jedoch, ob sich der konkrete Gleichwert für den Fachmann — anders als beim „glatten Äquivalent" — nicht ohne weiteres, vielmehr erst nach besonderer, allerdings noch nicht erfinderischer (iSd Patentrechts) Überlegung erschließt[304]. — Gleiches gilt für die sogenannten Beweisanzeichen[305], deren sich die Praxis bei der Beurteilung der Frage bedient, ob eine ausreichende Erfindungshöhe vorhanden ist. Sicher ist es zweckmäßig, bei der konkreten Entscheidungsfindung Beweisanzeichen heranzuziehen[306]. Bei dem Bemühen um eine — notwendigerweise — generalisierende Gesetzesfassung führt es dagegen nicht weiter, mit einer Fülle unterschiedlicher, in ihrer Gesamtheit nicht in das Gesetz aufnehmbarer Indizien zu operieren — zumal es letztlich auch damit nicht gelingt, sich vom Problem der Wertung[307] zu befreien.

---

der Erfindung auf Grund des Standes der Technik nicht möglich ist ..."; vgl. die Kritik zu dieser „Quantisierung" der Erfindungshöhe bei Kumm GRUR 64, 239.

[302] So Kulhavy Mitt. 80, 63 r. Sp., derselbe Mitt. 80, 206 ff., 208 r. Sp., 209 l. Sp.

[303] Vgl. dazu 4. Kap., 2. Abschn. III, FN 64, 65.

[304] Zur dahingehenden Abgrenzung des glatten vom nichtglatten Äquivalent vgl. Schulte, 2. Auflage, § 6 a, RN 27, 28 und Benkard, 6. Auflage, PatG § 6, RN 145, 150 m. N.

[305] Vgl. etwa die Übersicht bei Schulte § 4, RN 20 ff. m. N.; Erfindungshöhe indizierende Beweisanzeichen sind z. B. vergebliche Anstrengungen der Fachwelt (RN 23 m. N.), das überraschende Ergebnis einer Erfindung (RN 45 m. N.), die Überwindung technischer Vorurteile (RN 50 m. N.).

[306] Kritisch zur Brauchbarkeit von Beweisanzeichen für die Ermittlung der Erfindungshöhe dagegen Bruchhausen Mitt. 81, 144 ff., der in Beweisanzeichen lediglich „Hilfserwägungen einer insgesamt wertenden Beurteilung eines komplexen Sachverhalts" sieht (S. 146 r. Sp.); die Erfindungshöhe sei

Daß die einen klareren Prüfungsmaßstab anstrebenden Versuche einer Objektivierung der Erfindungshöhe-Voraussetzungen mißlungen sind und auch nicht glücken konnten, liegt daran, daß das pinzipiell Subjektive nicht objektiv[308], das nicht Meßbare eben nicht meßbar gemacht zu werden vermag. Solange man Erfindungshöhe fordert, wird man sich damit abfinden müssen, auf die Erfahrungen und das Bemühen um eine gerechte Entscheidung desjenigen angewiesen zu sein, der über das Vorliegen der Erfindungshöhe befindet[309]. Dies ist jedoch, wie auch in anderen Rechtsgebieten, hinzunehmen, denn einzelne fehlerhafte Entscheidungen, so unerfreulich sie für die Betroffenen sein mögen, wiegen nicht so schwer wie der durch einen Verzicht auf die Erfindungshöhe eintretende Verlust des bestehenden vernünftigen Erfindungsschutzsystems.

V. Einführung des Begriffs „Neuerung"

Die Erkenntnis der Unmöglichkeit einer Objektivierung erleichtert die Antwort auf die Frage, wie im Gesetz zum Ausdruck gebracht werden soll, daß die Erfindungshöhe beim Gebrauchsmuster geringer als beim Patent sein darf. Bereits aus ihr ergibt sich die Ungeeignetheit der vom GRUR-Unterausschuß vorgeschlagenen[310] Aufnahme einer quantitativen Definition, wonach eine für den Gebrauchsmusterschutz ausreichende erfinderische Tätigkeit gegeben sein soll, „wenn sich der Gegenstand des Gebrauchsmusters von der Offenbarung ... in mehr als einem Merkmal unterscheidet"; hinzu kommt die Unbestimmtheit des Begriffs „Merkmal", vor allem aber die Tatsache, daß es immer Fälle geben wird, in denen eine erfinderische Leistung trotz mehrerer neuer Merkmale nicht vorliegt[311]. Im Urheber- und Geschmacksmusterrecht erfolgt eine Grenzziehung durch die einander gegenüberstehenden Begriffe „persönliche geistige Schöpfung" (§ 2 Abs. 2 UrhG) und „eigentümlich" (§ 1 Abs. 2 GeschmMG). Auch bei der Klärung des Verhältnisses zwischen Patent- und Gebrauchsmuster-Erfindungshöhe scheint eine unterschiedliche Wortwahl das geeignetste Mittel zu sein, den ungleichen Grad der Erfindungshöhe kundzutun. Spricht man im Gebrauchs-

---

keine Tatsache, die bewiesen werden könne; der Begriff „Beweisanzeichen" bzw. „Indizien" sei daher für den in Frage stehenden Sachverhalt verfehlt (S. 144 l. Sp. unten, r. Sp. oben).

307 So auch Bruchhausen, S. 145 r. Sp.

308 Vgl. Kumm GRUR 65, 3 r. Sp.; Zeller GRUR 56, 532 r. Sp.

309 So auch Zeller GRUR 56, 533 l. Sp.; gegen jede Objektivierung Dieterle Mitt. 61, 29 ff., 32 l. Sp.

310 GRUR 79, 35, Vorschlag 1 B, § 1 Abs. 3.

311 So auch Starck GRUR 79, 202 l. Sp.

musterrecht von einer „Neuerung“[312], so wird damit nicht nur klargestellt, daß dem erfinderischen Gedanken der gesetzliche Schutz zukommt, sondern zugleich, daß eine geringere erfinderische Leistung genügt.

Um dies zusätzlich zu verdeutlichen, sollte man im Gesetz entweder ausdrücklich nur ein „geringeres Maß“ an Erfindungshöhe als beim Patent verlangen oder auf § 4 PatG mit der Maßgabe verweisen, daß „auf die geringere Dauer der Gebrauchsmusterschutzfrist Rücksicht zu nehmen ist“[313]; die letztere Möglichkeit erscheint deshalb besonders günstig, weil dann im Gesetz selbst ein entscheidender Grund[314] für die Abweichung vom Patentrecht genannt wird.

Obwohl der Begriff der „erfinderischen Tätigkeit“ nicht glücklich gewählt ist[315], da er nicht alle Fälle einer Erfindung umfaßt, sollte man ihn auch im Gebrauchsmusterrecht verwenden, damit der Einklang mit dem Patentgesetz bewahrt wird.

13. Abschnitt

Schutzausschließungsgründe

Trotz Fehlens einer gesetzlichen Regelung ist es anerkannt, daß für das Gebrauchsmuster dieselben Schutzausschließungsgründe wie für das Patent bestehen[316].

Daran ist festzuhalten. In Zukunft sollte die Gültigkeit des Inhalts des § 2 Nr. 1 PatG für das Gebrauchsmuster aber im Gesetz zum Ausdruck gebracht werden. Einer Übernahme des § 2 Nr. 2 PatG bedarf es wegen des an den „Gegenstand“ zu stellenden Kriteriums „leblos“ nicht; im Hinblick auf das Wesen des Gebrauchsmusters (technische Neuerung an körperlichem Gegenstand) ist es ferner nicht notwendig, die Aussage des § 1 Abs. 2 u. 3 PatG sinngemäß einzufügen.

---

312 Dafür Müller GRUR 79, 453 ff., 455 (Vorschlag für § 1) und Werner Mitt. 81, 59 r. Sp.

313 Dieser Vorschlag geht auf eine — dem Verfasser in einem Gespräch gegebene — Anregung von Prof. Kraßer zurück.

314 Vgl. Einführung III.

315 Müller GRUR 79, 453 ff., 454 r. Sp. weist zutreffend darauf hin, daß eine Erfindung auch dann vorliegen kann, wenn sie intuitiv entstand, also gar keine echte Tätigkeit ausgeübt wurde.

316 Vgl. Bühring § 1, RN 11, 165; Reimer GbmG § 1, RN 25; Benkard, 6. und 7. Auflage, GbmG § 1, RN 39; Gbm-Richtlinien Bl. 73, 346 ff., 350 l. Sp.

Zweites Kapitel

Das Anmeldeverfahren (§ 2 GbmG)

Aus § 3 Abs. 1, § 5 GbmG ergibt sich, daß der Gebrauchsmusterschutz mit der Eintragung des Gebrauchsmusters in die Gebrauchsmusterrolle zur Entstehung gelangt, sofern die Neuerung die an sie gestellten Anforderungen erfüllt und keine sonstigen, in § 5 genannten Hindernisse entgegenstehen. Der Eintragung gehen die Anmeldung und eine auf die Einhaltung bestimmter Erfordernisse beschränkte Prüfung durch die gemäß § 4 Abs. 1 GbmG zuständige Gebrauchsmusterstelle voran. Die hierzu in § 2 und § 3 GbmG getroffene Regelung ist unvollständig; ihr Wortlaut reicht nicht aus, um die Fragen zu klären, die mit der Anmeldung und dem Umfang der von der Gebrauchsmusterstelle durchzuführenden Prüfung zusammenhängen.

1. Abschnitt

Die Anmeldung

I. Voraussetzungen

Nach § 2 GbmG muß die Anmeldung eine Beschreibung und Schutzansprüche enthalten (Abs. 2 Satz 2), es ist ihr eine Zeichnung bzw. ein Modell beizufügen (Abs. 3), ferner ist eine Bezeichnung anzugeben (Abs. 2 Satz 1) und die Schriftform zu wahren (Abs. 1 Satz 1); mit der Anmeldung ist die Gebühr zu zahlen (Abs. 5). Die Notwendigkeit eines Antrags klingt in dem Wort „verlangt" des Abs. 1 und in Abs. 6 („beantragen")[1] an.

Welche Auswirkungen die Nichtbeachtung der Anmeldevoraussetzungen hat, sagt das Gesetz lediglich in Abs. 5 Satz 2 hinsichtlich der unterbliebenen Zahlung der Gebühr; wird diese nicht innerhalb eines Monats nach Zustellung der Benachrichtigung des Anmelders von der Folge der Nichtzahlung entrichtet, gilt die Anmeldung als zurückgenommen. Die übrigen Anmeldevoraussetzungen sollen zwar ebenfalls grundsätzlich

[1] Hierauf stellt Benkard GbmG § 2, RN 14, ab.

schon bei Einreichung der Anmeldung erfüllt sein, sie werden aber bis zur Entscheidung über die Anmeldung als nachholbar erachtet[2]. Wird den Anforderungen bis dahin — auf Verlangen des Patentamts analog § 45 PatG[3] — nicht genügt, erfolgt die Zurückweisung der Anmeldung[4].

II. Zeitpunkt

Das Gesetz gibt keine Auskunft darüber, wann der Zeitpunkt der Anmeldung anzusetzen ist.

Eine genaue Bestimmung ist deshalb wichtig, weil an die Anmeldung eine Reihe materiellrechtlicher Folgen geknüpft ist. So hängt von ihr gemäß § 14 Abs. 1 GbmG der Beginn der Schutzfrist ab; der Zeitpunkt der Anmeldung entscheidet ferner, falls nicht eine frühere Unions- oder Ausstellungspriorität in Anspruch genommen wird, über den Altersrang der Neuerung, der für den Stand der Technik (§ 1 Abs. 2 GbmG) und das Verhältnis zu anderen Schutzrechten (§ 5 Abs. 2 GbmG) maßgebend ist; schließlich wird in der Anmeldung die Neuerung festgelegt, was zur Konsequenz hat, daß Änderungen nicht mehr beliebig vorgenommen werden können[5].

Nach einhelliger Meinung kommt es — entsprechend der sachlichrechtlichen Funktion der Anmeldung[6] — für die Bestimmung des Anmeldetags auf den Zeitpunkt der Offenbarung an[7]. Umstritten ist aber, welche Erfordernisse für eine ausreichende Offenbarung erfüllt sein müssen.

Teilweise wird die Zeichnung als unverzichtbare Voraussetzung angesehen, aus der Überlegung heraus, die neue Raumform werde durch diese Art der Darstellung am besten veranschaulicht und eindeutig festgelegt[8]; die Zeichnung sei der „allein feststehende Angelpunkt“[9]. —

---

[2] Bühring § 2, RN 2; Benkard GbmG § 2, RN 2. — Auch nach der Rechtsprechung steht die Nachholbarkeit einzelner Anmeldevoraussetzungen außer Frage, vgl. etwa DPA Bl. 52, 151; 55, 255; GRUR 54, 456.

[3] BPatG Bl. 78, 19 (zu § 28 c PatG a. F. = vgl. jetzt § 45 PatG).

[4] Bühring § 2, RN 2; DPA Bl. 52, 151, 154 l. Sp.

[5] Zur Zulässigkeit der Änderung von Anmeldeunterlagen vgl. unten 2. Abschn.

[6] Diese besteht darin, daß sie eine Neuerung offenbart und den Willen erkennen läßt, hierfür Gebrauchsmusterschutz zu erlangen; vgl. hierzu Benkard GbmG § 2, RN 1.

[7] Vgl. etwa Bühring § 2, RN 43, Benkard GbmG § 2, RN 33; Reimer GbmG § 2, RN 12 (S. 1864, 4. Abs.). Auch im Patentrecht ist die Erfindung erst angemeldet, wenn sie in den (ursprünglichen) Anmeldungsunterlagen offenbart ist; umstritten ist, was zum notwendigen Inhalt der Offenbarung gehört, vgl. Benkard PatG § 35, RN 14, 15.

[8] Hägermann Mitt. 59, 142 ff., 144 r. Sp.; Müller-Börner GRUR 74, 511 ff., 513 l. Sp.; Winkler GRUR 58, 205 ff., 207 l. Sp. Wegen ihrer, wie man meinte,

So kam es nach der ständigen Praxis des Reichspatentamts für die Ermittlung des Anmeldetags auf den Eingang der Zeichnung bzw. des Modells an[10]; lediglich dann, wenn der Eintragungsantrag an einem späteren Tag gestellt wurde, sollte jener Tag maßgebend sein[11]. Ohne Einfluß war die bis zur Gesetzesänderung von 1936 lediglich im Ermessen des Anmelders stehende Einreichung einer Beschreibung[12]. Der bereits im Gesetz von 1891 verlangten Zahlung der Gebühr wurde ebenfalls keine Bedeutung beigemessen[13]. Schon damals wurde also nicht auf das Vorliegen sämtlicher vom Gesetz genannten Anmeldevoraussetzungen abgestellt.

Das Deutsche Patentamt wich in der grundlegenden Entscheidung vom 23. 4. 52[14] von der Übung des Reichspatentamts erstmals ab und setzte als Anmeldezeitpunkt den Tag fest, an dem der Eintragungsantrag sowie Beschreibung und Schutzansprüche beim Patentamt eingingen. Das ursprüngliche Fehlen der später nachgereichten Zeichnung betrachtete das Deutsche Patentamt als unerheblich, weil die Zeichnung für die Offenbarung des Erfindungsgedankens bei der in Frage stehenden Stoff-

---

besonderen Offenbarungsqualität durfte die Zeichnung im Anmeldeverfahren früher nicht bzw. nur zur Beseitigung offensichtlicher Unrichtigkeiten geändert werden, vgl. unten 2. Abschn. I.

9 Busse GRUR 52, 123 ff., 125 r. Sp.

10 Vgl. RPA Bl. 16, 80; Bl. 24, 199; MuW 40, 219; vgl. auch RPA Mitt. 37, 146 (Begründung des Altersranges dadurch, daß dem Antrag eine Photographie beigefügt wurde. Busse GRUR 52, 123 ff., 125 l. Sp. spricht von einem „seit Jahrzehnten (bestehenden) eisernen Grundsatz"; vgl. auch DPA Bl. 52, 152 l. Sp. — Dieser Grundsatz erfuhr durch die Entscheidung des RPA vom 23. 4. 24 (Bl. 24, 199) insoweit eine Einschränkung, als der auf diese Weise festgestellte Anmeldetag zwar für den Beginn der Schutzfrist, unter Umständen aber nicht für den Altersrang der Neuerung als maßgebend angesehen wurde (so auch Klauer/Möhring, 2. Auflage, S. 546, der für die Priorität auf die vom PA [Löschungsverfahren] oder von den ordentlichen Gerichten [Verletzungsstreit] zu beurteilende Offenbarung abstellt). Diese Meinung wurde jedoch nicht aufrechterhalten, weil es vor dem Anmeldetag — von der Inanspruchnahme einer Unions- oder Ausstellungspriorität abgesehen — begrifflich keine Anmeldepriorität geben kann und weil das so geschaffene „Prioritätsintervall" ohne gesetzliche Grundlage ist (so DPA Bl. 52, 153 r. Sp. m. N.). Darüber hinaus scheint es geboten, die Frage der Anmeldung einheitlich, also sowohl im Hinblick auf die Schutzfrist als auch auf die Priorität, zu beantworten.

11 Klauer/Möhring, 2. Auflage, S. 546.

12 Vgl. RPA Bl. 16, 80, 81 r. Sp. Die Beschreibung war nach § 3 der Anmeldebestimmungen lediglich dann in das Gesuch aufzunehmen oder als Anlage beizufügen, wenn „der Anmelder die Beschreibung des Modells für erforderlich (erachtet)". — Auch schon vor der Gesetzesänderung von 1936 mußte gem. § 2 Abs. 2 GbmG allerdings angegeben werden — darauf weist das DPA Bl. 55, 255 l. Sp. hin — „welche neue Gestaltung, Anordnung oder Vorrichtung dem Arbeits- oder Gebrauchszweck dienen soll"; es handelte sich dabei aber nicht um eine (ausführliche) Beschreibung im jetzigen Sinn.

13 RPA Bl. 24, 199, 200 l. Sp.

14 DPA Bl. 52, 151 ff.

vertauschung bedeutungslos sei. Das stimme auch mit dem Grundsatz überein, wonach eine mangelnde Offenbarung stets, das Nichtvorhandensein einer Zeichnung jedoch nicht zwangsläufig, sondern nur dann ein Löschungsgrund sei, wenn deshalb eine Offenbarung nicht stattgefunden habe[15]. — Die Rechtsprechung[16] und die überwiegende Literatur[17] sind dieser gegen den Vorrang der Zeichnung gerichteten Auffassung des Deutschen Patentamts gefolgt. Teilweise wird die Zeichnung nicht einmal mehr als gleichwertiges[18], demnach eine Offenbarung zu begründen vermögendes, sondern nur noch als zweitrangiges, ergänzendes Offenbarungsmittel eingestuft, wenn nur Beschreibung und Schutzanspruch — im Gegensatz zur Zeichnung — als mindestens erforderlich und unter Umständen als bereits ausreichend erachtet werden[19].

Die Bestimmung des Anmeldetags ist wegen der Ungeklärtheit der Voraussetzungen einer hinreichenden Offenbarung mit einer erheblichen Unsicherheit belastet, die wegen der Bedeutung des Anmeldezeitpunkts

---

[15] DPA Bl. 52, 153 l. Sp. Vgl. RGZ 156, 217, 218; RPA Mitt. 41, 24 sowie in jüngerer Zeit BGH GRUR 68, 86 ff., 89 l. Sp. Zur Unwirksamkeit bei mangelhafter Offenbarung vgl. Bühring § 2, RN 39. — Kein starkes Argument ist der Einwand des DPA aaO, das Abstellen auf die Zeichnung bedeute einen Widerspruch zu dem Grundsatz, daß die materiellen Voraussetzungen des Gebrauchsmusterschutzes geringer als die des Patentschutzes sein sollen; die Forderung einer Zeichnung läßt sich nämlich aus den Besonderheiten des Gebrauchsmusterrechts erklären; das Gebrauchsmuster schützt nach geltendem Recht nur in einer Raumform verkörperte Erfindungsgedanken, die in einem Gegenstand in Erscheinung treten müssen; die Festlegung erfolgt daher in der Regel am eindeutigsten durch eine Zeichnung. — Zur Erforderlichkeit einer Zeichnung bei der Patentanmeldung vgl. jetzt § 35 Abs. 1 Nr. 4 PatG.

[16] DPA Bl. 55, 255; keine Abweichung auch durch DPA GRUR 54, 456, 457 l. Sp., wo zwar auf den Eingang der Zeichnung abgestellt wird, aber nur deshalb, weil eine ausreichende Offenbarung durch Beschreibung und Schutzansprüche nicht geschehen war. Gegen Vorrang der Zeichnung auch BGH GRUR 68, 86, 88 r. Sp., BPatG GRUR 79, 704; zur sekundären Bedeutung der Zeichnung für die Bestimmung des Schutzumfangs vgl. auch BPatG GRUR 77, 154; 81, 126.

[17] Vgl. die Nachweise bei FN 7 sowie Schlitzberger Mitt. 68, 101 ff., 105 r. Sp.; Vomhof GRUR 66, 550; Trüstedt GRUR 54, 244, 248 l. Sp.; differenzierend Hagen GRUR 72, 569 ff. Gegen die Bedeutung der Zeichnung bereits Rainer GRUR 41, 408, der darauf hinweist, daß die Zeichnung zum Teil, wie bei der Stoffvertauschung, überflüssig sei und in ihr nur ein erläuterndes Hilfsmittel, ein unverbindliches Beispiel, ein bloßes Formerfordernis sieht; vgl. insoweit auch BPatG Mitt. 65, 79, wo festgestellt wird, daß nicht alle Ausführungsformen aus der Zeichnung zu entnehmen sein müssen, weil dem Raumformgedanken der gesetzliche Schutz zukomme.

[18] So aber BGH GRUR 68, 86 ff., 88 r. Sp.; DPA GRUR 54, 456; ferner Schlitzberger, Vomhof und Trüstedt aaO (FN 17).

[19] DPA Bl. 55, 255; BPatG GRUR 79, 704; ebenso Bühring § 2, RN 43; Reimer GbmG § 2, RN 12 (S. 1864, 1865). Vgl. auch die damit in Einklang stehende neuere Rechtsprechung des BPatG (GRUR 81, 126; 77, 154), die zur Bestimmung des Schutzumfangs den Ansprüchen absoluten Vorrang einräumt (dazu 4. Kap., 2. Abschn. II).

nicht hingenommen werden kann; daran ändert sich auch dadurch nichts, daß die Auffassung der Gebrauchsmusterstelle durch Beschwerde oder im Löschungsverfahren und Verletzungsstreit kontrollierbar ist[20]. Streitfälle würden von vornherein vermieden und eine Entlastung der mit der Überprüfung des Anmeldetags befaßten Stellen (Gebrauchsmusterabteilungen, Patent- und ordentliche Gerichte) träte ein, wenn das Gesetz eine eindeutige Regelung zur Feststellung des Anmeldezeitpunkts enthielte. Der Tag der Offenbarung ist hierfür nicht nur wegen seiner Ungewißheit, sondern auch deshalb ein unzureichendes Kriterium, weil die Gebrauchsmusterstelle die Frage der genügenden Offenbarung in der Regel gar nicht prüft[21]. Nötig erscheint es daher, im Gesetz Mindesterfordernisse aufzustellen mit der Folge, daß erst mit deren Wahrung eine Anmeldung angenommen werden darf bzw. muß. Der Kreis jener unabdingbaren Anforderungen sollte dabei weit gezogen werden und sowohl Beschreibung, Schutzansprüche als auch die Zeichnung umfassen, damit in jedem Fall von den Mindestvoraussetzungen her eine ausreichende Offenbarung gewährleistet ist. Ferner wäre der Auseinandersetzung darüber, ob bereits durch die Vorlage nur des einen oder erst auch des anderen Offenbarungsmittels eine Offenbarung erfolgt ist, der Raum entzogen.

Ob eine Nichtbeachtung der einzelnen Erfodernisse sofort zur endgültigen Zurückweisung der Anmeldung führen oder ob erst analog § 45 PatG eine Aufforderung ergehen soll, die Mängel zu beseitigen[22], ist lediglich eine Frage der Zweckmäßigkeit, da feststeht, daß eine Anmeldung jedenfalls noch nicht angenommen werden darf; materiellrechtlich ergibt sich kein Unterschied, da auch bei einer Zurückweisung dieselbe Erfindung nochmals angemeldet werden kann, wobei sich der Altersrang freilich nach der neuen Anmeldung richtet[23]. Im Interesse

---

[20] Bühring § 2, RN 43. — „Die Beschwerde, mit der ein Gebrauchsmusterinhaber die Eintragung seines Gebrauchsmusters in der Rolle nur hinsichtlich der Angabe des Anmeldetags anficht, ist mangels Beschwer unzulässig", BPatG Bl. 80, 313 = Mitt. 81, 66 (mit Anm. Melzer); der Rolleneintrag wirkt nämlich nur deklaratorisch, weil der Anmeldetag auf objektiven, vom Willen des Anmelders und des Patentamts unabhängigen Gegebenheiten beruht (so BPatG aaO). Unzulässig sind demnach auch ein Antrag auf Feststellung des Anmeldetags und eine isolierte (Vorab-) Entscheidung darüber, so BPatG aaO, S. 66 r. Sp. unter Hinweis auf BPatGE 18, 177, 183 m. N. und — für das Patentverteilungsverfahren — BPatGE 2, 56, 59; BPatG Mitt. 70, 236, 237.

[21] So DPA Bl. 52, 151 ff., 154 l. Sp.; einschränkend Bühring § 2, RN 39: „Ob ... Neuerung hinreichend offenbart ist, wird nur ausnahmsweise geprüft ..."

[22] Nach dem Vorschlag des GRUR-Unterausschusses soll bei Nichtbeachtung der dort genannten Mindesterfordernisse (Beschreibung, Zeichnung) die Gebrauchsmusteranmeldung nicht als solche „behandelt" werden (vgl. GRUR 79, 29 ff., 36, dort § 2 Abs. 4 Satz 1); bei einem Verstoß gegen die übrigen Anmeldeerfordernisse soll dagegen eine Aufforderung zur Behebung der Mängel an den Anmelder ergehen (§ 2 Abs. 4 Satz 3). — Zur analogen Anwendung des § 28 c PatG a. F. (vgl. jetzt § 45 PatG) vgl. BPatG Bl. 78, 19 (FN 415).

des Anmelders erscheint es günstiger, ihn zunächst auf die Unzulänglichkeit der Anmeldung aufmerksam zu machen[24]. — Aus dem Gedanken des § 38 PatG erwachsen keine Bedenken[25].

Der Einwand, ein solches Verfahren werde der Rechtsstellung des Gebrauchsmusteranmelders nicht in vollem Umfang gerecht[26], ist nicht stichhaltig. Die Pflicht zur Einhaltung der sich aus dem Gesetz ergebenden Mindesterfordernisse ist nicht über Gebühr für den Anmelder nachteilig; jedes Rechtsgebiet enthält aus Gründen der Rechtssicherheit bestimmte Formalien wie etwa besondere Form- oder Fristvorschriften. Hinzu kommt, daß auch nach geltendem Recht sämtliche Anmeldeerfordernisse bei der Eintragung vorliegen müssen[27]. Auch die Überlegung, daß trotz der formalen Erfüllung der Mindestvoraussetzungen tatsächlich nicht immer eine Offenbarung erfolgt ist, spricht nicht gegen die vorgeschlagene Regelung; fest steht nämlich, wann von einer Anmeldung unwiderleglich auszugehen ist; sofern zu diesem Zeitpunkt eine Offenbarung nicht stattgefunden hat — eine Frage, die im Anmeldeverfahren grundsätzlich nicht entschieden wird —, kann ein wirksames Schutzrecht nicht zur Entstehung gelangen, wegen § 38 S. 2 PatG auch dann nicht, wenn dieser Mangel durch Nachreichung weiterer Unterlagen beseitigt würde; eine vor Geltung des § 38 S. 2 PatG zugelassene Verschiebung des Anmeldetags ist nicht möglich[28].

III. Offenbarung

Um der wichtigsten sachlich-rechtlichen Bedeutung der Anmeldung — die Offenbarung der zu schützenden Neuerung[29] — im Gesetz Ausdruck zu verleihen, sollte in § 2 GbmG eine dem § 35 Abs. 2 PatG entspre-

---

[23] Vgl. Benkard PatG § 48, RN 9.

[24] Vgl. hierzu 3. Kap., 2. Abschn. II.

[25] Zur Geltung des § 38 PatG (§ 26 Abs. 5 Pat a. F.) im Gebrauchsmusterrecht vgl. Benkard GbmG § 2, RN 36 ff. Mit § 38 PatG ist es nicht vereinbar, wenn einer in den ursprünglichen Unterlagen nicht ausreichend offenbarten Erfindung der Altersrang des Eingangs der späteren Ergänzung zugrunde gelegt wird (Benkard PatG § 35, RN 38, Reimer PatG § 26, RN 12). — Dieses Bedenken trifft den gemachten Vorschlag deshalb nicht, weil darin vorgesehen ist, eine Anmeldung ohne die Einhaltung der Mindesterfordernisse nicht anzunehmen. Eine „Erweiterung des Gegenstands der Anmeldung" kann daher in diesem Stadium nicht relevant werden.

[26] DPA Bl. 52, 154 r. Sp.; Reimer GbmG § 2, RN 12 („ ... dem Anmelder unnötig nachteilig").

[27] Vgl FN 2.

[28] Vgl. FN 25 sowie Bühring § 2, RN 39. — Zur gegenteiligen früheren Praxis vgl. etwa BPatGE 6, 207, 209, 210 m. N.

[29] Vgl. Benkard GbmG § 2, RN 3; Bühring § 2, RN 31. — Zu den Voraussetzungen einer gehörigen Offenbarung vgl. Schulte § 35, RN 150 ff., 190 ff., 200 ff.

chende Bestimmung aufgenommen werden, wonach „die Erfindung in der Anmeldung so deutlich und vollständig zu offenbaren ist, daß ein Fachmann sie ausführen kann"; lediglich das Wort „Erfindung" ist im Gebrauchsmustergesetz durch den Begriff „Neuerung" zu ersetzen.

IV. Erfindernennung und -benennung

Fraglich ist, ob in das Gebrauchsmustergesetz Vorschriften über die Erfindernennung bzw. -benennung[30] aufgenommen werden sollen[31].

Da die Benennung des Erfinders durch den Anmelder zur Offenbarung der Neuerung nicht beitragen kann, dürfte sie keinen Einfluß auf die Festlegung des Anmeldezeitpunkts ausüben; sie wäre daher getrennt von den Mindestanforderungen der Anmeldung in einem eigenen Absatz des § 2 GbmG zu regeln. — Die Erfindernennung durch das Patentamt gehörte sachlich in § 3 GbmG; der Name des Erfinders wäre in den patentamtlichen Publikationen, dem Patentblatt (vgl. § 3 Abs. 3 GbmG) und gegebenenfalls in der Gebrauchsmusterschrift[32], auszuweisen sowie in der Gebrauchsmusterrolle (vgl. § 3 Abs. 1, 4, 5 GbmG) zu vermerken.

Obgleich man im Gebrauchsmusterrecht die 1936 im Patentrecht erfolgte Umstellung vom Anmelder- auf das Erfinderprinzip mitvollzog[33] und in dem von da an nahezu unveränderten[34] § 5 Abs. 4 GbmG eine Reihe damit in Zusammenhang stehender patentrechtlicher Bestimmungen für entsprechend anwendbar erklärte, erstreckte man seinerzeit die Verweisung nicht auf die Vorschriften über die Namhaftmachung des Erfinders; man war der Meinung, „bei der regelmäßig nur geringen technischen Bedeutung von Gebrauchsmustern" sei „ein ausreichendes Bedürfnis für diese Maßnahmen" nicht vorhanden[35].

---

[30] Das Patentgesetz bezeichnet die Namhaftmachung des Erfinders durch den Anmelder als „Benennung", die durch das Patentamt als „Nennung", vgl. §§ 37, 63 PatG.

[31] Der GRUR-Unterausschuß, S. 31 r. Sp. läßt diese Frage offen, meldet jedoch keine Bedenken gegen eine dahingehende Regelung an. Wolf GRUR 80, S. 269 l. Sp., 270 l. Sp. (§ 3 d Abs. 4 des Vorschlags) spricht sich für die Erfindernennung aus, allerdings unter dem Vorbehalt der Einführung eines umfassenden Vorprüfungsverfahrens; vgl. dazu 3. Kap., 1. Abschn. II 1.

[32] Zur Frage der Gebrauchsmusterschrift vgl. 3. Kap., 3. Abschn.

[33] Vgl. amtliche Begründung zu den Gesetzen über den gewerblichen Rechtsschutz vom 5. 5. 1936 Bl. 36, 103 ff., 104 (zu § 3 PatG), 117 (zu § 5 GbmG). Vgl. ferner Schulte § 6, RN 1.

[34] Lediglich die Paragraphenangaben des Patentgesetzes über die Einschränkungen der Wirkung wurden der Entwicklung im Patentrecht angepaßt; seit der Neufassung des Patentgesetzes vom 16. 12. 80 (BGBl. I 1981, 1 ff.) stimmen sämtliche Verweisungen in § 5 Abs. 4 GbmG nicht mehr.

[35] Vgl. amtliche Begründung Bl. 36, 117 r. Sp. (zu § 5 GbmG).

Die Rechtfertigung dieser Abweichung vom Patentrecht erscheint insofern zweifelhaft, als das in gleicher Weise wie das Patent Ausschlußrechte verleihende, als schutzwürdig anerkannte Gebrauchsmuster eine Neuerung mit ebenfalls erfinderischer Qualität, die zwar minderer Art sein darf, voraussetzt. Der für die patentrechtliche Regelung maßgebliche Gedanke der Wahrung der Erfinderehre[36] trifft daher auch im Gebrauchsmusterrecht, zumindest in beschränktem Umfang, zu; bedenkt man, daß er nicht nur einen ideellen, sondern durchaus auch einen wirtschaftlichen Aspekt aufweist — derjenige, der die Neuerung schafft, kann sich bei Bekanntgabe seines Namens leichter einen Ruf aufbauen[37] — und berücksichtigt man ferner, daß weder die Erfindernennung noch die nicht auf ihre Richtigkeit hin zu überprüfende Benennung eine Belastung für das Patentamt darstellen, dann spricht das dafür, dem Erfinder das Recht auf Angabe seines Namens zuzugestehen.

Eine dahingehende Verpflichtung könnte jedoch zu einer Verzögerung bzw., analog §§ 37, 45, 48 PatG, zu einer Versagung der Eintragung führen, wenn der Anmelder nicht oder nicht sofort in der Lage ist, seine Obliegenheit zu erfüllen; dieser Fall kann namentlich bei Angestelltenerfindungen eintreten, bei denen es, wenn mehrere um die Erfinderschaft streiten, für den Dienstherrn nicht immer schnell möglich sein wird, den wahren Erfinder zu ermitteln[38]. Der Vorteil der raschen Schutzerlangung sollte aber nicht um der (Be-) Nennung des Erfinders willen preisgegeben werden.

Einen Ausweg aus diesem Zwiespalt kann indes ein Blick auf die vor 1936 im Patentrecht bestehende Rechtslage weisen, wonach der Patentsucher den Erfinder benennen „konnte“[39]; für das Gebrauchsmusterrecht kommt als Kompromißlösung in Betracht, in Form einer „Kann“-Vorschrift dem Anmelder die Möglichkeit zur Erfinderbenennung zu geben, ihn aber nicht dazu von Gesetzes wegen zu zwingen. Eine Fristsetzung für die Benennung wie in § 37 PatG würde damit überflüssig; erfolgt diese jedoch nicht rechtzeitig[40], bestünde analog § 63 Abs. 3 PatG kein

---

[36] Vgl. amtliche Begründung aaO, S. 104 r. Sp. (zu § 3 PatG), S. 110 r. Sp. (zu § 26 PatG), S. 111 r. Sp. (zu § 36 PatG).

[37] Dieses im Rahmen der Reformüberlegungen zum Geschmacksmustergesetz vorgebrachte Argument (vgl. Englert, S. 94, 95 m. w. N.) hat auch im Gebrauchsmusterrecht Gültigkeit.

[38] Vgl. Klauer/Möhring, 2. Aufl., PatG § 26 Anm. 20 (S. 349); Schulte § 37, RN 8.

[39] Vgl. Bekanntmachung des Präsidenten des Patentamts vom 15. 2. 1922 Bl. 22, S. 22, 23; der Anmelder konnte ferner beantragen, die Patentschrift mit einem Vermerk hierüber zu versehen. Vgl. auch Reimer PatG § 26, RN 11.

[40] Maßgeblicher Zeitpunkt für die Rechtzeitigkeit dürfte der Erlaß der Eintragungsverfügung, nicht erst die Eintragung selbst sein, vgl. hierzu unten 2. Abschn. I, IV 2.

Anspruch auf nachträgliche Nennung. Die Eintragung könnte dann an diesem Punkt weder scheitern noch durch ihn einen Aufschub erleiden[41]; dennoch würde den Interessen des Erfinders in aller Regel und ohne Inkaufnahme von Nachteilen Rechnung getragen.

In die §§ 2, 3 GbmG sollten daher Bestimmungen im dargelegten Sinne eingeführt werden.

2. *Abschnitt*

Die Änderung von Anmeldeunterlagen

Trotz des Fehlens einer gesetzlichen Regelung ist nach einhelliger Meinung auch im Gebrauchsmusterrecht, ebenso wie im Patentrecht, eine Änderung der ursprünglich eingereichten Anmeldeunterlagen in gewissem Umfang möglich[42]. Man läßt dies zu, weil für den Anmelder ein — auch dem Interesse der Allgemeinheit entsprechendes — Bedürfnis bestehen kann, eine Klarstellung des Inhalts des Gebrauchsmusters herbeizuführen oder dieses einzuschränken. Relevant wird eine solche Vorgehensweise in den Fällen, in denen der Schutzgegenstand in unausgereifter Form angemeldet worden war, also etwa dann, wenn die Schutzansprüche schlecht gefaßt sind, Zeichnung und Beschreibung Mängel aufweisen oder wenn bei der Anmeldung von einem zu engen Stand der Technik ausgegangen wurde und das ursprüngliche Schutzbegehren somit nicht in vollem Umfang aufrechterhalten werden kann[43].

I. Änderungen im Eintragungsverfahren

Inwieweit eine Änderung der Anmeldeunterlagen erlaubt ist, richtet sich im Eintragungsverfahren nach dem analog anwendbaren § 38 PatG (vgl. § 26 Abs. 5 PatG a. F.)[44]. Weil eine Offenlegung im Gebrauchsmusterrecht nicht stattfindet und man deshalb eine weitergehende Be-

---

[41] Eine „Soll"-Bestimmung ginge daher bereits zu weit, weil das Patentamt gehalten wäre, auf deren Einhaltung zu dringen.

[42] Vgl. Bühring § 2, RN 45 ff.; Benkard GbmG § 2, RN 36 ff.; Reimer GbmG § 2, RN 14.

[43] Vgl. FN 42 sowie Reimer PatG § 26, RN 34 (S. 981). — Vgl. ferner BPatG BB 80, 1768 l. Sp. (Nr. 5), wonach ein Rechtsschutzbedürfnis an der Beschränkung eines Patents genügend dargetan ist, wenn der Patentinhaber glaubhaft vorträgt, daß bereits Patentverletzungen erfolgt seien, er gegen die Verletzer vorgehen wolle und im Hinblick auf einen später ermittelten Stand der Technik die Patentbeschränkung anstrebe, um einer Nichtigkeitsklage seitens des Verletzers zuvorzukommen.

[44] Vgl. FN 25.

schränkung der Änderungsmöglichkeiten nicht für erforderlich erachtet, wird die Gebrauchsmusteranmeldung wie eine Patentanmeldung im Zeitraum zwischen Eingang des Prüfungsantrags und des Patenterteilungsbeschlusses behandelt[45]. Daraus ergibt sich, daß eine Änderung der Unterlagen grundsätzlich zulässig ist, sofern der Gegenstand der Anmeldung nicht erweitert wird (vgl. § 38 S. 2 PatG), das Schutzbegehren sich also nicht nachträglich auf etwas richtet, das noch nicht offenbart ist[46].

Bis zu welchem Zeitpunkt beliebige Änderungen erfolgen können, ob bis zum Erlaß der Eintragungsverfügung oder dem Vollzug der Eintragung in die Gebrauchsmusterrolle, ist aus § 38 PatG nicht zu entnehmen; die Frage ist strittig. Für den tatsächlichen Akt der Eintragung läßt sich anführen, daß die Eintragung mit dem zuletzt geäußerten, dem Patentamt zugänglich gemachten Willen des Anmelders übereinstimmen muß; ist dies nicht der Fall, kann nach dieser Meinung[47] gegen die Eintragung erfolgreich Beschwerde erhoben werden. Die Rechtsprechung[48] stellt demgegenüber aus Gründen der Zweckmäßigkeit auf den Erlaß der Eintragungsverfügung ab, weil danach wegen der technischen, ver-

---

[45] Benkard GbmG § 2, RN 37; Bühring § 2, RN 45; im Ergebnis so auch BPatGE 6, 207, 210, 211. — Nach § 26 Abs. 5 PatG a. F. kam es statt des „Beschlusses über die Erteilung des Patents" (so § 38 PatG n. F.) auf die „Bekanntmachung der Anmeldung" an; für das Gebrauchsmusterrecht ist diese Änderung des Patentgesetzes ohne Auswirkung.

[46] Bühring § 2, RN 49. — Das an zulässige Änderungen strenge Anforderungen stellende Bundespatentgericht hat in einer Entscheidung vom 5. 4. 79 (Mitt. 80, 215, 216 r. Sp.) den vom Bundesgerichtshof (vgl. GRUR 78, 699, 700 r. Sp. m. N.; vgl. auch Benkard, 6. Auflage, PatG § 26, RN 64 und 7. Auflage, PatG § 38, RN 25) befolgten Grundsatz in Frage gestellt, wonach das Nachbringen eines glatten Äquivalents im Patenterteilungsverfahren (entsprechendes müsse auch im Gebrauchsmustereintragungsverfahren gelten) zugelassen und nicht als unzulässige Änderung angesehen wird; es frage sich nämlich, „ob nicht eine klare Abgrenzung von ... Eintragungsverfahren einerseits und Verletzungsprozeß andererseits erfordert, daß bei der ... Eintragung eines Schutzrechts allein auf die Festlegung des in der Anmeldung ausdrücklich offenbarten unmittelbaren Gegenstands (also ohne Berücksichtigung möglicher Äquivalente) abzustellen ist und erst im Verletzungsprozeß angesichts der konkreten Verletzungsform die Frage des gegenständlichen Schutzumfangs ... (einschließlich glatter Äquivalente und verschlechterter Ausführungsformen) zu prüfen ist. Hierdurch würde vermieden, daß ... das ... Eintragungsverfahren ... unnötigerweise mit der zusätzlichen Diskussion über die Frage belastet wird, ob ... Änderungen glatte Äquivalente darstellen oder nicht". — Die Argumentation des BPatG aaO geht jedoch insoweit fehl, als auf eine Belastung des Eintragungsverfahrens abgestellt wird; die Gebrauchsmusterstelle untersucht nämlich grundsätzlich nicht, ob geänderte Unterlagen Erweiterungen enthalten, wenngleich eine dahingehende Nachprüfung statthaft ist, vgl. dazu Bühring § 2, RN 48, 50 sowie 3. Kap., 1. Abschn. I und die Nachweise in den FN 9, 14 aaO.

[47] So Bühring § 2, RN 58, der sich im Rahmen einer Reform allerdings wegen der für die andere Meinung sprechenden Gründe für den Erlaß der Eintragungsverfügung als Stichtag ausspricht, vgl. GRUR 79, 197 l. Sp.

[48] So BPatGE 6, 207, 210, 211; so auch Benkard GbmG § 2, RN 36.

waltungsmäßigen Gegebenheiten die neu, jedoch eben nicht rechtzeitig eingereichten Unterlagen häufig gar nicht mehr oder nur noch unter Inkaufnahme eines erheblichen Zeitverlustes berücksichtigt werden können: die bereits eingeleiteten Verwaltungsmaßnahmen müßten unterbrochen, die Eintragung mit den geänderten Unterlagen neu verfügt und das Verwaltungsverfahren wieder in Gang gesetzt werden.

Zeichnung und Modell waren nach früherer Ansicht im Gegensatz zu den Schutzansprüchen und der Beschreibung nicht änderbar[49]; unzulässig war auch die Nachreichung einer weiteren zusätzlichen Zeichnung[50]. Damit sollte von vornherein der Gefahr einer Erweiterung entgegengetreten werden, die man wegen der überragenden Bedeutung, die man der Zeichnung damals für die Festlegung der Raumform beimaß, für besonders hoch hielt. Später gestattete man die Beseitigung von offenbaren Unrichtigkeiten, Flüchtigkeitsfehlern und Verstößen gegen die Regeln des technischen Zeichnens[51]. Nach der jüngsten Rechtsprechung kann der „Gebrauchsmusteranmelder die eingereichte Zeichnung, wenn sie eine von den Merkmalen des Anmeldegegenstands abweichende technische Gestaltung zeigt, durch eine neue Zeichnung ersetzen ..., die den den sonstigen Anmeldeunterlagen eindeutig entnehmbaren Merkmalen entspricht“[52]. Diese neue Meinung geht von der Einschätzung aus, daß die Zeichnung nicht mehr die alleinige, auch nicht die vorrangige, sondern (allenfalls) nur eine gleichwertige Offenbarungsgrundlage ist. Hinsichtlich ihrer Änderung gelten für die Zeichnung danach keine anderen Grenzen mehr als für die sonstigen Anmeldeunterlagen.

Sämtliche Änderungen können unabhängig davon vorgenommen werden, daß das Patentamt vorher einen Mangel beanstandet hat; der Befugnis des Patentamts, eine Berichtigung zu verlangen, steht nämlich ein Anspruch des Anmelders gegenüber[53].

---

[49] DPA Mitt. 56, 164, 165; Benkard GbmG § 2, RN 42; Bühring § 2, RN 47 sowie BPatG GRUR 79, 704 r. Sp. sprechen von einer „ständigen Praxis“ des Patentamts.

[50] DPA Bl. 56, 318, 319 l. Sp.

[51] BPatGE 7, 130, 133 mit der Begründung, die Gebrauchsmusterstelle müsse in der Lage sein, in diesen Fällen unzulässige Änderungen festzustellen. Vgl. ferner Benkard und Bühring aaO (FN 49).

[52] So BPatG GRUR 79, 704 r. Sp. unter Verweisung auf BPatG vom 28. 12. 1978 = GRUR 79, 316 ff., wo ebenfalls ausgesprochen wird, daß die berichtigende Änderung der Zeichnung innerhalb des ursprünglichen Offenbarungsgehalts zulässig sein soll (BPatG aaO, S. 317 r. Sp., 318 l. Sp.). — Zur Gleichstellung der Zeichnung mit den übrigen Anmeldeunterlagen vgl. oben 1. Abschn. II, FN 14—18.

[53] BPatGE 7, 130, 133; Bühring GRUR 79, 197 r. Sp.

II. Änderungen nach Eintragung

Mit der Eintragung wird das Gebrauchsmuster nicht nur festgelegt, sondern auch der Öffentlichkeit zugänglich gemacht (vgl. § 3 GbmG). Die Änderung der Unterlagen unterliegt daher im Stadium nach der Eintragung strengeren, gesetzlich allerdings nur unvollständig festgelegten Regeln.

In § 14 Abs. 6 GbmG iVm § 20 Abs. 1 Nr. 1 PatG (§ 12 Abs. 1 Nr. 1 PatG a. F.) eröffnet das Gesetz lediglich die Möglichkeit, auf das Gebrauchsmuster mit Wirkung für die Zukunft[54] zu verzichten; auch ein Teilverzicht auf das Gebrauchsmuster im Umfang einzelner voller Ansprüche ist zulässig[55]. — Ein Verzicht ist für den Gebrauchsmusterinhaber jedoch häufig zu weitreichend; in manchen Fällen genügt eine Beschränkung des Schutzrechts. Die Wahl dieses für ihn günstigeren Weges wird dem Gebrauchsmusterinhaber auch zugestanden[56], obwohl im Gebrauchsmusterrecht eine dem § 64 PatG (vgl. § 36a PatG a. F.) vergleichbare Vorschrift fehlt. Im Gegensatz zur früheren Praxis ist es heute anerkannt, daß der Gebrauchsmusterinhaber sein Interesse nur durch die Nachreichung neugefaßter Schutzansprüche verfolgen kann; eine Änderung der sonstigen Unterlagen ist ihm ausnahmslos verwehrt[57], weil man über § 64 PatG, der auch nur eine Änderung der Ansprüche erlaubt, nicht hinausgehen und vermeiden will, in der Öffentlichkeit Verwirrung über den Inhalt des Schutzrechts zu stiften, eine Gefahr, die bei neuen Ansprüchen noch am geringsten ist, da die verschiedenen Fassungen verhältnismäßig einfach miteinander verglichen werden können; andererseits wird dem Bedürfnis nach einer Einschränkung hiermit ausreichend Rechnung getragen, da die Schutzansprüche gemäß § 2 Abs. 2 GbmG maßgeblich dafür sind, „was als schutzfähig unter Schutz gestellt werden soll“[58].

Die nachgereichten Ansprüche werden von der Gebrauchsmusterstelle ungeprüft zu den Eintragungsakten genommen[59]; auf das Gebrauchsmuster üben sie keinen unmittelbaren materiellen Einfluß aus, weil

---

[54] Bühring § 2, RN 52.

[55] BPatGE 11, 96, 100 sowie Bühring aaO (FN 54).

[56] BPatGE 11, 88 ff.; 11, 96 ff.; Bühring § 2, RN 53; Benkard GbmG § 2, RN 51.

[57] Fraglich ist allerdings, ob im Löschungsverfahren eine Änderung der Beschreibung dann zulässig ist, wenn damit Widersprüche zu ebenfalls im Löschungsverfahren korrigierten Schutzansprüchen vermieden werden, dafür Reimer GbmG § 7, RN 7 unter Hinweis auf PA Mitt. 38, 73, Zeller GRUR 42, 167, ders. GRUR 43, 155, 157; a. A. PA GRUR 42, 166 = Bl. 42, 18; PA Mitt. 58, 157.

[58] Vgl. BPatGE 11, 88, 94, 95.

[59] Bühring § 2, RN 53; BPatGE 11, 88, 95.

Klarheit über das Schutzrecht herrschen muß. Sie weisen nicht denselben, unmittelbar materiell wirkenden Charakter wie der Verzicht auf, sondern haben „nur die den Gebrauchsmusterinhaber bindende schuldrechtliche Wirkung, daß der Gebrauchsmusterinhaber gegenüber Dritten sein formell weiter fortbestehendes Recht allein im Umfang der Abänderung geltend machen darf"[60]. — Anders als bei § 64 PatG wird der Erklärung des Gebrauchsmusterinhabers keine rückwirkende Kraft zuerkannt[61].

III. Folgen unzulässiger Änderungen

Nachgereichte Ansprüche können — unbeabsichtigt — Erweiterungen enthalten. Für die Folgen sämtlicher unzulässiger Änderungen, gleich ob vor oder nach Eintragung, gilt der Grundsatz des § 38 S. 2 PatG, wonach aus Erweiterungen Rechte nicht hergeleitet werden können. Es tritt bei Erweiterungen also nicht[62], wie früher, insbesondere[63] vor Geltung des § 26 Abs. 5 PatG a. F. angenommen[64], nur eine „Prioritätsverlagerung" auf den Tag des Eingangs der Erweiterung ein. Daraus ergibt sich für das Eintragungsverfahren, daß eine Zurückweisung der Anmeldung erfolgt[65], sofern eine Erweiterung festgestellt wird; andernfalls wird materiell zu Unrecht eingetragen. Im Löschungsverfahren und im Verletzungsprozeß findet jedoch eine weitere Überprüfung auf Erweiterungen statt.

Bei der Beurteilung unzulässiger Änderungen nach der Eintragung ist fraglich, ob Schutz nur noch hinsichtlich dessen geltend gemacht werden kann, was nach Wegfall der Erweiterung in den neuen Ansprüchen verbleibt[66] oder ob der Gebrauchsmusterinhaber auf die eingetragenen Ansprüche zurückgreifen darf[67]. Einer Weitergeltung der eingetragenen Ansprüche ist der Vorzug zu geben, auch wenn erklärt wurde, die neuen

---

[60] BPatGE 11, 96, 100, 101.

[61] Von der (schuldrechtlichen) ex-nunc-Wirkung wird in den Entscheidungen des BPatGE 11, 88; 11, 96 ausgegangen. Vgl. auch Bühring § 2, RN 55: „nur noch".

[62] BPatGE 13, 216, 219; 18, 56, 62; Bühring GRUR 79, 197 l. Sp.; Reimer PatG § 26, RN 12.

[63] So auch noch nach Einführung des patentrechtl. Erweiterungsverbots Busse GbmG § 2, RN 11; Klauer/Möhring GbmG § 2, RN 18; § 5, RN 11.

[64] Vgl. BPatGE 6, 207, 210 m. N.; vgl. auch BGH GRUR 68, 86, 88; 360, 364 l. Sp.

[65] BPatGE 18, 56, 62, 63; Benkard GbmG § 2, RN 46 m. N.; Bühring § 2, RN 50. — Zur Frage der Prüfung auf unzulässige Änderungen im Eintragungsverfahren vgl. 3. Kap., 1. Abschn. I.

[66] So BPatGE 8, 44, 46; RG GRUR 44, 141 r. Sp. So nun auch BPatG 5 W (pat) 409/79 (LS abgedruckt in GRUR 80, 1045 l. Sp.).

[67] So Bühring § 2, RN 54; Busse GbmG § 2, RN 13; Benkard, 6. Auflage, GbmG § 2, RN 37; einschränkend Benkard, 7. Auflage, GbmG § 2, RN 57.

Unterlagen träten an die Stelle der der Eintragung zugrunde gelegten Unterlagen; eine solche Erklärung kann nämlich nicht als Verzicht auf alle nicht mehr erwähnten Merkmale aufgefaßt werden, da es ersichtlich ist, daß der Gebrauchsmusterinhaber sein Recht oder einen Anspruch als ganzen nicht verlieren, sondern nur in Richtung einer — hier allerdings mißglückten — Einschränkung modifizieren will. Die beabsichtigte, nur schuldrechtliche Folgen erzeugende Änderung steht erkennbar unter dem Vorbehalt der Gültigkeit der neuen Ansprüche[68]. Wegen seiner unmittelbar materiellen Wirkung kann der Verzicht aber nicht an Bedingungen geknüpft sein; ein bedingter oder befristeter Verzicht ist wirkungslos[69]. Gegen die Annahme eines Verzichts spricht ferner, daß hierfür die unmißverständliche eindeutige Erklärung, endgültig das Schutzrecht aufgeben zu wollen, erforderlich ist[70]. Der Vergleich mit der beschränkten Verteidigung im Patentnichtigkeitsverfahren bekräftigt schließlich dieses Ergebnis[71].

Im Zweifel ist also für die Frage, ob überhaupt ein Verzicht vorliegt, die für den Rechtsinhaber günstigere Auslegung zu wählen. Die durch erweiterte neue Ansprüche hervorgerufenen Unklarheiten gehen freilich zu seinen Lasten, insbesondere bei der Beurteilung der eventuell schuldhaften, ihm zum Nachteil gereichenden Verhaltensweisen Dritter[72].

IV. Reformüberlegungen

Zu den mit der Änderung der Unterlagen zusammenhängenden Fragen sollte sich das Gesetz in Zukunft äußern[73]. Bei der Schaffung einer neuen gebrauchsmusterrechtlichen Regelung stellt sich die Aufgabe, das Spannungsverhältnis zwischen dem Bedürfnis nach Einschränkung und Klarstellung einerseits und der die Rechtssicherheit beeinträchtigenden

---

[68] Bühring aaO, Benkard, 6. Auflage, aaO (FN 67). Werner GRUR 80, 1045 r. Sp. sieht in der Einreichung neuer Ansprüche zutreffend einen Ausdruck des Willens, das Schutzrecht aufrechtzuerhalten.

[69] PA Bl. 61, 175; Reimer PatG § 12, RN 2.

[70] Vgl. BPatGE 12, 81, 83; 13, 15, 16; Schulte § 20, RN 4; Benkard PatG § 20, RN 7; Reimer PatG § 12, RN 2.

[71] Im Fall der unzulässigen Selbstbeschränkung „verbleibt es bei der früheren Fassung des Patents", vgl. Schulte § 81, RN 62; der Patentinhaber kann „von einer einmal erklärten Beschränkung nachträglich wieder abrücken, ... sofern das Nichtigkeitsverfahren noch nicht zu einer rechtskräftigen Beschränkung des Patents geführt hat", BGH GRUR 65, 480 ff., 482 r. Sp. Der Beschränkungserklärung als solcher wird also keine Verzichts- bzw. Vernichtungswirkung beigemessen, vgl. auch BGH Bl. 56, S. 283 r. Sp.; BPatGE 4, 30; Schulte § 81, RN 62; Werner GRUR 80, 1046 l. Sp.

[72] Bühring und Benkard aaO (FN 67).

[73] Diese Forderung erhebt auch Bühring GRUR 79, 196 ff., 198 r. Sp., 199 l. Sp. — Zur Problematik der Änderung von Gebrauchsmusterunterlagen vor und nach Eintragung allgemein vgl. Müller-Börner GRUR 74, 511 ff.

Gefahr unzulässiger Änderungen andererseits[74] zu lösen. Um unbefriedigende Folgen zu vermeiden, gilt es abzuwägen, keine Komponente zu stark zu betonen oder zu sehr zu vernachlässigen. Dieses Gebot erfüllen die von Rechtsprechung und Literatur gebildeten Grundsätze weitgehend. Es erscheint daher zweckmäßig — dies zeigt auch die detaillierte Kritik Bührings[75] an dem vom GRUR-Unterausschuß gemachten Vorschlag —, die geltenden Regeln als Basis der Überlegungen heranzuziehen, sie, falls keine Einwände dagegenstehen, gesetzlich festzuschreiben und sie im Hinblick auf die Entwicklung auf dem Gebiet der technischen Schutzrechte zu ergänzen.

1. Grundsatz

In das Gesetz sollte man deshalb den sich aus dem Zweck der Änderungsmöglichkeit ergebenden, in allen zeitlichen Phasen wirkenden Grundsatz aufnehmen, daß aus Erweiterungen Rechte nicht hergeleitet werden können. Hinsichtlich des Umfangs zulässiger Änderungen sollte man in jedem Stadium analog § 38 PatG — was auch anderen Verfahrensordnungen entspricht[76] — die Berichtigung offensichtlicher Unrichtigkeiten gestatten. Darüber hinaus sollte aus den genannten Erwägungen[77] im Eintragungsverfahren die Möglichkeit geschaffen werden, sämtliche Unterlagen, auch die Zeichnung, zu ändern, unabhängig davon, ob eine Beanstandung durch das Patentamt erfolgt ist. Die freie Änderbarkeit auch der Zeichnung beruht auf ihrer Einschätzung als allenfalls gleichwertiges, nicht höherrangiges oder wertvolleres und daher auch nicht unverrückbares Offenbarungsmittel; es kann ein Vorteil nicht darin gesehen werden, eine mit der Beschreibung und den Schutzansprüchen nicht in Einklang stehende — da zu weitreichende oder unklare — Zeichnung von der Korrekturmöglichkeit auszunehmen oder für sie einen engeren Rahmen zu setzen und sie damit anders als die übrigen Offenbarungsmittel zu behandeln.

2. Maßgeblicher Zeitpunkt: Erlaß der Eintragungsverfügung

Zeitliche Grenze sollte der Erlaß der Eintragungsverfügung sein, nicht erst die Eintragung, auch wenn der Anmelder jenen Zeitpunkt nicht kennt. Das Patentamt sollte nicht verpflichtet werden, dem Anmelder die bevorstehende Eintragung mitteilen[78] zu müssen; die damit ver-

---

[74] Vgl. hierzu GRUR-Unterausschuß, S. 32 l. Sp.

[75] Vgl. Bühring aaO (FN 73).

[76] Vgl. § 42 VwVfG und § 129 AO hinsichtlich der Berichtigung offensichtlich einem Verwaltungsakt anhaftender Unrichtigkeiten.

[77] Vgl. oben I (FN 52).

[78] Eine Mitteilung des Deutschen Patentamts über die bevorstehende Eintragung des Gebrauchsmusters wurde vom GRUR-Unterausschuß in Erwä-

bundene Belastung des Patentamts wird nämlich nicht dadurch aufgewogen, daß der Anmelder nunmehr um die Reduzierung der Änderungsmöglichkeiten weiß.

3. Änderungen nach Eintragungsverfügung; keine Anlehnung an § 64 PatG

Nach Erlaß der Eintragungsverfügung sollte man — abgesehen vom Fall des (Teil-)Verzichts auf das Gebrauchsmuster im Umfang (mindestens) voller Ansprüche — nur noch an den Schutzansprüchen Änderungen erlauben; diese sollten, wie nach geltendem Recht, durch Nachreichung neuer, zu den Eintragungsakten gegebener Ansprüche vorgenommen werden können.

Die an sich naheliegende Erwägung, die neue gebrauchsmusterrechtliche Bestimmung stärker an die bereits vorhandene, diesen Fall betreffende Vorschrift des § 64 PatG anzulehnen, sollte man indes zurückstellen; der Vorzug gebührt vielmehr der bisherigen Praxis, die sich von der patentrechtlichen Regelung vor allem darin unterscheidet, daß für die Durchführung der Beschränkung eine weitergehende Beteiligung des Patentamts nicht erforderlich ist[79], somit keine Kosten entstehen[80], und daß die Beschränkung nur schuldrechtlich[81] und nicht zurück in die Vergangenheit[82] wirkt.

Eine patentamtliche Entscheidung über die Beschränkung läßt zwar das Auftreten unbemerkter Erweiterungen weniger wahrscheinlich werden — wenngleich diese, wie § 21 Abs. 1 Nr. 4 PatG zeigt, auch nie völlig auszuschließen sind —, verträgt sich aber nicht mit dem Charakter des Gebrauchsmusters als einem nur in begrenztem Umfang geprüften Schutzrecht, das möglichst einfach gestaltet, billig und mit wenig Belastung für das Patentamt erlangbar sein soll. Die neuen Schutzansprüche sollte man deshalb wie bisher[83] grundsätzlich ungeprüft zu den Eintragungsakten nehmen. — Eine unmittelbar materielle Wirkung der Beschränkung rechtfertigt sich ebenso wie die anfallenden Kosten aus dem Tätigwerden des Patentamts und paßt daher nicht zu einer Regelung, die auf eine amtliche Beteiligung verzichtet. Zudem ist für sie im Gebrauchsmusterrecht ein Bedürfnis nicht erkennbar. Sowohl für den

---

gung gezogen (vgl. GRUR 79, 32 l. Sp. unten), in den Vorschlag aber nicht aufgenommen. — Ausführlich zur Frage, ob die Entscheidung der Gebrauchsmusterstelle über die Eintragung in Zukunft als Verfügung oder in Beschlußform ergehen soll, vgl. 3. Kap., 2. Abschn. I.

[79] Vgl. dagegen § 64 Abs. 3 S. 1 PatG.

[80] Vgl. dagegen § 64 Abs. 2 S. 2 PatG.

[81] Zur Wirkung der nachgereichten Schutzansprüche vgl. oben II.

[82] Vgl. dagegen § 64 Abs. 1 PatG.

[83] Vgl. oben II, FN 59.

Inhaber als auch für Dritte ist es ohne Belang, ob Ansprüche wegen einer amtlichen Beschränkungsentscheidung oder nur wegen der schuldrechtlichen Bindung des Gebrauchsmusterinhabers nicht geltend gemacht werden dürfen. Die nur schuldrechtliche Natur der Beschränkungserklärung bietet sogar den Vorteil, für den Fall einer unzulässigen Änderung die Weitergeltung der Ursprungsfassung zu ermöglichen, ohne daß es einer Maßnahme des Patentamts nach §§ 21, 61 PatG bedarf.

Der Beschränkung sollte man auch keine rückwirkende Kraft beimessen. Diese Empfehlung stützt sich nicht auf die allgemein gegen die rückwirkende Patent- oder Gebrauchsmustervernichtung vorgebrachten Bedenken[84]; der Streit, ob nur die Beseitigung ex tunc dem natürlichen Rechtsempfinden entspreche, weil das Patent nicht hätte erteilt bzw. das Gebrauchsmuster materiell-rechtlich nicht hätte eingetragen werden dürfen[85], oder ob gerade das Gegenteil der Fall sei, weil das Faktum der Rechtswirkung nicht durch eine theoretische Gedankenkonstruktion aus der Welt geschafft werden könne[86], soll nicht neu belebt werden, zumal insoweit eindeutige Bestimmungen vorhanden sind: § 64 PatG und nunmehr auch § 21 Abs. 3 PatG für das Patentnichtigkeitsverfahren.

Für eine Aufhebung der Gebrauchsmusteransprüche lediglich ex nunc spricht entscheidend, daß das nur mit Beteiligung des Patentamts zur Entstehung gelangte Schutzrecht für die Vergangenheit auch nicht teilweise soll vernichtet werden können, wenn dieselbe oder eine dem Patentamt übergeordnete Stelle hinsichtlich dieses korrespondierenden Rechtsakts ausgeschaltet bleibt.

Hinzu kommt, daß die rückwirkende Beschränkung der Schutzansprüche nicht erforderlich ist. Weder für den Gebrauchsmusterinhaber selbst, der allenfalls an der rückwirkenden Beseitigung des Gebrauchs-

---

[84] Weiss GRUR 52, 306 ff.; Schwerdtner GRUR 68, 9 ff.

[85] Die Nichtigerklärung vernichtet das Patent nach ganz herrschender Lehre und ständiger Rechtsprechung mit rückwirkender Kraft, vgl. Bernhardt § 35 IV 6 (S. 226); Hubmann § 25 IV 2 (S. 172); Benkard PatG § 22, RN 63; Klauer/Möhring PatG § 13, RN 31; Reimer PatG § 13, RN 30; ferner Liedel, S. 22, 23 m. N., der den Gesichtspunkt der Waffengleichheit im Prozeß anführt, der es erfordere, daß sich der für die Vergangenheit in Anspruch Genommene auch durch einen in die Vergangenheit zurückreichenden Angriff gegen das zugrunde liegende Ausschlußrecht verteidigen könne. — RGZ 63, 140, 141, 123, 113, 115; BGHZ 18, 81, 96 (= GRUR 55, 393, 397); BGH GRUR 65, 231, 232. — Die Gebrauchsmusterlöschung wird in ihren Wirkungen der Patent-Nichtigerklärung sachlich gleichgestellt, vgl. Benkard GbmG § 7, RN 32; Bühring § 7, RN 2, 43 ff.; Reimer GbmG § 7, RN 9; RG MuW 30, 377; GRUR 34, 666, 667; BGH GRUR 63, 519, 521 l. Sp. m. w. N.

[86] So Weiss aaO (FN 84). Gegen die ex-tunc-Wirkung beim „gutgläubigen“ Patentinhaber Schwerdtner aaO, der auf die Parallelen zum allgemeinen Verwaltungsrecht verweist; gegen ihn Mediger GRUR 68, 564.

musters insgesamt interessiert sein kann[87], noch für Dritte ist an einer dahingehenden Regelung ein Bedürfnis erkennbar. — Versucht nämlich

[87] Daß ein solches, zunächst schwer verständliches Interesse vorhanden sein kann, zeigt sich an dem vom BGH Bl. 63, 299 ff. = GRUR 63, 519 ff. entschiedenen Fall, in dem der Gebrauchsmusterinhaber die ex-tunc-Unwirksamkeit seines früher angemeldeten Gebrauchsmusters anstrebte, um, nunmehr eine Kollision gemäß § 5 Abs. 2 GbmG vermeidend, ein dieselbe Erfindung betreffendes neues Gebrauchsmuster erlangen zu können. Das Kriterium der Neuheit kann bei dem später angemeldeten Gebrauchsmuster nur dann erfüllt sein, wenn die Anmeldung vor der Veröffentlichung der Erfindung, also vor der Eintragung des zuerst angemeldeten Gebrauchsmusters erfolgt, oder wenn — wie bei BGH aaO — für das zweite Gebrauchsmuster eine vor dem Prioritätstag des ersten Gebrauchsmusters liegende Priorität in Anspruch genommen wird. Der Wunsch, trotz materieller Rechtsbeständigkeit des früher angemeldeten Gebrauchsmusters ein neues, inhaltsgleiches Gebrauchsmuster zu erwerben, ist nur daraus erklärlich, daß der Gebrauchsmusterinhaber die Schutzfrist um eine — wegen der Neuheit — kurze Zeitspanne verlängern oder umgekehrt (wie bei BGH aaO, 522 l. Sp. unten, r. Sp. oben) etwaige Zweifel an der wirksamen Inanspruchnahme der Priorität (beim 1. Gebrauchsmuster) beheben und sich die noch vor diese Priorität zurückreichende Neuheitsschonfrist (des 2. Gebrauchsmusters) mit sicherem Erfolg zunutze machen will. Der BGH aaO hat es für zulässig erachtet, daß der Gebrauchsmusterinhaber dem von einem Strohmann erhobenen, gegen das früher angemeldete Gebrauchsmuster gerichteten Löschungsantrag nicht widersprach, womit über § 1 Abs. 1 S. 2 GbmG das verfolgte Ziel erreicht wurde. Nach Ansicht des BGH aaO, S. 522 l. Sp. steht es jeder Partei grundsätzlich frei, „von den ihr gebotenen und auf gesetzmäßigem Wege erreichbaren prozeßtaktischen Möglichkeiten nach ihrem Ermessen Gebrauch zu machen". Für die Annahme eines arglistigen und damit nicht mehr erlaubten Verhaltens des Gebrauchsmusterinhabers, der mit Hilfe eines Strohmanns die Löschung seines Gebrauchsmusters nach § 9 Abs. 1 S. 2 GbmG herbeiführt, müßten weitere tatsächliche Umstände hinzutreten. Im Ergebnis ebenso BGH Bl. 63, 160, 161 r. Sp. („rechtlich unbedenkliche Strohmannschaft"); a. A. Benkard GbmG § 7, RN 15, 16; widersprüchlich Bühring § 8, RN 20. —

Die Bedenken gegen die Stellung eines Löschungsantrags durch einen Strohmann sind unbegründet. Zwar sieht das Gesetz eine rückwirkende Rechtsaufgabe durch den Gebrauchsmusterinhaber nicht vor (vgl. hierzu PA Bl. 55, 299), so daß man eine Gesetzesumgehung vermuten könnte; andererseits ist aber für den Löschungsantrag ein besonderes rechtliches eigenes oder öffentliches Interesse nicht erforderlich (vgl. BGH Bl. 63, 160, 161; Bühring § 8, RN 20). Aus welchem Grunde der Löschungsantrag erhoben wird, ist somit unerheblich. Etwas anderes gilt nur dann (der Antrag wird unzulässig), wenn sich Antragsteller bzw. Hintermann (vgl. hierzu PA Mitt. 58, 97) sittenwidrig oder arglistig verhalten, was nur bei besonderen Umständen, z. B. der Verletzung einer Nichtangriffsabrede, angenommen werden kann, vgl. hierzu Bühring § 8, RN 22—24 m. N., Benkard GbmG § 7, RN 16, PatG § 22, RN 25—27 m. N.

Der in diesem Zusammenhang gemachte Vorschlag der Schaffung eines rückwirkenden Verzichts (so Heine GRUR 63, 523), der die prozeßtaktische Finesse der Einschaltung eines Strohmanns überflüssig machte, ist abzulehnen, da der Einklang mit der patentrechtlichen Verzichtsregelung unnötig gestört und damit die Rechtslage nur verkompliziert würde. Gegen die Einführung eines rückwirkenden Verzichts auch GRUR-Unterausschuß, S. 33 r. Sp. wegen „rechtsdogmatischer Bedenken" und des Fehlens einer „wirtschaftlichen Notwendigkeit". — Zu denken wäre lediglich daran, dem Gebrauchsmusterinhaber ein Recht zur Stellung eines gegen sein eigenes Schutzrecht gerichteten Löschungsantrags einzuräumen, um ihm den formalen Umweg über § 9 Abs. 1 S. 2 GbmG zu ersparen. Der bislang einmalige, der Gebrauchsmusterinhaber, einen Dritten für die Vergangenheit in Anspruch zu nehmen, weil dessen Verhalten mit den zu weit gefaßten Ansprüchen nicht in Einklang stand, so hat der Dritte ja die Möglichkeit, einen Löschungsantrag zu stellen bzw., sofern das Gebrauchsmuster bereits durch Verzicht oder Zeitablauf erloschen ist, einen Antrag auf Feststellung[88], daß das Gebrauchsmuster niemals bestanden habe. In derselben Weise kann der Dritte auch dann vorgehen, wenn er seinerseits Ausgleichsansprüche[89] erhebt, weil er in Ansehung des unwirksamen Rechts schon Leistungen erbracht oder sonstwie Schäden erlitten hat. — Da aber die Beschränkung der Schutzansprüche ein freiwilliger Akt des Gebrauchsmusterinhabers ist, werden sich die zuletzt angesprochenen Fragen, insbesondere das widersprüchliche Beharren auf der doch selbst aufgegebenen Rechtsposition, in der Regel ohnehin nicht stellen.

4. Konsequenzen bei Rechtsverstößen

Auch hinsichtlich der Folgen unzulässiger Änderungen sollte die Reform sich damit begnügen, dem geltenden Recht eine gesetzliche Grundlage zu geben. Einzuführen ist demnach eine dem § 38 S. 2 PatG entsprechende Vorschrift. Daraus ergibt sich bereits, daß die Anmeldung zurückzuweisen ist, wenn eine Erweiterung festgestellt wird und der Anmelder darauf besteht. Der Streit, ob eine nach Erlaß der Eintragungsverfügung erfolgte Erweiterung zum endgültigen Verlust der nicht mehr erwähnten Merkmale führt oder ob ein Zurückziehen auf

---

praktisch bedeutungslose Fall BGH GRUR 63, 519 ff. sollte jedoch nicht zum Anlaß genommen werden, die Löschungsantragsbefugnis dem Gebrauchsmusterinhaber zuzuerkennen, weil sich eine solche Regelung nicht mit dem Charakter des Löschungsverfahrens als streitiges Parteiverfahren vereinbaren ließe.

88 Das Erlöschen des Gebrauchsmusters durch Verzicht und durch Ablauf der Schutzfrist wirkt nur für die Zukunft; für die Vergangenheit können daher weiterhin Ansprüche geltend gemacht werden. Um dem deshalb bestehenden Bedürfnis zu entsprechen, die Rechtsbeständigkeit auch für die Vergangenheit zu klären, wird in diesen Fällen anstelle des nicht mehr möglichen Löschungsantrags — da sich dieser nur gegen ein wirksames Gebrauchsmuster richten kann, vgl. Bühring § 7, RN 13 — der gesetzlich nicht geregelte Antrag auf Feststellung zugelassen, daß das Gebrauchsmuster von Anfang an unwirksam gewesen sei, ständige Rechtsprechung, vgl. RGZ 155, 321, 322, 323; BGH GRUR 67, 351, 352 m. N.; PA Mitt. 37, 253; Bl. 56, 66; Benkard GbmG § 7, RN 3; Bühring § 7, RN 13; Reimer GbmG § 7, RN 8 m. N. — Zur Einführung des Feststellungsantrags in das Gesetz vgl. 5. Kap., 3. Abschn.

89 Bereits geleisteter Schadensersatz kann nach §§ 812 ff. BGB zurückgefordert werden, vgl. Benkard GbmG § 7, RN 32, Bühring § 7, RN 44. — Zur Problematik, unter welchen Voraussetzungen und inwieweit Schadensersatzansprüche bei unbegründeter Geltendmachung eines gewerblichen Schutzrechts bestehen, vgl. etwa Ohl GRUR 66, 172 ff., 182 ff., H. Winkler GRUR 80, 526 ff. sowie Lindacher ZHR 80, 350 ff.

die eingetragenen Ansprüche möglich bleibt, ist aus den genannten Gründen[90] in letzterem Sinne zu entscheiden. Sind wiederholt Änderungen vorgenommen, also mehrfach neue Anspruchsformulierungen eingereicht worden, so ist es zweckmäßig, diejenige, welche die stärkste Einschränkung enthält, als maßgeblich zu bestimmen. — Wenn sich diese Rechtsfolge auch bereits aus dem richtigen Verständnis der übrigen Vorschriften ergibt, sollte man sie gleichwohl im Gesetz klar aussprechen; anderen Auslegungen[91] wird damit von vornherein der Boden entzogen.

5. „Löschungsgrund der unzulässigen Erweiterung"

Zu überlegen ist, ob man analog der Regelung des § 21 Abs. 1 Nr. 4 PatG in das Gesetz den „Löschungsgrund der unzulässigen Erweiterung"[92] aufnehmen soll. Die „Löschung" erfaßte in diesem Fall nicht das Gebrauchsmuster als ganzes, sondern beschränkte sich auf die in den neuen Ansprüchen enthaltene Erweiterung. Da die nachgereichten Schutzansprüche lediglich zu den Eintragungsakten genommen, nicht aber selbst eingetragen werden, läge eine Löschung im eigentlichen Sinn nicht vor, weil diese eine Entfernung des Eingetragenen meint. Diesem Umstand könnte man dadurch Rechnung tragen, daß man das Wort „Löschung" in diesem Zusammenhang vermeidet und § 7 GbmG dahingehend ergänzt, daß jedermann einen Anspruch gegen den Eingetragenen bzw. den Inhaber[93] darauf hat, daß nachgereichte Schutzansprüche für unbeachtlich erklärt werden, sofern sie eine Erweiterung gegenüber der Ursprungsfassung enthalten. Für eine solche Maßnahme spricht ebenso wie bei einem Angriff gegen das gesamte Gebrauchsmuster, daß sich Dritte gegen eine etwaige Inanspruchnahme vorbeugend zur Wehr setzen können, ferner das allgemeine Interesse zwar nicht an der Klarheit des Schutzrechtsinhalts, weil dieser allein durch

---

[90] Vgl. oben III.

[91] Vgl. die von der hier vertretenen Meinung abweichenden Entscheidungen des BPatGE 8, 44, sowie BPatG 5 W (pat) 409/79 (Leitsatz in GRUR 80, 1045 l. Sp.). — Zutreffend dagegen Werner GRUR 80, 1045 ff.

[92] Dafür spricht sich Bühring GRUR 79, 198 r. Sp. (III a) aus. Zu den Folgen eines Verstoßes gegen § 38 S. 2 PatG (§ 26 Abs. 5 S. 2 PatG a. F.) im Patentnichtigkeitsverfahren in den Fällen, in denen § 21 Abs. 1 Nr. 4 PatG noch nicht gilt, vgl. Schmieder GRUR 80, 895 ff. Schmieder aaO spricht sich für eine Berücksichtigung der unzulässigen und wirksamen (vgl. hierzu aaO FN 2, 3, 8—11, S. 896, 899 r. Sp.) Erweiterung aus und erkennt dem Gestaltungsurteil der Nichtigkeitsinstanz zugleich eine „feststellende (Inzident-) Wirkung" zu, um eine Erklärung für den Nichtigkeitsausspruch eines nach § 38 S. 2 PatG ohnehin nichtigen Teils des Patents zu finden (aaO, S. 899 r. Sp.).

[93] Zur Unstimmigkeit der Formulierungen in § 7 Abs. 1 („gegen den als Inhaber Eingetragenen") und § 9 Abs. 1 GbmG („ ... dem Inhaber") vgl. Pietzcker GRUR 73, 561 ff., 564, 569 sowie 5. Kap., 2. Abschn. III 1.

die Eintragung bestimmt wird, wohl aber an der Erkennbarkeit dessen, womit bei einer Geltendmachung des Gebrauchsmusters zu rechnen ist: der Gebrauchsmusterinhaber wird nämlich die geänderten, bei den Eintragungsakten befindlichen Ansprüche zugrunde legen; deren nur schuldrechtliche Bedeutung wirkt sich dann insoweit tatsächlich nicht aus. Dem Bedürfnis für eine dahingehende, keine weiteren Nachteile aufweisende Regelung sollte man daher stattgeben.

3. Abschnitt

Innere Priorität für Gebrauchsmusteranmeldungen

Gemäß § 40 Abs. 1 PatG[94] steht dem Anmelder einer nicht länger als 12 Monate zurückliegenden Patent- oder Gebrauchsmusteranmeldung für die Anmeldung derselben Erfindung[95] zum Patent ein Prioritätsrecht zu, sofern für die frühere Anmeldung nicht schon eine Priorität in Anspruch genommen worden ist.

Bei der Reform des Gebrauchsmusterrechts stellt sich die Frage[96] nach einer Ausdehnung dieser sog. „inneren" Priorität[97] auf nachträgliche Gebrauchsmusteranmeldungen. Die Beantwortung hängt davon ab, ob die für die Einführung des § 40 PatG maßgeblichen Überlegungen auch auf das Gebrauchsmuster zutreffen.

---

[94] § 40 PatG entspricht dem durch das „Gesetz über das Gemeinschaftspatent und zur Änderung patentrechtlicher Vorschriften (GPatG)" vom 26. 7. 79 (BGBl. I, 1269) eingeführten ehemaligen § 26 e PatG.

[95] Zum Begriff der erforderlichen „Erfindungseinheit" bzw. „Erfindungseinheitlichkeit" vgl. Gramm GRUR 80, 954 ff., 958 r. Sp., der unter Berufung auf die Rechtsprechung (BGH Bl. 72, 323; BPatGE 15, 175; 18, 157) diese Voraussetzung dann als gegeben ansieht, „wenn das (der Erfindung) zugrunde liegende Problem (Aufgabe) einheitlich ist und alle ihre Teile (Merkmale) zur Problemlösung nötig oder auch nur geeignet sind, sie zu fördern".

[96] Vgl. dazu grundlegend Bossung GRUR 79, 661 ff., der die Dringlichkeit der Einführung der inneren Priorität auch für das Gebrauchsmuster darlegt. — Zu den Problemen der inneren Priorität vgl. Gramm GRUR 80, 954 ff., der ebenfalls bedauert, daß nicht die Möglichkeit geschaffen wurde, für eine spätere Gebrauchsmusteranmeldung die Priorität einer deutschen Erstanmeldung zu beanspruchen (aaO, S. 957 r. Sp.).

[97] Zur Verwendung dieses Begriffs vgl. Begründung zum Entwurf eines Gesetzes über das Gemeinschaftspatent und zur Änderung patentrechtlicher Vorschriften in Bl. 79, 276 ff., 285 l. Sp. sowie Bossung aaO (FN 96). — Die Priorität ist eine „innere", wenn bei einer inländischen Nachanmeldung die Priorität einer im Inland erfolgten Erstanmeldung in Anspruch genommen wird.

I. Gründe für eine solche Maßnahme

Prioritätsrechte gewähren einen vor dem Zeitpunkt der Anmeldung liegenden Altersrang[98]. — Sie bieten deshalb ganz allgemein die Möglichkeit, die Erfindung innerhalb der Prioritätsfrist weiterzuentwickeln, gegebenenfalls zu verlagern[99], ohne daß bei der späteren Anmeldung auf das Datum der ersten Offenbarung verzichtet werden muß. Der ursprüngliche Offenbarungsgehalt darf allerdings nicht überschritten werden; § 40 Abs. 3 PatG fordert dementsprechend eine deutliche Offenbarung der Merkmale, für welche die Priorität geltend gemacht wird. Erweiterungen sind daher im Rahmen des § 40 PatG unzulässig[100]. — Anders als bei einer eigenständigen Neuanmeldung ist es bei einem Rückgriff auf die Priorität nicht erforderlich, daß die inzwischen erfolgte Weiterentwicklung für sich genommen schutzfähig ist[101]; vielmehr muß es sich sogar um dieselbe, freilich in aller Regel neu akzentuierte Erfindung handeln. — Ohne Prioritätsrecht wird aus diesem Grund ein nachträglicher Schutz für die Weiterentwicklung häufig gar nicht in Betracht kommen können. Sollte dies aber ausnahmsweise doch möglich sein, ist der Anmelder zur Erreichung eines vollständigen Schutzes unter Umständen gezwungen, auch die Erstanmeldung weiterzuverfolgen. Die hierdurch entstehenden Kosten spart er sich bei der

---

[98] Darin besteht das Wesen der Priorität, vgl. Schulte, 2. Auflage, § 27, RN 5. — In der Regel bestimmt sich der Altersrang nach dem Zeitpunkt der Stammanmeldung. Bei der zwar nicht mehr für Patente, wohl aber für Gebrauchsmuster beanspruchbaren (vgl. Einführung III, FN 90) Ausstellungspriorität ist dagegen gem. Nummer 2 des Gesetzes vom 18. 3. 1904 der Tag des Beginns der Schaustellung maßgebend, vgl. Benkard, 6. Auflage, PatG § 2, RN 64.

[99] Vgl. Begründung zum Regierungsentwurf Bl. 79, 284 r. Sp.; Bossung GRUR 79, 662 l. Sp.; Gramm GRUR 80, 959 r. Sp.

[100] Zum einhelligen Verständnis des Begriffs der Erweiterung als einer Überschreitung des ursprünglichen Offenbarungsgehalts vgl. die Nachweise bei FN 46. — Die Formulierungen Bossungs aaO (FN 96), der an verschiedenen Stellen ausdrücklich „Erweiterungen" als zulässig erachtet (S. 661 r. Sp., 662 l. Sp., 667 l. Sp. [2mal]), diesen Begriff möglicherweise aber in einem anderen Sinne versteht (auf S. 662 l. Sp. stellt er nämlich fest, „in den Genuß der Priorität komme selbstverständlich nur der ursprüngliche Offenbarungsgehalt"), sind zumindest unscharf. Ungenau ist ferner, von einer Änderung und Erweiterung der Nachanmeldung zu sprechen (S. 662 l. Sp.); vielmehr geht es um die Abweichung von der Erstanmeldung. — Bei der Bestimmung des Offenbarungsinhalts soll nach dem Sinn der Vorschrift freilich großzügig verfahren werden; unverrückbare Grenzen sind jedoch die ursprünglichen Merkmale, die zwar nicht in den Patentansprüchen der Erstanmeldung enthalten, wohl aber in der „Gesamtheit der Anmeldungsunterlagen deutlich offenbart" sein müssen; § 40 Abs. 3 PatG ist insoweit dem Art. 4 H PVÜ nachgebildet. Neue Merkmale dürfen jedenfalls nicht eingefügt werden; daran ändert sich auch nichts, wenn man, wie Gramm GRUR 80, 958 r. Sp., den Begriff „dieselbe Erfindung" in § 40 Abs. 1 PatG durch § 40 Abs. 3 PatG relativiert sieht.

[101] Dies wird auch in der Begründung zum Regierungsentwurf Bl. 79, 284 r. Sp. hervorgehoben.

Inanspruchnahme einer Priorität, weil hierdurch die Aufrechterhaltung der ursprünglichen Anmeldung entbehrlich wird[102]. Diesem Gesichtspunkt Rechnung tragend[103] gilt gemäß § 40 Abs. 5 PatG mit Abgabe der Prioritätserklärung und unter der weiteren, in dem insofern ungenau gefaßten § 40 Abs. 5 PatG allerdings nicht erwähnten, sich aber aus der Analogie zu Art. II § 8 IntPatÜG und Art. 80 GPÜ ergebenden Voraussetzung[104], daß das Recht der Nachanmeldung auch zur Entstehung gelangt ist, die frühere Anmeldung als zurückgenommen. Für den Anmelder kann es daher kostengünstiger[105] sein, von einer Priorität Gebrauch zu machen. § 40 PatG bewahrt innerhalb seines Regelungsbereichs den Anmelder zudem davor, auf die kostenspieligeren Prioritäten des Patentzusammenarbeitsvertrags und des Europäischen Patentübereinkommens angewiesen zu sein.

Mit der Schaffung der „inneren" Priorität sollten gleiche Chancen für alle Anmelder hergestellt werden[106]. Die bisher vorhandenen Prioritätsrechte[107] kamen nämlich nur[108] Anmeldern zugute, die entweder ihre Erfindung zuerst im Ausland der Öffentlichkeit zugänglich machten oder die sich des Europäischen Patentübereinkommens oder des Patentzusammenarbeitsvertrags bedienten. Neben der eine Anmeldung im Ausland voraussetzenden äußeren Priorität nach § 41 PatG (vgl. § 27 PatG a. F.) gab es bereits innere Prioritäten bei Selbstbenennung[109] ge-

---

[102] Zur Frage, ob dies auch für das Verhältnis Patent — Gebrauchsmuster gilt, vgl. unten II.

[103] Die Begründung zum Regierungsentwurf geht auf § 26e Abs. 5 PatG a. F. (= § 40 Abs. 5 PatG) nicht ein; der Gedanke, daß die Erstanmeldung entbehrlich wird, ist aber ein Grund für die Einführung der Rücknahmefiktion, was in der amtlichen Begründung zum IntPatÜG Bl. 76, 322 ff., 327 r. Sp. — Art. II § 8 IntPatÜG bestimmt für das Verhältnis europäisches-nationales Patent den Wirksamkeitsverlust des nationalen Rechts und kann daher vergleichend herangezogen werden — deutlich ausgesprochen wird.

[104] Vgl. Bossung GRUR 79, 665 l. Sp. sowie unten II. — Die tatsächliche Entstehung des auf die Nachanmeldung zurückzuführenden Patents rechtfertigt ja erst die Rücknahme.

[105] Dieser Vorteil der Priorität wird von Bossung GRUR 79, 662 l. Sp. sowie in der Begründung zum Regierungsentwurf Bl. 79, 284 r. Sp. betont.

[106] Vgl. Begründung zum Regierungsentwurf Bl. 79, 284 r. Sp. sowie Bossung GRUR 79, 662 l. Sp.

[107] Vgl. hierzu Bossung GRUR 79, 661 r. Sp., 662 r. Sp., 664, 666 sowie Gramm GRUR 80, 955. — Die Sonderformen der Teilungs- und Entnahmepriorität (§§ 39, 7 Abs. 2 PatG) sind in diesem Zusammenhang nicht relevant.

[108] Die Frage, ob es sachlich gerechtfertigt war, bei der Einräumung eines Prioritätsrechts danach zu unterscheiden, ob die Erstanmeldung im In- oder Ausland erfolgte, klingt auch in der Begründung zum Regierungsentwurf Bl. 79, 285 l. Sp. an.

[109] Von einer „Selbstbenennung" spricht man bei der Inanspruchnahme einer Priorität dann, wenn bei der Nachanmeldung der Staat, in dem die Erstanmeldung hinterlegt wurde, als der Staat bestimmt wird, in welchem der Schutz für die Erfindung eintreten soll, vgl. Art. 4 I lit. ii, 8 II lit. b PCT,

mäß Art. 87 iVm 79 EPÜ und Art. 8 II lit. b iVm 4 I lit. ii PCT. Die Beschränkung der Begünstigung durch Prioritätsrechte auf einen begrenzten Kreis von Anmeldern sollte mit § 40 PatG aufgehoben werden. Dieses Anliegen wurde als um so dringlicher empfunden, als von den Nachteilen der alten Regelung insbesondere die kleinen und mittleren Unternehmen sowie die Einzelerfinder betroffen waren; finanzkräftigere Anmelder und solche mit Auslandsbeziehungen sind eher in der Lage, die Kosten des PCT- oder EPÜ-Verfahrens auf sich zu nehmen und daraus Nutzen zu ziehen[110].

Die bei der Einführung des § 40 PatG vorgebrachten Gründe gelten für das Gebrauchsmuster in gleicher Weise. — Auch macht die unabhängig von § 40 PatG fortbestehende Möglichkeit, nach der Eintragung die Schutzansprüche zu ändern, das neue Prioritätsrecht nicht etwa überflüssig. Die bloße Änderung der Ansprüche kann nämlich das Bedürfnis nach einer umfassenden, sich natürlich im Rahmen der ursprünglichen Offenbarung haltenden Neugestaltung des Schutzgegenstands oft nicht befriedigen. — Der Gesichtspunkt, die Klein- und Mittelindustrie sowie die Einzelerfinder an den Vorteilen des Prioritätsrechts ebenfalls teilhaben zu lassen, trifft auf das Gebrauchsmuster, das ja gerade für diesen Anmelderkreis konzipiert ist[111], in noch höherem Maße als auf das Patent zu. Das Vorgehen nach dem Patentzusammenarbeitsvertrag ist zu kostspielig und daher keine echte, Chancengerechtigkeit bietende Alternative; der EPÜ-Weg ist für den Gebrauchsmusteranmelder ohnehin meist nicht zugänglich. Verändert man die geltende Rechtssituation nicht, läßt sich in der Tat eine willkürliche Ungleichbehandlung innerhalb der Gruppe der Gebrauchsmusteranmelder rügen.

Neben diesen allgemeinen Überlegungen, der Begünstigung des Anmelders durch Prioritätsrechte[112] und dem Erfordernis der Herstellung gleicher Chancen, sprechen für[113] eine Ausdehnung der inneren Priori-

---

Art. 79, 87 EPÜ sowie Schulte, 2. Auflage, § 27, RN 2. Zur Zulässigkeit der Selbstbenennung vgl. ferner Bossung GRUR Int. 75, 272 ff., 277 r. Sp.

[110] Vgl. Begründung zum Regierungsentwurf Bl. 79, 284 r. Sp. und Bossung GRUR 79, 662 l. Sp.

[111] Vgl. hierzu Einfühung II sowie Bossung GRUR 79, 665 r. Sp.; vgl. ferner Reimer GbmG III vor § 1 und Benkard GbmG RN 1 vor § 1.

[112] Bossung GRUR 79, 667 l. Sp. sieht das Bedürfnis nach einer Neuakzentuierung der durch Gebrauchsmuster zu schützenden Erfindung und damit der Erstreckung der inneren Priorität auf Gebrauchsmusternachanmeldungen mit der Einführung der Gebrauchsmusterrecherche noch steigen; diese ist inzwischen erfolgt, vgl. die VO gemäß § 23 Abs. 3 PatG a. F. (§ 29 Abs. 3 PatG) vom 19. 7. 79, BGBl. I, 1019 sowie 3. Kap., 1. Abschn. II 3.

[113] Als „Nachteil“ bezeichnet Gramm GRUR 80, 959 r. Sp., 960 l. Sp. die Folgen der neuen Bestimmung, nämlich die Möglichkeit, über die innere Priorität eine einjährige Verlängerung der Schutzfrist („mißbräuchlich“) erreichen zu können, sowie die erforderlich werdende aufwendige Nachprüfung

tät auf das Gebrauchsmuster auch die besonderen Vorzüge[114], die das Gebrauchsmuster gegenüber dem Patent aufweist, insbesondere die leichtere und schnellere Erlangung eines umfassenden Schutzes. Diese Vorteile würde man für den Bereich der inneren Priorität aufgeben[115], schüfe man nicht die Möglichkeit, auch ein Gebrauchsmuster zum Gegenstand der Nachanmeldung machen zu können, sei es ausschließlich oder gekoppelt[116] mit einer dadurch flankierten[117] Patentnachanmeldung.

II. Neuregelung der Rücknahmefiktion des § 40 Abs. 5 PatG

Fraglich ist jedoch, ob und gegebenenfalls welche Maßnahmen im Hinblick auf die Rücknahmefiktion des § 40 Abs. 5 PatG bei einer Erstreckung der inneren Priorität auf Gebrauchsmusternachanmeldungen erforderlich sind[118].

Zunächst bedarf § 40 Abs. 5 PatG insoweit einer Korrektur, als aus dem Gesetzeswortlaut hervorgehen muß, daß ein Erlöschen der Erstanmeldung nur dann eintritt, wenn die Nachanmeldung zur Entstehung eines Schutzrechts geführt hat. Diese zur bloßen Abgabe der Prioritätserklärung hinzutretende Voraussetzung[119] ist selbstverständlich; die

---

der Berechtigung der in Anspruch genommenen Priorität und ihre Zuordnung zu den einzelnen Patentansprüchen; Gramm aaO verweist aber selbst darauf, daß sich dieselben Konsequenzen auch beim Gebrauch einer PVÜ-Priorität ergeben und spricht sich klar für die Einführung der inneren Priorität für das Gebrauchsmuster aus. Die Einordnung als „mißbräuchlich" ist außerdem unzutreffend, da der Anmelder lediglich von einem gesetzlich vorgesehenen Recht Gebrauch macht, wenn er sich auf die Priorität erst kurz vor Ablauf der Jahresfrist beruft.

[114] Vgl. hierzu Einführung III sowie Bossung GRUR 79, 663, 667.

[115] Bossung GRUR 79, 667 unterstreicht die Dringlichkeit der Ausdehnung der inneren Priorität auf das Gebrauchsmuster durch den Hinweis, daß der Anmelder wegen des Verlustes der Ausstellungspriorität und der Einschränkung der Neuheitsschonfrist beim Patent von dem diese Nachteile lindernden inneren Prioritätsrecht, gesichert durch eine frühzeitige Hinterlegung der Anmeldung beim Deutschen Patentamt, verstärkt Gebrauch machen werde. In diesem Fall gingen bei der Nachanmeldung, wenn diese auf das Patent beschränkt ist, die Vorteile des Gebrauchsmusters verloren.

[116] Bei einer Koppelung von Nachanmeldungen kommt, wie sonst auch, neben der Patentanmeldung sowohl eine Gebrauchsmustervoll- als auch eine Gebrauchsmusterhilfsanmeldung in Betracht. — Für diese Möglichkeit der Flankierung auch Bossung GRUR 79, 667 l. Sp.

[117] Die Notwendigkeit, auch für das europäische Patent die Möglichkeit einer Flankierung durch das Gebrauchsmuster bei der Inanspruchnahme einer Priorität zu schaffen, hebt Bossung GRUR 79, 667 r. Sp. hervor; sollte dies nicht geschehen, befürchtet Bossung eine Schädigung des europäischen Patents.

[118] Bossung GRUR 79, 667 r. Sp. verneint diese Frage vorschnell und geht nur kurz auf das Problem des Doppelschutzes ein. — Für Gramm GRUR 80, 960 r. Sp. ist der Grund für die Aufnahme der Rücknahmefiktion „nicht klar erkennbar"; zu ihren Mängeln äußert sich Gramm aaO jedoch nicht.

Rücknahme entbehrte sonst jeder Rechtfertigung. Die Analogie zu Art. II § 8 IntPatÜG und Art. 80 GPÜ bekräftigt dieses Ergebnis. — Eine Festschreibung analog Art. II § 8 IntPatÜG, daß das spätere Unwirksamwerden des auf die Nachanmeldung zurückzuführenden Schutzrechts nicht zum Wiederaufleben der Erstanmeldung führt, erscheint unnötig[120], da eine solche Rechtsfolge aus dem Gesetz ohnehin nicht herleitbar ist.

Gemäß § 40 Abs. 5 PatG gilt die „frühere Anmeldung" als zurückgenommen. Aus § 40 Abs. 1 PatG folgt, daß damit die Erstanmeldung gemeint ist, gleich, ob es sich bei ihr um eine Patent- oder Gebrauchsmusteranmeldung handelt. Nicht in § 40 Abs. 5 PatG geregelt ist die nach § 40 Abs. 2 PatG zulässige Inanspruchnahme „der Priorität[121] mehrerer beim Patentamt eingereichter Patent- oder Gebrauchsmusteranmeldungen" sowie der Fall, daß der ursprünglichen Patent- eine Gebrauchsmusterhilfsanmeldung[122] hinzugefügt worden ist. Sowohl Absatz 1 als auch Absatz 5 gehen von nur einer Anmeldung aus, was in Absatz 1 durch das auf Ausschließlichkeit hinweisende Wort „oder" („frühere Patent- oder Gebrauchsmusteranmeldung"), in Absatz 5 durch den Gebrauch des Singulars („gilt sie") zum Ausdruck kommt. Aus Absatz 2 wird man jedoch schließen müssen, daß beim Vorhandensein mehrerer Stammanmeldungen alle als zurückgenommen zu gelten haben, da sonst unklar bliebe, welche fortbesteht und welche nicht. — Zur Begründung der Ansicht, daß bei einem Nebeneinander von Patentanmeldung und Gebrauchsmusterhilfsanmeldung nur die Patentanmeldung untergehen soll[123], kann der hierzu keine Stellung nehmende Wortlaut des Absatzes 5 jedenfalls nicht herangezogen werden[124]. Der an sich richtige Hinweis darauf, daß die — unstreitig eintretende — Rücknahme der Patentanmeldung als Erledigung im Sinne des § 2

---

119 So auch Bossung GRUR 79, 665 l. Sp. unter Berufung auf die Analogie zu Art. II § 8 IntPatÜG, Art. 80 GPÜ.

120 In der amtlichen Begründung zum IntPatÜG, Bl. 76, 327 r. Sp. wird dementsprechend festgestellt, daß Art. II § 8 Abs. 2 IntPatÜG nur eine Klarstellung enthalte.

121 Zu Recht bemängelt v. Uexküll Mit. 80, 191 ff., 193 l. Sp. die grammatikalisch falsche Fassung des § 40 Abs. 2 PatG, der dem Art. 88 II EPÜ — ungenau — nachgebildet ist; richtig müßte es heißen: „Für die Anmeldung könn*en* die Priorität*en* ... in Anspruch genommen werden".

122 Zur Frage der Beibehaltung der Institution der Gebrauchsmusterhilfsanmeldung vgl. unten 4. Abschn.

123 So Goebel Mitt. 81, 15 ff., 18 l. Sp. mit der spärlichen Begründung, Patent und Gebrauchsmuster könnten „grundsätzlich nebeneinander bestehen"; ferner — ohne Begründung — Völp GRUR 81, 234 ff., 238 r. Sp. unten, 239 l. Sp. oben.

124 Dieser zur Stützung der Meinung, die Gebrauchsmusterhilfsanmeldung unterliege nicht der Rücknahmefiktion, unternommene Versuch Bossungs GRUR 79, 665 l. Sp. ist zurückzuweisen.

Abs. 6 GbmG anzusehen sei[125], trägt zur Lösung des Problems nicht bei; das Gebrauchsmuster darf ja nur eingetragen werden und kann somit nur zur Entstehung gelangen, wenn die zumindest zeitlich gesehen „frühere" Hilfsanmeldung eben nicht als zurückgenommen gilt. Allein um diese Frage geht es; sie ist der Überlegung, ob die Rücknahmefiktion auch entstandene Rechte erfaßt, vorgelagert und daher von ihr zu trennen[126]. Gegen jene Behauptung und damit für das Unwirksamwerden auch der Gebrauchsmusterhilfsanmeldung spricht vielmehr das Erlöschen sämtlicher Anmeldungen, deren Prioritäten gemäß § 40 Abs. 2 PatG beansprucht worden sind, sowie die Tatsache, daß gemäß § 40 Abs. 5 PatG auch eine Gebrauchsmusteranmeldung zu Fall gebracht wird; ein materieller Unterschied zwischen normaler Gebrauchsmuster- und Gebrauchsmusterhilfsanmeldung besteht aber nicht. Hinzu kommt schließlich, daß die Gebrauchsmusterhilfsanmeldung und die dazugehörige Patentanmeldung verfahrensrechtlich selbständige Anmeldungen sind[127], so daß eine Gleichsetzung der Gebrauchsmusterhilfsanmeldung mit anderen eigenständigen Anmeldungen, also mit der in Absatz 2 geregelten Situation, näher liegt als eine Sonderbehandlung hinsichtlich des Betroffenseins von der Rücknahmefiktion.

Zu untersuchen ist allerdings, ob dieser aus dem System des § 40 PatG entnommene, aber wegen der Kürze der Existenz dieser Regelung noch ungeklärte Rechtszustand bei einer Einführung der inneren Priorität für das Gebrauchsmuster aufrechterhalten werden soll.

Die Rücknahmefiktion findet, wie erwähnt, ein Gegenstück in Art. II § 8 IntPatÜG. Diese Vorschrift bezweckt, Doppelschutz für ein und dieselbe Erfindung zu verhindern. Grund dafür ist, daß ein berechtigtes Interesse des Patentinhabers am Bestand zweier gleichartiger und gleichwertiger Rechte, einem nationalen und einem europäischen Patent, nicht nur nicht erkennbar ist, sondern daß vielmehr beim Vorhandensein zweier inhaltsgleicher Patente eine Verwirrung und Komplizierung der Rechtslage zu befürchten wäre; es könnte der Fall eintreten, daß trotz der Vernichtung des europäischen Patents das deutsche Patent noch formal weiterbesteht und der Inhaber daraus zu Unrecht vorgeht[128]. Anders als Art. II § 8 IntPatÜG erreicht § 40 Abs. 5 PatG dieses ebenso angestrebte Ziel[129] nicht, weil nach dem eindeutigen Wortlaut

---

[125] So Bossung GRUR 79, 664 r. Sp.

[126] Dies übersieht Bossung GRUR 79, 664 r. Sp., wenn er sagt, „eben diese Rücknahme (der Patentanmeldung) sei aber ein Fall der Erledigung iSv § 2 Abs. 6 GbmG, so daß das Gebrauchsmuster nun aus dem Hilfsantrag in der Erstanmeldung entstehen kann".

[127] Vgl. Bühring § 2, RN 79.

[128] Vgl. hierzu die amtliche Begründung zum IntPatÜG, Bl. 76, 327 r. Sp.

des § 40 Abs. 5 PatG bereits entstandene Schutzrechte nicht der Rücknahmefiktion unterliegen. Eine andere Auslegung erscheint nicht möglich[130]; insbesondere ließe sie sich nicht auf eine Analogie zu Art. II § 8 Abs. 1 IntPatÜG stützen[131]; grundsätzlich, weil bei Eingriffen in Rechtspositionen Zurückhaltung geboten ist[132], ferner deshalb, weil bei der Schaffung des jüngeren § 40 Abs. 5 PatG die Vorschrift des Art. II § 8 IntPatÜG bekannt war.

Die genannten, auch gegen lediglich formalen Doppelschutz sprechenden Gründe lassen sich nicht dadurch entkräften, daß eine doppelte, auf inhaltsgleiche Schutzrechte gestützte Rechtsausübung als unzulässige anzusehen wäre[133]. Das Doppelschutzverbot betrifft ja nicht nur die Frage der Zulässigkeit der mehrfachen Rechtsausübung, sondern will auch die Möglichkeit von Mißbräuchen von vornherein ausschließen und zur Klarheit und Übersichtlichkeit der Rechtslage beitragen[134]. Es erscheint daher erforderlich, in Übereinstimmung mit Art. II § 8 IntPatÜG die Rücknahmefiktion auf bereits entstandene Rechte zu erstrecken. Allein eine solche Regelung vermag unnötigen Doppelschutz effektiv

---

129 Dieser Zweck des § 40 Abs. 5 PatG wird in der Begründung zum Regierungsentwurf zwar nicht besonders erwähnt, liegt aber auf der Hand; so auch Bossung GRUR 79, 664 r. Sp.

130 Nicht gefolgt werden kann der gegenteiligen Ansicht von Goebel Mitt. 81, 15 ff., 17 r. Sp., der zu ihrer Begründung zunächst die Absätze 5 und 1 des § 40 PatG einander gegenüberstellt (obwohl Absatz 1 von einer „früheren Patent- oder Gebrauchsmusteranmeldung" als Grundlage der Priorität ausgehe, könne sich die Priorität auch auf zum Vollrecht erstarkte Schutzrechte beziehen) und ferner die Vorschrift des § 16 Abs. 1 S. 2 PatG vergleichend heranzieht (obwohl deren Wortlaut von einer Erteilung des Hauptpatents ausgehe, sei nicht ausgeschlossen, daß der Zusatzanmeldung lediglich eine [Hauptpatent-]Anmeldung zugrunde liege). — § 40 Abs. 1 PatG befaßt sich gar nicht mit dem Fall, daß aus der Erstanmeldung ein Vollrecht zur Entstehung gelangt ist; auf die frühere „Anmeldung" wird deshalb abgestellt, weil dieser Zeitpunkt der für die Priorität maßgebliche ist. Gegen den Vergleich mit § 16 Abs. 1 S. 2 PatG läßt sich anführen, daß der Wortlaut des § 16 Abs. 1 S. 2 PatG es nicht voraussetzt, daß im Zeitpunkt der Zusatzpatentanmeldung das Hauptpatent bereits erteilt ist. Die Auffassung, wonach die Rücknahmefiktion auch entstandene Rechte erfaßt, kann sich daher nur auf Zweckmäßigkeitsüberlegungen stützen; für das Verhältnis Patent — Gebrauchsmuster sind diese aber unzutreffend (vgl. dazu die folgenden Ausführungen).

131 Das gleiche gilt für eine Analogie zu Art. 80 GPÜ. — Bossung GRUR 79, 665 l. Sp., verneint ebenfalls die Möglichkeit einer extensiven Auslegung des § 40 Abs. 5 PatG und will entstandene Rechte auch nicht der Rücknahmefiktion unterstellen; nicht im Einklang damit steht es, wenn er gleichzeitig davon spricht, in Analogie zu Art. II § 8 IntPatÜG und Art. 80 GPÜ „verliere das auf die Erstanmeldung erteilte Patent oder Gebrauchsmuster für den Bereich der Identität seine Wirkung".

132 So auch Bossung GRUR 79, 665 l. Sp.; einschränkend Goebel Mitt. 81, 17 r. Sp.

133 Ebenso Bossung GRUR 79, 665 l. Sp.; Goebel Mitt. 81, 17 r. Sp.

134 Vgl. insoweit die amtliche Begründung zum IntPatÜG, Bl. 76, 327 r. Sp.

zu verhindern. Will man das Wirken eines weiteren Rechts verhüten, ist es nur konsequent, neben der Entfernung der Anmeldung beseitigende Maßnahmen auch und gerade in einem späteren Stadium, dem der Existenz des Rechts, zu ergreifen.

Dieser Grundsatz bedarf allerdings einer wichtigen Einschränkung. Auch schon der geltende § 40 PatG unterscheidet sich von Art. II § 8 IntPatÜG nämlich dadurch, daß er nicht nur das Verhältnis zweier Patente, sondern auch die Beziehung von Patent und Gebrauchsmuster betreffen kann und zwar dann, wenn bei einer Patentnachanmeldung die Priorität einer vergangenen Gebrauchsmusteranmeldung beansprucht wird; bei einer Ausdehnung der inneren Priorität auf das Gebrauchsmuster ist natürlich auch der umgekehrte Fall denkbar. — Ein Bedürfnis für den Schutz derselben Erfindung zugleich durch Patent und Gebrauchsmuster kann aber sehr wohl bestehen. Das Gesetz selbst erkennt es in § 2 Abs. 6 GbmG durch die Möglichkeit der Gebrauchsmusterhilfsanmeldung an[135]. So kann sich das Interesse an einem zusätzlichen Gebrauchsmusterschutz daraus ergeben, daß er aus der Stoßrichtung mangelnder Erfindungshöhe schwerer vernichtbar ist[136], weil das Gebrauchsmuster nur eine geringere Erfindungshöhe als das Patent voraussetzt. Zusätzlicher Patentschutz ist wegen seiner größeren Werbewirksamkeit und wegen der längeren Laufzeit des Patents vorteilhaft.

Ob sich der Anmelder durch Patent und Gebrauchsmuster sichern will, sollte man ihm überlassen. Der Einwand der unnötigen Komplizierung der Rechtslage läßt sich dagegen ebensowenig erheben wie der einer Entlastung des Patentamts durch die zwangsweise Erledigung der ursprünglichen Anmeldung: ein Schutz durch beide Formen kann, wie gezeigt, sinnvoll sein; ob der Anmelder ihn in Anspruch nehmen und zweimal Gebühren aufbringen will, gehört zu seiner Verfügungsbefugnis, die man ihm durch eine starre Rücknahmefiktion nicht entziehen darf.

Es empfiehlt sich somit, den Umfang der Rücknahmefiktion im Rahmen des § 40 Abs. 5 PatG dahingehend neu zu bestimmen, daß die Rücknahmefiktion nicht eintritt, wenn Patent und Gebrauchsmuster aufeinandertreffen, sondern nur noch, wenn es um das Nebeneinander gleicher Rechte bzw. darauf gerichteter Anmeldungen geht (Patenterstanmeldung — Patentnachmeldung; Gebrauchsmustererst-, Gebrauchsmusternachanmeldung). Die Fiktion sollte auch entstandene

---

[135] Zur Billigung des Nebeneinanders von Patent und inhaltsgleichem Gebrauchsmuster durch Gesetz und Rechtsprechung vgl. Trüstedt GRUR 67, 2 r. Sp.; Reimer GbmG § 2, RN 16 (S. 1869); Bühring § 2, RN 79; Benkard GbmG § 1, RN 6, RN 42 m. N.; RG JW 8, 247.

[136] Darauf weist Reimer GbmG § 2, RN 16 (S. 1869) hin.

Rechte betreffen. Diese sollten (entsprechend Art. II § 8 IntPatÜG) mit der Abgabe der Prioritätserklärung ihre Wirksamkeit verlieren[137]. — Da jeweils prioritätsgleiche Rechte in Frage stehen, können die aus verschiedenem Zeitrang resultierenden Probleme nicht relevant werden.

Die Einführung der inneren Priorität für Gebrauchsmuster läßt sich dadurch erreichen, daß man in § 2 Abs. 1 S. 2 GbmG eine Verweisung auf § 40 PatG aufnimmt. In den Absatz 1 des § 40 PatG wären hinter „... zum Patent" ein Komma sowie die Worte einzufügen „zum Gebrauchsmuster oder zum Patent und Gebrauchsmuster"; damit wäre klargestellt, daß auch bei der Nachanmeldung Patent und Gebrauchsmuster kombiniert werden können. Für § 40 Abs. 5 PatG kommt folgende Fassung in Betracht:

„Unter der Voraussetzung, daß das Recht aus der Nachanmeldung zur Entstehung gelangt ist, gelten frühere, beim Patentamt noch anhängige Anmeldungen mit Abgabe der Prioritätserklärung nach Absatz 4 als zurückgenommen. Bereits entstandene Rechte, deren Prioritäten in Anspruch genommen werden, haben von dem nach Satz 1 maßgeblichen Zeitpunkt an keine Wirkung mehr. Die Sätze 1 und 2 kommen nicht zur Anwendung, wenn Patent und Gebrauchsmuster aufeinandertreffen."

4. Abschnitt

Die Gebrauchsmusterhilfsanmeldung

Im Rahmen einer Reform muß auch das in § 2 Abs. 6 GbmG geregelte Institut der Gebrauchsmusterhilfsanmeldung neu überdacht werden. Zu prüfen ist, ob man an der Gebrauchsmusterhilfsanmeldung festhalten und § 2 Abs. 6 GbmG lediglich sprachlich präzisieren[138] oder ob man die

---

[137] a. A. Goebel Mitt. 81, 17 r. Sp., der der Rücknahmefiktion ex-tunc-Wirkung beimessen will und zur Begründung auf § 57 Abs. 1 S. 4 PatG verweist. Der Fall der unterlassenen Zahlung der Patenterteilungsgebühr ist aber für die zu schaffende Regelung kein geeignetes Vorbild. Die insoweit maßgebliche Vorschrift kann nur der Art. II § 8 IntPatÜG sein.

[138] Insbesondere wird beanstandet, daß aus dem Wortlaut des § 2 Abs. 6 GbmG nicht hervorgehe, ob die Gebrauchsmusterhilfsanmeldung nur gleichzeitig mit der Patentanmeldung oder auch vorher oder nachher eingereicht werden kann, vgl. Reimer GbmG § 2, RN 16 (S. 1868), W. Müller GRUR 60, 31 l. Sp., GRUR 63, 571; Gaul/Bartenbach F, RN 104. — In Abweichung vom Gesetzeswortlaut wird nach der Praxis des Patentamts auch nicht nur die Eintragung als solche ausgesetzt, sondern das gesamte Eintragungsverfahren; eine weitere Bearbeitung findet bei einem Antrag gemäß § 2 Abs. 6 GbmG im Gegensatz zum Aussetzungsantrag analog § 49 Abs. 2 PatG (vgl. § 30 Abs. 4 PatG a. F.) nur in begrenztem Rahmen statt, vgl. dazu Bühring § 2, RN 30, 76 m. N. sowie Gbm-Richtlinien Bl. 73, 346 ff., 350 r. Sp. (IV Nr. 3, Nr. 4 b).

Gebrauchsmusterhilfsanmeldung aufgeben soll, sei es ersatzlos[139] oder nur dann, wenn zugleich die Möglichkeit der Abzweigung bzw. Umwandlung[140] geschaffen wird.

I. Sinn und Zweck

Bei der Gebrauchsmusterhilfsanmeldung handelt es sich um eine unbedingte Anmeldung, die mit dem Antrag verbunden ist, das Eintragungsverfahren bis zur Erledigung[141] der Patentanmeldung[142] auszusetzen[143].

---

[139] Bei einer Ausdehnung der durch § 40 PatG gewährten inneren Priorität auf das Gebrauchsmuster (vgl. oben 3. Abschnitt) ist diese Möglichkeit zumindest erwägenswert.

[140] Die Möglichkeit, ohne Prioritätsverlust auf eine andere Anmeldeart überzugehen (sei dies alternativ oder kumulativ, vgl. GRUR-Unterausschuß, S. 30 r. Sp.), also von einer Patent- auf eine Gebrauchsmuster- bzw. umgekehrt von einer Gebrauchsmuster- auf eine Patentanmeldung umzuwechseln, wird gewöhnlich als „Umwandlung" (vgl. etwa Hubbuch GRUR 59, 228 r. Sp.; Mediger GRUR 35, 712 r. Sp., der aber auch von „Entnahme" spricht, vgl. S. 711 r. Sp.; Art. 8 Abs. 1 und 3 Japanisches Gebrauchsmustergesetz Nr. 123 in Bl. 61, 377 ff.) oder, vornehmlich im jüngeren Schrifttum, als „Abzweigung" (so etwa GRUR-Unterausschuß, S. 30 r. Sp., 31. l. Sp., 36 r. Sp. — § 2 Abs. 8 und 9 des Vorschlags —, Schlitzberger GRUR 79, 195) bezeichnet. Beide Begriffe sind mehrdeutig; auch der Wechsel von einer Gebrauchsmustervoll- zu einer Gebrauchsmusterhilfsanmeldung soll eine „Umwandlung" sein (vgl. etwa Gbm-Richtlinien Bl. 73, 346 ff. — unter IV Nr. 4b — und Busse GbmG § 2, RN 16); „Abzweigung" wird dagegen auch gleichgesetzt mit der — u. U. für die Erfüllung des Anmeldeerfordernisses „Einheitlichkeit der Erfindung" (vgl. dazu 1. Kap., 5. Abschn. IV) notwendigen — Ausscheidung eines Teils der Anmeldung, vgl. Reimer GbmG § 2 RN 13, § 7, RN 2, PatG § 26, RN 31. Um die Terminologie jedoch nicht weiter zu verwirren, soll im folgenden die in Frage stehende „Umsteigemöglichkeit" entsprechend den neueren Gepflogenheiten „Abzweigung" genannt werden.

Für die Einführung der „Abzweigung" in das Gebrauchsmusterrecht spricht sich der GRUR-Unterausschuß (S. 30 r. Sp., 31 l. Sp.) aus; ebenso bereits früher Mediger GRUR 35, 711 ff. sowie Rülf Mitt. 1904, 33. — Nach spanischem Gebrauchsmusterrecht kann die Anmeldeart in beide Richtungen geändert werden (vgl. die Königliche Gesetzesverordnung Nr. 1789 über das gewerbliche Eigentum vom 26. 7. 1929 in der Fassung des Erlasses vom 30. 4. 1930 in Bl. 39, 88 ff., 114 ff., wonach das Patentamt die Anmeldung gemäß Art. 62 II und Art. 179 jeweils von Amts wegen nach vorheriger Anhörung des Antragstellers der zuständigen Abteilung zuleitet). Nach japanischem Recht (vgl. Art. 8 I Japanisches Gebrauchsmustergesetz Nr. 123 in Bl. 61, 377 ff.) ist dagegen lediglich vorgesehen, daß der Patentanmelder seine Patent- in eine Gebrauchsmusteranmeldung umwandelt. — Zu Abzweigung (Umwandlung) und Hilfsgebrauchsmuster vgl. auch Hubbuch GRUR 59, 225 ff., 228 r. Sp.

[141] „Erledigung" bedeutet Zurückweisung, Zurücknahme (auch infolge einer Fiktion) der Patentanmeldung oder ein Verzicht auf sie, Versagung oder Erteilung des Patents, vgl. Bühring § 2, RN 77; Benkard GbmG § 2, RN 68.

[142] Zu den Voraussetzungen einer Gebrauchsmusterhilfsanmeldung zu einer eruopäischen Patentanmeldung mit Benennung der Bundesrepublik Deutschland vgl. Mitt Nr. 5/81 des Präsidenten des Deutschen Patentamts Bl. 81, 41 sowie BPatG Bl. 80, 347 ff. = GRUR 80, 786 ff.

[143] Vgl. FN 138 und Bühring § 2, RN 70, 76, 30.

Der Hauptsinn der bereits vor ihrer gesetzlichen Einführung im Jahre 1922[144] von der Praxis zugelassenen[145] Gebrauchsmusterhilfsanmeldung besteht darin, dem Patentanmelder einen Schutz für den Fall der Versagung des Patents zu sichern[146]. Dieses Ziel ließe sich zwar ebenso durch eine Gebrauchsmustervollanmeldung erreichen; damit wäre das Patentamt aber stärker belastet, was unnötig ist, wenn sich das Interesse des Anmelders lediglich alternativ auf ein Patent oder ein Gebrauchsmuster richtet und das Patent zur Entstehung gelangt; bei der Wahl der Hilfsanmeldung ist bei der Anmeldung gem. § 2 Abs. 6 S. 2 GbmG auch „nur die Hälfte der Gebühr, die andere Hälfte erst vor der Eintragung zu entrichten“[147]; ferner bietet die Hilfs- gegenüber der Vollanmeldung den Vorteil, daß eine vorzeitige Veröffentlichung der Erfindung vermieden wird, was im Interesse des Anmelders liegen kann[148]. Die Geheimhaltung der Gebrauchsmusterhilfsanmeldung bis zur Erledigung der Patentanmeldung wird andererseits wegen der damit verbundenen Verkehrsunsicherheit als ungünstig empfunden[149], weil trotz erfolgreichem Einspruch gegen die Patentanmeldung bzw. — nach neuem Recht — das Patent noch mit dem Wirksamwerden eines Gebrauchsmusters aus der Hilfsanmeldung gerechnet werden muß.

§ 2 Abs. 6 GbmG setzt eine Identität von Patent- und Gebrauchsmusteranmeldung sowohl in personeller als auch in sachlicher Hinsicht voraus; beide Anmeldungen müssen also von derselben Person einge-

[144] Vgl. Art. III Nr. 2 c des Gesetzes zur Erhöhung der patentamtlichen Gebühren vom 27. 6. 1922 in Bl. 22, 76 ff., 77 l. Sp. — Das Gesetz vom 27. 6. 1922 spricht von „Eventual-Anmeldung“, womit aber die Gebrauchsmusterhilfsanmeldung gemeint ist. Der seit den Mitteilungen der Anmeldestelle für Gebrauchsmuster aus dem Jahre 1904 (Bl. 4, 39) nicht mehr aufrechterhaltene Unterschied zwischen Eventual- und Gebrauchsmusterhilfsanmeldung bestand ursprünglich darin, daß es sich bei der Eventual- im Gegensatz zur Hilfsanmeldung nur um eine bedingte Anmeldung handelte, vgl. Bekanntmachung des Kaiserlichen Patentamts vom 22. 11. 1898 in Bl. 98, 229, 230 l. Sp. Nr. 2 d, Nr. 1 und 2.

[145] Vgl. Bekanntmachung des Kaiserlichen Patentamts vom 22. 11. 1898 aaO (FN 144) sowie BPatGE 4, 31 ff. = Bl. 63, 234 ff., 236 l. Sp. m. N.

[146] Reimer GbmG § 2, RN 16 (S. 1869); BPatG Bl. 80, 347 ff., 348 l. Sp. = GRUR 80, 786 ff.

[147] Die Fälligkeit der zweiten Gebührenhälfte tritt erst mit der Erledigung der Patentanmeldung ein; diese ist also nicht nur gestundet, vgl. PA Bl. 55, 183. Analog § 2 Abs. 5 S. 2 GbmG gilt die Gebrauchsmusterhilfsanmeldung bei Nichtzahlung der zweiten Gebührenhälfte innerhalb eines Monats nach Zustellung der Nachricht über die Folgen der Nichtzahlung als zurückgenommen, so auch Benkard GbmG § 2, RN 69, Reimer GbmG § 2, RN 16 (S. 1869). Vor Geltung der Neufassung des § 2 Abs. 1 GbmG wurde in der binnen angemessener Frist nicht geleisteten Zahlung der zweiten, vom Patentamt angeforderten Gebührenhälfte ein Verzicht auf das durch die Hilfsanmeldung erworbene Recht erblickt, vgl. PA Bl. 34, 227.

[148] Vgl. hierzu W. Müller GRUR 63, 572 l. Sp.

[149] Weber MuW 41, 189, 190; Reimer GbmG § 2, RN 16 (S. 1869); Busse GbmG § 2, RN 16; BPatG Bl. 63, 237 l. Sp.

reicht sein und denselben Gegenstand zum Inhalt haben[150]. Wie das Zeitverhältnis zwischen den Anmeldungen beschaffen sein muß, ist aus der Gesetzesformulierung, insbesondere dem Wort „nachsucht", nicht eindeutig zu ersehen[151]. Nach dem von der Rechtsprechung und der nun h. M. getragenen Grundsatz darf die Gebrauchsmusterhilfsanmeldung nicht eine ältere Priorität haben[152], also nur die gleiche oder eine jüngere. Folgt die Gebrauchsmusterhilfsanmeldung der Patentanmeldung nach, so bestimmt sich der Zeitrang der Gebrauchsmusterhilfsanmeldung nach ihrem Eingang beim Patentamt[153], weil § 2 Abs. 6 GbmG ein Prioritätsrecht nicht gewährt. Dies hat zur Konsequenz, daß eine Hilfsanmeldung mit einer gegenüber dem Patent jüngeren Priorität, sofern deshalb nicht bereits das Kriterium der „Neuheit" fehlt[154], wegen

---

[150] Vgl. BPatG GRUR 80, 786 ff., 788 l. Sp.; Bühring § 2, RN 71. — Das BPatGE 9, 57, 60 fordert für die sachliche Identität sogar, „daß die schriftlichen Unterlagen beider Anmeldungen in allen für ihren Inhalt maßgeblichen Teilen wörtlich übereinstimmen müssen"; für eine solche Auslegung des Begriffs „gleicher Gegenstand" in § 2 Abs. 6 GbmG spreche die Besetzung der Gebrauchsmusterstelle (§ 4 Abs. 1 und 2 GbmG), „die nur dann in jedem Fall ohne Hinzuziehung eines technischen Sachverständigen die Gleichheit des Anmeldungsgegenstandes festzustellen in der Lage wäre".

[151] Vgl. FN 138.

[152] Vgl. hierzu grundlegend und mit überzeugender Begründung BPatGE 4, 31 ff. = Bl. 63, 234 ff.; Die Entscheidung wird insbesondere auf die Entstehungsgeschichte und die vor der Einführung des § 2 Abs. 6 GbmG geübte Praxis (BPatG aaO, S. 236 l. Sp.) sowie darauf gestützt, daß der auf Aussetzung der Eintragung bis zur Erledigung der Patentanmeldung gerichtete Antrag für den Zeitpunkt der Gebrauchsmusteranmeldung vorgesehen sei (BPatG aaO, S. 235 r. Sp.), was sich aus seiner Stellung in dem die Anmeldung regelnden § 2 GbmG ergebe; auch § 2 Abs. 6 S. 2 GbmG gehe davon aus, daß der Antrag bei der Anmeldung des Gebrauchsmusters gestellt werde (BPatG aaO, S. 236 l. Sp.); schließlich würde bei einer anderen, weiteren Auslegung des § 2 Abs. 6 GbmG, die sich bereits wegen des Ausnahmecharakters der Bestimmung verbiete (BPatG aaO, S. 236 l. u. r. Sp.), die wegen der Geheimhaltung der Hilfsanmeldung bestehende Verkehrsunsicherheit noch dadurch erhöht, daß dann sogar mit einem prioritätsälteren Gebrauchsmuster gerechnet werden müßte (BPatG aaO, S. 237 l. Sp.). — Diese Auffassung hat das BPatG bekräftigt, vgl. BPatGE 9, 57 ff., 60; BPatG GRUR 80, 786 ff., 788 l. Sp. — Ebenso Bühring § 2, RN 73; Benkard GbmG § 2, RN 65.

Der Ansicht, die es auch für zulässig erachtet, daß die Gebrauchsmusteranmeldung der Patentanmeldung vorangeht und später in eine Hilfsanmeldung umgewandelt wird (vgl. W. Müller und Gaul/Bartenbach aaO, FN 138), ist entgegenzuhalten, daß sie zu sehr an der Formulierung „nachsucht" haftet und dem Regelungszusammenhang zuwenig Beachtung schenkt; der Einwand, oft stelle sich erst nach Einreichung der Gebrauchsmusteranmeldung heraus, daß auch die Voraussetzungen für ein Patent erfüllt sein könnten, ist deshalb zurückzuweisen, weil wegen eines möglicherweise bestehenden Bedürfnisses nicht gegen das Gesetz entschieden werden darf.

[153] Vgl. Bühring § 2, RN 73; Zeller, S. 305.

[154] Zur Neuheitsschädlichkeit der ausgelegten Unterlagen von Patentanmeldungen wegen ihrer Einordnung als „öffentliche Druckschriften" vgl. 1. Kap., 10. Abschn. I, FN 213 sowie Bühring § 1, RN 131. — Die Änderung des Neuheitsbegriffs (vgl. 1. Kap., 10. Abschn.) beeinflußt dieses Ergebnis nicht, weil das Merkmal der Neuheit davon abhängt, ob die Erfindung bereits der Öffentlichkeit zugänglich gemacht worden ist.

§ 5 Abs. 2 GbmG nicht zur Entstehung eines gültigen Gebrauchsmusters führen kann, wenn das Patent erteilt wird.

Im Hinblick auf diese Tatsache gibt der Vorschlag der Ausdehnung der „inneren Priorität" auf Gebrauchsmusternachanmeldungen[155] Anlaß zu der Frage, ob es überhaupt notwendig ist, die Einrichtung der Gebrauchsmusterhilfsanmeldung beizubehalten. § 40 PatG reicht, da er ein Prioritätsrecht einräumt, über die Regelung des § 2 Abs. 6 GbmG hinaus. Bei einer Geltung des § 40 PatG im Gebrauchsmusterrecht kann die Entscheidung, ob um Gebrauchsmusterschutz nachgesucht wird, ohne Prioritätsverlust innerhalb der 12 Monate umfassenden Frist getroffen werden; in diesem Prioritätszeitraum bedarf es also keiner Hilfsanmeldung. Läßt sich allerdings nicht rechtzeitig absehen, ob es zu einer Patenterteilung kommen wird, ist ein weiterer Aufschub der Gebrauchsmuster(voll)anmeldung nicht möglich, wenn sich der Anmelder nicht der durch Zeitablauf erhöhten Gefahr der Neuheitsschädlichkeit aussetzen will. — Hinzunehmen wäre dabei der für den Anmelder bestehende geringfügige Nachteil, daß dann die volle Gebühr zu entrichten ist, die auch nicht zur Hälfte zurückerstattet wird[156], wenn die Eintragung des Gebrauchsmusters unterbleibt oder — wegen § 5 Abs. 2 GbmG — ohne Wirkung ist. Schwerer wiegt, daß die übrigen Vorteile der Hilfsanmeldung verloren gingen. Bei einer Streichung des § 2 Abs. 6 GbmG entfiele die Möglichkeit, das Eintragungsverfahren bis zur Erledigung der Patentanmeldung aussetzen zu lassen; eine solche Änderung würde durch die zulässige analoge Anwendung des § 49 Abs. 2 PatG[157] zwar in ihrer Bedeutung in geringem Maße abgeschwächt, aber nicht voll kompensiert, da ein Antrag nach § 49 Abs. 2 PatG die Bearbeitung nicht hindert[158] und weil in § 49 Abs. 2 PatG nur eine Aus-

---

155 Vgl. hierzu oben 3. Abschn.

156 Nach früherem Recht wurde die Hälfte der Gebühr erstattet, wenn die Anmeldung nicht zur Eintragung führte, vgl. bereits § 2 Abs. 5 S. 2 GbmG in der Fassung vom 7. 12. 1923 (RGBl. II, S. 437, 444), der in den Fassungen vom 5. 5. 1936 (RGBl. II, S. 130) und vom 18. 7. 1953 (BGBl. I, S. 639) unverändert blieb, sowie § 2 Abs. 5 S. 3 GbmG in der Fassung vom 9. 5. 1961 (BGBl. I, S. 549, 570), der gem. Art. 3 Nr. 1 des Gesetzes vom 4. 9. 1967 (BGBl. I, S. 953, 959) gestrichen wurde; man war der Auffassung, daß der mit der Zurückzahlung verbundene Verwaltungsaufwand in keinem Verhältnis zu der Höhe des zurückzuerstattenden Betrags (15,— DM) stehe; außerdem sei die Rückgewähr auch sachlich nicht gerechtfertigt, weil die Gebühr die Kosten des Eintragungsverfahrens ohnehin nicht decke (vgl. Begründung zum Gesetz vom 4. 9. 1967, Bl. 67, 244 ff., 270 r. Sp.). Die Erhöhung der Anmeldegebühr auf 50,— DM (vgl. Anlage zu § 1 PatGebG Nr. 121 100) ändert an der Richtigkeit dieser Überlegungen nichts.

157 Vgl. MittPräsPA Bl. 69, 3 l. Sp. zu § 30 Abs. 4 PatG a. F. (= jetzt § 49 Abs. 2 PatG).

158 Dies ergibt sich aus IV Nr. 3 der Gbm-Richtlinien (Bl. 73, 346 ff., 350 r. Sp.), die vorsehen, daß auch während der Aussetzungsfrist formelle und sachliche Mängel gerügt und behoben werden müssen; vgl. Bühring § 2, RN 30.

setzung der Anmeldung bis zu einer Frist von 15 Monaten, gerechnet vom Prioritätstag an, vorgesehen ist. Ob man dem Interesse des Anmelders an einer längeren, eben bis zur Erledigung der Patentanmeldung dauernden Aussetzung den Vorrang vor demjenigen der Allgemeinheit an einer schnellen Offenbarung einräumen soll, mag dahinstehen; dafür spricht, daß es der Anmelder nicht zu vertreten hat, wenn sich die Erledigung der Patentanmeldung verzögert. Entscheidend ist, daß trotz § 40 PatG und § 49 Abs. 2 PatG mit der ersatzlosen Aufgabe der Hilfsanmeldung die Zahl der Vollanmeldungen und damit die Belastung des Patentamts spürbar zunähme — eine sich nahezu mit Sicherheit verwirklichende Prognose, deren Ernst unterstrichen wird, wenn man sich den in den letzten Jahren mehr als doppelt so großen Umfang, den die Gebrauchsmusterhilfsanmeldung gegenüber der Vollanmeldung einnimmt[159], vergegenwärtigt. Die ungünstige Folge einer stärkeren und häufig überflüssigen Beanspruchung des Patentamts gilt es abzuwenden; das Interesse des Erfinders an der Hilfsanmeldung tritt hinzu. Die ersatzlose Aufhebung des § 2 Abs. 6 GbmG sollte man somit nicht näher in Betracht ziehen.

II. Ersetzung durch Abzweigung?

Fraglich ist jedoch, ob man an die Stelle der Gebrauchsmusterhilfsanmeldung die Möglichkeit der Abzweigung setzen soll. Bestechend erscheint es zunächst, durch das Institut der Abzweigung ohne Prioritätsverlust die Anmeldeart wechseln zu könnnen[160]. Da es bei einer zweifelhaften Einschätzung des Anmeldegegenstandes nicht erforderlich ist, Patent und Gebrauchsmuster nebeneinander anzumelden, um die ursprüngliche Priorität zu wahren, muß sich das Patentamt nicht einmal mit einer Hilfsanmeldung beschäftigen; es könnte daher sogar eine Entlastung des Patentamts eintreten[161]. Als Vorteil der Abzweigung wird ferner geltend gemacht, daß sie einen Beitrag zur Entwicklung einheitlicher Richtlinien für den Erfindungsschutz, insbesondere hinsichtlich der Erfindungshöhe, leisten könne, wenn die das Patent versagende Stelle zugleich mit der Frage der Gebrauchsmusterschutzfähigkeit befaßt sei; weitere Folge sei die Bildung eines strengeren Maßstabs bei der Patenterteilung, da sich die bei einer isolierten Patentanmeldung ergebende Alternative zwischen der Gewährung des Patents und völliger Schutzlosigkeit nicht mehr stelle[162].

---

[159] Vgl. die Statistik des Patentamts für die Jahre 1972—1979 in Bl. 80, 66 ff., 87; im Jahre 1979 gingen dem Patentamt 10 962 Voll- und 25 903 Hilfsanmeldungen zu; 1980 betrug dieses Verhältnis 10 182 zu 24 065; vgl. Bl. 81, 83 ff., 99.

[160] Vgl. FN 140.

[161] Vgl. dazu GRUR-Unterausschuß, S. 30 r. Sp.

[162] So Mediger GRUR 35, 711, 712 l. Sp.

Diese an die Abzweigung geknüpften hohen Erwartungen sind indes jedenfalls insoweit unberechtigt, als sie auf eine Entlastung des Patentamts abzielen. Da das Eintragungsverfahren bei einer Hilfsanmeldung zunächst gar nicht zu laufen beginnt[163], ist die Hilfsanmeldung, solange sich das Patent im Stadium der Prüfung befindet, keine echte Belastung. Das Patentamt muß sich erst dann mit der Hilfsanmeldung beschäftigen, wenn sich die Patentanmeldung erledigt. Würde man die Hilfsanmeldung durch die Abzweigung ersetzen, änderte sich der Arbeitsaufwand des Patentamts nicht; bei Versagung des Patents wäre nämlich die Prüfung, ob für die Erfindung Gebrauchsmusterschutz in Betracht kommt, in gleicher Weise vorzunehmen.

Zweifel sind auch an der Prognose angebracht, daß mit der Abzweigung die Chance stiege, einheitliche Richtlinien für den Erfindungsschutz zu entwickeln. Der Patentprüfungsstelle lediglich die Möglichkeit einzuräumen, dem Anmelder die Beantragung eines Gebrauchsmusters nahezulegen[164], dürfte für diesen Zweck nicht ausreichend sein, weil die Gebrauchsmustereintragungsfähigkeit dann nach wie vor von einer anderen, nämlich der Gebrauchsmusterstelle beurteilt würde. Das Ziel rückte jedoch auch nicht näher, wenn die für die Patenterteilung zuständige Stelle dazu berufen wäre, zugleich die Frage der Gebrauchsmusterschutzfähigkeit zu klären und wenn man, diese Idee weiterführend, die über Löschungsanträge und damit über die Erfindungshöhe entscheidenden Gebrauchsmusterabteilungen sowie die Aufgabentrennung nach Patent und Gebrauchsmuster beim Patentgericht abschaffte. Patentamt und Patentgericht sind jeweils einheitliche Behörden; insofern entscheidet bereits jetzt ein- und dieselbe Stelle über die Gewährung der Erfindungsschutzrechte. Ein Verbot, die Prüfungszuständigkeit verschiedenen Fachbereichen innerhalb der jeweiligen Behörde zuzuweisen, wäre ohne Sinn und könnte die Entwicklung allgemeiner Richtlinien nicht bewirken, weil unvermeidbar ist, daß verschiedene Personen tätig werden; auf diese kommt es aber letztlich an.

Bedenken bestehen schließlich auch gegen den prioritätswahrenden Charakter der Abzweigung. Durch diese Eigenschaft bedeutet die Abzweigung materiell die Inanspruchnahme eines inneren Prioritätsrechts bei Wechsel der Anmeldeart.

Befristet man die Abzweigung ohne Rücksicht auf die Erledigung der Stammanmeldung[165], dann stellt man sie damit zugleich in Frage, weil

---

[163] Vgl. FN 138.

[164] Mediger GRUR 35, 711 r. Sp. hält dies zur Erreichung des gewünschten Zwecks für „vollauf genügend“.

[165] Nach dem Vorschlag des GRUR-Unterausschusses (GRUR 79, 29 ff., 36) soll die Abzweigung einer Gebrauchsmusteranmeldung auf 3 Jahre (Vor-

ihr Ziel, Schutzhindernissen durch Übergang auf das jeweils andere Schutzbegehren ausweichen zu können, bei einer solchen Ausgestaltung von vornherein nur in begrenztem Umfang erreicht werden kann, nämlich nicht in den Fällen, in denen die Entscheidung über die Stammanmeldung noch nicht innerhalb der Frist gefallen ist[166]. Schwierigkeiten bereitete ferner die sachliche Rechtfertigung der unterschiedlichen Behandlung der Anmelder, für die ein Abzweigungsgrund auch durchaus erst später zu erkennen sein kann[167].

Läßt man die Abzweigung beliebig lange zu[168], ist das Entstehen eines Mißverhältnisses zu den anderen, in der Regel auf 12 Monate be-

---

schlag 1 § 2 Abs. 8 S. 1), die einer Patentanmeldung auf längstens 15 Monate, sofern nicht vorher die (Gebrauchsmusterstamm-)Anmeldung erledigt ist (vgl. insoweit den schlecht gefaßten, aber in diesem Sinne zu verstehenden Vorschlag 1 § 2 Abs. 9), befristet sein. — Die vom GRUR-Unterausschuß vorgesehene Regelung ist, einmal abgesehen von ihrer Zweckmäßigkeit, sowohl in der Formulierung (vgl. Vorschlag 1 § 2 Abs. 9) als auch inhaltlich mißglückt, die Absätze 8 und 9 sind unzureichend aufeinander abgestimmt und teilweise unvollständig: Zu beanstanden ist, daß die Abzweigung einer Patentanmeldung gem. Vorschlag 1 § 2 Abs. 9 nur „bis zur endgültigen Erledigung" der Gebrauchsmusterstammanmeldung zulässig sein soll. Die Abzweigung muß doch auch und gerade dann noch möglich sein, wenn eine negative Entscheidung über die Stammanmeldung bereits getroffen wurde; Mediger GRUR 35, 711 r. Sp will daher die Abzweigung (einer Gebrauchsmusteranmeldung; für die Abzweigung in umgekehrter Richtung kann jedoch nichts anderes gelten) „während des Erteilungsverfahrens und (noch) innerhalb von 4 Wochen nach rechtmäßiger Zurückweisung oder Versagung" gestatten; das japanische Gebrauchsmusterrecht setzt in Art. 8 I 2 (vgl. Bl. 61, 377 ff., 379 l. Sp.) eine 30tägige Frist, die mit der Zustellung des Patentzurückweisungsbeschlusses zu laufen beginnt. — In Vorschlag 1 § 2 Abs. 8 ist dagegen nichts darüber ausgesagt, welche Wirkung die Erledigung der Stammanmeldung auf die Abzweigungsmöglichkeit hat; es dürfte wohl nicht in der Absicht des GRUR-Unterausschusses liegen, eine Abzweigung z. B. 1 Jahr nach Erledigung der Patentanmeldung, wenn auch innerhalb der 3-Jahres-Frist, noch zuzulassen. — Schließlich ist der prioritätswahrende Charakter der Abzweigung nur in Vorschlag 1 § 2 Abs. 8 S. 2 und in Vorschlag 2, nicht aber in Vorschlag 1 § 2 Abs. 9 angesprochen; dort bleibt diese wichtige Frage offen.

166 Schlitzbergers Kritik (GRUR 79, 193 ff., 195) gegen die vom GRUR-Unterausschuß vorgeschlagene Abzweigung richtet sich in erster Linie gegen deren Befristung; als Fälle, in denen die Erledigung der Gebrauchsmusteranmeldung innerhalb von 15 Monaten noch nicht eingetreten ist, nennt er die Aussetzung der Eintragung für die Dauer von 15 Monaten seit dem Prioritätstag, ferner die Weiterverfolgung der Anmeldung in der Beschwerde- oder Rechtsbeschwerdeinstanz, nachdem eine Zurückweisung durch das Patentamt erfolgt ist. Auch die Entscheidung über eine Patentanmeldung kann nach 3 Jahren noch ausstehen.

167 So Schlitzberger GRUR 79, 195 r. Sp., der es für möglich hält, daß sich ein Grund für die Abzweigung erst nach Ablauf der 3-Jahres-Frist herausstellt.

168 Diese Möglichkeit wird vom GRUR-Unterausschuß, S. 31 l. Sp. für die Abzweigung einer Patent- aus einer Gebrauchsmusteranmeldung deshalb ausgeschlossen, weil die 18-Monats-Frist für die Offenlegung keinesfalls verlängert werden dürfe; das Setzen einer der ersten Schutzfrist des Gebrauchsmusters entsprechenden dreijährigen Frist für den umgekehrten Fall der Abzweigung wird nicht begründet. — Schlitzberger aaO geht ebenfalls nicht

fristeten Prioritätsrechten[169] zu befürchten. Die Errichtung einer zeitlichen Grenze für die Inanspruchnahme von Prioritäten ist das hinsichtlich seiner Richtigkeit bislang nicht in Zweifel gezogene Ergebnis einer Abwägung zwischen den Interessen des Anmelders und denen der Allgemeinheit. Die ursprüngliche Anmeldung soll nicht endlos als Grundlage modifizierter späterer Anmeldungen dienen können; vielmehr soll die Fortentwicklung der Erfindung, ihre Übertragung in die brauchbarste Form beschleunigt werden. Die Aufhebung eines zeitlichen Rahmens generell bei der Geltendmachung von Prioritätsrechten würde das Interessengleichgewicht zuungunsten der Allgemeinheit stören; bei der Abzweigung ließe sich eine solche Maßnahme allenfalls dann rechtfertigen, wenn — wie bei der Gebrauchsmusterhilfsanmeldung — jeglicher Spielraum für eine Modifizierung der beiden in Frage stehenden Anmeldungen ausgeschaltet würde, sie also wörtlich übereinstimmen[170] müßten; sonst bestünde keinerlei Unterschied zu der in § 40 PatG geregelten Situation. Verführe man allerdings in dieser Weise, könnte man die Abzweigung als eine Gebrauchsmusterhilfsanmeldung bezeichnen, deren Einreichung mit der Patentanmeldung fingiert wird; der Erfinder wäre also davon befreit, sich bei der Patentanmeldung um eine ihn sichernde Gebrauchsmusterhilfsanmeldung zu kümmern; durch die Abzweigungsmöglichkeit in umgekehrter Richtung würde, stellt man auch hier den Vergleich mit Bekanntem an, die Fiktion einer gleichzeitig mit der Gebrauchsmusteranmeldung eingereichten „Patenthilfsanmeldung" geschaffen. Für eine dahingehende, praktisch nur den auf eine Gebrauchsmusterhilfsanmeldung gerichteten Antrag entbehrlich machende Regelung ist ein Bedürfnis jedoch nicht erkennbar. Für den Erfinder ist es zumutbar, eine zweifelhafte Patentanmeldung durch eine nur geringen Aufwand erfordernde Gebrauchsmusterhilfsanmeldung zu flankieren; darüber hinaus räumt ihm der auf Gebrauchsmusternachanmeldungen ausgedehnte § 40 PatG 12 Monate Zeit ein, sich ohne Prioritätsverlust nachträglich für ein Gebrauchsmuster oder, folgt man dem

---

auf die Frage ein, ob eine zeitlich unbegrenzt zulässige Abzweigung wünschenswert wäre; er zeigt lediglich die Nachteile der Befristung auf. — Im spanischen Recht ist für die Abzweigung keine Frist festgelegt; in den Art. 62 II und 179 der Königlichen Gesetzesverordnung vom 26. 7. 1929 (Bl. 39, 88 ff., 114 ff.) ist nur bestimmt, daß das Patentamt die Anmeldung der zuständigen Abteilung zuleitet, wenn die Prüfung der Ansprüche ergibt, daß der angemeldete Gegenstand in das entsprechende andere Gebiet gehört. — Zum Vorschlag von Mediger und zu Art. 8 I 2 Japanisches Gebrauchsmustergesetz Nr. 123 vgl. bereits FN 165. — Eine unter Umständen vor der Erledigung der Stammanmeldung endende Frist ist somit bislang nur in der Ausarbeitung des GRUR-Unterausschusses vorgesehen.

169 Vgl. § 40 Abs. 1 PatG, Art. 4 C PVÜ, Art. 8 II lit. a PCT, Art. 87 I EPÜ; die für Gebrauchsmuster bestehende Ausstellungspriorität ist dagegen gem. Nr. 2 S. 1 des Gesetzes vom 18. 3. 1904 (RGBl. S. 141) auf 6 Monate befristet.

170 Vgl. für die Gebrauchsmusterhilfsanmeldung BPatGE 9, 57, 60 (FN 562).

obigen Vorschlag[171], für ein Nebeneinander von Patent und Gebrauchsmuster zu entscheiden. Insoweit ist die Abzweigung jedenfalls überflüssig.

Fraglich ist ferner, ob ein allgemeines Interesse an der Abzweigung einer Patent- aus einer Gebrauchsmusteranmeldung, also einer „fingierten Patenthilfsanmeldung", besteht. Wegen der erheblich höheren Kosten des Patents wird ein solches Interesse meistens nicht schon vorhanden sein, wenn die Erfindung nicht gebrauchsmusterschutzfähig, sondern nur patentfähig ist[172]; der Fall der lediglich falschen Anmeldeart wird mit dem Verzicht auf die „Raumform"[173] ohnehin kaum noch vorkommen.

Eine dahingehende Abzweigungsmöglichkeit könnte für den Anmelder deshalb eher relevant sein, wenn er den Wert seiner Erfindung inzwischen höher einschätzt; für diesen Fall steht ihm jedoch bereits § 40 PatG zur Verfügung, wonach er während des 12-Monatszeitraums auf eine Patentanmeldung übergehen kann. Innerhalb dieser Frist ist es aber in aller Regel möglich, die Bedeutung der Erfindung und die zweckmäßigste Anmeldeart zu ermitteln. Die Ausnahme, bei der dies nicht gelingt, vermag die Einführung der Abzweigung, die wie jedes neue Rechtsinstitut mit teilweise noch ungewissen Schwierigkeiten verbunden ist[174], nicht zu rechtfertigen. Dies gilt umso mehr, als die im wesentlichen in einer „fingierten Patenthilfsanmeldung" gegenüber der bisherigen Rechtslage bestehende Änderung auch deshalb verzichtbar erscheint, weil der Erfinder den bald zu laufen beginnenden Gebrauchsmusterschutz erlangt, der weniger im Umfang[175] als vielmehr in der Länge seiner Laufzeit hinter dem Patentschutz zurückbleibt.

Die Abzweigung sollte daher nicht in das Gesetz aufgenommen werden; der Kombination von Gebrauchsmusterhilfsanmeldung und innerer Priorität gebührt der Vorzug.

Bei einer Neuformulierung der die Gebrauchsmusterhilfsanmeldung betreffenden Bestimmung müssen die genannten Ungenauigkeiten be-

---

[171] Vgl. oben 3. Abschn. II a. E.

[172] So Schlitzberger GRUR 79, 195 l. Sp.

[173] Vgl. hierzu 1. Kap., 5. Abschn. V 2 c a. E.

[174] Der GRUR-Unterausschuß, S. 31 l. Sp. sieht Probleme z. B. in der Behandlung von Änderungen vor der Abzweigungsanmeldung sowie in der rückwirkenden Benachteiligung eines jüngeren Patentanmelders, wenn sich ein älterer Gebrauchsmusteranmelder nachträglich zur Abzweigung entschließt. Schlitzberger GRUR 79, 195 l. Sp. verweist zusätzlich auf die Ungeklärtheit von Gebührenfragen und auf Rechtsfragen, die im Zusammenhang mit einem Wiedereinsetzungsbegehren in Erscheinung treten können (S. 195 r. Sp.).

[175] Vgl. dazu 4. Kap., 2. Abschn. III.

seitigt werden. Wie bisher sollte es weiterhin möglich sein, daß die Gebrauchsmusterhilfsanmeldung der Patentanmeldung nachfolgt, weil aus jener ein wirksames Gebrauchsmuster immer dann hervorgehen kann, wenn das Patent versagt wird und die Erfindung noch nicht neuheitsschädlich offenbart worden war; in diesen Fällen steht nämlich § 5 Abs. 2 GbmG der Erlangung von Gebrauchsmusterschutz nicht entgegen[176]. Es kommt daher als Gesetzesfassung in Betracht:

„Wenn der Anmelder für den gleichen Gegenstand um ein Patent nachgesucht hat oder gleichzeitig nachsucht, kann er beantragen, daß das Eintragungsverfahren bis zur Erledigung der Patentanmeldung ausgesetzt wird. In diesem Fall ist bei der Anmeldung nur die Hälfte der Gebühr, die andere Hälfte erst vor der Eintragung zu entrichten."

---

[176] Die wörtliche Auslegung des § 5 Abs. 2 GbmG führt bei einer nach der Patentanmeldung eingereichten Gebrauchsmusterhilfsanmeldung also nicht, wie W. Müller GRUR 63, 571 ff., 572 l. Sp. (unter Berufung auf Zeller, Gebrauchsmusterrecht, S. 304) meint, in ein „Dilemma"; freilich kann, wie sonst auch, die Entstehung eines wirksamen Gebrauchsmusters an § 5 Abs. 2 GbmG scheitern.

Drittes Kapitel

Das Eintragungsverfahren (§ 3 GbmG)

Der Präzisierung und Vervollständigung bedarf auch die Regelung in § 3 GbmG.

1. Abschnitt

Prüfungsumfang

I. Die gegenwärtige beschränkte Prüfung

Der mit der Ursprungsfassung von 1891 identische Wortlaut des § 3 Abs. 1 GbmG vermittelt zunächst den Eindruck, daß das Patentamt vor der Eintragung lediglich eine Formalprüfung hinsichtlich der in § 2 GbmG genannten Anmeldevoraussetzungen vornimmt. Die Begründung zum Gesetz von 1891 stellt dementsprechend fest, daß von einer „wie immer gearteten Vorprüfung" abzusehen sei, da das Patentamt nicht belastet werden dürfe; das Patentamt solle vielmehr „ausschließlich mit der formellen Entgegennahme der Anmeldungen betraut sein"[1]. — Nach der im Einklang mit der ganz h. M. und der ständigen Rechtsprechung befindlichen Praxis prüft die Gebrauchsmusterstelle neben den Formalien[2] jedoch zusätzlich, ob die „absoluten Schutzvoraussetzungen"[3] erfüllt sind, insbesondere also, ob der Erfindungsgedanke technischer Natur[4] ist und sich an einer Arbeitsgerätschaft oder einem Ge-

---

[1] Vgl. Begründung zum Entwurf des Gesetzes von 1891, zu § 3 GbmG. — Die Prüfungsbefugnis hinsichtlich der „Modellfähigkeit" wurde seit jeher anerkannt, zunächst allerdings unter der Einschränkung, daß die Eintragung nur abgelehnt werden durfte, wenn die Mängel offensichtlich waren und sich aus den eigenen Erklärungen des Anmelders ergaben, vgl. Isay GbmG § 3, RN 2 m. N., Cantor § 3, Anm. 2b. Zu der im Laufe der Zeit erfolgten Erweiterung des Prüfungsumfangs der Gebrauchsmusterstelle vgl. FN 5.

[2] Vgl. hierzu Bühring § 3, RN 2; zu den prozessualen Erfordernissen vgl. Bühring § 2, RN 3—12, zu den Anforderungen des § 2 GbmG, zu denen wegen § 2 Abs. 4 GbmG auch die Anmeldebestimmungen (BGBl I 68, 1008; I 77, 218 = Bl. 68, 292; 77, 30) gehören, Bühring § 2, RN 13—26.

[3] Zu dieser Bezeichnung vgl. 1. Kap., 3. Abschn.

[4] Vgl. etwa BPatGE 1, 151, 152; 1, 163; 1, 165; 2, 109. — Eine von der ständigen Praxis abweichende Meinung, die sich nicht durchgesetzt hat, wurde

brauchsgegenstand in einer Raumform offenbart[5], ferner schließlich, ob Schutzausschließungsgründe[6] die Eintragung verbieten[7]; die Gebrauchsmusterstelle befaßt sich dagegen nicht mit den „relativen Schutzvoraussetzungen"[8], also den Fragen der Neuheit, des Fortschritts und der Erfindungshöhe, und untersucht in der Regel auch nicht, ob Anmeldungsunterlagen in unzulässiger Weise geändert worden sind[9], ferner nicht, ob und wann die Neuerung ausreichend offenbart ist[10] und ob die Anmeldung eine einheitliche Neuerung betrifft[11]; zur Zurückweisung der Anmeldung soll die Gebrauchsmusterstelle aber befugt sein, wenn sie, obwohl eine dahingehende Prüfungspflicht nicht besteht, einen Mangel der Offenbarung[12], die Uneinheitlichkeit der Neuerung[13] oder einen Verstoß gegen die Grundsätze über die Änderbarkeit der Unterlagen bemerkt[14]. Teilweise wird die Ansicht vertreten, daß die Gebrauchsmusterstelle auch bei offensichtlichem Fehlen einer relativen Schutzvoraussetzung zur Zurückweisung der Anmeldung berechtigt sei[15].

---

von PA Mitt. 62, 241 (mit zust. Anm. von Medinger) vertreten: „Eine Prüfung auf absolute Schutzfähigkeit (...) ist im Eintragungsverfahren nicht angängig..." (Leitsatz).

[5] Vgl. etwa BPatGE 1, 145, 146 m. N.; 1, 151, 152; BPatG Bl. 78, 19, 20; BGH GRUR 65, 234 ff.; Bühring § 3, RN 2; Benkard GbmG § 3, RN 2, 3; Reimer GbmG § 3, RN 1; Trüstedt GRUR 54, 137; GRUR 60, 414 ff., 417 l. Sp.; Hägermann Mitt. 59, 142 ff., 143 l. Sp. — Gegen diese Praxis Conradt GRUR 61, 209.

[6] Vgl. hierzu 1. Kap., 13. Abschn. und die Nachweise in FN 316 aaO.

[7] So PA Mitt. 33, 272; vgl. Bühring und Benkard aaO (FN 5).

[8] Vgl. die Nachweise bei FN 5 (zur Meinung von Bühring vgl. jedoch FN 15).

[9] Vgl. BPatGE 6, 207, 210; 18, 56 ff., 62, 63; Bühring § 2, RN 48 u. 50; Benkard GbmG § 2, RN 47.

[10] Vgl. Benkard GbmG § 2, RN 11; Bühring § 2, RN 39. Vgl. auch PräsPA Bl. 52, 151, 154 l. Sp.

[11] Hierzu wären nämlich technische Kenntnisse erforderlich, die der Gebrauchsmusterstelle nicht zur Verfügung stehen, vgl. Bühring § 1, RN 83.

[12] Bühring § 2, RN 33. Vgl. BPatGE 8, 184 ff., 186, 187, BPatG Mitt. 76, 78 (Leitsatz). — a. A. Leine Mitt. 76, 80 (Anm. zu BPatG aaO), der eine solche Prüfung für unzulässig hält, ohne zwischen Prüfungspflicht und -befugnis zu unterscheiden.

[13] Vgl. BPatGE 7, 125, 129; Bühring § 1, RN 83; Reimer GbmG § 3, RN 1 (S. 1873).

[14] BPatG 18, 56 ff., 62, 63; BPatG Mitt. 79, 170, 171 r. Sp.; Bühring § 2, RN 48; Benkard GbmG § 2, RN 47. — a. A. Reimer GbmG § 3, RN 1 (S. 1873).

[15] So bereits Schlatter MuW 38, 153; in jüngerer Zeit Bühring § 3, RN 2 a. E., der die Befugnis daran bindet, daß sich das Nichtvorliegen der Voraussetzung „aus den Unterlagen oder dem Vortrag des Anmelders" ergibt (zur früheren Meinung, daß der Prüfung ausschließlich die Angaben des Anmelders zugrunde zu legen seien, vgl. etwa Isay GbmG § 3, RN 1, 2); Windisch GRUR 63, 228 r. Sp. kann ebenfalls in dieser Weise verstanden werden. — a. A ausdrücklich Zeller GRUR 53, 515 r. Sp.; Mediger GRUR 61, 166 r. Sp., Leine aaO (FN 12), Reimer GbmG § 3, RN 1 (S. 1873), Benkard GbmG § 3, RN 3 m. N., die ein dahingehendes Prüfungsrecht der Gebrauchsmusterstelle generell verneinen; vgl. auch BPatGE 1, 163, 165, wo betont wird, daß eine

Der Gebrauchsmustereintragung geht somit nicht ein Registrier-[16], sondern ein Prüfungsverfahren[17] voraus, das sich allerdings auf bestimmte wesentliche Erfordernisse der Gebrauchsmusterfähigkeit beschränkt.

Die Pflicht der Gebrauchsmusterstelle, die Kontrolle auf die absoluten Schutzvoraussetzungen zu erstrecken, wird aus dem geltenden § 2 Abs. 2 GbmG hergeleitet[18], wonach die Anmeldung angeben muß, „... welche neue Gestaltung, Anordnung oder Vorrichtung dem Arbeits- oder Gebrauchszweck dienen soll"; damit, so schließt man, sei trotz Fehlens einer ausdrücklichen Bezugnahme auf § 1 GbmG „nach Wortlaut und Zusammenhang klar, daß mit den nach § 2 GbmG notwendigen Angaben die in § 1 GbmG genannten Voraussetzungen dargelegt werden müssen"[19]; „... ein Gegenstand, der kein Gebrauchsgegenstand ist oder keine bestimmte Gestaltung aufweist oder keinem Gebrauchszweck dienen kann oder soll, kann nicht in der Weise angemeldet werden, wie es § 2 GbmG verlangt"[20]. Diese Auslegung habe durch den Gesetzgeber insoweit eine Bestätigung erfahren, als sich dieser trotz der Kenntnis von der Ausführung des § 3 Abs. 1 GbmG durch die Praxis nicht dazu veranlaßt gesehen habe, die Vorschrift in einem davon abweichenden Sinne klarzustellen[21]. Im übrigen liege es im Interesse aller, das absolut Schutzunfähige, das in der Regel als solches leicht erkennbar sei, von vornherein auszuschalten und damit die Gebrauchsmusterrolle von nicht rechtsbeständigen Eintragungen so weit wie möglich freizuhalten. Die meist zeitraubende Prüfung hinsichtlich Neuheit und Erfindungshöhe lasse sich mit dem Ziel einer schnellen und einfachen Schutzrechtserlangung jedoch nicht vereinbaren; das Entstehen von Scheinrechten sei insoweit hinzunehmen[22].

Bei näherer Betrachtung dieser Begründung wird deutlich, daß sie einer sicheren gesetzlichen Basis entbehrt. Stützt man die Argumen-

---

Prüfung auf Neuheit, technischen Fortschritt und Erfindungshöhe nicht erfolgt sei, sowie BGH GRUR 65, 234, 235 r. Sp. und FN 5, 8.

16 So unscharf beispielsweise Trüstedt GRUR 54, 137 l. Sp., Benkard GbmG § 2, RN 47, BGH GRUR 67, 477, 480 r. Sp.; GRUR 68, 40, 42 r. Sp. („Registrierverfahren"), Zeller GRUR 53, 515 r. Sp. („mangelndes Prüfungsverfahren"), BPatG Mitt. 56, 164 („System der Registrierung").

17 So zutreffend Hägermann Mitt. 59, 142 ff., 143 l. Sp.

18 Vgl. FN 5, insbesondere Trüstedt GRUR 60, 417 l. Sp.

19 BGH GRUR 65, 234 ff., 235 r. Sp.

20 BPatGE 1, 145, 146 m. N.

21 Der BGH GRUR 65, 238 l. Sp. und das BPatGE 1, 147 verweisen insbesondere auf die Begründung zum Regierungsentwurf zum 5. ÜG (Bl. 53, 295, 302), wo von der „von der Gebrauchsmusterstelle vorzunehmenden Prüfung der Anmeldung darauf, ob sie einen Gebrauchsgegenstand oder ein Arbeitsgerät betrifft", die Rede ist.

22 In diesem Sinne BGH GRUR 65, 236 l. Sp. unten, r. Sp. oben.

tation auf § 2 Abs. 2 GbmG, so müßte konsequenterweise auch die dort angesprochene Neuheit zum Prüfungsstoff der Gebrauchsmusterstelle gehören[23]. Erkennt man den Gedanken des § 2 Abs. 2 GbmG dagegen nicht an, so dürfte auch dem Vorliegen der absoluten Schutzvoraussetzungen im Eintragungsverfahren nicht nachgegangen werden[24]. Die Übung der Praxis beruht demnach in erster Linie auf den an sich nur unterstützend vorgebrachten Zweckmäßigkeitserwägungen, nicht aber darauf, daß das Gesetz zu einer solchen Deutung zwingt. Die gegenwärtige beschränkte Prüfung stellt sich somit als das Ergebnis eines Kompromisses dar zwischen den widerstreitenden Interessen an einer raschen Schutzrechtserlangung und an einem Höchstmaß an Rechtssicherheit hinsichtlich der Wirksamkeit des eingetragenen Gebrauchsmusters.

II. Reformüberlegungen

Unabhängig davon, ob man in Zukunft die eine oder andere Komponente stärker betonen möchte oder ob man verfahren will wie bisher: in jedem Fall erscheint es erforderlich, den Umfang der von der Gebrauchsmusterstelle im Eintragungsverfahren vorzunehmenden Prüfung eindeutig im Gesetz festzulegen.

1. Umfassende Vorprüfung

Es wird die Auffassung vertreten, die Einführung einer auch die Kriterien der Neuheit und der Erfindungshöhe umfassenden Vorprüfung könne die für alle Beteiligten unbefriedigende Rechtsunsicherheit beseitigen helfen und zur Wiederherstellung der verblaßten Attraktivität des Gebrauchsmusters beitragen[25]. Die deshalb in diese Richtung weisenden, unlängst erhobenen Vorschläge[26] führen als ausschlaggebend

---

[23] So auch Klauer/Möhring GbmG § 3, RN 5.

[24] Conradt GRUR 61, 209, 210 hält jede über die formalen Voraussetzungen einer Anmeldung hinausgehende Prüfung für gesetzeswidrig. Die Notwendigkeit einer strengen Unterscheidung zwischen formaler und sachlicher Prüfung ergibt sich seiner Ansicht nach deshalb aus dem Gesetz, weil für die formale Prüfung eine Verwaltungsstelle (§ 4 Abs. 1 GbmG) mit nachgeschaltetem eininstanzlichem, überwiegend juristisch besetztem Beschwerdegericht (§ 10 Abs. 4 S. 2, 1. HS GbmG) vorgesehen sei, für die sachliche Prüfung hingegen zwei richterliche (bzw. zumindest als solche ausgestaltete) Instanzen mit überwiegend technischer Besetzung (§ 4 Abs. 3, § 10 Abs. 4 S. 2, 2. HS GbmG). — Die Argumentation Conradts aaO ist nicht zwingend, da § 10 Abs. 4 S. 2, 1. HS. eine Zurückweisung voraussetzt, nichts aber darüber aussagt, wann diese erfolgen darf. Auf den Gedanken, § 1 GbmG über § 2 Abs. 2 GbmG in die Prüfung — zum Teil — miteinzubeziehen, geht Conradt aaO nicht ein.

[25] Wolf GRUR 80, 265 ff. (265 r. Sp.).

an, daß beim jetzigen Rechtszustand das Risiko für den Gebrauchsmusterinhaber untragbar sei, den mit der Eintragung entstandenen Vollschutz in Anspruch zu nehmen; während bei einer Klage aus einer offengelegten Patentanmeldung sich das Risiko auf die gerichtlichen Kosten beschränke[27], treffe den Gebrauchsmusterinhaber im Falle des Unterliegens nicht nur die Kostenlast des Verletzungsstreits, sondern in der Regel auch noch diejenige eines Gebrauchsmusterlöschungsverfahrens; darüber hinaus müsse dieser damit rechnen, zur Leistung von Schadensersatz an den Benutzer verurteilt zu werden, wenn ihm der Vorwurf gemacht werden könne, die Rechtsbeständigkeit seines Gebrauchsmusters nicht sorgfältig genug geprüft zu haben[28]. Die zur Vermeidung dieser Gefahren erforderlichen Nachforschungen seien aber unter Umständen kostspieliger als eine behördliche Vorprüfung und zudem bei auch noch so großer Gründlichkeit stets mit der Ungewißheit behaftet, ob die verbindliche Entscheidung der Behörde über die Schutzfähigkeit nicht anders ausfällt[29]. Das spätere Wirksamwerden des Schutzes infolge der Vorprüfung könne durch eine Verlängerung der Gesamtschutzdauer auf 8—10 Jahre ausgeglichen werden[30].

Den Befürwortern einer auch die relativen Schutzvoraussetzungen einbeziehenden Vorprüfung ist zuzugeben, daß sich dadurch die Rechtssicherheit hinsichtlich der Wirksamkeit des eingetragenen Rechts erhöhen würde. Fraglich ist nur, ob der dafür zu zahlende Preis nicht zu hoch liegt und ob die Anziehungskraft des Gebrauchsmusters, die eben nicht nur vom Maß der Rechtssicherheit, sondern von weiteren Faktoren

---

[26] Wolf aaO (FN 25); Kulhavy Mitt. 80, 206 ff., 212, dessen Gedanken sich zwar in erster Linie auf ein zu schaffendes europäisches „kleines Patent", aber auch auf die gebrauchsmusterrechtliche Situation beziehen. — Während Wolf aaO eine echte Vorprüfung einführen und den Schutz nicht gewähren will, wenn sich ergibt, daß eine nach § 1 GbmG schutzfähige Erfindung nicht vorliegt (vgl. aaO, S. 269 r. Sp., § 3 c), soll nach den Vorstellungen von Kulhavy nur ein „vereinfachtes Prüfungsverfahren" durchgeführt werden. Es sei bei jeder Anmeldung eine Recherche im Stand der Technik zu erstellen, deren Ergebnis dem Anmelder mitgeteilt werde; zugleich sei diesem eine Frist zu setzen, innerhalb welcher er das Schutzbegehren an den Stand der Technik anpassen könne. Nach Fristablauf sei das „kleine Patent" ohne weitere Prüfung zu erteilen; bei identischer Vorveröffentlichung und gegebenenfalls beim Vorliegen eines glatten patentrechtlichen Äquivalents solle die Anmeldung jedoch zurückgewiesen werden.

[27] Wolf, S. 265 r. Sp., 267 l. Sp.

[28] Wolf, S. 265 l. Sp. m. N., Kulhavy aaO (FN 26).

[29] Wolf, S. 267 r. Sp., 268 l. Sp. Zu beachten ist dabei, daß das über den Verletzungsstreit urteilende Gericht seine Entscheidung wegen der Aussetzungsmöglichkeit nach § 11 GbmG wohl meistens auf das Ergebnis einer patentamtlichen bzw. patentgerichtlichen Prüfung stützen wird, vgl. Wolf, S. 267 l. Sp.

[30] Wolf, S. 268 r. Sp.

abhängt[31], nicht eher schwinden würde. Durch eine Angleichung an die patentrechtliche Situation in diesem Punkt ginge wegen des damit unbestrittenermaßen verbundenen Zeitaufwands doch gerade der gegenüber dem Patent entscheidende Vorteil des Gebrauchsmusters verloren, nämlich die relativ einfache und schnelle Erlangung eines umfassenden Schutzes[32].

Dieser Vorzug des Gebrauchsmusters läßt sich nicht in Zweifel ziehen.

Der Hinweis darauf, daß beim Vorgehen aus einer offengelegten Patentanmeldung das Risiko geringer sei als bei der Geltendmachung der Ansprüche aus einem Gebrauchsmuster, mithin der Gedanke, es sei günstiger, risikolos wenig[33] als risikoreich viel [34] verlangen zu können, basiert auf der Überlegung, daß das Risiko vom Umfang des Anspruchs und den bei seiner Erhebung geforderten Sorgfaltspflichten abhängt. Da es nicht als sinnvoll erachtet werden kann, aus diesem Grund die Rechte des Gebrauchsmusterinhabers gering zu halten — damit würde er nämlich von vornherein seiner Chance beraubt, das ihm Zustehende und zu seiner Befriedigung Erforderliche zu erlangen —, soll der Vergleich wohl in erster Linie auf eine durch eine umfassende Vorprüfung erreichbare Senkung der Sorgfaltspflichten abzielen.

Der Behauptung, der Gebrauchsmusterinhaber könne nach geltendem Recht das Risiko einer Verwarnung oder einer Klage aus § 15 GbmG gar nicht eingehen, kann indes so nicht beigepflichtet werden.

Will man den tatsächlichen Gegebenheiten gerecht werden, darf man nicht ausschließlich erwägen, welche Konsequenzen der Gebrauchsmusterinhaber im ungünstigsten Fall zu erwarten hat; eine solche Betrachtungsweise muß zumindest dann verwehrt sein, wenn gesicherte Angaben darüber fehlen, ob diese eine mögliche Folge den Regelfall darstellt. Die Statistik deutet sogar im Gegenteil darauf hin, daß ein Unterliegen des Gebrauchsmusterinhabers auf allen Ebenen nicht allzu häufig vorkommt; stellt man nämlich der Zahl der am Jahresende bestandskräftigen[35] die innerhalb eines Jahres anders als durch Zeitablauf erloschenen[36] Gebrauchsmuster gegenüber (1980: 64 047—132), so zeigt dies, daß eine Beseitigung von Gebrauchsmustern relativ selten angestrebt wird. Inwieweit Dritte entstandene Rechte respektieren, sei es

[31] Vgl. dazu Einführung III.

[32] Vgl. Einführung III.

[33] Vgl. § 33 PatG („angemessene Entschädigung").

[34] Vgl. § 15 GbmG (Unterlassungsanspruch; unter den Voraussetzungen des § 15 Abs. 2 GbmG Schadensersatzanspruch).

[35] Vgl. für die Jahre 1973—1980 Bl. 81, 99.

[36] Vgl. für die Jahre 1975—1980 Bl. 81, 104.

allein aufgrund der Eintragung oder erst nach ausgesprochener Verwarnung, geht aus der Statistik nicht hervor. Bedenkt man aber, daß derjenige, der den Verletzungstatbestand erfüllt, nahezu[37] die gleichen Risiken wie der aus dem Gebrauchsmuster Vorgehende auf sich nimmt, so wird klar, daß es sehr wohl auch möglich ist und wahrscheinlich gar nicht selten vorkommt, daß der Verwarnte einen Streit scheut, darauf verzichtet, die Löschung zu beantragen und weitere Verletzungshandlungen unterläßt oder eine Lizenz nimmt.

Im Hinblick darauf erscheint es verfehlt, das bei der Geltendmachung der Rechte aus einem Gebrauchsmuster auftretende Risiko als untragbar zu bezeichnen. Es entspricht dem Interesse des Gebrauchsmusterinhabers eher, ihm unter Inkaufnahme eines gewissen Risikos, das er jedoch selbst einschätzen kann, die Möglichkeit einzuräumen, bereits nach kurzer Zeit vollen Schutz in Anspruch zu nehmen, als ihn stets dazu zu zwingen, eine langwierige Vorprüfung abzuwarten; ein effektiver Schutz wäre dann nämlich häufig nicht mehr gewährleistet. — Auch der damit für das Patentamt verbundene Aufwand verbietet die Einführung einer umfassenden Vorprüfung, insbesondere deshalb, weil diese in all den Fällen überflüssig ist, in denen eine spätere Auseinandersetzung über die Wirksamkeit des Gebrauchsmusters gar nicht stattfindet. Unnötige Belastungen des Patentamts sind unbedingt zu vermeiden.

Der Eintragung sollte daher von Amts wegen kein Prüfungsverfahren in patentähnlichem Umfang vorgeschaltet werden.

2. Offensichtlichkeitsprüfung

Keinem Zweifel kann es unterliegen, daß die Gebrauchsmusterstelle damit befaßt sein muß zu untersuchen, ob die Anmeldung die an sie gestellten, in § 2 GbmG und den Anmeldebestimmungen[38] enthaltenen formellen Voraussetzungen erfüllt. Da Scheinrechte nach Möglichkeit zu verhindern sind, sollte man die Prüfungspflicht darüber hinaus auf weitere essentielle Merkmale, nämlich darauf erstrecken, ob eine gewerblich anwendbare technische Neuerung an einem leblosen körperlichen Gegenstand in fester Gestalt vorliegt, deren Schützbarkeit nicht an einem Schutzausschließungsgrund scheitert.

Hinsichtlich der Intensität der Kontrolle erscheint es zur Wahrung einer befriedigenden Rechtssicherheit ausreichend und im Hinblick auf

---

[37] Auf den Dritten können lediglich die Kosten eines Löschungsverfahrens nicht zukommen.

[38] Diese müßten freilich einem reformierten Gebrauchsmustergesetz angepaßt werden.

das Ziel einer raschen Schutzerlangung geboten, sich mit einer dem § 42 PatG entsprechenden Offensichtlichkeitsprüfung[39] zu begnügen. Die Gebrauchsmusterstelle müßte dann zwar sämtlichen Fragen nachgehen, die entweder in § 2 GbmG angesprochen sind[40] oder die grundsätzliche Eignung der Erfindung für den Gebrauchsmusterschutz[41] betreffen; da sie dies aber nur im Rahmen der Offensichtlichkeit tun müßte, wäre sie nicht gezwungen, den sachlichen Gehalt der Neuerung völlig zu erschließen. Trotz dieser eine schnelle Erledigung des Eintragungsverfahrens begünstigenden Gestaltung würde das Raster einer solchen Offensichtlichkeitsprüfung zugleich der Gefahr begegnen, daß eine dem Zustand vor 1891 vergleichbare Situation[42] eintritt und die Gebrauchsmusterrolle mit ungültigen Eintragungen überschwemmt wird.

---

[39] „Offensichtlich" ist ein Mangel, „wenn er dem Prüfer auf Grund des ihm unterbreiteten Sachverhalts ohne weitere Sachprüfung — in technischer und rechtlicher Beziehung — zweifelsfrei als solcher erkennbar ist, d. h. als Mangel offen zutage tritt", so BGH GRUR 71, 512 (Leitsatz), 514 l. Sp. m. N. Die Offensichtlichkeitsprüfung soll nach dem Gesetzeszweck ein Schnellverfahren sein, so daß von der Heranziehung nicht sofort verfügbaren Materials oder von zusätzlichen Ermittlungen und Nachforschungen grundsätzlich abzusehen ist, BGH aaO; der Prüfer ist allerdings nicht auf sein parates Wissen beschränkt, sondern muß alle Gesetzesnormen berücksichtigen, BPatGE 11, 47, 50. — Zum Maß der Gründlichkeit der Offensichtlichkeitsprüfung vgl. im einzelnen Benkard PatG § 42, RN 14, 15 und Schulte § 42, RN 14. — Benkard PatG § 42, RN 6 weist zu Recht darauf hin, daß etwa auftretende Zweifel am Vorliegen der allgemeinen Verfahrensvoraussetzungen in jedem Verfahrensstadium zu beachten sind und daher auch im Rahmen der Offensichtlichkeitsprüfung vollständig geklärt werden müssen.

[40] z. B. die genügende Offenbarung der Neuerung (vgl. dazu 2. Kap., 1. Abschn. III sowie oben I, FN 10, 12), die Einheitlichkeit der Neuerung (vgl. 1. Kap., 5. Abschn. IV [FN 120] sowie oben I, FN 11, 13), die Zulässigkeit der Änderung von Anmeldeunterlagen (vgl. 2. Kap., 2. Abschn. IV sowie oben I, FN 9, 14). — Gegen eine Prüfungspflicht der Gebrauchsmusterstelle hinsichtlich des Erweiterungscharakters von Änderungen, die vor Eintragung erfolgt sind, GRUR-Unterausschuß, S. 32 l. Sp. (vor 10), § 2 Abs. 6 S. 3 des Vorschlags; der GRUR-Unterausschuß geht freilich von einer eingehenden (nicht von einer Offensichtlichkeits-) Prüfung aus. Für eine solche Prüfungspflicht Schlitzberger GRUR 79, 193 ff., 196 r. Sp., der seine Auffassung mit dem dadurch eintretenden Gewinn an Rechtssicherheit und ferner damit begründet, daß die Prüfung der absoluten Schutzvoraussetzungen es ohnehin erforderlich mache, den sachlichen Gehalt des Anmeldegegenstands voll zu erfassen (diesen Gedanken spricht auch das BPatG Bl. 78, 19 ff., 20 r. Sp. in anderem Zusammenhang aus). Die Durchführung einer Offensichtlichkeitsprüfung dürfte eine für beide Seiten annehmbare Kompromißlösung darstellen.

[41] Nach dem hier vertretenen Vorschlag wird bei den absoluten Schutzvoraussetzungen das Kriterium der „Raumform" fallengelassen (vgl. 1. Kap., 5. Abschn. V 2 c) und das Merkmal des „körperlichen Gegenstands" gegenüber dem geltenden Recht vereinfacht, so daß insoweit nur noch der „technische" Charakter der Neuerung Schwierigkeiten bereiten kann.

[42] Vor 1891, dem Jahr der Schaffung des Gebrauchsmustergesetzes, enthielten die Geschmacksmusterregister eine Fülle rechtsungültiger Eintragungen, vgl. Einführung II, FN 18.

Erwägenswert ist, ob man der Gebrauchsmusterstelle neben dieser Prüfungspflicht zusätzlich die Befugnis einräumen soll, die Anmeldung auch dann zurückzuweisen, wenn das Fehlen einer am Stand der Technik orientierten relativen Schutzvoraussetzung bemerkt wird[43].

Dafür spricht, daß es für niemanden von Interesse sein kann, wenn das Patentamt sehenden Auges eine rechtsungültige Eintragung verfügen muß.

Zu bedenken ist aber andererseits nicht nur, daß die Fälle, in denen etwas offensichtlich Bekanntes bzw. Nichterfinderisches eingetragen wird, selten und wenig schädlich sein dürften, sondern auch, daß eine solche Möglichkeit die mit der Eintragung Betrauten dazu verleiten könnnte, Ermittlungen über den Stand der Technik anzustellen; dies könnte zu Lasten einer zügigen Eintragung gehen; ferner wäre ohne eine klare Kompetenzbegrenzung eine Ungleichbehandlung von Anmeldungen nicht auszuschließen.

Wie beim Verfahren nach § 42 PatG sollte es daher auch beim Gebrauchsmustereintragungsverfahren unzulässig sein, eine Prüfung an Hand des Standes der Technik, also auf Neuheit und Erfindungshöhe, durchzuführen; in gleicher Weise sollte eine Prüfung auf ältere Rechte iSd § 5 Abs. 2 GbmG[44] unterbleiben.

3. Fakultative Vorprüfung?

Fraglich ist, ob man den eine regelmäßige umfassende Vorprüfung befürwortenden Stimmen zum Teil dadurch Rechnung tragen soll, daß man eine über die bisher vorhandenen gesetzlichen Möglichkeiten hinausreichende amtliche, auf Antrag des Anmelders einzuleitende Prüfbarkeit des Gebrauchsmusters schafft. Eine „isolierte“[45] Recherche zum Stand der Technik steht nach der auf Grund des § 23 Abs. 3 PatG a. F. (§ 29 Abs. 3 PatG) erlassenen Verordnung[46] auch dem Gebrauchsmusteranmelder bereits zur Verfügung[47]. Im Gebrauchsmustergesetz eine

---

[43] Vgl. oben I, FN 15.

[44] Zur Frage der Beibehaltung des § 5 Abs. 2 GbmG vgl. 4. Kap., 3. Abschn. I.

[45] Zum Vergleich einer „isolierten“ mit einer „gezielten“ Recherche vgl. allgemein Habrich GRUR 69, 599, 600, welcher der „gezielten“ Recherche den Vorzug gibt, weil er sie für wertvoller und weniger zeit- und arbeitsaufwendig hält.

[46] Verordnung über die Erteilung von Auskünften zum Stand der Technik vom 19. 7. 79 (BGBl. I, S. 1019).

[47] Vgl. Bericht des Rechtsausschusses des Deutschen Bundestags über die Beratung des Entwurfs eines Gesetzes über das Gemeinschaftspatent und zur Änderung patentrechtlicher Vorschriften (GPatG) in Bl. 79, 292 ff., 295 l. Sp. oben, wo ausdrücklich hervorgehoben wird, daß auch der Gebrauchs-

inhaltsgleiche Regelung zu treffen, wäre überflüssig. Einschränkend die fakultative Vorprüfung an die Bedingung zu knüpfen, daß eine Gebrauchsmusteranmeldung anhängig ist[48], erscheint weder vorteilhaft[49] noch sinnvoll, weil der Auskunftsuchende stets den Weg über den erst vor kurzem eingeführten[50] und beizubehaltenden § 29 Abs. 3 PatG wählen kann. Die vorhandene gesetzliche Gestaltung erscheint auch deshalb zweckmäßig, weil sie die notwendige Unabhängigkeit der Recherche vom Eintragungsverfahren[51] besser zum Ausdruck bringt; hinsichtlich

---

musteranmelder die Möglichkeit habe, über § 23 Abs. 3 PatG a. F. Informationen zum Stand der Technik zu erlangen; vgl. auch Bossung GRUR 79, 662 ff., 667 l. Sp.

48 Vgl. GRUR-Unterausschuß, S. 32 l. Sp., 39, § 6 a des Vorschlags. — § 6 a lehnt an § 43 PatG (§ 28 a PatG a. F.) an und setzt wie dieser (vgl. Schulte § 28 a, RN 5) die Anhängigkeit einer Anmeldung voraus (§ 6 a Abs. 1: „... der angemeldeten Neuerung"). Die Regelung läßt eine Bestimmung darüber vermissen, ob und gegebenenfalls wie der Recherchenantrag das Eintragungsverfahren beeinflußt, ob also die Eintragung erfolgt, wenn die Ermittlungen noch laufen und ob sie zu unterbleiben hat, wenn sich das Fehlen der „Neuheit" herausstellt. — Ähnlich Wolf GRUR 80, 265 ff., 269, § 3 a des Vorschlags (§ 3 a Abs. 1: „Das Patentamt prüft auf Antrag, ob das eingetragene Gebrauchsmuster ..."); nach den Vorstellungen Wolfs aaO kann der Prüfungsantrag somit erst nach der Eintragung, die sich weiterhin nach § 3 GbmG richten soll, gestellt werden (vgl. auch § 3 a Abs. 2: „Der Antrag kann ... während des Zeitraums seit der Eintragung ... gestellt werden ..."). Bedenklich am Vorschlag Wolfs aaO ist die Tatsache, daß die Wirkung des Gebrauchsmusters erst mit der Erteilung (vgl. S. 269 r. Sp., § 3 d Abs. 2) bzw. mit der „... Bekanntmachung der Eintragung gem. § 3 d Abs. 2" (vgl. S. 270, § 15 a S. 1, „angemessene Entschädigung") eintreten soll; die Eintragung als solche wäre danach völlig bedeutungslos und der Antrag auf Prüfung für den Schutzsuchenden unentbehrlich.

49 Es kann durchaus im Interesse des einzelnen liegen, bereits vor der Anmeldung Auskünfte zum Stand der Technik einzuholen; diese können nämlich dazu beitragen, für die Anmeldung der Neuerung gleich die günstigste ausgereifte Form zu finden, bzw. dazu Anlaß geben, von einer Anmeldung abzusehen. — Zu den durch die Rechtsentwicklung überholten (vgl. § 29 PatG sowie FN 46) Bedenken gegen eine isolierte Recherche vgl. Habrich aaO (FN 45).

50 § 23 Abs. 3 PatG a. F. ist durch Art. V Nr. 1 IntPatÜG eingefügt worden und trat gem. Art. XI § 3 Abs. 1 IntPatÜG am 1. 10. 76 in Kraft (vgl. Bl. 76, 268 r. Sp., 269 r. Sp.); zur nach § 23 Abs. 3 PatG a. F. erforderlichen Verordnung vgl. FN 46. — § 29 Abs. 3 PatG (§ 23 Abs. 3 PatG a. F.) bezweckt, das beim Patentamt vorhandene „Dokumentationssystem gegen Gebührenzahlung der Wirtschaft zugänglich zu machen", vgl. Schriftlicher Bericht des Rechtsausschusses Bl. 76, 347 ff., 349 l. Sp. (IV Nr. 1 a).

51 Unter diesem Vorbehalt, welcher bedeutet, daß eine Unterteilung eingetragener Gebrauchsmuster in „geprüfte" und „ungeprüfte" vermieden werden soll, müßten die Vorschläge Wolfs aaO und des GRUR-Unterausschusses (FN 48) stehen, inbesondere die Äußerung Wolfs aaO, S. 270 r. Sp. „... dem Anmelder (sollte) zumindest bei Bedarf die Möglichkeit geboten werden, sich über die Rechtsbeständigkeit seines Schutzrechts schlüssig zu werden"; dazu, daß der "Bedarf" immer gegeben ist und — im Rahmen des Vorschlags von Wolf aaO — von einem „Schutzrecht" ohne Prüfung nicht gesprochen werden kann, vgl. FN 48 a. E.

der Eintragung und damit des Wirksamwerdens des Gebrauchsmusters haben einheitliche Grundsätze zu gelten; gäbe es nämlich verschiedene Arten von Gebrauchsmustern, würde die Rechtslage in unvertretbarer Weise kompliziert.

Für eine Ausdehnung der amtlichen Vorprüfungsmöglichkeit auf alle weiteren Fragen der Gebrauchsmusterfähigkeit, insbesondere auch der Erfindungshöhe, ist ein echtes Bedürfnis nicht erkennbar. Einmal kommt gerade beim Gebrauchsmuster der Neuheit die bedeutsamste Rolle unter den relativen Schutzvoraussetzungen zu, zum andern braucht die Recherche Zeit und verursacht Kosten. Wenn es sich der Anmelder aber leisten kann, sich der wesentlichsten Vorteile des Gebrauchsmusters zu begeben, dann erscheint es nicht ungerecht, ihn auf das Patent zu verweisen; ist ihm dieser Weg versagt, so ist das hinzunehmen.

2. Abschnitt

Die Eintragungsentscheidung

I. Form

Fraglich ist, ob die Entscheidung der Gebrauchsmusterstelle, das Gebrauchsmuster einzutragen, künftig nicht mehr als Verfügung, sondern als Beschluß ergehen soll[52].

Damit würde eine Übereinstimmung mit § 14 Abs. 2 S. 4 GbmG erzielt, wonach ein förmlicher Beschluß erforderlich ist, wenn die Eintragung erst nach Ablauf der ersten Schutzfrist erfolgen soll. Sinn und Zweck der von § 3 Abs. 1 GbmG abweichenden Vorschrift des § 14 Abs. 2 S. 4 GbmG werden darin gesehen, dem Anmelder Kenntnis von der beabsichtigten Eintragung zu geben und ihm dadurch die Möglichkeit zu eröffnen, durch Einlegung eines Rechtsmittels oder durch rechtzeitigen Verzicht die Eintragung des bei Nichtzahlung der Verlängerungsgebühr kein Verbietungsrecht mehr gewährenden Gebrauchsmusters zu verhindern, was im Hinblick auf § 5 Abs. 2 GbmG, also bei in der Zwischenzeit eingereichten weiteren Anmeldungen, für ihn günstig sein kann[53].

Der ohnehin nur den Ausnahmefall betreffende Gedanke des § 5 Abs. 2 GbmG läßt sich bei einer Eintragung innerhalb der „normalen"

---

[52] Vgl. hierzu Bühring § 3, RN 9, wo er die Beschlußform als „wünschenswert und zweckmäßig" bezeichnet und derselbe in GRUR 79, 197 r. Sp., wo er von einer "Frage der Zweckmäßigkeit, insbesondere der Belastbarkeit des Patentamts" spricht, ohne sich eindeutig festzulegen.

[53] So BPatGE 10, 253 ff., 255.

Frist nur mit noch weiteren Einschränkungen anführen. Die Form des dem Anmelder zuzustellenden[54] Beschlusses bedeutet zwar einerseits, daß der Anmelder von der bevorstehenden Eintragung erfährt und somit weiß, daß die Anmeldeunterlagen von jetzt an lediglich in reduziertem Umfang geändert werden dürfen[55], andererseits jedoch eine Belastung des Patentamts, vor allem aber wegen der dann von der Gebrauchsmusterstelle abzuwartenden Rechtsmittelfrist[56] eine Verzögerung der Eintragung[57]. Der geringfügige Vorteil der Kenntnisverschaffung wiegt die gegen einen förmlichen Eintragungsbeschluß sprechenden Gründe nicht auf. Die Eintragung sollte daher weiterhin „verfügt" und nicht „beschlossen" werden.

Kommt die Gebrauchsmusterstelle allerdings zu dem Ergebnis, daß die Eintragungsvoraussetzungen nicht erfüllt sind, muß die Zurückweisung wie nach geltendem Recht (vgl. § 10 Abs. 2 1. HS, 1. Alt. GbmG) in Beschlußform ergehen; dies ergibt sich daraus, daß die Kenntnis des Anmelders von der ihn belastenden Entscheidung, die wegen Art. 19 Abs. 4 GG rechtsmittelfähig sein muß, erforderlich ist.

II. Beanstandungen des Patentamts

Bevor die Zurückweisung erfolgt, ist es zweckmäßig[58], wenn nicht sogar als Ausfluß des verfassungsrechtlichen Grundsatzes des rechtlichen Gehörs (Art. 103 Abs. 1 GG) geboten[59], daß die Gebrauchsmusterstelle ihre Beanstandungen, gleich ob formeller oder materieller Art[60], dem Anmelder in einem Mängelbescheid genau und konkret[61] mitteilt[62]. Man sollte daher eine dem für diesen Fall bislang herangezo-

---

[54] Vgl. insoweit den im Gebrauchsmusterrecht analog anwendbaren § 47 PatG; auch § 73 Abs. 2 S. 1 PatG, auf den § 10 Abs. 3 GbmG verweist, geht davon aus, daß ein Beschluß zugestellt wird.

[55] Vgl. hierzu 2. Kap., 2. Abschn. IV 2 (FN 78).

[56] Vgl. § 10 Abs. 3 GbmG iVm § 73 PatG. Die Eintragung verzögerte sich jedoch um mehr als einen Monat, da die Ausfertigung und die Zustellung des Beschlusses miteinkalkuliert werden müßten.

[57] Darauf weist auch Bühring GRUR 79, 197 r. Sp. hin. — Der GRUR-Unterausschuß, S. 32 l. Sp. hat eine Mitteilung über die bevorstehende Eintragung und damit die Beschlußform für § 3 Abs. 1 GbmG zwar in Erwägung gezogen, sich aber ebenfalls nicht dafür ausgesprochen (vgl. GRUR-Unterausschuß, S. 37, § 3 des Vorschlags).

[58] Vgl. 2. Kap., 1. Abschn. II.

[59] So Schulte § 45, RN 1 sowie RN 71 ff. vor § 35.

[60] § 45 PatG (§ 28 c PatG a. F.) unterscheidet in den Absätzen 1 und 2 formelle und materielle Mängel; vgl. hierzu BPatG Bl. 78, 19 ff., 20 l. Sp.

[61] Allgemeine Hinweise, etwa daß die Anmeldung den Eintragungsvoraussetzungen nicht entspricht, genügen also nicht, vgl. Bühring § 3, RN 5, Schulte § 45, RN 7, BPatG Bl. 78, 19 ff., 21 l. Sp.

genen § 45 PatG (§ 28 c PatG a. F.)[63] entsprechende Bestimmung in das Gebrauchsmustergesetz einfügen und zwar, da in diesen Regelungszusammenhang gehörend, in § 3 GbmG[64], der sich mit dem von der Gebrauchsmusterstelle durchzuführenden Prüfungsverfahren befaßt.

Das Patentamt wartet nach Absendung des Bescheids für die Dauer der darin angegebenen Frist[65] die etwaige Reaktion des Anmelders auf die gerügten Mängel ab und trifft, gegebenenfalls nach einem weiteren Meinungsaustausch, die Entscheidung über die Eintragung[66] bzw. — analog § 48 PatG[67] (§ 29 PatG a. F.), dessen Inhalt ebenfalls in § 3 GbmG aufgenommen werden sollte — Zurückweisung der angemeldeten Neuerung.

III. Aussetzung der Eintragung

Der Anmelder kann daran interessiert sein, die Erfindung, welche gemäß § 3 Abs. 3 und 5 GbmG mit der Eintragung der Öffentlichkeit zugänglich wird, zunächst geheim zu halten, um ihre wirtschaftliche Ausnutzung vorzubereiten und um sich die Chance zu wahren, eine Nachanmeldung im Ausland einzureichen, ohne daß dieser die in Deutschland erfolgte Bekanntmachung als neuheitsschädlich entgegengesetzt werden kann[68].

---

[62] Das BPatG Bl. 78, 19 hat festgestellt, daß die Mitteilungspflicht nicht so weit gehe, „dem Anmelder hinsichtlich der Fassung der Schutzansprüche Formulierungsvorschläge zu unterbreiten".

[63] Vgl. BPatG Bl. 78, 19 ff., hinsichtlich § 28 c Abs. 1 S. 1, Abs. 2 PatG a. F.; Bühring § 3, RN 5; Benkard GbmG § 3, RN 4, § 12, RN 2.

[64] Die Aufnahme einer dahingehenden Vorschrift in § 2 GbmG durch den GRUR-Unterausschuß, S. 36, § 2 Abs. 4 des Vorschlags ist daher verfehlt. Zur sachlichen Kritik an der — teilweise unzulänglichen — Fassung des § 2 Abs. 4 vgl. Schlitzberger GRUR 79, 194 r. Sp., 195 l. Sp.

[65] Zu der Bemessung der Regelfristen im Patentrecht vgl. Schulte § 45, RN 9, 10.

[66] Auch für den Fall, daß die Eintragung erst nach einer Beanstandung der Anmeldung durch das Patentamt erfolgt, erscheint es ausreichend, wenn eine „Verfügung" erlassen wird; dem Wunsch des Anmelders wird nämlich entsprochen; außerdem ist es zweckmäßig, wenn das Gesetz — von dem Sonderfall des § 14 Abs. 2 S. 4 GbmG abgesehen — eine einheitliche Form für die Eintragungsentscheidung vorschreibt. Freilich wird die Gebrauchsmusterstelle von sich aus in aller Regel dem Anmelder kundtun, daß sie sich nunmehr zur Vornahme der Eintragung entschlossen hat.

[67] Zur analogen Anwendung des § 48 PatG (§ 29 PatG a. F.) vgl. die zwar nur innerdienstlich wirkenden, für die Allgemeinheit mangels Gesetzeskraft unverbindlichen (darauf weist das BPatG Bl. 78, 19 r. Sp. hin) Richtlinien für die Eintragung von Gebrauchsmustern Bl. 73, 346 ff., 350 l. Sp. (IV Nr. 2).

[68] PA Bl. 56, 149 r. Sp.; Begründung zum Entwurf des Patentänderungsgesetzes Bl. 67, 244 ff., 258 l. Sp.; Reimer PatG § 30, RN 12; Benkard PatG § 49, RN 11.

Da das Gebrauchsmustergesetz jedoch lediglich für den Fall der Gebrauchsmusterhilfsanmeldung in § 2 Abs. 6 GbmG die Aussetzung der Eintragung vorsieht, wird nach allgemeiner Meinung § 49 Abs. 2 PatG (§ 30 Abs. 4 PatG a. F.) analog angewandt und auf Antrag des Anmelders ein Aufschub der Eintragung bis zu einer Frist von 15 Monaten, beginnend mit dem Prioritätstag, zugelassen[69]. Diese Praxis sollte man durch die Einfügung einer § 49 Abs. 2 PatG entsprechenden Bestimmung in § 3 GbmG bestätigen[70].

3. *Abschnitt*

Gebrauchsmusterschrift

Ferner ist zu überlegen, ob die gesetzliche Verpflichtung geschaffen werden soll, die der Eintragung zugrunde liegenden Unterlagen als Gebrauchsmusterschrift in gedruckter Form herauszugeben[71].

Das Patentamt kommt diesem Verlangen seit dem 1. 10. 68[72] in ständiger Praxis[73] bereits freiwillig insoweit entgegen, als es die Eintragungsunterlagen verfilmt; die „öffentlichen Druckschriften" im Sinne des § 1 GbmG gleichgestellten Mikrofilme[74] können mittels beim Deutschen Patentamt aufgestellter Lesegeräte eingesehen werden. Eintragung, Bekanntmachung und Herausgabe der Mikrofilmlochkarten erfolgen am selben Tag[75].

---

[69] Vgl. Mitteilung des Präsidenten des Deutschen Patentamts vom 14. 12. 68, Bl. 69, 3 l. Sp.; PA Bl. 56, 149; BPatGE 9, 57, 59; BPatG GRUR 80, 786; Bühring § 2, RN 30; Benkard GbmG § 3, RN 8. — Die Aussetzungsfrist ist auf 15 Monate begrenzt, damit die patentrechtliche Offenlegungsfrist von 18 Monaten stets eingehalten werden kann, vgl. Begründung zum Entwurf des Patentänderungsgesetzes Bl. 67, 258 l. Sp. unten, r. Sp. oben; die Offenlegungsfrist stellt sicher, daß die Allgemeinheit darauf vertrauen kann, nach diesem Zeitpunkt nicht mehr durch Schutzrechte mit älterer Priorität behindert zu werden, vgl. Begründung zum Entwurf des Patentänderungsgesetzes Bl. 67, 252 r. Sp.

[70] So auch GRUR-Unterausschuß, S. 31 r. Sp., 37, § 3 Abs. 1 S. 2 des Vorschlags. Die Formulierung „die Eintragung ‚kann' ... ausgesetzt werden" ist jedoch mißglückt, weil die Aussetzung erfolgen muß, vgl. § 49 Abs. 2 PatG.

[71] Vgl. GRUR-Unterausschuß, S. 32 r. Sp., 37, § 3 Abs. 3 S. 2 u. 3 des Vorschlags; Bühring § 3, RN 12 (bejahend). — Müller GRUR 79, 453 r. Sp. (verneinend).

[72] Tag des Inkrafttretens des Gesetzes zur Änderung des Patentgesetzes, des Warenzeichengesetzes und weiterer Gesetze (BGBl I 1968, S. 953 ff.; vgl. Art. 7 § 6 Abs. 3), durch welches § 3 Abs. 5 GbmG die heute gültige Fassung erhalten hat (vgl. Art. 3 Nr. 2).

[73] Vgl. Bühring § 3, RN 12, 13.

[74] Vgl. Bühring § 1, RN 130; Benkard, 6. Auflage, PatG § 2, RN 13.

[75] Bühring § 3, RN 13.

Der Übergang von Mikrofilmen auf eine Gebrauchsmusterschrift in gedruckter Form brächte den Vorteil mit sich, daß der Inhalt des eingetragenen Schutzrechts der Allgemeinheit leichter zugänglich gemacht würde; das Ansehen des Gebrauchsmusters könnte dadurch insbesondere bei ausländischen Anmeldern eine Aufwertung erfahren[76].

Gegen eine Gebrauchsmusterschrift sprechen einmal die damit verbundenen Kosten; diese ließen sich zwar über eine Gebühr aufbringen[77]; die dadurch möglicherweise eintretende Verteuerung[78] des Gebrauchsmusterschutzes wäre um der Vorzüge der Gebrauchsmusterschrift willen noch vertretbar. Es besteht jedoch außerdem die Gefahr, daß sich die Eintragung um Tage, Wochen oder Monate verschiebt[79], wenn man an der Gleichzeitigkeit von Eintragung und Offenlegung festhält; eine Entkoppelung dieser Vorgänge steht indes nicht zur Diskussion, weil die Entwicklung unbekannter älterer Rechte nicht begünstigt und die Öffentlichkeit nicht verwirrt werden soll[80].

Die durch eine Gebrauchsmusterschrift bewirkten Verbesserungen der Rechtslage vermögen den Nachteil einer wesentlichen Verzögerung der Eintragung nicht aufzuwiegen; um diesen Preis sollte das Gesetz die Anfertigung einer Gebrauchsmusterschrift daher nicht erzwingen[81], sondern sich vielmehr damit begnügen, die gegenwärtige Übung verbindlich festzulegen.

Gleichwohl wäre es verfrüht, den Gedanken an eine Gebrauchsmusterschrift bereits endgültig fallenzulassen, solange nicht gesichert ist,

---

[76] In diesem Sinne GRUR-Unterausschuß, S. 32 r. Sp.

[77] Der GRUR-Unterausschuß, S. 32 r. Sp. will den Kosteneinwand mit dem Hinweis entkräften, „das Deutsche Patentamt solle dann eine besondere Gebühr erheben"; in § 3 Abs. 3 des Vorschlags ist die Erhebung einer Gebühr allerdings nicht vorgesehen.

[78] Eine solche Gebühr — sofern sie erforderlich ist — wäre vom Anmelder zu zahlen. Somit kommt entweder eine Anhebung der Anmeldegebühr oder analog § 2 Abs. 6 GbmG eine nur beim Erfolg der Anmeldung vor der Eintragung zu entrichtende Gebühr in Betracht; die Äußerungen des GRUR-Unterausschusses aaO sind eher in letzterem Sinne zu verstehen, da er von einer „besonderen" Gebühr spricht; dies würde aber bedeuten, daß das Patentamt eben doch gehalten wäre, den Anmelder von der beabsichtigten Eintragung — mit einem Hinweis analog § 2 Abs. 5 S. 2 GbmG über die Folgen der Nichtzahlung — zu unterrichten; da das aber vermieden werden sollte (vgl. oben 2. Abschn. I), müßte die Anmeldegebühr erhöht werden. — Dritte können nur insoweit zur Gebührenzahlung (nach Verwaltungskostenverordnung beim Deutschen Patentamt vom 26. 6. 70, BGBl I, S. 835) herangezogen werden, als sie Abschriften bzw. Fotokopien von der Gebrauchsmusterschrift begehren.

[79] Müller GRUR 79, 453 r. Sp. befürchtet eine „mehrmonatige Verschiebung der Eintragung".

[80] So Bühring § 3, RN 13; auch Müller aaO (FN 79) geht von der Gleichzeitigkeit der Eintragung und der Offenlegung der Gebrauchsmusterschrift aus.

[81] So auch Müller aaO (FN 79).

ob und um wieviel das Gebrauchsmuster wegen der Gebrauchsmusterschrift später zur Eintragung gelangt. Sofern sich das Patentamt aufgrund der tatsächlichen Gegebenheiten, die sich ändern können, dazu in der Lage sieht, eine Gebrauchsmusterschrift zu veröffentlichen und zugleich eine schnelle Eintragung zu gewährleisten, darf das Gesetz dem nicht entgegenstehen. Das Patentamt sollte somit alternativ verpflichtet werden, mit der Eintragung und ihrer Bekanntmachung im Patentblatt die Eintragungsunterlagen entweder als Mikrofilm oder, wenn dies ohne Verzögerung der Eintragung möglich ist, als gedruckte Gebrauchsmusterschrift herauszugeben. — Entsprechend der bisherigen Praxis sollten nach der Eintragung bzw. nach dem Erlaß der Eintragungsverfügung geänderte Unterlagen nachverfilmt (bzw. nachgedruckt) und den bereits verfilmten (bzw. gedruckten) Eintragungsunterlagen beigefügt werden[82]. Der bloße Hinweis auf eine Änderung[83] erscheint unzweckmäßig, weil er in dem Film (bzw. der Schrift) ebenfalls vermerkt werden müßte, ohne daß der Interessent bei Einsicht sofort die vollständigen Unterlagen überblicken könnte.

Schließlich sollte man in die Bestimmung des geltenden § 3 Abs. 2 GbmG das Wort „Sitz“ einfügen[84], da Anmelder sein kann, wer rechtsfähig ist, also auch juristische Personen sowie sonstige Gebilde, die kraft Gesetzes Träger von Rechten und Pflichten zu sein vermögen[85].

[82] Vgl. Bühring § 2, RN 56. Zu dem Fall der Änderung von Unterlagen zwischen dem Erlaß der Eintragungsverfügung und der Eintragung vgl. 2. Kap., 2. Abschn. I (insb. FN 47), IV 2.

[83] Der GRUR-Unterausschuß, S. 32 r. Sp., 37, § 3 Abs. 3 S. 3 des Vorschlags, hält einen Hinweis auf die Änderung von Unterlagen für ausreichend.

[84] So auch GRUR-Unterausschuß, S. 37, § 3 Abs. 2 des Vorschlags.

[85] Vgl. Bühring § 2, RN 3. OHG und KG können also wegen §§ 124, 161 Abs. 2 HGB Anmelder sein.

Viertes Kapitel

Inhalt und Umfang des Schutzes (§ 5 GbmG)

Gemäß § 5 Abs. 1 GbmG hängt der Schutz von der Eintragung ab. Nach allgemeiner Ansicht muß, vom Sonderfall der Bindung nach § 11 S. 3 GbmG abgesehen[1], als materielle Voraussetzung hinzukommen, daß der Wirksamkeit des Gebrauchsmusters kein Rechtshindernis entgegensteht[2].

Dieses selbstverständliche und wohl daher im Gesetz nicht mehr[3] erwähnte Erfordernis sollte aus Gründen der Klarheit und Vollständigkeit in das Gesetz aufgenommen werden; dies könnte mühelos geschehen, indem man ausspricht, daß die Eintragungswirkung nicht eintritt, wenn die Neuerung die Voraussetzungen für den Gebrauchsmusterschutz gemäß § 1 GbmG nicht erfüllt.

Inhalt des Gebrauchsmusterschutzes ist die ausschließliche Benutzungsbefugnis[4] des Inhabers[5], dem gemäß § 5 Abs. 1 GbmG — positiv — allein das Recht zusteht, „gewerbsmäßig das Muster nachzubilden, die durch Nachbildung hervorgebrachten Gegenstände in Verkehr zu bringen, feilzuhalten oder zu gebrauchen", und der gemäß § 15 Abs. 1 GbmG — negativ — die Benutzung „des Gebrauchsmusters" durch Dritte verbieten kann.

---

[1] Vgl. hierzu BGH GRUR 57, 270, 271 l. Sp.; GRUR 64, 221, 223 r. Sp.; GRUR 69, 184, 185. — Da es im Fall des § 11 S. 3 GbmG dem Verletzungsgericht verboten ist, das Gebrauchsmuster als ungültig zu behandeln, kann es vorkommen, daß ein solches ungültiges Gebrauchsmuster Schutzwirkung entfaltet.

[2] Vgl. Reimer GbmG § 5, RN 2; Benkard GbmG § 5, RN 5, 23; Klauer/Möhring GbmG § 5, RN 1; Bühring § 5, RN 12; BGH aaO (FN 1).

[3] In § 4 der Fassung von 1891, der dem heutigen § 5 GbmG entspricht, hieß es: „Die Eintragung eines Gebrachsmusters im Sinne des § 1 hat die Wirkung, ..."; der Zusatz „im Sinne des § 1", der allerdings nicht alle Möglichkeiten der Rechtsunwirksamkeit erschöpft, wurde bei der Neufassung des Gebrauchsmustergesetzes vom 5. 5. 1936 (RGBl. II, S. 130; Bl. 36, 87 ff.) ohne Begründung (vgl. dazu Bl. 36, 116 ff.) weggelassen.

[4] Vgl. Bühring § 5, RN 2; Klauer/Möhring GbmG § 5, RN 3, 4.

[5] Wer Inhaber ist, bestimmt sich nach materiellem Recht; zu beachten ist aber, daß nur der in der Gebrauchsmusterrolle Eingetragene die Rechte aus dem Gebrauchsmuster geltend machen kann; vgl. § 3 Abs. 4 S. 3 GbmG und Benkard GbmG § 5, RN 5 sowie Bühring § 3, RN 34, 35, § 5, RN 4.

1. Abschnitt

Die Benutzungsarten

Nach einhelliger Auffassung zum alten Recht sollten die einzelnen Benutzungsarten des § 5 Abs. 1 GbmG denen bei einem Patent (§ 6 PatG a. F.) entsprechen; insbesondere sollte „nachzubilden“ dasselbe wie „Gegenstand herzustellen“ bedeuten[6]. Die im Gesetz aufgeführten Benutzungsformen des § 6 PatG a. F. — und damit auch die des § 5 Abs. 1 GbmG — wurden als abschließend erachtet[7], aber so ausgelegt, daß sie an ein umfassendes Verwertungsrecht heranreichten[8].

Die im Zuge der Patentrechtsreform[9] erfolgte Neuregelung der Wirkungen des Patents (§§ 9 bis 13 PatG)[10] brachte als wesentliche Änderungen mit sich, daß man die mittelbare Patentverletzung zu einer selbständigen Benutzungsart erhob[11] und ferner den Katalog der anderen Benutzungsformen erweiterte[12]. Von der bestehenden Rechtslage wurde zwar durch die Zubilligung einer allgemeinen ausschließlichen Benutzungsbefugnis in § 9 S. 1 PatG[13] nicht entscheidend abgewichen, da das positive Benutzungsrecht schon bisher anerkannt war[14]; die Schutzwirkung wurde aber durch die Ausdehnung des Tatbestands auf den „Besitz“ der patentverletzenden Sache[15] und wohl auch durch die Nennung des Benutzungsfalls „Einfuhr“[16] in § 9 S. 2 Nr. 1 PatG verstärkt. — Die

---

[6] Bühring § 5, RN 3; Benkard, 6. und 7. Auflage, GbmG § 5, RN 5; Klauer/Möhring GbmG § 5, RN 4; Reimer GbmG § 5, RN 13.

[7] Vgl. Schulte, 2. Auflage, § 6, RN 14; U. Krieger GRUR 80, 687 ff., 688 l. Sp.

[8] Vgl. Benkard, 6. Auflage, PatG § 6, RN 20.

[9] Vgl. Art. 8 GPatG, §§ 6, 6a, 6b PatG vom 26. 7. 79 (Bl. 79, 266 ff.), die mit den Art. 29, 30, 31 GPÜ identisch sind und am 1. 1. 1981 in Kraft traten, vgl. Art. 17 Abs. 3 GPatG; zur Notwendigkeit der dahingehenden Änderung wegen der Ratifizierung des GPÜ vgl. amtliche Begründung zum GPatG in Bl. 79, 276 ff., 280 l. Sp.; vgl. ferner Neufassung des PatG vom 16. 12. 80 (BGBl I, S. 1 ff.).

[10] Kritisch zur positiven Wirkung des Patents und zu dem idS formulierten § 9 PatG (vgl. dagegen die — negative — Fassung des Art. 29 GPÜ Bl. 79, 305 ff., 309) Völp GRUR 81, 234 ff., 238.

[11] Vgl. § 10 PatG und Preu GRUR 80, 697 l. Sp.

[12] Vgl. § 6 PatG a. F. und § 9 PatG n. F. sowie U. Krieger GRUR 80, 687 ff.

[13] U. Krieger GRUR 80, 688 r. Sp. sieht dadurch allerdings die Bewertung des Patents als Gegenstand des Vermögens beeinflußt; vgl. insoweit auch amtliche Begründung zum GPatG Bl. 79, 276 ff., 280 l. Sp. (zu Nr. 3) und § 9 Abs. 2 PatG in der Fassung vom 26. 7. 79 (= § 15 Abs. 2 PatG n. F.), wo das positive Recht des Patentinhabers zur Auswertung des Patents durch Lizenzvergabe ausdrücklich anerkannt wird.

[14] Benkard, 6. Auflage, PatG § 6, RN 4 m. N.; Schulte, 2. Auflage, § 6, RN 12; Reimer PatG § 1, RN 1.

[15] So U. Krieger GRUR 80, 689 r. Sp.

Benutzungsarten im Gebrauchsmuster- und Patentrecht stimmen somit nicht mehr voll miteinander überein; die mittelbare Schutzrechtsverletzung wird im Gebrauchsmusterrecht anders als im Patentrecht nur als Teilnahme an einer unmittelbaren Benutzung gewertet[17].

Diesen gestörten Einklang gilt es im Rahmen der Revision des Gebrauchsmustergesetzes wiederherzustellen, da derselbe Schutzgegenstand, der erfinderische Gedanke, in gleicher Weise geschützt werden soll. Eine Orientierung an der Fassung des Patentgesetzes ist aber auch deshalb geboten, weil unter „Gebrauchsmuster“ das Schutzrecht zu verstehen sein soll[18]; das Recht als solches kann weder nachgebildet noch benutzt, vielmehr nur verletzt werden. Zur Beschreibung des Eingriffs in das Recht ist konsequenterweise daher in Zukunft im Einklang mit § 9 PatG auf die „durch das Gebrauchsmuster geschützte Neuerung“ abzustellen. Allerdings sollte die im Patentrecht vorhandene Doppelbedeutung des Ausdrucks „Gegenstand des Patents“, der in § 9 PatG verwendet wird, dort aber anders als in § 21 Abs. 1 Nr. 1, 4 PatG nicht den Schutzgegenstand, sondern den körperlichen Gegenstand, das Offenbarungsobjekt der Erfindung meint, vermieden werden; dies läßt sich leicht dadurch erreichen, daß man in einem neu formulierten Gebrauchsmustergesetz von einem Erzeugnis spricht, „an dem die Neuerung zutage tritt“.

Im übrigen sollte man — soweit dies nötig erscheint und noch nicht durch die Verweisungen in § 5 Abs. 4 GbmG geschehen ist — den Inhalt der patentrechtlichen Regelungen über die Wirkung des Schutzrechts in das Gebrauchsmustergesetz übertragen.

Für das Gebrauchsmusterrecht nicht relevant ist der den Schutz von Verfahrensfindungen betreffende § 9 S. 2 Nr. 2, 3 PatG. — In das Gebrauchsmustergesetz einbezogen werden sollte dagegen die Regelung in § 10 PatG.

Durch die nur teilweise Inbezugnahme des § 11 PatG (= § 6 b PatG a. F.)[19] in § 5 Abs. 4 GbmG wollte man die vor der Neufassung des

---

[16] a. A. U. Krieger GRUR 80, 689 r. Sp. mit der Begründung, bei der „Einfuhr“ handele es sich um eine besondere Form des Inverkehrbringens (vgl. dazu Benkard, 6. Auflage, PatG § 6, RN 36). — Aufgrund des Verbots der „Einfuhr“ zu den in § 9 S. 2 Nr. 1 PatG genannten Zwecken ist es aber nunmehr möglich, gegen den Empfänger der Ware vorzugehen, noch bevor dieser weiterveräußert oder anbietet. — Zum Begriff des „Einführens“ vgl. Benkard PatG § 9, RN 46, Schulte § 9, RN 38.

[17] Zur Möglichkeit der mittelbaren Gebrauchsmusterverletzung vgl. Bühring § 5, RN 4; zur mittelbaren Schutzrechtsverletzung allgemein Preu GRUR 80, 697 ff.

[18] Vgl. 1. Kap., 1. Abschn.

[19] Der dem Art. 31 GPÜ (Bl. 79, 304 ff.) gleichlautende § 11 PatG (= § 6 b PatG a. F.), der durch das GPatG vom 26. 7. 79 (Bl. 79, 266 ff.) in das Patent-

Patentgesetzes auch hinsichtlich der „Einschränkung der Wirkung" vorhandene Übereinstimmung zwischen Patent- und Gebrauchsmusterrecht nicht aufgeben[20]. Bislang war es jedoch nicht erforderlich, die entsprechende Geltung des § 11 Nr. 1—3 PatG (= § 6 b Nr. 1—3 PatG a. F.) vorzuschreiben, da das in § 5 Abs. 1 GbmG genannte Tatbestandsmerkmal „gewerbsmäßig" private, nicht auf einen gewerblichen Zweck gerichtete Handlungen von der Wirkung des Gebrauchsmusters ohnehin befreit[21], weil man die versuchsweise Benutzung schon nach geltendem Recht als zulässig ansieht[22] und da Arzneimittel grundsätzlich nicht als Erscheinungsobjekte für den erfinderischen Gedanken geeignet sein sollen[23]. — Die Übernahme des klarstellenden § 11 Nr. 2 PatG ist wünschenwert, die Erstreckung der Verweisung auf § 11 Nr. 1, 3 PatG sogar notwendig, sofern man bei einer Angleichung der Formulierung des § 5 Abs. 1 GbmG an § 9 S. 1, 2 Nr. 1 PatG das Wort „gewerbsmäßig" fallen läßt und dem hier vertretenen Vorschlag folgt, wonach sich der Erfindungsgedanke an einem Arzneimittel äußern kann, wenn dieses einen „körperlichen Gegenstand" iSd § 1 GbmG darstellt[24].

§ 11 PatG sollte daher insgesamt für analog anwendbar erklärt werden.

2. Abschnitt

Die Ermittlung des Schutzumfangs

Für den Umfang des Schutzes kommt es darauf an, was unter der „durch das Gebrauchsmuster geschützten Neuerung" zu verstehen ist. Das Gesetz sagt darüber nichts. Bereits die Begründung zum Entwurf von 1891[25] ging aber davon aus, daß bei der Ermittlung des Schutzbe-

gesetz eingeführt wurde, hatte im alten Patentgesetz zwar keine Entsprechung; wirklich der Sache nach neu ist aber nur § 11 Nr. 3 PatG, vgl. Benkard PatG § 11, RN 1. Zum Zweck des § 11 vgl. Denkschrift zum GPÜ Bl. 79, 325 ff., 333 r. Sp. (zu Art. 31).

[20] Die Begründung zum Entwurf des GPatG Bl. 79, 276 ff., 291 l. Sp. (Kap. 3, zu Art. 3, zu Nr. 2—5) spricht lediglich von „redaktionellen Anpassungen" an die Änderungen des Patentgesetzes.

[21] Vgl. Bühring § 5, RN 4; Benkard, 6. Auflage, GbmG § 5, RN 5, PatG § 6, RN 14; Benkard, 7. Auflage, GbmG § 5, RN 5.

[22] Benkard, 6. Auflage, GbmG § 5, RN 5, PatG § 6, RN 24; 7. Auflage, GbmG § 5, RN 5.

[23] Vgl. 1. Kap., 4. Abschn. I (FN 36).

[24] Vgl. 1. Kap., 4. Abschn. VI.

[25] Vgl. Begründung zum Entwurf von 1891, zu § 4: „Auch die Frage, wie weit die Ausschließung anderer von der Benutzung des angemeldeten Gegenstandes sich erstreckt, ist im Einklang mit den für die Revision des Patent-

reichs des Gebrauchsmusters in der gleichen Weise wie beim Patent zu verfahren sei. Dieser Grundsatz, der seine Rechtfertigung, wenn nicht sogar seine methodische Notwendigkeit[26] darin findet, daß beide Rechte denselben Schutzgegenstand haben, war während der Geltung der alten Fassung des Patentgesetzes bis zum 1. 1. 1978[27] anerkannt[28]; die gebrauchsmusterrechtlichen Besonderheiten bedingten allerdings gewisse Abweichungen[29].

I. Dreiteilungslehre

Der Schutzumfang des Gebrauchsmusters beurteilte sich somit — jedenfalls bis zum Inkrafttreten der in § 14 PatG getroffenen Regelung[30] — analog dem früheren patentrechtlichen Zustand nach der im Patentrecht entwickelten Dreiteilungslehre[31], die zwischen dem „unmittelbaren Gegenstand“[32], dem „Gegenstand“[33] und dem „allgemeinen Erfindungsgedanken“[34] des Schutzrechts unterscheidet.

---

gesetzes aufgestellten Vorschlägen behandelt worden, nicht nur, weil die praktischen Bedürfnisse in dieser Richtung völlig gleich sind, sondern auch, weil es dringend wünschenswert erscheint, die gleichartige Entwicklung beider Arten des Schutzes auf dem Gebiet der Rechtsverfolgung zu sichern.“

[26] So Trüstedt GRUR 54, 244, 248 r. Sp.: „... und methodisch Erfindungen ... nur denselben Inhalt haben können und deshalb mit denselben Auslegungsregeln in ihrem Schutzumfang bestimmt werden müssen.“

[27] Gemäß Art. IV Nr. 6 IntPatÜG (BGBl. 1976 II, S. 649 = Bl. 76, 264) wurde ein § 6 a in das Patentgesetz eingeführt, der dem späteren § 8 a PatG und dem heutigen § 14 PatG wörtlich entspricht und für nach dem 1. 1. 78 angemeldete Patente gilt (Art. XI § 1 Abs. 1 IntPatÜG).

[28] Vgl. RG GRUR 40, 275; BGH GRUR 57, 270, 271 l. Sp.; Bühring § 5, RN 7, 12; Benkard, 6. Auflage, GbmG § 5, RN 8, 12; Reimer GbmG § 5, RN 6; Klauer/Möhring GbmG § 5, RN 8.

[29] Insbesondere die volle Überprüfbarkeit der Wirksamkeit des Gebrauchsmusters und die — nach früherer Meinung — geringere Bedeutung der Schutzansprüche für die Ermittlung des Schutzumfangs, vgl. dazu unten I sowie RG GRUR 41, 317, 318, Benkard, 6. Auflage, GbmG § 5, RN 12, 13 ff., 16 m. N., Bühring § 5, RN 12, Reimer GbmG § 5, RN 7.

[30] Für eine Weitergeltung der Dreiteilungslehre im Gebrauchsmusterrecht auch nach dem Wirksamwerden der Vorschrift in § 14 PatG Zahn Mitt. 79, 6 r. Sp., Benkard GbmG § 5, RN 8 ff. — Diese Auffassung steht jedoch nicht im Einklang mit der neueren Rechtsprechung des Bundespatentgerichts (GRUR 81, 126); vgl. dazu unten II.

[31] Vgl. dazu Benkard, 6. Auflage, PatG § 6, RN 105 m. N. und 7. Auflage, PatG § 14, RN 160 ff.; Schulte § 14, RN 71 ff.

[32] Beim Patent wurde der Schutzumfang, sofern vom „unmittelbaren Gegenstand“ auszugehen war, auf den reinen Wortlaut der Ansprüche beschränkt, vgl. Benkard, 6. Auflage, PatG § 6, RN 132 und 7. Auflage, PatG § 14, RN 160 ff., 163 m. N., Schulte § 14, RN 71. Demgegenüber sollte dies bislang beim Gebrauchsmuster „nicht in so strengem Maße gelten“, so Bühring § 5, RN 10; der Schutz sollte sich „auf die in den Unterlagen offenbarte Raumform beschränken“, so Bühring aaO und Benkard, 6. Auflage, GbmG § 5, RN 10 unter Hinweis auf RG MuW 27/28, 217. Dieser Definitionsversuch war äußerst unscharf, weil der Schutz ohnehin nicht weiter reichen kann, und daher unbrauchbar. Nach der Entscheidung des BPatG GRUR 81, 126, nach

Bevor das Gericht im Gebrauchsmusterverletzungsstreit jedoch in die Prüfung des Schutzbereichs eintritt, muß es — anders als bei Patenten, die nach eingehender Prüfung sämtlicher Gültigkeitsvoraussetzungen auf Grund staatlichen Hoheitsaktes erteilt werden und deshalb als bestandskräftig hinzunehmen sind[35] — der Frage der Wirksamkeit des Gebrauchsmusters nachgehen[36]; die Prüfungsbefugnis des Gerichts umfaßt dabei auch die von der Gebrauchsmusterstelle bereits kontrollierten Eintragungserfordernisse[37]. Eine Ausnahme besteht nur dann, wenn eine zwischen denselben Parteien ergangene, einen Löschungsantrag zurückweisende Entscheidung der Gebrauchsmusterabteilung das Verletzungsgericht gemäß § 11 S. 3 GbmG dazu zwingt, von einem in Kraft befindlichen Gebrauchsmuster auszugehen; in diesem Fall beschränkte sich der Schutz auf den „unmittelbaren Gegenstand des Gebrauchsmusters"[38]. Sofern das Gericht in seiner Verwerfungskompetenz weder durch § 11 S. 3 GbmG gehindert war noch von ihr Gebrauch machen wollte, weil es das Gebrauchsmuster für gültig hielt, reichte der Schutz

---

der den Schutzansprüchen die maßgebliche Bedeutung für die Schutzbereichsbestimmung zukommt, ist er überholt, vgl. dazu unten II. — Zu beachten ist, daß der „unmittelbare Gegenstand" nur im Fall der Bindungswirkung gem § 11 S. 3 GbmG von Belang ist; im übrigen kann das Gebrauchsmuster einfach als ungültig behandelt werden, vgl. den folgenden Haupttext sowie 5. Kap., 5. Abschn.

[33] Darunter versteht man „die technische Lehre, die der Durchschnittsfachmann ... bei sinngemäßer Auslegung den Ansprüchen unter Heranziehung von Beschreibung und Zeichnung ohne besondere Überlegung als räumlich verwirklicht entnimmt", so Bühring § 5, RN 8 m. N.; Benkard GbmG § 5, RN 9 m. N.

[34] Dieser ist „der wesentliche Kern der Lehre eines Gebrauchsmusters", der nicht aus den Ansprüchen hervorgehen muß und schutzfähig ist, „wenn er für den Fachmann ohne erfinderisches Bemühen aus den Unterlagen ersichtlich und nach dem Stande der Technik schutzfähig ist", so Bühring § 5, RN 11 m. N. und Benkard GbmG § 5, RN 11 m. N.; vgl. auch Schulte § 14, RN 75. Wegen der Bindung des Gedankens an eine Raumform spricht man im Gebrauchsmusterrecht von „Raumformgedanke", vgl. Benkard aaO m. N. sowie 1. Kap., 2. Abschn.

[35] Vgl. Benkard GbmG § 5, RN 13.

[36] BGH GRUR 57, 270, 271 l. Sp.; GRUR 64, 221, 223 r. Sp. mit Anm. von Schramm, S. 225 r. Sp., 226 l. Sp.; Bühring § 5, RN 12; Benkard GbmG § 5, RN 13. Den Gebrauchsmusterinhaber trifft nicht etwa die „Beweispflicht" für die Wirksamkeit des Gebrauchsmusters (so aber die Begründung zum Entwurf von 1891, zu § 4); vielmehr muß der Gebrauchsmusterverletzer die Beweislast tragen, vgl. dazu Bühring § 7, RN 36, 37 und bereits Seligsohn GbmG § 4, Anm. 3. — Zu der früher in der Literatur umstrittenen Zulässigkeit der Einrede der Schutzunfähigkeit des Gebrauchsmusters im Verletzungsprozeß vgl. RG GRUR 38, 43; BGH GRUR 62, 299 ff., 304 r. Sp., Wichards GRUR 37, 99; Trüstedt GRUR 54, 244 ff., 246, 247 l. Sp. (bejahend). a. A. Zeller GRUR 66, 421 ff., Heydt GRUR 50, 330, 332; Schramm GRUR 65, 251 l. Sp. (verneinend).

[37] So ausdrücklich BGH GRUR 69, 184 r. Sp., 185 l. Sp. m. N.

[38] BGH GRUR 72, 597, 599 l. Sp.; Bühring § 5, RN 10; Benkard GbmG § 5, RN 10, 13.

in der Regel so weit wie der „Gegenstand des Gebrauchsmusters“[39]; er konnte sich aber darüber hinaus auf den „allgemeinen Erfindungs- bzw. Raumformgedanken“ der vermittelten Lehre erstrecken, wenn dafür die Voraussetzungen erfüllt waren[40].

Zur Bestimmung des „Gegenstands des Gebrauchsmusters“ war bislang der Inhalt der Eintragungsunterlagen in seiner Gesamtheit heranzuziehen. Den Schutzansprüchen wurde dabei eine geringere Bedeutung als im Patentrecht beigemessen[41]. Man begründete dies damit, daß eine patentamtliche Mitwirkung bei der Aufstellung der — früher gesetzlich gar nicht vorgesehenen[42] — Schutzansprüche nicht stattfinde und daher in besonders hohem Maße mit ungeschickten Formulierungen, Ungenauigkeiten und Unvollständigkeiten zu rechnen sei[43]; umgekehrt bestehe die Gefahr, daß die Ansprüche ganz allgemein gehalten seien und über die in der Anmeldung tatsächlich erfolgte Offenbarung hinausgingen[44]. Die Schutzansprüche sollten nur dann in erster Linie maßgeblich sein, wenn ihre Rechtsbeständigkeit in einem Löschungsverfahren nachgeprüft worden war und diese Nachprüfung zu einer Neufassung geführt hatte[45], ferner dann, wenn sich das Schutzbegehren auf nachträglich eingereichte, aber der Eintragung zugrunde liegende Schutzansprüche stützte[46].

II. Die neue Rechtsprechung des Bundespatentgerichts

Das Bundespatentgericht ist von der den Schutzansprüchen den Vorrang versagenden Rechtsprechung in seiner Entscheidung vom 3. 7. 80[47] unter Bezugnahme auf seinen Beschluß vom 11. 6. 76[48] abgewichen und hat festgestellt, daß gemäß § 2 Abs. 2 S. 2 GbmG „nur der Schutzan-

[39] Vgl. Bühring und Benkard aaO (FN 33).

[40] Vgl. Bühring und Benkard aaO (FN 34) m. N.; Trüstedt GRUR 54, 284 l. Sp.

[41] RGZ 120, 224, 227, BGH GRUR 57, 270 r. Sp. m. N.; GRUR 62, 299, 305 l. Sp.; GRUR 64, 433, 438 l. Sp.; Bühring § 5, RN 13; Benkard, 6. Auflage, GbmG § 5, RN 16.

[42] Schutzansprüche sind im Gebrauchsmustergesetz erst seit dem 1. 10. 36 vorgeschrieben (vgl. § 2 Abs. 2 GbmG in der Fassung vom 5. 5. 36), „um eine bessere Klarstellung des Schutzgegenstandes zu erreichen“, vgl. amtliche Begründung zu § 2 (Bl. 36, 116 r. Sp.).

[43] So RGZ 120, 228.

[44] In diesem Sinne Winkler GRUR 58, 205 ff., 205 ff., 206 l. Sp., der deshalb Modell oder Zeichnung in den Vordergrund stellen möchte; ähnlich Liedl GRUR 57, 118 ff., 119 r. Sp.

[45] So BGH GRUR 62, 299, 305 l. Sp.

[46] So BGH GRUR 64, 433, 438 r. Sp.

[47] BPatG GRUR 81, 126 ff., 127 l. Sp.

[48] BPatG GRUR 77, 154 ff., 155 l. Sp.

spruch gesetzlich dazu bestimmt (sei), erkennen zu lassen, was als schutzfähig unter Schutz gestellt sein soll“. Eine Heranziehung des Inhalts der Unterlagen in seiner Gesamtheit komme nur dann in Betracht, wenn in den Ansprüchen ein Anhaltspunkt für eine Auslegung vorhanden sei[49].

Diese Aufwertung der Schutzansprüche für die Ermittlung des Schutzumfangs ist gesetzesnah. Aus § 2 GbmG folgt, daß der Anspruch dabei als Grundlage zu dienen hat. Die neue Rechtsprechung des Bundespatentgerichts ist auch interessengerecht und praktikabel. Die dagegen schon früher vorgebrachten Bedenken, die von der Möglichkeit einer unklaren bzw. zu engen oder zu weiten Fassung der Ansprüche herrühren[50], erscheinen nicht stichhaltig. Für das Verletzungsgericht ist es ebenso wie für Dritte nämlich günstiger, dasjenige mit Sicherheit als ungeschützt ansehen zu dürfen, was in den Schutzansprüchen nicht einmal Anklang gefunden hat. Dem Anmelder — dies mag hart erscheinen — ist es zuzumuten, bei der Aufstellung der Ansprüche, zu der ihn das Geseetz ohnehin auch aus Gründen der Rechtssicherheit verpflichtet, die nötige Sorgfalt walten zu lassen. Andererseits können zu weite Ansprüche Dritte deshalb nicht effektiv benachteiligen, weil ihrem Inhalt lediglich eine Begrenzungsfunktion zukommt und sie bei der Bestimmung des Schutzumfangs nur die Richtung weisen, ihn aber nicht verbindlich festlegen; das Gericht hat ja immer zuerst die Wirksamkeit des Gebrauchsmusters als solche zu prüfen. Die neue Rechtsprechung erleichtert vielmehr die Schutzbereichsermittlung, da die Schutzansprüche überschaubarer sind als die Gesamtheit der Unterlagen; diese sind freilich nach wie vor zur Auslegung der Ansprüche und zur Feststellung des Offenbarungsgehalts heranzuziehen. — Zugleich bedeutet diese Entscheidung eine Angleichung der gebrauchsmusterrechtlichen Schutzumfangsbestimmung an diejenige des Patentrechts und, wenngleich dies darin nicht ausgesprochen wird, eine Abkehr vom „allgemeinen Erfindungsgedanken“[51]; dessen Kennzeichen ist es ja gerade, daß der Schutz auf etwas erstreckt wird, was aus den Ansprüchen nicht hervorgeht[52].

---

[49] Der 2. Halbsatz des Leitsatzes von BPatG GRUR 81, 126 lautet zwar: „... demgemäß ist bei einem Gebrauchsmuster — im Gegensatz zu einem Patent — der Inhalt der Unterlagen ‚bei der Auslegung‘ des Schutzanspruchs in seiner Gesamtheit nicht heranzuziehen“; diese Formulierung ist jedoch mißglückt; daß das BPatG aaO damit nicht sagen wollte, daß der Schutzanspruch grundsätzlich nicht mit Hilfe der übrigen Unterlagen ausgelegt werden darf, ergibt sich aus den Ausführungen auf S. 126 l. Sp., wo es unter anderem heißt: „denn für eine Auslegung (Sinnermittlung) fehlt jeder Ansatzpunkt“; ferner folgt dies aus der Verweisung auf BPatG GRUR 77, 154, 155 l. Sp., wo die Auslegung des Schutzanspruchs ausdrücklich anerkannt wird.

[50] Vgl. die Nachweise in den FN 41, 43, 44.

[51] Das BPatG aaO, S. 126 l. Sp. (letzter Absatz), erkennt den „allgemeinen Erfindungsgedanken“ sogar grundsätzlich an, verneint ihn aber mit der Be-

III. Erforderlichkeit einer gesetzlichen Regelung

Fest steht, daß sich ein reformiertes Gesetz zur Frage der Schutzumfangsermittlung äußern muß — sei es im Sinne der Dreiteilungslehre, sei es im Sinne der jüngsten Rechtsprechung des Bundespatentgerichts. Will man den Einklang mit dem Patentrecht im Gesetz zum Ausdruck bringen, so müßte man eine dem § 14 PatG entsprechende Vorschrift in das Gebrauchsmustergesetz, am günstigtsen in einen § 5 a, aufnehmen.

Zu überlegen ist aber, ob man von einer solchen Gleichschaltung deshalb absehen soll, um der Forderung[53] Rechnung zu tragen, einer kleineren Erfindung dürfe nicht derselbe oder sogar noch ein weiterer[54] Schutzumfang als einer größeren, den Stand der Technik hoch überragenden Erfindung zugebilligt werden.

Die aus dieser Zielsetzung resultierende Erwägung[55], man habe sich auf die anfangs[56] im Gebrauchsmusterrecht betonte Abhängigkeit des Schutzbereichs von der offenbarten „Raumform" zurückzubesinnen, ist unpraktikabel[57] und bereits vom Ansatz her verfehlt, weil sie sich nicht

gründung, mangels Ansatzpunkt (in den Ansprüchen) könne er dem Gebrauchsmuster nicht entnommen werden.

52 Vgl. FN 34.

53 Vgl. etwa RPA Bl. 40, 54; Fromme GRUR 58, 261 ff., 263 r. Sp., 264 l. Sp., 266 r. Sp.; Liedl GRUR 57, 118 ff., 119 l. Sp.; Schramm GRUR 64, 226 r. Sp.; Benkard PatG § 14, RN 8 m. N.; Schulte § 14, RN 9; vgl. auch Trüstedt GRUR 54, 244 ff., 249 r. Sp.; Winkler GRUR 58, 205 ff.; Preu GRUR 80, 691 ff., 691 l. Sp., 695 r. Sp., 696 l. Sp. Vgl. ferner Denkschrift zum Straßburger Patentübereinkommen Bl. 76, 336 ff., 340 l. Sp. (zu Art. 5), wo deutlich gemacht wird, daß die Gewährung von Ausschlußrechten nur bei Vorliegen einer erfinderischen Leistung gerechtfertigt ist, sowie bereits Einführung III (FN 64).

54 Die Befürchtung von Liedl GRUR 57, 118, „je geringer ... die Erfindungshöhe ist, desto weiter läßt sich der allgemeine Erfindungsgedanke ausdehnen, da ja dann die Unterschiede zu dem Bekannten geringer sein können", mag zwar in manchen Entscheidungen eine Bestätigung finden (vgl. etwa den von Fromme GRUR 58, 261 ff., 264, 265 kritisierten Fall BGH GRUR 57, 270), ist aber in ihrer Allgemeinheit unbegründet, weil sie den anerkannten Grundsätzen der Schutzbereichsfeststellung zuwiderläuft, vgl. die Nachweise in FN 53 und Schulte, § 14, RN 75—79. — Preu GRUR 80, 696 l. Sp., spricht sich zur Vermeidung ungerechter Ergebnisse für die Zulässigkeit des Einwands des freien Stands der Technik aus; zu den — nach der Rechtsprechung engen — Voraussetzungen dieses Einwands vgl. Preu aaO, S. 695 sowie Benkard PatG § 14, RN 110 ff. m. N. und Schulte § 9, RN 66. Im Gebrauchsmusterrecht stellt sich dieses Problem wegen der freien Handhabe des Gerichts im Verletzungsstreit nicht.

55 So Liedl GRUR 57, 119 r. Sp.

56 Vgl. etwa RGZ 40, 7, 10 sowie Cantor § 4, Anm. 12 b m. N.

57 Selbst Liedl aaO erläutert nicht, wie er sich die Bestimmung des Schutzbereichs bei Wiederkehr der früheren Verhältnisse konkret vorstellt; kritisch dazu auch Winkler GRUR 58, 208 l. Sp.

mit der Tatsache vereinbaren läßt, daß es auch beim Gebrauchsmuster der erfinderische Gedanke ist, dem der gesetzliche Schutz zukommt. Aus demselben Grund ist es auch abzulehnen, als Ausgangspunkt für die Schutzumfangsfeststellung die Zeichnung oder das Modell heranzuziehen, um eine stärkere Orientierung am körperlichen Gegenstand zu erreichen[58], weil hier der immaterielle Schutzgegenstand mit davon zu trennenden materiellen Komponenten vermengt wird. — Die vom GRUR-Unterausschuß angeregte generelle Beschränkung des gebrauchsmusterrechtlichen Schutzumfangs auf den Anspruchswortlaut unter Ausschluß glatter Äquivalente[59] ist mit dem Nachteil verbunden, daß es unstimmig wäre, würde der Schutz nicht die bei der Prüfung der Neuheit als offenbart geltenden glatten Äquivalente erfassen[60]. Zudem bedeutete eine solche Begrenzung die völlige Entwertung des Gebrauchsmusters. Diejenigen Anmelder, die sich dennoch um die Eintragung eines Gebrauchsmusters bemühten, wären bestrebt, alle denkbaren Äquivalente im Anspruchswortlaut zu berücksichtigen, was eine gänzliche Unübersichtlichkeit der Rolle zur Folge hätte[61]. — Die ebenfalls vom GRUR-Unterausschuß vorgebrachte Idee, das Geschützte in erster Linie dem Anspruchswortlaut zu entnehmen, darüber hinaus aber auf die glatten technischen[62] oder patentrechtlichen[63] Äquivalente zu erstrecken, belebt die von § 14 PatG auf dem Gebiet des Patentrechts abgelöste[64] Äquivalenzlehre[65] neu, ohne zu wesentlich anderen Ergebnissen als § 14 PatG zu führen[66], ohne also eine Verminderung des Schutzbereichs beim Gebrauchsmuster zu gewährleisten. — Der umgekehrte Weg, an die Erfindungshöhe des Gebrauchsmusters die gleichen Anforderungen wie beim Patent zu stellen, um damit eine Gleichheit

---

58 So Winkler GRUR 58, 205 ff., insbesondere 206 r. Sp., 207 r. Sp.

59 Vgl. GRUR-Unterausschuß, S. 31 r. Sp., 38, Vorschlag 1 A, § 5 I, 2. Abs. Dieser Vorschlag geht allerdings davon aus, daß eine erfinderische Tätigkeit für die Erlangung des Gebrauchsmusterschutzes nicht erforderlich ist.

60 So auch Starck GRUR 79, 200 r. Sp.: „verwirrendes Ergebnis".

61 Vgl. Starck GRUR 79, 201 l. Sp.

62 Vgl. GRUR-Unterausschuß, Vorschlag 1 B, § 5 I, Abs. 2 und 3. — Zur Unbrauchbarkeit des Begriffs der glatten „technischen Äquivalente" für die Klärung des Schutzumfangs vgl. Starck GRUR 79, 200 r. Sp. sowie Benkard, 6. Auflage, PatG § 6, RN 146 m. N.

63 Vgl. GRUR-Unterausschuß, Vorschlag 1C, § 5 I, Abs. 2 und 3.

64 So Krieger GRUR 80, 683 ff., 686 r. Sp.

65 Zur Lehre von der Äquivalenz vgl. allgemein Benkard, 6. Auflage, PatG § 6, RN 139—152 m. N. sowie 7. Auflage, PatG § 14, RN 120 ff. und Schulte § 14, RN 19—30. Zu beachten ist, daß die Schutzbereichsbestimmung durch Auslegung des Patents und Äquivalenzlehre nur in der Betrachtungsweise verschieden ist; diese ist einmal abstrahierend (Auslegung), das andere Mal vergleichend (Äquivalenz), vgl. Schulte § 14, RN 21, Benkard, 6. Auflage, PatG § 6, RN 140.

66 So auch Starck GRUR 79, 201 l. Sp.

im Schutzumfang zu rechtfertigen[67], scheidet aus den oben genannten Gründen aus[68].

Bevor wegen des Einflusses der Erfindungshöhe auf den Schutzumfang nach weiteren Möglichkeiten einer speziell gebrauchsmusterrechtlichen Schutzbereichsregelung geforscht wird, ist vom Grundsätzlichen her zu prüfen, ob dieser Zusammenhang es überhaupt erforderlich macht bzw. die Erlaubnis verschafft, den Gebrauchsmusterschutz von vornherein gering zu halten oder andere Methoden für seine Ermittlung als beim Patent zu entwickeln.

Die Antwort auf die letztere, schon oben[69] verneinte Frage ergibt sich bereits daraus, daß es dogmatisch ungereimt wäre, ginge man trotz der Wesensgleichheit des Schutzgegenstands bei der Bestimmung des Schutzumfangs jeweils anders vor.

Einer allgemeinen Reduzierung des Gebrauchsmusterschutzbereichs läßt sich entgegenhalten, daß sie eine Wertminderung des Gebrauchsmusters bewirken würde, die äußerst bedenklich und in den Fällen ungerecht wäre, in denen die durch das Gebrauchsmuster geschützte erfinderische Leistung eine auch für den Patentschutz genügende Höhe erreicht. Dieses Argument vermag nicht durch den Einwand entkräftet zu werden, daß derjenige, welcher sich mit einem Gebrauchsmuster anstelle eines Patents begnügt, eben auf einen intensiveren Schutz verzichte. Das Gebrauchsmuster würde dann nämlich insgesamt in Frage gestellt, da es seine herkömmliche Funktion nicht mehr erfüllen könnte: die Gewährung eines schnellen, preiswerten, leicht erlangbaren Schutzes in — und das ist entscheidend — patentrechtlichem Umfang[70]. Man würde unter den Anmeldern das Bestreben auslösen, für alles so weit wie möglich um ein Patent nachzusuchen. Die zu vermeidende Folge einer solchen Rechtsgestaltung wäre also eine verstärkte Inanspruchnahme des Patentschutzes und ein allmähliches Verschwinden des bislang für den Erfinder in vielerlei Hinsicht nützlichen, den Erfindungsschutz komplettierenden Gebrauchsmusters.

Am vernünftigsten erscheint es daher, die Methode des § 14 PatG für die Schutzbereichsermittlung zu übernehmen[71] und damit entsprechend

---

[67] So insbesondere Trüstedt GRUR 54, 137 ff.; GRUR 54, 244 ff.; GRUR 56, 349 ff.; GRUR 58, 309 ff.; GRUR 80, 877 ff., 881; Reimer GbmG § 1, RN 23. Vgl. auch Liedl GRUR 57, 118 ff., 120 l. Sp. sowie 1. Kap., 12. Abschn. II (FN 273).

[68] Vgl. dazu Einführung III und 1. Kap., 12. Abschn. IV.

[69] Vgl. 1. Abschn. sowie die vorangehenden Ausführungen zu III.

[70] Vgl. 3. Kap., 1. Abschn. II 1.

[71] Dafür auch Trüstedt GRUR 80, 877 ff., 882 l. Sp., der allerdings für eine Gleichstellung des Begriffs „Erfindungshöhe“ im Patent- und Gebrauchsmusterrecht plädiert (vgl. 1. Kap., 12. Abschn. II [FN 273], IV [FN 285]).

der geltenden Rechtslage durch das Gebrauchsmuster dieselbe Schutzmöglichkeit wie bei einem Patent zu geben; wie weit diese Möglichkeit ausgeschöpft werden kann, ist konkret im Einzelfall zu entscheiden[72].

Da auch Patente eine unterschiedliche Erfindungshöhe aufweisen, ist das Problem deren Einflußnahme auf den Schutzbereich nicht fremd[73]; wollte man versuchen, das insoweit erforderliche, freilich auch jetzt nur im Rahmen der gesetzlichen Schranken zum Tragen kommende richterliche Augenmaß, auf das man ohnehin angewiesen ist, auszuschalten, so entstünden daraus nur andere, größere Schwierigkeiten und unzulängliche Ergebnisse.

3. Abschnitt

Schutzhindernisse und -beschränkungen

I. Entgegenstehendes älteres Recht

Die 1936 eingeführte Vorschrift des § 5 Abs. 2 GbmG[74] hat zwar an Bedeutung erheblich dadurch verloren[75], daß die offengelegten Unterlagen von Patentanmeldungen und die Unterlagen eingetragener Gebrauchsmuster als „öffentliche Druckschriften" im Sinne des § 1 Abs. 2 GbmG und damit als neuheitsschädliches Material zu bewerten sind[76]; unerwünschter Doppelschutz[77] könnte im Gebrauchsmusterrecht aber

---

[72] Darauf weist auch Fromme GRUR 58, 261 l. Sp. hin.

[73] Vgl. Schulte § 14, RN 9; Benkard PatG § 14, RN 8.

[74] Vgl. Neufassung des Gebrauchsmustergesetzes v. 5. 5. 1936 (Bl. 36, 87 ff.). — Bis dahin durfte ein jüngeres Recht gem. § 4 Abs. 2 GbmG a. F. lediglich nicht ohne Erlaubnis des Inhabers eines älteren Gebrauchsmusters ausgeübt werden; es war Dritten gegenüber also voll wirksam. Vgl. Begründung zum Gesetz vom 5. 5. 36, Bl. 36, 116, 117 l. Sp. (zu § 5).

[75] Vgl. Büring § 5, RN 25; Benkard GbmG § 5, RN 25.

[76] PAGrSen Bl. 53, 336; BGH Bl. 55, 300 = GRUR 55, 393; vgl. bereits 1. Kap., 10. Abschn. I (FN 213).

[77] Zum Doppelschutz vgl. bereits 2. Kap., 3. Abschn. II. — Bei § 5 Abs. 2 GbmG war Zweck des Verbotes insbesondere, den Erstberechtigten dagegen zu sichern, daß er in der Ausübung seines durch Ablauf der Schutzfrist erloschenen Rechts durch ein jüngeres, noch eingetragenes Gebrauchsmuster gehindert wird; ferner sollte damit vermieden werden, daß der Gebrauchsmusterinhaber die Schutzfrist über die gesetzliche Grenze hinaus verlängert, indem er nach Ablauf der Schutzzeit des ursprünglichen Gebrauchsmusters nochmals die Eintragung eines inhaltsgleichen Gebrauchsmusters erwirkt, vgl. Begründung zum Gesetz vom 5. 5. 1936, Bl. 36, 117 l. Sp. (zu § 5) und Bühring § 5, RN 23. — Wegen der Neuheitsschädlichkeit der Unterlagen eingetragener Gebrauchsmuster und offengelegter Patentanmeldungen (vgl. FN 76) hat der durch das „Laufzeitprinzip" verfolgte Schutzzweck des Verbots nur mehr geringe praktische Bedeutung; die übrigen dem Verbot zu-

dennoch relevant werden, wenn bei Eingang einer prioritätsjüngeren Gebrauchsmusteranmeldung eine identische[78] ältere noch nicht zur Eintragung geführt hat und zu diesem Zeitpunkt auch eine neuheitsschädliche Offenbarung der der älteren Anmeldung zugrunde liegenden Erfindung noch nicht erfolgt ist. Anders als im Patentrecht, wo der Inhalt früher eingereichter Patentanmeldungen gemäß § 3 Abs. 2 PatG als zum Stand der Technik gehörend gilt[79], kann im Gebrauchsmusterrecht daher auf eine dem § 5 Abs. 2 GbmG entsprechende Regelung nicht verzichtet werden.

Den Wortlaut des § 5 Abs. 2 GbmG sollte man jedoch dahingehend bereinigen, daß in Zukunft nicht mehr darauf abgestellt wird, ob „das Muster geschützt worden ist"; genauer ist es zu verlangen, daß die in Frage stehende „Neuerung nicht Gegenstand eines früheren Patents oder Gebrauchsmusters" gewesen sein darf[80]. Um auch den Fall der Teilidentität[81] zu erfassen, ist das einschränkende Wort „soweit" beizubehalten.

II. Widerrechtliche Entnahme

Inhaltlich weiterbestehen muß auch die Regelung der widerrechtlichen Entnahme in § 5 Abs. 3 GbmG. Außer Frage steht insbesondere die — wie im Patentrecht — nur relative, d. h. sich nur gegenüber dem Verletzten äußernde Wirkung dieses Schutzhindernisses, die ihren Grund darin findet, daß die Tatsache der Entnahme nur das Verhältnis zwischen Urheber und Anmelder betrifft[82]; ferner ließe sich eine absolute Ungültigkeit nicht ohne weiteres mit dem auch im Gebrauchsmusterrecht gemäß § 5 Abs. 4 GbmG iVm § 4 Abs. 1 PatG a. F. (= § 7 Abs. 1 PatG) geltenden Anmelderprinzip vereinbaren[83]; das Patentamt

grundeliegenden Überlegungen (Rechtssicherheitsprinzip: keine mehrfache Inanspruchnahme Dritter; Prioritätsprinzip: Belohnung durch Gewährung eines Ausschließungsrechts nur für den ersten Anmelder) sind nach wie vor aktuell, vgl. dazu Benkard, 6. Auflage, PatG § 4, RN 14.

[78] Die erforderliche Wesensgleichheit besteht bei vollinhaltlicher Vorwegnahme des jüngeren durch das ältere Recht, vgl. OLG Düsseldorf GRUR 52, 192, 193 l. Sp., Bühring § 5, RN 25, Benkard GbmG § 5, RN 25.

[79] Seit dem 1. 1. 78, vgl. Art. IV Nr. 3 IntPatÜG, der gem. Art. XI § 3 Abs. 5 IntPatÜG iVm der Bekanntmachung vom 9. 9. 77, BGBl. II, 792 = Bl. 77, 298 am 1. 1. 78 in Kraft trat.

[80] Wie bisher ist allein der Zeitpunkt der Anmeldung der in Frage stehenden Rechte, nicht deren Eintragung entscheidend, vgl. BGH GRUR 77, 477 ff., 480 l. Sp.; dies folgt daraus, daß es auf die Priorität ankommt.

[81] Bei Teilidentität tritt die Unwirksamkeit nur im Umfang der Übereinstimmung ein, vgl. Bühring § 5, RN 25.

[82] Vgl. Begründung zum Entwurf des Gesetzes von 1891, zu § 5; § 5 des Entwurfs wurde leicht verändert in § 4 Abs. 3 GbmG 1891 aufgenommen.

[83] Vgl. Begründung zum Entwurf des Gesetzes von 1891 aaO, Benkard, 6. Auflage, PatG § 4, RN 32; Klauer/Möhring PatG, 2. Auflage, § 4, Anm. 8.

soll danach von allen Nachforschungen hinsichtlich der Person des wahren Berechtigten befreit sein.

In Zukunft sollte allerdings nicht von dem wesentlichen Inhalt „der Eintragung“ die Rede sein; auch sollte man die Formulierung insoweit nicht dem § 21 Abs. 1 Nr. 3 PatG[84] angleichen und auf den Inhalt „des Gebrauchsmusters“, somit des Schutzrechts, abstellen; günstiger erscheint es zu verlangen, daß der „Gegenstand des Gebrauchsmusters“, also der erfinderische Gedanke der Neuerung, nicht entnommen sein darf.

Hinsichtlich der Rechte des Verletzten, die bislang die Möglichkeit der einredeweisen Geltendmachung der Entnahme im Verletzungsprozeß (§ 5 Abs. 3 GbmG), die Befugnis zur Stellung eines Löschungsantrags (§ 7 Abs. 2 GbmG) und den Anspruch auf Übertragung des Gebrauchsmusters oder der Anmeldung (§ 5 Abs. 4 GbmG iVm § 5 PatG a. F. = vgl. jetzt § 8 PatG) gewähren[85], hat der GRUR-Unterausschuß vorgeschlagen[86], die Verweisung auf den Vindikationsanspruch des Patentgesetzes durch eine eigenständige gebrauchsmusterrechtliche Bestimmung zu ersetzen; die rechtseinschränkende (Jahres-) Frist[87] des Patentgesetzes habe nämlich im Gebrauchsmusterrecht keinen Sinn und solle deshalb aufgehoben werden. — Richtig ist, daß die bisherige Fristengleichheit im Patent- und Gebrauchsmusterrecht insofern unberechtigt war, als der Tatbestand der widerrechtlichen Entnahme bei einer darauf folgenden Patentanmeldung für den Betroffenen in einem früheren Stadium wahrnehmbar war als bei der einer daran anschließenden Gebrauchsmustereintragung; vor der für den Fristbeginn maßgeblichen Bekanntmachung über die Erteilung des Patents (§ 35 Abs. 1 PatG a. F.) erfolgte bereits die Bekanntmachung der Anmeldung (§ 30 Abs. 1 S. 1 PatG a. F.). Mit der Vorverlegung der Patenterteilung ist diese „Vorwarnzeit“ im Patentrecht weggefallen. Darum und um eine Harmonsierung mit Art. 27 Abs. 3 GPÜ zu erreichen, wurde im Patentrecht die Frist auf grundsätzlich 2 Jahre verlängert[88]. — Diese Frist erscheint auch im Gebrauchsmusterrecht angemessen. Auf eine Befristung sollte nicht ganz verzichtet werden; Fristen dienen der Rechtssicherheit; der Schutz des gutgläubigen Rechtsinhabers erfordert es,

[84] Nach § 4 Abs. 3 PatG 1968 kam es auf den Inhalt der „Anmeldung“ an.

[85] Vgl. Bühring § 5, RN 28; Benkard GbmG § 5, RN 26.

[86] Vgl. GRUR-Unterausschuß, S. 34 l. Sp., § 5 Abs. 4 und § 7 Abs. 2 des Vorschlags.

[87] Die Frist betrug zur Zeit des GRUR-Berichts gemäß § 5 S. 3 PatG a. F. 1 Jahr, wurde aber gem. Art. 8 Nr. 2 GPatG vom 26. 7. 1979 (Bl. 79, 266 ff.) mit Wirkung vom 1. 1. 81 (Art. 17 Abs. 3 GPatG) auf grundsätzlich 2 Jahre verlängert.

[88] Vgl. Begründung zum Entwurf des GPatG Bl. 79, 276 ff., 279 l. Sp., 280 r. Sp. (B, Kapitel 3, zu Art. 1, zu Nr. 2).

diesen nach Ablauf einer bestimmten Zeit gegen Angriffe Dritter sicherzustellen[89]. — Die Verweisung auf den patentrechtlichen Übertragungsanspruch sollte man also unverändert beibehalten.

Die Rechte des durch eine unerlaubte Entnahme Verletzten sollten nicht auf die Möglichkeit der Nachanmeldung mit der Priorität[90] des früheren Gebrauchsmusters analog § 7 Abs. 2 PatG ausgedehnt werden. Zwar wäre es angenehm, wenn der im Patent- wie im Gebrauchsmusterrecht gleichermaßen schutzwürdige Verletzte zur Wahrung seiner Interessen nicht gezwungen wäre, vor dem gemäß § 18 GbmG in der Regel zuständigen Landgericht Klage auf Übertragung zu erheben. Die Übernahme des § 7 Abs. 2 PatG scheidet für das Gebrauchsmusterrecht aber deshalb aus, weil § 7 Abs. 2 PatG die Nachanmeldung nicht unbegrenzt lange zuläßt; diese ist nur möglich innerhalb eines Monats nach Mitteilung über den Widerruf oder den Verzicht auf Grund eines Einspruchs, der wiederum nur innerhalb von drei Monaten nach Veröffentlichung der Patenterteilung gemäß § 59 PatG eingelegt werden darf. — Da im Gebrauchsmustergesetz nicht ein gegen die Eintragung gerichteter Einspruch, sondern statt dessen ein (unbefristeter) Löschungsantrag vorgesehen ist, wäre es erforderlich, das Recht auf Nachanmeldung auf andere Weise zeitlich zu beschränken. Eine solche, die Rechtslage komplizierende Maßnahme sollte man jedoch unterlassen, weil ein echtes Bedürfnis für einen zusätzlichen Schutz des Verletzten neben § 5 PatG a. F. (§ 8 PatG) nicht vorhanden ist.

III. Sonstige Ausnahmen von der Schutzwirkung

In § 5 Abs. 4 GbmG bedarf es zunächst einer Anpassung an die neue Paragraphenfolge des Patentgesetzes[91]. Es dürfte nämlich außer Frage stehen, daß die betreffenden patentrechtlichen Vorschriften im Gebrauchsmusterrecht gelten sollen und daß zu diesem Zweck nicht auf eine überholte, sondern auf die aktuelle Fassung des Patentgesetzes Bezug genommen werden muß.

Hinsichtlich der durch Verweisungen in § 5 Abs. 4 GbmG nicht erfaßten Fälle, in denen die Wirkung des Schutzrechts ganz oder teilweise aufgehoben wird, sollte der Inhalt des ganzen § 11 PatG in das Gebrauchsmustergesetz einbezogen werden[92]. — Ferner geht aus § 5 Abs. 4 GbmG

---

[89] Vgl. Begründung zum PatG vom 5. 5. 1936, Bl. 36, 103 ff., 105 l. Sp. (zu § 5).

[90] Es handelt sich dabei nicht um die Inanspruchnahme einer Priorität, sondern, wie sich aus § 21 Abs. 1 Nr. 4 PatG ergibt, um die Rückdatierung des Anmeldetags, vgl. Schulte, 2. Auflage, § 4, RN 14.

[91] „§ 3" ist durch „§ 6", „4 Abs. 1" durch „§ 7 Abs. 1", „§ 5" durch „§ 8", „§§ 7 und 8" durch „§§ 12 und 13" zu ersetzen; zu § 6 b (= § 11 PatG n. F.) vgl. Haupttext.

[92] Vgl. oben 1. Abschn.

bislang nicht hervor, daß Zwischenbenutzungsrechte die Schutzwirkung relativ hindern. Diese Rechtsfolge ergibt sich für das Gebrauchsmusterrecht aus § 14 Abs. 6 GbmG iVm § 123 Abs. 5 und 6 PatG (= § 43 Abs. 4 und 5 PatG a. F.), ist also in anderem Zusammenhang geregelt. Fraglich ist daher, ob man nicht bereits in § 5 GbmG auf § 123 PatG verweisen soll, weil das Zwischenbenutzungsrecht an sich an derselben Stelle angesprochen sein müßte wie die ebenfalls die Wirkung des Patents bzw. Gebrauchsmusters beschneidenden Vorschriften der §§ 11, 12, 13 PatG. Eine Inbezugnahme des § 123 PatG insgesamt und damit auch der allgemeinen Fragen der Wiedereinsetzung in den vorigen Stand wäre in § 5 GbmG aber deplaciert. Wenn man sich dennoch nicht — wie im Patentrecht — damit abfinden will, daß die Bestimmungen, auf Grund deren die Wirkung des Schutzrechts eingeschränkt wird, nicht aufeinanderfolgen und daher nicht mit einem Blick erkennbar sind, dann sollte man in § 5 GbmG — unabhängig von § 14 Abs. 6 GbmG — partiell § 123 Abs. 5 PatG zitieren; eine Doppelverweisung erscheint eher vertretbar als die gegenwärtige Unübersichtlichkeit.

Es ist eingehend diskutiert worden, ob man den gutgläubigen Zwischenbenutzer nicht über den Umfang des § 123 Abs. 5 und 6 PatG (= § 43 Abs. 4 und 5 PatG a. F.) hinaus schützen soll[93]. Bei der Patentgesetzgebung ist man den darauf gerichteten zahlreichen Vorschlägen nicht gefolgt. Ungeachtet der Frage, ob die erhobenen Forderungen berechtigt sind, verbietet es die Einheitlichkeit der Erfindungsschutzrechte, im Rahmen der Neugestaltung des Gebrauchsmusterrechts insoweit von der patentrechtlichen Regelung abzuweichen. Das Gebrauchsmustergesetz muß sich daher damit begnügen, die Geltung des § 123 PatG vorzuschreiben.

---

[93] Blasendorff GRUR 39, 447; ders. GRUR 53, 149; Wirth GRUR 41, 301; Trüstedt GRUR 52, 109; Heine GRUR 52, 114; Gewiese GRUR 52, 276; Zeller GRUR 52, 441; Mediger GRUR 52, 489; Wilde GRUR 54, 421; Krieger GRUR 54, 426; Haupt GRUR 57, 70; Hegel GRUR 59, 508; Bucher GRUR 60, 365. — Insbesondere wurde vorgeschlagen, demjenigen, der den Tatbestand des § 7 PatG a. F. (= § 12 PatG) zwar noch nicht zur Zeit der Anmeldung, aber im Zeitpunkt des Bekanntwerdens der Erfindung erfüllt hat, ein Weiterbenutzungsrecht, eventuell gegen angemessene Lizenzzahlung, zu gewähren, weil er in gleicher Weise wie der Vorbenutzer nach § 12 PatG schutzwürdig sei. — Zur Zubilligung eines Zwischenbenutzungsrechts bei analogen Sachverhalten, z. B. bei Anfechtung eines Verzichts, vgl. Witte GRUR 62, 497, 499 r. Sp., Bühring § 5, RN 32, Klauer/Möhring GbmG § 5, RN 19.

4. Abschnitt

Das Verhältnis des Gebrauchsmusters zum jüngeren Patent

Die Vorschrift des § 6 GbmG entspricht in ihrem Gehalt dem § 5 Abs. 2 GbmG 1891[94], der ebenso wie die damaligen, das Verhältnis von jüngerem Gebrauchsmuster zu älterem Gebrauchsmuster und Patent regelnden § 4 Abs. 2, § 5 Abs. 1 GbmG 1891 das später angemeldete Recht nicht unwirksam sein ließ, sondern nur für die Geltendmachung der sich daraus ergebenden Ansprüche die Zustimmung des Inhabers des besseren Rechts forderte[95]. Bei der Reform vom 5. 5. 1936[96] empfand man diesen Zustand als unbefriedigend und setzte in Anpassung an das Doppelpatentierungsverbot an die Stelle des § 4 Abs. 2 und § 5 Abs. 1 GbmG 1891 den heutigen § 5 Abs. 2 GbmG[97]. Den § 5 Abs. 2 GbmG 1891 behielt man hingegen in dem jetzigen § 6 GbmG bei. — § 6 GbmG, der sich mit dem Einfluß eines älteren Gebrauchsmusters auf ein jüngeres, hinsichtlich der geschützten Erfindung identisches oder abhängiges[98] Patent befaßt[99], stellt heute daher eine Sonderbestimmung dar, weil er für den Fall der Identität nicht die Vernichtbarkeit des Patents anordnet, sondern lediglich die bei der Abhängigkeit anerkannte Rechtsfolge[100] vorsieht[101], indem er sagt, daß das „Recht aus diesem Patent nicht ohne Erlaubnis des Inhabers des Gebrauchsmusters ausgeübt wer-

[94] RGBl. 1891 Nr. 18, S. 290—293.

[95] In der Begründung zum Entwurf des Gesetzes von 1891 heißt es zu § 6 (= § 5 GbmG 1891), wegen der zeitlich verschiedenen Laufdauer von Patent und Gebrauchsmuster brauche die „Kollision zwischen beiden nicht dazu zu führen, daß das eine Recht das andere völlig aufhebt". — Der Entwurf behandelte das Aufeinandertreffen zweier Gebrauchsmuster mit verschiedener Priorität noch nicht.

[96] RGBl. 1936 II, S.130—134 (= Bl. 36, 87—90).

[97] Vgl. Begründung zum Gesetz vom 5. 5. 1936, Bl. 36, 116 ff., 117 l. Sp. (zu § 5).

[98] Ein jüngeres Recht ist von einem älteren dann „abhängig", wenn bei seiner Ausübung zwangsläufig in den Schutzbereich des älteren eingegriffen wird; im Unterschied zur Identität liegt dem nur abhängigen Recht ein eigener Erfindungsgedanke zugrunde, der von demjenigen des älteren Rechts Gebrauch macht und diesen in der Regel weiterentwickelt; vgl. hierzu Schulte § 9, RN 4; Bühring § 6, RN 4; Benkard GbmG § 6, RN 2; Benkard PatG § 9, RN 71 ff.; Reimer PatG § 6, RN 61 m. N.

[99] Vgl. Bühring § 6, RN 1; Benkard GbmG § 6, RN 3; Reimer GbmG § 6, RN 1.

[100] Das Patentgesetz regelt den Fall der Abhängigkeit nicht; diese stellt kein Schutzrechtshindernis dar; nach allgemeiner Meinung kann die geschützte Erfindung jedoch nur mit der Erlaubnis des älteren Rechtsinhabers benutzt werden, vgl. Reimer PatG § 6, RN 61, Benkard PatG § 9, RN 77, Bühring § 6, RN 4, 5.

[101] Dies selbstverständlich nur dann, wenn nicht die Unterlagen eines eingetragenen Gebrauchsmusters dem Patent neuheitsschädlich entgegenstehen, vgl. dazu oben 3. Abschn. I, FN 76 und 1. Kap., 10. Abschn. I (FN 213).

den darf"; bei allen anderen denkbaren Konstellationen eines Zusammentreffens von identischen Schutzrechten mit unterschiedlichem Altersrang wird demgegenüber gemäß § 5 Abs. 2 GbmG und § 3 Abs. 2 PatG das jüngere Recht in seinem Bestand berührt.

Die Auffassung, die Regelung durch § 6 GbmG sei systemwidrig[102], gilt heute in noch stärkerem Maße als früher. § 6 GbmG paßt nicht zu den der Einführung des absolut formellen Neuheitsbegriffs und der Einbeziehung des Inhalts älterer Patentanmeldungen in den Stand der Technik zugrundeliegenden Überlegungen und vermag ihnen nicht standzuhalten; unvereinbar ist § 6 GbmG mit dem Gedanken, daß die Allgemeinheit nur an Patenten für solche Erfindungen interessiert sei, durch deren Offenbarung der technische Wissensstand bereichert werde, und daß der ältere Anmelder erwarten könne, daß durch ihn Offenbartes nicht mehr für einen Dritten geschützt werde[103].

Es gibt somit keinen Grund für eine Abweichung von dem Prinzip, das bei der Kollision zweier identischer Schutzrechte sonst gilt; vielmehr wird nur eine einheitliche Beurteilung dem Rang des Gebrauchsmusters und dem System des Erfindungsschutzes gerecht.

In Betracht kommt deshalb, § 6 GbmG dahingehend zu ändern, daß ein Patent nicht erteilt und ein dennoch erteiltes auf Antrag für nichtig erklärt wird, soweit die Erfindung bereits Gegenstand eines früher angemeldeten Gebrauchsmusters gewesen ist[104]. Dasselbe Ergebnis läßt sich ferner dadurch erzielen, daß man § 6 GbmG streicht, zugleich aber in § 3 Abs. 2 PatG unter den dort genannten Voraussetzungen auch den Inhalt von Gebrauchsmusteranmeldungen als neuheitsschädlich fingiert[105]. Für diese zweite Möglichkeit spricht entscheidend, daß die in Frage stehende Regelung der Sache nach nicht in das Gebrauchsmustergesetz, sondern in das Patentgesetz gehört, da es um das Schicksal der Patentanmeldung geht.

---

[102] So Reimer GbmG § 6, RN 2, der sich daher für eine Beseitigung des geltenden § 6 GbmG ausspricht.

[103] So Begründung zum IntPatÜG, Bl. 76, 322 ff., 333 r. Sp. (B, Art. IV, zu Nr. 3).

[104] Dem entspricht der Vorschlag 1 A des GRUR-Unterausschusses, S. 34 r. Sp., 38 r. Sp. — Vgl. auch Zeller GRUR 53, 235, 236.

[105] Ähnlich GRUR-Unterausschuß, Vorschlag 1 B, der auch für die Lösung eintritt, das Patentgesetz zu ändern; soweit der GRUR-Unterausschuß aaO empfiehlt, die Vorwegnahme der Erfindung durch ein prioritätsälteres Gebrauchsmuster zu einem Widerrufsgrund zu erheben, bedarf es einer solchen zusätzlichen Maßnahme nicht mehr; bezieht man nämlich prioritätsältere Gebrauchsmustermeldungen gemäß dem Vorschlag in den Stand der Technik mit ein, ist nach dem neuen § 21 Nr. 1 PatG ohnehin ein Widerrufsgrund gegeben.

Fünftes Kapitel

Das Löschungsverfahren

Die Vorschriften über das Löschungsverfahren und dessen Auswirkungen auf einen gleichzeitig anhängigen Verletzungsstreit waren unlängst ebenfalls Gegenstand zahlreicher Änderungsvorschläge[1]. In der Tat ist zu überlegen, inwieweit die §§ 7—11 GbmG verbesserungsfähig sind.

1. Abschnitt

Beibehaltung der Grundstruktur des Löschungsverfahrens

I. Doppelspurigkeit von Löschungs- und Verletzungsverfahren

Grundsätzlich ist zunächst festzustellen, daß praktische Erwägungen ebensowenig wie ein teilweise empfundenes „theoretisches Unbehagen"[2] über die Doppelspurigkeit von patentamtlichem Löschungs- und dem vor den ordentlichen Gerichten zu führenden Gebrauchsmusterverletzungsverfahren Anlaß sein können, den auf eine ähnliche Situation wie vor 1936[3] abzielenden Gedanken an einen Verzicht auf das Löschungsverfahren zugunsten eines besonderen, nur inter partes wirkenden Feststellungsprozesses vor dem Zivilgericht[4] weiterzuverfolgen. Eine solche

---

[1] Vgl. die verschiedenen, vom GRUR-Unterausschuß, S. 32 r. Sp. — 34 l. Sp., 39—41 vorgetragenen Varianten und die detaillierte Kritik hierzu von Dihm GRUR 79, 202—209.

[2] So GRUR-Unterausschuß, S. 32 r. Sp., der aus praktischer Sicht die sich aus der Aussetzung des Verletzungsverfahrens nach § 11 GbmG ergebende Verzögerung beanstandet.

[3] Das Löschungsverfahren wurde erst durch die Neufassung des Gebrauchsmustergesetzes vom 5. 5. 1936 von den ordentlichen Gerichten auf das Patentamt übertragen (vgl. dazu amtliche Begründung Bl. 36, 116 ff., 117 r. Sp. [zu §§ 8—11]). — Vor dieser Gesetzesänderung ließ sich die Löschung nur auf dem Wege der Zwangsvollstreckung des obsiegenden zivilrechtlichen Urteils erwirken, indem der Kläger die mit Vollstreckungsklausel und Rechtskraftattest versehene Urteilsausfertigung mit dem Antrag auf Löschung dem Patentamt überreichte, vgl. Seligsohn GbmG § 6, Anm. 10.

[4] Vgl. im einzelnen GRUR-Unterausschuß, S. 33 r. Sp., 34 l. Sp., sowie Vorschlag 2, § 7 (S. 39 r. Sp.), der den Fortfall der §§ 8, 9, 11 GbmG zur Konsequenz hat und Änderungen der §§ 18, 19 GbmG anregt.

Regelung widerspräche nämlich einmal der allgemeinen Systematik im gewerblichen Rechtsschutz, wonach ein materiell ungültiges Scheinrecht generell beseitigt werden kann[5], bedeutete ferner mangels endgültiger Klarheit über die Schutzfähigkeit eine erhebliche Rechtsunsicherheit und wäre schließlich unzweckmäßig, weil das Verfahren vor dem Patentamt wegen der technischen Sachkunde der dort Beschäftigten schneller und billiger vonstatten gehen kann als vor einem häufig auf Sachverständige angewiesenen ordentlichen Gericht[6].

Nicht tiefer nachgegangen werden muß auch der Idee, zur Vermeidung der Zweiteilung Verletzungs- und Löschungsprozeß zu einem einheitlichen Verfahren vor dem Patentamt und dem Bundespatentgericht zusammenzufassen[7]. Abgesehen von der Frage ihrer Nützlichkeit[8] ist sie im Rahmen einer Reform des Gebrauchsmustergesetzes nicht durchsetzbar[9]. Die schon wiederholt erwogenen Möglichkeiten der Einschaltung eines technischen Richters in den Verletzungsprozeß[10] und der Übertragung der Zuständigkeit für Verletzungsstreitigkeiten auf das Bundespatentgericht, sei es insgesamt[11] oder nur hinsichtlich des Berufungsverfahrens[12], betreffen nämlich Patent und Gebrauchsmuster gleichermaßen; eine Entscheidung hierüber kann nicht isoliert für das Gebrauchsmusterrecht fallen.

5 Vgl. § 22 PatG, §§ 10, 11 WZG. — Daß im Geschmacksmusterrecht ein Löschungsverfahren bislang nicht vorgesehen ist, hat darin seinen Grund, daß die Registereintragung weder das Entstehen noch den Fortbestand des Schutzrechts beurkundet, sondern lediglich die Tatsache der Anmeldung und Niederlegung; zu den auf Einführung eines Löschungsverfahrens im Geschmacksmusterrecht gerichteten Reformbestrebungen vgl. Englert, S. 147, 149 m. N., 222 (§ 15 des Vorschlags).

6 In diesem Sinne die noch heute gültige Begründung des Gesetzgebers von 1936, Bl. 36, 117 r. Sp. (zu §§ 8—11); vgl. auch Dihm GRUR 79, 203.

7 Vgl. GRUR-Unterausschuß, S. 33 l. Sp.

8 Der GRUR-Unterausschuß aaO lehnt die Vereinheitlichung im Ergebnis ab wegen der „unterschiedlichen Erfahrungskreise“ von Patentamt bzw. Bundespatentgericht (technische Beurteilung) und ordentlichem Gericht (Schadensersatzrecht) sowie wegen der verschiedenen Wirkung der Entscheidungen beider Verfahren.

9 So auch Dihm GRUR 79, 204 l. Sp.

10 Vgl. zu diesem für personalpolitisch undurchführbar gehaltenen Weg etwa Ackermann Mitt. 61, 21 ff., 26 r. Sp., Schmieder GRUR 72, 682 ff., 683 l. Sp. m. N. (FN 3—6).

11 Trüstedt Mitt. 58, 121 ff., 122 r. Sp.; Ackermann Mitt. 61, 26 r. Sp.; Kunze Mitt. 71, 151 r. Sp., 152 r. Sp.

12 So Schmieder GRUR 72, 683 r. Sp., der diese „Kompromißlösung“ befürwortet, weil er mit Widerständen von seiten der Länderjustizverwaltungen und der Anwaltschaft gegen eine Konzentrierung der gesamten Patentgerichtsbarkeit rechnet; ferner sieht er organisatorische Probleme beim Bundespatentgericht und schließlich will er für den Rechtsuchenden den Weg zum Eingangsgericht nicht rein räumlich unzumutbar verlängern.

II. Zuständigkeit

Der weitere grundsätzliche Vorschlag, das Löschungsverfahren bereits in der ersten Instanz dem Bundespatentgericht zuzuweisen, um es durch die Abschaffung einer Tatsacheninstanz — auf der Stufe des Patentamts — zu vereinfachen, zu verbilligen und zu beschleunigen[13], bietet zwar den Vorteil einer stärkeren Straffung und entspricht damit an sich dem im Verhältnis zum Patent beabsichtigten einfacheren Zuschnitt des Gebrauchsmusters. Dennoch sollte ihm nicht gefolgt werden; weniger wegen der vermehrten Inanspruchnahme des Bundespatentgerichts, sondern vor allem deshalb, weil die prozessuale Verkürzung des Rechtswegs in den Fällen unvertretbar erscheint, in denen die Rechtsbeschwerde an den Bundesgerichtshof nicht zugelassen ist; die Entscheidung des Bundespatentgerichts könnte dann nicht kontrolliert werden; dies wäre umso bedenklicher, als beim gebrauchsmusterrechtlichen Anmelde- und Eintragungsverfahren nur eine beschränkte Prüfung stattfindet. Wäre dagegen die Rechtsbeschwerde immer eröffnet, würde auf den Bundesgerichtshof eine unerwünschte zusätzliche Belastung[14] zukommen. Diese Folge träte in gleicher Weise dann ein, wenn ein erstinstanzielles Verfahren vor dem Bundespatentgericht dem Patentnichtigkeitsverfahren entsprechen würde und gegen die Entscheidung des Bundespatentgerichts Berufung an den Bundesgerichtshof erhoben werden könnte.

III. Leichtere Löschbarkeit des Gebrauchsmusters?

Das Gebrauchsmusterlöschungsverfahren hat ebenso wie das Patentnichtigkeitsverfahren den vorwiegend im öffentlichen Interesse liegenden Zweck, schutzunwürdige, die Rechtsklarheit beeinträchtigende Scheinrechte zu beseitigen[15]. Diese für das Gebrauchsmusterrecht im Hinblick auf die nur beschränkte Prüfung besonders bedeutsame Zielsetzung läßt danach fragen, ob es Möglichkeiten gibt, die Vernichtbarkeit des Gebrauchsmusters zu erleichtern[16].

---

[13] Mit dieser Argumentation Dihm GRUR 79, 204 l. Sp. unten, r. Sp. oben, der für diesen Fall in Analogie zu § 11 Abs. 4 WZG eine „Art Vorverfahren“ vor dem Patentgericht in Betracht zieht.

[14] Der GRUR-Unterausschuß, S. 33 r. Sp. (unter b) hat aus diesem Grund den Gedanken an eine Verlagerung des Löschungsverfahrens in erster Instanz auf das Bundespatentgericht und in weiterer Instanz auf den Bundesgerichtshof verworfen.

[15] BGH GRUR 62, 140, 141 l. Sp.; Bühring § 7, RN 2; Benkard GbmG § 7, RN 1.

[16] Wiederholt angeschnitten wird diese Frage von Dihm GRUR 79, 204 r. Sp., 205 r. Sp., 206 r. Sp., 209 r. Sp., der den Angriff auf das Gebrauchsmuster auf keinen Fall erschweren, sondern „eher“ vereinfachen will, ohne jedoch dafür einen konkreten Vorschlag zu unterbreiten.

Das Löschungsverfahren entspricht weitgehend einem streitigen Prozeßverfahren, so daß allein der Kläger bzw. Antragsteller den für die Entscheidung maßgeblichen Streitgegenstand bestimmt[17]. Im Rahmen des geltend gemachten Löschungsgrundes gilt allerdings gemäß § 9 Abs. 2 GbmG der Untersuchungsgrundsatz[18]; aus § 8 S. 2 GbmG ergibt sich jedoch, daß ein Anspruch auf Ermittlungen nicht besteht[19]. Nach einhelliger Meinung folgt aus diesem die Elemente der Dispositionsmaxime[20] aufweisenden Charakter des Löschungsverfahrens, das man treffend als „gemischtes Partei- und Amtsermittlungsverfahren eigener Art" bezeichnen kann[21], die Bindung der über den Bestand des Gebrauchsmusters befindenden Stelle an den Löschungsantrag und den darin angegebenen Löschungsgrund[22]. Eine Löschung darf also nicht beschlossen werden, wenn der sie tragende Grund nicht vom Antragsteller in den Prozeß eingeführt wurde. Als einheitlicher Löschungsgrund werden nach ganz h. M. dabei sämtliche Schutzfähigkeitsvoraussetzungen nach § 1 GbmG angesehen[23]; die Entscheidung vermag demnach beispielsweise auf das Fehlen der „Neuheit" gestützt zu werden, auch wenn nur mangelnde „Erfindungshöhe" gerügt wurde; das bislang weder in den §§ 1, 2 GbmG noch in § 7 GbmG genannte Erfordernis der

---

[17] PA Bl. 55, 299 r. Sp.; Bühring § 7, RN 24; § 8, RN 10. Für das Patentnichtigkeitsverfahren vgl. BPatGE 16, 153, 154 m. N. — Zum Streitgegenstand und zu seiner Festlegung durch den Kläger vgl. Thomas/Putzo Einl. II 5 c.

[18] PA Bl. 38, 34 l. Sp.; BGH GRUR 67, 351 ff., 353 l. Sp.; Bühring § 7, RN 22, 36; § 8, RN 10; § 9, RN 12; Benkard GbmG § 7, RN 25; Reimer GbmG § 7, RN 5, der ebenso wie das PA aaO meint, nur der Offizialbetrieb entspreche dem der Übertragung des Löschungsverfahrens auf das Patentamt zugrundeliegenden Zweck, daß die technische Sachkunde der Mitglieder des Patentamts das Verfahren beschleunigen helfen solle (vgl. insoweit Begründung zum Gebrauchsmustergesetz von 1936, Bl. 36, 117 r. Sp., zu §§ 8—11). — Vgl. auch § 87 Abs. 1 PatG.

[19] Bühring § 8, RN 10; Schulte § 81, RN 63.

[20] Vgl. dazu Thomas/Putzo Einl. I 1 b.

[21] So Gaul GRUR 65, 337 ff., 339 l. Sp. hinsichtlich des Patentnichtigkeitsverfahrens.

[22] Vgl. Benkard GbmG § 7, RN 22; Reimer GbmG § 7, RN 5; Bühring § 7, RN 3, 22, 24, 26 m. N.: die Rücknahme des Antrags bedeutet daher das Ende des Verfahrens; analog § 308 Abs. 1 ZPO darf über den Antrag nicht hinausgegangen werden. — Für das Patentnichtigkeitsverfahren vgl. BPatGE 16, 153 ff., Schulte § 81, RN 57, Benkard PatG § 22, RN 45 m. N.

[23] Vgl. Bühring § 7, RN 4, 7, 26; Benkard GbmG § 7, RN 11; Reimer GbmG § 7, RN 5. — Diese Betrachtungsweise entspricht derjenigen im Patentrecht, wonach der eine Vielzahl einzelner Nichtigkeitsgründe umfassende Nichtigkeitsgrund der mangelnden Patentfähigkeit (§ 21 Abs. 1 Nr. 1 PatG) einen einheitlichen Klagegrund darstellen soll, vgl. BGH GRUR 64, 18, 19 l. Sp. m. N., sowie Benkard PatG § 13, RN 12 m. N. — Gaul GRUR 65, 337 ff., 338 r. Sp. kritisiert zu Recht, daß hierbei der „prozessuale Begriff des Klagegrunds mit dem dem materiellen Recht angehörigen Begriff des Sammeltatbestands vermischt" werde, und hält die bei Befolgung der h. M. eintretenden Ergebnisse insbesondere im Hinblick auf die Rechtskraftwirkung des Urteils für unbefriedigend.

„ausreichenden Offenbarung" der Neuerung soll zum Löschungsgrund der Schutzunfähigkeit iSd § 1 GbmG zählen[24]. — Ausnahmsweise wurde eine Löschung von Amts wegen bei einem Verstoß gegen das Verbot der Gesetzes- oder Sittenwidrigkeit[25] und bei der versehentlichen Eintragung eines Gebrauchsmusters trotz einer vorher erklärten Rücknahme der Anmeldung[26] für zulässig erachtet.

Da das Recht auf Löschung bereits jetzt als Popularanspruch ausgestaltet und die Geltung des Untersuchungsgrundsatzes anerkannt ist, bleibt als einziger Ansatzpunkt für eine noch einfacher herbeizuführende Löschung nur, von der gegenwärtig durch den Löschungsantrag begrenzten Prüfbarkeit abzurücken bzw. darüber hinaus dem Patentamt allgemein die Befugnis zur Löschung von Amts wegen einzuräumen, wenn das Vorliegen eines Wirksamkeitshindernisses bemerkt wird[27].

Die Überwindung bestehender formeller Schranken bereitete bei einer Reform keine Schwierigkeiten[28]. Entscheidend ist aber, ob eine derartige Änderung sachlich vernünftig wäre.

---

[24] BGH GRUR 68, 86 ff., 89 l. Sp.; RGZ 156, 217, 219; Reimer GbmG § 7, RN 3. — Zum Fehlen der Offenbarung als Patentnichtigkeitsgrund iSd § 13 Abs. 1 Nr. 1 PatG a. F. vgl. Reimer PatG § 13, RN 6, Nr. (8) m. N.

[25] Vgl. dazu den Fall in Mitt. 16, 84 ff., wo das Patentamt eine Löschung von Amts wegen für zulässig hält, „wenn die Verleihung eines staatlichen Schutzes mit dem Gegenstande des Gebrauchsmusters unvereinbar erscheint" (PA aaO, 85 l. Sp.), insbesondere also, wenn „Modelle ... den Gesetzen oder guten Sitten zuwiderlaufen" (PräsPA aaO, 86 l. Sp.); ebenso PA Mitt. 33, 272 r. Sp. Zu beachten ist, daß seinerzeit die ordentlichen Gerichte für Löschungsanträge zuständig waren. — Vgl. auch Benkard, 6. Auflage, GbmG § 1, RN 39, § 7, RN 6; Bühring § 7, RN 16. Benkard, 7. Auflage, GbmG § 1, RN 39, § 7, RN 9 hält eine Löschung von Amts wegen für unzulässig.

[26] BPatGE 8, 188, 189.

[27] In diese Richtung geht auch § 61 Abs. 1 S. 2 PatG, wonach das Einspruchsverfahren bei Zurücknahme des Einspruchs von Amts wegen fortgesetzt wird. Hiermit soll verhindert werden, „daß das auch im allgemeinen Interesse liegende Einspruchsverfahren durch Absprache der Verfahrensbeteiligten beendet wird", vgl. Begründung zum Entwurf des GPatG Bl. 79, 276 ff., 287 l. Sp. (zu § 35 c); vgl. auch Regel 60 Abs. 2 der Ausführungsordnung zum EPÜ (BGBl. II 1976, 915 ff., 959), worin eine fakultative amtsseitige Fortsetzung des Einspruchsverfahrens vorgesehen ist. — Der neue § 61 Abs. 1 S. 2 PatG geht über die frühere Praxis, nach der die Rücknahme des Einspruchs das Verfahren ebenfalls nicht beendete (vgl. BPatGE 12, 149, 150; Schulte, 2. Auflage, § 32, RN 70; Benkard, 6. Auflage, PatG § 32, RN 17, 29), deshalb weit hinaus, weil nunmehr der Einspruch der Patenterteilung nachgeschaltet ist und somit die Möglichkeit besteht, daß die durch den Einspruch zuständig gewordene Patentabteilung in ein bereits begründetes Recht von sich aus eingreift. — Zur Rechtsnatur des Einspruchsverfahrens vgl. Schulte § 59, RN 36.

[28] Die geltende Dispositionsmaxime könnte ohne weiteres durch ein umfassendes Amtsermittlungsprinzip abgelöst werden. Besondere Probleme ergäben sich weder hinsichtlich der Kosten noch in bezug auf die bei uneingeschränktem Offizialbetrieb nicht relevante Frage der Rechtskraft.

Unbestreitbar würde eine freiere Löschbarkeit zum Verschwinden von Scheinrechten beitragen. Auf der anderen Seite ist aber zu berücksichtigen, daß eine von einem Antrag unabhängige Löschung nur selten dann stattfinden würde, wenn die Wirksamkeit des Gebrauchsmusters zweifelhaft ist, solange eine dahingehende Prüfungspflicht nicht bestünde; gerade in Grenzfällen hat die Allgemeinheit indes ein Interesse an Klärung[29]. Der Reinigungseffekt würde also nur sehr bedingt erreicht werden. — Dem Patentamt bzw. dem Bundespatentgericht die Beurteilung der Rechtsbeständigkeit des Gebrauchsmusters auch dann zu gestatten oder aufzuerlegen, wenn sie zu einer Entscheidung nicht durch einen Antrag berufen sind, ist davon abgesehen deshalb bedenklich, weil die Löschung das Recht vernichtet[30]. Da das Vorliegen der für die Wirksamkeit des Gebrauchsmusters maßgeblichen Kriterien nicht immer offensichtlich, sondern wegen der Frage des richtigen Gebrauchs des Beurteilungsspielraums häufig mit Zweifeln behaftet ist — man denke nur an den wandelbaren Begriff der „Sittenwidrigkeit" oder das Merkmal „Erfindungshöhe" —, würde man mit einer solchen Gesetzesgestaltung zugleich in erheblicher Weise die Gefahr erhöhen, daß materiell zu Unrecht in ein an sich rechtsgültiges Gebrauchsmuster eingegriffen wird. Zu berücksichtigen ist auch, daß man dem Gebrauchsmusterinhaber vor der Löschung, bei der oft erstmals die in Frage stehende Schutzvoraussetzung geprüft wird, Gelegenheit zur Verteidigung geben muß.

Es erscheint daher günstiger, die Verwerfung eines grundsätzlich zu schützenden Rechts wie bisher nur im Rahmen eines auf Löschung gerichteten ordnungsgemäßen Antrags zu erlauben. Dazu kommt, daß der Einklang mit dem Patentrecht nicht ohne Not gestört werden sollte. — Fest steht ferner — dies zeigt bereits die Problemstellung[31] —, daß alle Versuche zurückzuweisen sind, die auf eine Erschwerung der Vernichtbarkeit des Gebrauchsmusters hinauslaufen. Dem Vorschlag des GRUR-Unterausschusses zur weitgehenden Ablösung des Untersu-

---

[29] BPatG 16, 153 ff., 156, 157; das BPatG aaO betont in Abweichung von BGH GRUR 55, 466, 468 l. Sp. und der damals h. M. (vgl. die Nachweise bei BPatG und BGH aaO), der Antrag sei die unabdingbare prozessuale Voraussetzung für eine Prüfung und damit auch für die Vernichtung von echten Unteransprüchen; es gehe nicht an, einerseits der Allgemeinheit wegen über den gestellten Antrag hinauszugehen, andererseits aber in Zweifelsfällen eine Prüfung ohne Rücksicht auf das Interesse der Allgemeinheit zu unterlassen.

[30] Der Entstehung des Gebrauchsmusters durch die Eintragung entspricht der Untergang des Rechts durch die Löschung, vgl. Pietzcker GRUR 73, 561 ff. 562 l. Sp., 568 r. Sp. Die Löschung entspricht der Nichtigkeitserklärung eines Patents, hat also rückwirkende Kraft, vgl. Bühring § 7, RN 2 m. N. und BGH GRUR 63, 519, 521 l. Sp. m. N.

[31] Vgl. oben, FN 16.

chungsgrundsatzes durch die Beschränkung verspäteten Vorbringens[32] sollte daher nicht gefolgt werden[33].

Die Grundstruktur des Gebrauchsmusterlöschungsverfahrens ist somit beizubehalten.

2. Abschnitt

Reformüberlegungen

I. § 7 GbmG

Sofern die darin genannten Voraussetzungen vorliegen, hat gemäß § 7 Abs. 1 GbmG jedermann „gegen den als Inhaber Eingetragenen Anspruch auf Löschung des Gebrauchsmusters". Diese Formulierung erweckt den Anschein, als müsse der Gebrauchsmusterinhaber selbst die Löschung, die nur das Patentamt bewirken kann, herbeiführen[34]; einem Anspruch steht nämlich immer eine Verpflichtung gegenüber. Zur Behebung dieser Ungenauigkeit sollte man bei der Neugestaltung des § 7 GbmG die klarere Fassung des § 22 Abs. 1 PatG zur Vorlage nehmen.

In Anpassung an § 21 Abs. 1 Nr. 2 PatG und als Ausfluß des im oben dargelegten Sinne[35] neu einzuführenden § 2 Abs. 2 GbmG ist es erforderlich, in § 7 GbmG den bislang unter die Kategorie der Erfordernisse

---

[32] Vgl. GRUR-Unterausschuß, S. 33 r. Sp., 39 (§ 9 Abs. 3 S. 5 des Vorschlags 1 A: „Dem Beschluß können nur die Tatsachen und Beweismittel zugrunde gelegt werden, die dem Gebrauchsmusterinhaber mit dem Löschungsantrag mitgeteilt wurden"). Zugleich soll aber § 9 Abs. 2 S. 1—3 GbmG, in dem der Untersuchungsgrundsatz normiert ist, fortgelten; fraglich bleibt, inwieweit dies trotz § 9 Abs. 3 S. 5 noch möglich wäre. — Der GRUR-Unterausschuß aaO bezweckt mit der vorgeschlagenen Regelung eine zügigere Behandlung des Löschungsverfahrens.

[33] So auch Dihm GRUR 79, 206 r. Sp., 207 l. Sp., der zu Recht feststellt, der „Beschleunigungseffekt werde einseitig auf Kosten des Antragstellers und der Wettbewerber des Gebrauchsmusterinhabers angestrebt". — In das Gebrauchsmusterrecht paßt auch nicht der Gedanke des § 117 Abs. 1 PatG, zur Vermeidung von Verzögerungen verspätet vorgebrachtes Material zurückweisen zu können (vgl. dazu BGH GRUR 81, 183 ff., 184 l. Sp.).

[34] Der Gebrauchsmusterinhaber ist nicht einmal befugt, einen Löschungsantrag zu stellen, vgl. Bühring § 8, RN 20 und 2. Kap., 2. Abschn. IV 3 (FN 87). — Verfehlt sind daher die häufig anzutreffenden, bei den §§ 9 Abs. 3 S. 2 GbmG, 93 ZPO relevanten Ausdrücke „Löschungsaufforderung" bzw. „freiwillige Löschung" (vgl. etwa BPatGE 1, 175, 180; PA GRUR 51, 459; Bühring § 9, RN 24, 25, 26, 27, 28; Benkard GbmG § 9, RN 21; Reimer GbmG § 9, RN 9); während man die „Löschungsaufforderung" noch als Aufforderung, die zur Vermeidung der Löschung ergeht, verstehen kann, ist eine solche Auslegung bei dem Begriff „freiwillige Löschung" nicht mehr möglich.

[35] Vgl. 2. Kap., 1. Abschn. III.

des § 1 GbmG subsumierten Löschungsgrund der nicht ausreichenden Offenbarung[36] als eigenen Löschungsgrund aufzunehmen. Man sollte aber nicht wie § 21 Abs. 1 Nr. 2 PatG von der Offenbarung durch das „Patent“ bzw. Gebrauchsmuster, also durch das Schutzrecht sprechen, sondern wie in § 35 Abs. 2 PatG auf die „Anmeldung“ abstellen[37].

§ 7 GbmG kann weiterhin die Regelung über die Antragsberechtigung und den richtigen Antragsgegner enthalten[38]. Über die übrigen mit dem Antrag zusammenhängenden Fragen gibt § 8 GbmG Auskunft.

Um die Wirkungen der Löschung im Gesetz auszusprechen, sollte auf § 21 Abs. 2, 3 S. 1, 2/1. HS PatG verwiesen werden.

Ferner sollte § 7 GbmG aus den bereits genannten Gründen[39] dahingehend ergänzt werden, daß jedermann einen Anspruch darauf hat, daß nachgereichte, eine unzulässige Erweiterung[40] enthaltende Schutzansprüche für unbeachtlich erklärt werden. Die Vorschriften der § 4 Abs. 3, §§ 8, 9, 10 GbmG müßten hierfür entsprechend gelten; auch im Rahmen des § 11 GbmG, also bei Entscheidungserheblichkeit der Anspruchsfassung, müßte eine Gleichstellung mit dem Löschungsverfahren erfolgen.

II. § 8 GbmG

Der GRUR-Unterausschuß empfiehlt, die Zulässigkeit des gemäß § 8 GbmG erforderlichen Löschungsantrags daran zu knüpfen, daß diesem eine Verzichtsaufforderung durch den Antragsteller mit einer ausschließenden zweimonatigen Äußerungsfrist für den Gebrauchsmusterinhaber vorangegangen ist[41]. Der Vorschlag wird mit dem Hinweis auf die angeblich im Hinblick auf § 16 Abs. 2 ArbnErfG zu kurze Frist des § 9 Abs. 1 S. 2 GbmG und mit der bei seiner Befolgung zu erwartenden Entlastung des Patentamts begründet[42]. — Beide Argumente treffen nicht zu. Der Gesichtspunkt der Amtsentlastung kommt nicht zum Tra-

---

[36] Vgl. FN 24.

[37] Vgl. auch 2. Kap., 1. Abschn. III.

[38] Das Patentrecht regelt den Patentnichtigkeitsantrag dagegen zusammenhängend in § 81 PatG.

[39] Vgl. 2. Kap., 2. Abschn. IV 5.

[40] Vgl. 2. Kap., 2. Abschn. IV 1.

[41] GRUR-Unterausschuß, S. 33 l. Sp. unten, 39 (§ 8 Abs. 2 des Vorschlags). — Zu beachten ist, daß nach h. M. eine Äußerungsfrist von weniger als einem Monat angemessen und daher ausreichend sein kann, vgl. BPatGE 8, 47, 53, Bühring § 9, RN 25 m. N.

[42] So aber GRUR-Unterausschuß, S. 33 l. Sp. unten, der die — unklare — Meinung vertritt, der Arbeitgeber könne die Kostenlast durch rechtzeitigen Widerspruch (Frist 1 Monat) nicht abwenden, wenn der Arbeitnehmer die Frist (3 Monate) ausnutze.

gen, weil die Verzichtsaufforderung bereits heute allgemein praktiziert wird, um einer sonst drohenden Kostenentscheidung nach § 93 ZPO zu entgehen[43]. Die aus der dreimonatigen Überlegungsfrist des Arbeitnehmers gemäß § 16 Abs. 2 ArbnErfG resultierenden Bedenken sind unangebracht, weil der Arbeitgeber vom Arbeitnehmer die Kosten ersetzt verlangen kann, die er nach der Benachrichtigung des Arbeitnehmers von der beabsichtigten Schutzrechtsaufgabe für das Schutzrecht aufgewendet hat[44]. Gegen eine auch dem Patent- und Warenzeichenrecht fremde[45] Erhebung der Verzichtsaufforderung zur Zulässigkeitsvoraussetzung für die Beseitigung des Rechts spricht vielmehr, daß man damit dem Antragsteller die Möglichkeit nähme, seinen nach der gegenwärtigen Rechtslage bestehenden Verhandlungsspielraum gegenüber dem Rechtsinhaber auszuschöpfen[46]; entscheidend tritt hinzu, daß der Angriff auf das Gebrauchsmuster erschwert würde[47].

Man sollte somit lediglich in § 8 S. 4 GbmG die Verweisung auf die § 37 Abs. 7, § 44 a PatG a. F. durch eine solche auf § 81 Abs. 7, § 125 PatG ersetzen, damit der neuen Paragraphenfolge des Patentgesetzes entsprochen wird. Es ist nicht nötig, wie § 81 Abs. 5 S. 1 PatG eine Bezeichnung von Antragsteller, Antragsgegner und Streitgegenstand zu verlangen, da die Erforderlichkeit dieser Angaben[48] bereits aus § 8 S. 1, 2 GbmG hervorgeht.

III. § 9 GbmG

1. „Inhaber" bzw. „Eingetragener"

Gemäß § 9 Abs. 1 S. 1 GbmG soll die Mitteilung des Patentamts an den „Inhaber" des Gebrauchsmusters ergehen. In der Praxis erfolgt die Zustellung jedoch an den „als Inhaber Eingetragenen"[49], weil dieser

---

[43] Vgl. Dihm GRUR 79, 205 l. Sp., 206 l. Sp. Zur Kostenfrage des § 93 ZPO bei unterbliebener Verzichtsaufforderung und sofortigem Anerkenntnis vgl. BPatG Mitt. 78, 177, 178 sowie Bühring § 9, RN 23, 24, Benkard GbmG § 9, RN 20—24.

[44] Hier also die Kosten für die vorsorgliche Einlegung des Widerspruchs, vgl. Dihm GRUR 79, 205 r. Sp. unten; Reimer/Schade/Schippel § 16, RN 16. — Sofern der Arbeitgeber das Gebrauchsmuster aufrechterhalten will, bedarf es keiner Rückfrage beim Arbeitnehmer; er steht dann nicht anders als jeder sonstige Gebrauchsmusterinhaber.

[45] Dihm GRUR 79, 204 r. Sp. bezeichnet eine solche Antragsvoraussetzung aus diesem Grund als „systemwidrig".

[46] So Dihm GRUR 79, 205 l. Sp., der an die Möglichkeit erinnert, den Gebrauchsmusterinhaber zur Gewährung eines kostenlosen Mitbenutzungsrechts oder zum Verzicht auf die Ansprüche aus dem Gebrauchsmuster aufzufordern; vgl. dazu auch Bühring § 9, RN 24.

[47] Zu dieser zu vermeidenden Folge vgl. oben 1. Abschn. III, FN 16.

[48] Vgl. dazu Bühring § 8, RN 4.

[49] Vgl. Bühring § 9, RN 2.

gemäß § 7 Abs. 1 GbmG der richtige Antragsgegner ist[50], dem auch bei fehlender materieller Berechtigung die ausschließliche Prozeßführungsbefugnis zusteht[51]. Das Bundespatentgericht[52] hat dementsprechend festgestellt, daß in § 9 Abs. 1 S. 1 GbmG der als Inhaber in der Rolle Eingetragene gemeint ist. Man sollte daher den zukünftigen Wortlaut des § 9 Abs. 1 S. 1 GbmG demjenigen des § 7 Abs. 1 GbmG anpassen und einheitlich auf den in der Gebrauchsmusterrolle Eingetragenen abstellen[53]; § 9 Abs. 1 S. 1 GbmG würde dann auch mit § 81 Abs. 1 S. 2 PatG übereinstimmen.

2. Löschung bei unterbliebenem Widerspruch

Der GRUR-Unterausschuß hat vorgeschlagen, § 9 Abs. 1 S. 2 GbmG zu streichen und die darin vorgesehene harte Folge eines unterbliebenen Widerspruchs durch eine dem § 82 Abs. 2 PatG entsprechende Regelung zu ersetzen; in den Fällen der Unzulässigkeit des Löschungsantrags befriedige das „zu unrichtigen Entscheidungen zwingende" geltende Recht nicht[54].

Nach der Praxis des Patentamts wird der Löschungsantrag zugestellt, wenn die Schriftform des § 8 S. 1 GbmG gewahrt und die Gebühr nach § 8 S. 3 GbmG bezahlt ist; im übrigen müssen die gesetzlichen Anforderungen nicht eingehalten sein. Allerdings kann das Patentamt den Antragsteller zur Beseitigung von Mängeln auffordern und den Antrag zurückweisen, wenn er diesem Verlangen nicht nachkommt[55].

---

[50] Bühring § 8, RN 26; Benkard GbmG § 7, RN 17.

[51] BGH GRUR 66, 107, 109 l. Sp.; GRUR 67, 56, 57 r. Sp. (jeweils für das Patentnichtigkeitsverfahren). — a. A. Pietzcker GRUR 73, 561 ff., 568 l. Sp., 570 r. Sp., 571 l. Sp., der sich dafür ausspricht, neben dem Eingetragenen auch den wahren Berechtigten als Beklagten zuzulassen; vertretbare Ergebnisse seien eher zu erwarten, wenn der Betroffene selbst seinen Standpunkt vertreten könne (S. 567 r. Sp.). Auch Pietzcker aaO, S. 564 l. Sp., 568 r. Sp. erkennt jedoch an, daß in § 9 Abs. 1 S. 1 GbmG wohl der als Inhaber Eingetragene gemeint ist.

[52] BPatG GRUR 80, 225 ff., 226 l. Sp.

[53] Insbesondere erscheint es nicht angezeigt, dem Vorschlag Pietzckers aaO zu folgen. § 5 Abs. 4 GbmG iVm § 4 Abs. 1 PatG a. F. (= § 7 Abs. 1 PatG n. F.) lassen darauf schließen, daß die über den Löschungsantrag entscheidende Stelle nicht mit der Frage nach dem wahren Berechtigten belastet werden soll (vgl. auch BGH GRUR 66, 109 l. Sp.: „fest bestimmte, leicht erkennbare Grundlage für die Richtung von Angriff und Verteidigung des Schutzrechts"); ferner ist ein Schutz des Rechtsinhabers durch seine zusätzliche Passivlegitimation deshalb zweifelhaft, weil er durch den Antragsteller nicht als Antragsgegner bezeichnet werden müßte; schließlich sollten Gebrauchsmuster- und Patentrecht in diesem Punkt nicht voneinander abweichen.

[54] GRUR-Unterausschuß, S. 33 r. Sp., 39 (§ 9 Abs. 1 S. 2 des Vorschlags).

[55] Vgl. Bühring § 9, RN 2, § 8, RN 4.

Unzulässige Anträge dürften daher nur selten eine Löschung gemäß § 9 Abs. 1 S. 2 GbmG auslösen[56].

Dem Vorschlag des GRUR-Unterausschusses ist zwar vor allem entgegenzuhalten, daß es durchaus zweckmäßig und sinnvoll ist, die Nichterhebung des Widerspruchs unabhängig von der Zulässigkeit und der Begründetheit des Antrags zur Löschung führen zu lassen. Insbesondere im Hinblick auf die Tatsache, daß der Gebrauchsmusterinhaber von der Gelegenheit, sich innerhalb der Widerspruchsfrist zu erklären, in der Regel nur dann keinen Gebrauch machen wird, wenn er die Verteidigung seines Gebrauchsmusters für aussichtslos hält[57], erscheint es nicht erforderlich, das Patentamt mit einer eingehenden Zulässigkeits- und Schlüssigkeitsprüfung zu belasten. Die Verschärfung gegenüber § 82 Abs. 2 PatG rechtfertigt sich aus der Zielsetzung des Gebrauchsmusterlöschungsverfahrens, die Vernichtbarkeit des nur beschränkt geprüften und daher mit größerer Wahrscheinlichkeit nicht rechtsbeständigen, zeitlich kürzeren Gebrauchsmusters so leicht wie möglich erreichbar zu machen[58]. Hinsichtlich der angeordneten Rechtsfolge bedarf § 9 Abs. 1 S. 2 GbmG also keiner Korrektur.

Die Regelung des § 9 Abs. 1 S. 2 GbmG erschwert die Position des Gebrauchsmusterinhabers jedoch weiter dadurch, daß ihm anders als bei einer gemäß § 9 Abs. 3 S. 1, § 10 Abs. 2 GbmG angreifbaren Löschung im Streitverfahren ein Rechtsmittel gegen die Entscheidung nach § 9 Abs. 1 S. 2 GbmG nicht zur Verfügung steht[59], weil diese durch den Beamten des gehobenen Dienstes der Gebrauchsmusterabteilung in Gestalt einer Verfügung getroffen wird[60]. Zumindest wäre es daher angebracht, die bislang nicht notwendige Androhung der Säumnis-

---

[56] Dihm GRUR 79, 206 l. Sp. unten.

[57] BGH GRUR 63, 519 ff., 521 r. Sp.; Dihm GRUR 79, 206 l. Sp. unten.

[58] So auch Dihm GRUR 79, 206 r. Sp. Vgl. ferner BGH GRUR 63, 351 ff., 353 r. Sp.

[59] BGH GRUR 63, 519 ff., 521 r. Sp.; Benkard GbmG § 9, RN 6. — Der BGH aaO hält es „mit den Geboten der Rechtssicherheit und dem Gebot der Rechtsklarheit (für) nicht vereinbar, wollte man zulassen, daß die im Säumnisverfahren erzielte Löschung in einem beliebigen späteren Verfahren daraufhin nachgeprüft werden könnte, ob sie sich auch bei sachlicher Prüfung als berechtigt erwiesen haben würde". Diesen Ausführungen kann insoweit nicht gefolgt werden, als es nicht einzusehen ist, weshalb Rechtssicherheit und Rechtsklarheit durch die Nachprüfbarkeit einer Entscheidung betroffen sein sollen; auch gegen das nach § 82 Abs. 2 PatG ergangene Urteil ist gemäß § 110 PatG die Berufung möglich; vgl. Schulte § 82, RN 3. — Das Patentamt Bl. 55, 298, 299 hat die Beschwerde gegen die Eintragung einer Löschung für zulässig angesehen, wenn der Gebrauchsmusterinhaber wegen Nichtberücksichtigung seines Widerspruchs die Berichtigung der Rolle verlangen kann. — Im übrigen ist bei Versäumung der Frist des § 9 Abs. 1 GbmG Wiedereinsetzung möglich, vgl. Bühring § 9, RN 3 m. N.

[60] BPatGE 11, 106, 108; Bühring § 8, RN 14.

folgen[61] im Gesetz vorzuschreiben und — wie § 2 Abs. 5 S. 2 GbmG, § 17 Abs. 3 S. 3 PatG — ihren Eintritt davon abhängig zu machen, daß der Betroffene auf sie hingewiesen wird; fraglich ist aber, ob man sich nicht sogar dazu entschließen soll, auch für die gemäß § 9 Abs. 1 S. 2 GbmG zu bewirkende Löschung in Zukunft die Form eines Beschlusses anzuordnen und so die Anfechtbarkeit zu ermöglichen[62].

Dagegen läßt sich einwenden, daß die Gebrauchsmusterabteilung dann in der Besetzung gemäß § 4 Abs. 3 S. 1 GbmG entscheiden müßte[63]. Indem man dem Gebrauchsmusterinhaber gewissermaßen eine zweite Chance einräumt, sich gegen die Löschung zu wehren, würde sich der Abschluß des Löschungsverfahrens verzögern; dabei liegt doch die schnelle Durchführung im allgemeinen Interesse. — Andererseits wird jedoch betont, daß die Löschungsentscheidung auf Grund eines Säumnisverfahrens der in einem Streitverfahren ergangenen völlig gleichstehe[64]. Konsequenterweise müßte in beiden Fällen oder in keinem Beschwerde erhoben werden können. Da letzteres trotz des Ziels einer raschen und leichten Vernichtbarkeit des Gebrauchsmusters wohl nicht in Betracht kommt, sollte man den während der Monatsfrist des § 9 Abs. 1 GbmG untätigen Gebrauchsmusterinhaber nicht sofort rechtlos stellen, sondern ihn ebenso behandeln wie den in einem Streitverfahren unterlegenen; dementsprechend sollte die Löschung auch bei § 9 Abs. 1 S. 2 GbmG von der Gebrauchsmusterabteilung „beschlossen" werden und der Gebrauchsmusterinhaber diesen Beschluß nicht nur mit der Begründung angreifen können, eine Säumnis habe nicht vorgelegen, sondern — wie sonst — auch damit, daß die Löschung materiell nicht gerechtfertigt sei. Zu denken ist allerdings daran, den Gebrauchsmusterinhaber mit den durch seine Untätigkeit etwa entstandenen Kosten zu belasten, selbst wenn infolge der von ihm erhobenen Beschwerde die Löschung unterbleibt[65]. — Um zu verhindern, daß sich das Patentgericht funktionswidrig mit einem vom Patentamt noch nicht aufbe-

---

[61] Vgl. BGH GRUR 67, 351 ff., 354 r. Sp., wo festgestellt wird, daß es bei der allgemeinen Regel des § 231 ZPO verbleibt, wonach es für den Eintritt der Säumnisfolgen ihrer Androhung nicht bedarf; vgl. Bühring § 9, RN 2.

[62] Dafür spricht sich Schlenk GRUR 67, 355 r. Sp. aus; auch Bühring § 8, RN 14 weist darauf hin, daß ein Beschluß „zur Eröffnung der Anfechtungsmöglichkeit geboten wäre". — Analog § 47 Abs. 2 PatG ist ein Beschluß mit einer Rechtsbehelfsbelehrung zu versehen.

[63] Reimer GbmG § 9, RN 3 meint, „der Gesetzgeber wollte das wohl vermeiden".

[64] BGH GRUR 67, 353 r. Sp.; GRUR 63, 521 r. Sp.

[65] Einer besonderen Regelung bedarf es insoweit nicht, da sich dieses — der Rechtsfolge in § 344 ZPO ähnliche — Ergebnis bereits aus § 10 Abs. 3 GbmG iVm § 80 Abs. 1 PatG gewinnen läßt, und erst recht dann nicht, wenn man den hier vertretenen Vorschlägen zur Änderung der § 9 Abs. 3, § 10 Abs. 3 GbmG folgt (vgl. unten 5 sowie 4. Abschn.): die „Billigkeit" ist ein ausreichender Entscheidungsmaßstab.

reiteten Sachverhalt auseinandersetzen muß, sollte man die insbesondere bei nicht einfach gelagerten Fällen relevante Möglichkeit schaffen, daß das Patentgericht in Löschungsangelegenheiten die Sache an die Gebrauchsmusterabteilung zurückverweisen kann[66]; der auch für die Beteiligten u. U. nachteilige Verlust einer Tatsacheninstanz könnte damit abgewendet werden.

3. Streichung des § 9 Abs. 2 S. 4 GbmG

§ 9 Abs. 2 S. 4 ist entbehrlich[67], da die nach S. 3 für die Beweisaufnahme analog anwendbaren Vorschriften der ZPO auch hinsichtlich deren Protokollierung eine umfassende Regelung[68] enthalten.

4. Mündliche Verhandlung

Obwohl nach dem Wortlaut des § 9 Abs. 3 S. 1 GbmG zwingend vorgeschrieben, kann nach allgemeiner Meinung analog § 83 Abs. 2 S. 2 PatG eine mündliche Verhandlung mit vorheriger ausdrücklicher Zustimmung der Beteiligten unterbleiben[69]. Da es nicht angeht, daß das Gebrauchsmusterlöschungsverfahren an die prozessuale Form strengere Anforderungen als das Patentnichtigkeitsverfahren stellt, sollte man § 9 Abs. 3 S. 1 GbmG durch die Aufnahme einer entsprechenden Bestimmung einschränken[70].

Um § 8 S. 2 GbmG stärkere Geltung zu verschaffen[71] und um das Verfahren zu vereinfachen, sollte eine mündliche Verhandlung auch dann nicht stattfinden müssen, wenn der Löschungsantrag nicht der gesetzlichen Form entspricht. Vielmehr sollte er in einer schriftlichen Entscheidung als unzulässig verworfen werden können[72].

---

[66] Eine solche Bestimmung könnnte in § 10 Abs. 4 GbmG aufgenommen werden, vgl. unten 4. Abschn.

[67] So auch GRUR-Unterausschuß, S. 34 r. Sp., 35 l. Sp., 39 (§ 9 Abs. 2 des Vorschlags).

[68] Vgl. § 159 Abs. 1 bis § 165, §§ 355 ff., 373 ff., 402 ff. ZPO.

[69] Vgl. Bühring § 9, RN 10; Benkard GbmG § 9, RN 12; Reimer GbmG § 9, RN 5.

[70] So auch GRUR-Unterausschuß, S. 39 (§ 9 Abs. 3 S. 4 des Vorschlags); befürwortend Dihm aaO, S. 206 r. Sp.

[71] Der Muß-Vorschrift des § 8 S. 2 GbmG wird insoweit nicht voll Rechnung getragen, als die Zustellung eines Antrags nach der Praxis des Patentamts auch dann erfolgen kann, wenn die gesetzliche Form nicht gewahrt ist, vgl. dazu oben 2, FN 55.

[72] Ähnlich GRUR-Unterausschuß, S. 39 (§ 9 Abs. 3 S. 1, 2 des Vorschlags); zustimmend Dihm GRUR 79, 206 r. Sp. — Die vom GRUR-Unterausschuß aaO gewählte Formulierung ist zu absolut, da das Patentamt danach gezwungen ist, den nicht in der gesetzlichen Form „eingereichten“ Löschungsantrag als unzulässig zu verwerfen. Es sollte dem Patentamt jedoch zunächst möglich sein, fehlende Angaben nachzufordern.

5. Kosten

Gemäß § 9 Abs. 3 S. 2 GbmG, der dem § 40 Abs. 2 S. 1 PatG a. F. weitgehend entspricht, ist die Kostenentscheidung im Gebrauchsmusterlöschungsverfahren obligatorisch[73]. Die Verteilung der Kosten hat sich nach „billigem Ermessen“[74] zu richten. Nach ganz h. M. und ständiger Rechtsprechung sind unter dem Vorbehalt der Billigkeit die Kostenvorschriften der ZPO anzuwenden[75], so daß in der Regel[76] im Umfang des Unterliegens die Kosten getragen werden müssen. Durch den neuen § 84 Abs. 2 S. 2 PatG ist dieser Grundsatz für das Patentnichtigkeitsverfahren in das Patentgesetz aufgenommen worden.

[73] Insbesondere auch dann, wenn der Löschungsantrag zurückgenommen wird; der gemäß § 9 Abs. 3 S. 3 GbmG an sich entsprechend anwendbare § 62 Abs. 1 S. 2 PatG (§ 33 Abs. 2 S. 2 PatG a. F.), der die Kostenentscheidung in das Ermessen des Patentamts stellt, gilt insoweit nicht, weil er davon ausgeht, daß die Kostenentscheidung allgemein fakultativ ist, vgl. Benkard, 6. und 7. Auflage, GbmG § 9, RN 15, Bühring § 9, RN 17.

[74] Zu Recht weist Schickedanz Mitt. 72, 44 r. Sp. m. N. darauf hin, daß es sich hierbei um einen unbestimmten Rechtsbegriff und nicht etwa um eine gerichtlich nicht nachprüfbare Ermessensentscheidung handelt, weil das Ermessen durch den Begriff der Billigkeit eingeschränkt werde. — Es ist daher genauer, nur das Wort „Billigkeit“ zu verwenden (vgl. auch § 84 Abs. 2 S. 2 PatG).

[75] BGH Mitt. 61, 57, 58 l. Sp.; BPatGE 1, 175, 179; 7, 134, 135; 8, 47, 49; 8, 171, 173; 11, 106, 109; 15, 68, 69; 18, 185, 186; GRUR 80, 225, 226; Mitt. 80, 99 l. Sp.; Bühring § 9, RN 19; Benkard GbmG § 9, RN 17; Reimer GbmG § 9, RN 8. — a. A. Schickedanz Mitt. 72, 44 ff., der die Anwendung des Unterliegensprinzips der §§ 91 ff. ZPO in vielen Fällen für unbillig und eine Lösung auf der Grundlage des „Verschuldensprinzips“ für gerechter hält (vgl. aaO, S. 45 r. Sp., 46 l. Sp.); vgl. derselbe Mitt. 73, 118. Gegen Schickedanz überzeugend BPatGE 15, 68 ff. = Mitt. 73, 195 ff. mit der Begründung, daß für die Bestimmung der „Billigkeit“ aus Gründen der Rechtssicherheit eine Richtlinie erforderlich sei; wegen des kontradiktorischen Charakters des Löschungsverfahrens seien die Vorschriften der ZPO dafür geeignet; das Verschuldensprinzip passe demgegenüber nicht, weil auch ein ungültiges Gebrauchsmuster faktisch Sperrwirkung entfalte, zu dessen Beseitigung Kosten aufgewendet werden müssen; es sei weit unbilliger, den Antragsteller mit diesen zu belasten als den Antragsgegner, weil dieser sich objektiv im Unrecht befinde (aaO, S. 197 l. Sp.).

[76] Eine Ausnahme bildet § 93 ZPO. — Um die Kostenfolge des § 93 ZPO zu vermeiden, wird nach allgemeiner Meinung vor Stellung des Löschungsantrags eine Verzichtsaufforderung für erforderlich gehalten, weil die Eintragung des Gebrauchsmusters allein noch kein Anlaß iSd § 93 ZPO sein soll; dieser wird erst darin gesehen, daß der Gebrauchsmusterinhaber der Aufforderung nicht innerhalb einer angemessenen Frist nachkommt; vgl. etwa Benkard GbmG § 9, RN 21, 23 m. N., Bühring § 9, RN 23, 24 m. N., BPatGE 18, 185, 188 m. N.; BPatG Mitt. 78, 175, 176, 177, 178. a. A. nur v. Gamm NJW 61, 1048 ff., 1050 l. Sp., weil der Anmelder vor der Anmeldung die Lage klären müsse. — Die im Zusammenhang mit der Verzichtsaufforderung stehenden Kosten sind stets zu erstatten, da die Innehabung des Gebrauchsmusters insoweit einen hinreichenden Anlaß darstellt, vgl. Tetzner Mitt. 61, 210 ff., 211 r. Sp. — Zur Dauer der Frist, für die im Regelfall 1 Monat ausreichend sein wird und die 2 Wochen wohl nicht unterschreiten darf, vgl. Bühring § 9, RN 25.

Fraglich ist, welche Kostenregelung das Gebrauchsmustergesetz in Zukunft treffen soll.

Der GRUR-Unterausschuß schlägt vor, das Gesetz solle sich mit der Feststellung begnügen, daß eine „Kostenerstattung nicht stattfindet“[77].

Dem sollte nicht gefolgt werden. Es wäre nämlich ungerecht, müßte jeder Beteiligte für die ihm durch ein Löschungsverfahren entstandenen Kosten unabhängig davon selbst aufkommen, ob das vorwerfbare Verhalten eines anderen zu der Auseinandersetzung über die Wirksamkeit des Gebrauchsmusters Anlaß gegeben hat[78]. Zu beanstanden ist ferner, daß die amtlichen Gebühren und sonstigen aufzubringenden Kosten[79] unerwähnt bleiben, obwohl geklärt sein muß, wer diese zu zahlen hat.

Die Anregung, den Antragsteller bei verspätetem Vorbringen mit der Kostenlast zwingend dann zu bestrafen, wenn „die völlige oder teilweise Löschung aufgrund von Tatsachen oder Beweismitteln (erfolgt), die in dem Löschungsantrag nicht mitgeteilt wurden“[80], ist abzulehnen, da eine solche Regelung für manche Fälle zu unflexibel ist[81]. Im Gesetz lediglich die Möglichkeit auszusprechen, dem Antragsteller die Kosten aufzuerlegen, wenn er nicht gleich sämtliches Material vorträgt[82], ist unnötig, weil man beim richtigen Verständnis der Billigkeit zur selben Rechtsfolge gelangt[83].

Sinnvoll erscheint es dagegen, die Grundsätze des geltenden Rechts im Gebrauchsmustergesetz zu verankern — ebenso wie dies durch den neuen § 84 Abs. 2 S. 1, 2/1. HS PatG geschehen ist, der als Vorlage dienen kann. Es gibt keinen Grund, weshalb Gebrauchsmusterlöschungs- und Patentnichtigkeitsverfahren in der Kostenfrage voneinander abweichen sollten.

In § 9 Abs. 3 S. 3 GbmG sollte man die Verweisung nicht mehr auf § 62 Abs. 1 S. 2, Abs. 2 S. 1 PatG (vgl. § 33 Abs. 2 S. 2, 3 PatG a. F.) er-

---

77 Vgl. GRUR-Unterausschuß, S. 40, Vorschlag 1 D, § 9 Abs. 4.

78 So auch Dihm GRUR 79, 207 l. Sp.

79 Vgl. § 8 S. 3 GbmG iVm Anlage zu § 1 PatGebG, Nr. 123 600, sowie Bühring § 9, RN 35—44.

80 So GRUR-Unterausschuß, S. 33 r. Sp., 35 l. Sp., 40, Vorschlag 1 B, § 9 Abs. 4. — Gem. Vorschlag 1 C, § 9 Abs. 4, sind dem Antragsteller dagegen die Kosten möglicherweise nur teilweise aufzuerlegen.

81 Nach Dihm GRUR 79, 207 r. Sp. etwa dann, wenn „der Antragsteller durch die Verteidigung des Gebrauchsmusterinhabers ... genötigt wird, weiteren, in der Antragsschrift noch nicht genannten Stand der Technik vorzulegen“ oder wenn „die Gebrauchsmusterabteilung von sich aus weiteren ... Stand der Technik ... heranzieht, obwohl das vom Antragsteller genannte Material an sich ausgereicht hätte“.

82 So Dihm GRUR 79, 207 r. Sp. (Kannvorschrift).

83 Die „Billigkeit“ erlaubt doch gerade vom Unterliegensprinzip der §§ 91 ff. ZPO abweichende Ergebnisse.

strecken, denn sie ist, was § 62 Abs. 1 S. 2 PatG anbetrifft, verwirrend und hinsichtlich § 62 Abs. 2 S. 1 PatG überflüssig. Eine Bestimmung über die Kosten hat nach § 9 Abs. 2 S. 2 GbmG nämlich ausnahmslos zu ergehen; sie ist im Gegensatz zum Wortlaut des § 62 Abs. 1 S. 2 PatG nicht nur fakultativ[84]. Daß zu den „Kosten" auch die den Beteiligten erwachsenen notwendigen Kosten gehören[85], ist selbstverständlich und bedarf keiner Hervorhebung.

Die Vorschriften der ZPO über das Kostenfestsetzungsverfahren[86] und die Zwangsvollstreckung aus Kostenfestsetzungsbeschlüssen[87] müssen im Gebrauchsmusterrecht weiterhin anwendbar sein[88]. Es ist daher zweckmäßig, wie bisher die entsprechende Geltung des in dem Abschnitt über das Verfahren vor dem Patentamt stehenden und zu weiteren Einzelfragen der Kostenfestsetzung Stellung nehmenden § 62 Abs. 2 S. 2—5 PatG (= § 33 Abs. 2 S. 4—7 PatG a. F.) vorzuschreiben.

3. Abschnitt

Negativer Feststellungsantrag

Gegenstand des Löschungsverfahrens kann nur ein bestehendes, noch eingetragenes Gebrauchsmuster sein[89]. Damit ein durch Verzicht oder Ablauf der Schutzfrist ex nunc erloschenes Gebrauchsmuster hinsichtlich seiner Rechtsgültigkeit in der Vergangenheit, für die noch Ansprüche geltend gemacht werden können, nicht unangreifbar wird, ist anerkannt, daß an Stelle der nicht mehr möglichen Löschung die Fest-

---

84 Vgl. FN 73 und die Nachweise dort.

85 Zu dem (in § 84 Abs. 2 S. 2 PatG verwendeten) Begriff der „Prozeßkosten", die in Gerichtskosten und außergerichtlichen Kosten zerfallen, vgl. Thomas/Putzo II vor § 91 ZPO. — Mit der Einführung des neuen § 84 Abs. 2 PatG ist die Kostenentscheidung auch im Patentnichtigkeitsverfahren jetzt notwendig einheitlich, vgl. Schulte § 84, RN 10; nach früherem Recht konnte gem. § 40 Abs. 2 S. 2 iVm § 36 q Abs. 1 S. 2 PatG a. F. die Entscheidung über die Gerichtskosten und die außergerichtlichen Kosten unterschiedlich ausfallen, vgl. Schulte, 2. Auflage, § 40, RN 6, Benkard, 6. Auflage, GbmG § 40, RN 9.

86 §§ 103—107 ZPO.

87 § 794 Abs. 1 Nr. 2, §§ 795 a, 798 ZPO.

88 So auch Dihm GRUR 79, 207 r. Sp., 208 l. Sp., der das Fehlen einer Verweisung auf § 33 Abs. 2—7 a. F. PatG in den Vorschlägen des GRUR-Unterausschusses aaO kritisiert und insoweit ein Versehen vermutet.

89 Dies ist trotz der unterschiedlichen Wirkung der Löschung nach § 7 GbmG (ex tunc) und der übrigen Erlöschensgründe (ex nunc) der Fall, vgl. BGH GRUR 67, 351 ff., 352 l. Sp., Bühring § 7, RN 13, Benkard GbmG § 7, RN 2, 3. — Die Patentnichtigkeitsklage kann dagegen grundsätzlich auch gegen ein bereits erloschenes Patent erhoben werden, vgl. Benkard PatG § 22, RN 23 m. N., Schulte § 81, RN 20.

stellung begehrt werden kann, das Gebrauchsmuster sei von Anfang an unwirksam gewesen[90]. Da die Allgemeinheit hieran kein Interesse hat — für sie ist es unerheblich, ob das jedenfalls jetzt nicht mehr existente Gebrauchsmuster zu Recht eingetragen war[91] —, ist ein solcher „negativer Feststellungsantrag“[92] nur bei einem „besonderen eigenen Rechtsschutzinteresse“ des Antragstellers zulässig[93], insbesondere also, wenn dieser wegen einer zurückliegenden Gebrauchsmusterverletzung vom Inhaber belangt wird. Feststellungs- und Löschungsverfahren unterliegen sowohl in sachlich-rechtlicher als auch in verfahrensrechtlicher Hinsicht den gleichen Grundsätzen[94].

Diese Praxis sollte in einem zu schaffenden § 9 a GbmG eine ausdrückliche gesetzliche Regelung finden[95]. Allerdings erscheint es nötig, im Interesse der Rechtsklarheit die Terminologie zu vereinheitlichen und nicht auf ein „besonderes eigenes Rechtsschutzinteresse“ noch auf ein „berechtigtes Interesse“[96] abzustellen, sondern wie bei der Feststellungsklage nach § 256 ZPO auf das „rechtliche Interesse“[97]. Der dem „rechtlichen Interesse“ beigemessene Begriffsinhalt[98] ist nämlich dem kasuistisch bestimmten[99] des „besonderen eigenen Rechtsschutzinteresses“ gleichzusetzen[100], da es jeweils um das erforderliche, auf den-

---

[90] BGH aaO (FN 89) m. N.; BPatGE 19, 58, 59 m. N., GRUR 80, 852, 81, 124, 125 l. Sp.; vgl. ferner Reimer GbmG § 7, RN 8 m. N. sowie Bühring und Benkard aaO (FN 89) und die Nachweise dort. — Der Löschungsantrag kann in einen Feststellungsantrag umgewandelt werden, wenn das Gebrauchsmuster während des Löschungsverfahrens erlischt, vgl. Bühring § 7, RN 15, Benkard GbmG § 7, RN 7.

[91] Vgl. BGH Bl. 74, 60 ff., 61 l. Sp.; GRUR 74, 146 r. Sp.

[92] So Reimer GbmG § 7, RN 8; Bühring § 7, RN 14.

[93] Vgl. die Nachweise bei FN 90 sowie BPatG Mitt. 70, 176 ff., 178 r. Sp.; 77, 119 l. Sp.; 78, 173, 174 l. Sp.

[94] BGH GRUR 67, 352 r. Sp. m. N.; Reimer GbmG § 7, RN 8 (S. 1901). — Der Erfolg des Feststellungsantrags beurteilt sich also nach den materiellen Voraussetzungen des § 7 GbmG; eine stattgebende Entscheidung hat absolute Wirkung. Die verfahrensrechtliche Regelung der §§ 8, 9, 10 GbmG gilt entsprechend; auch im Rahmen des § 11 GbmG stehen Löschungs- und Feststellungsverfahren einander gleich.

[95] So in jüngerer Zeit ebenfalls GRUR-Unterschausschuß, S. 33 r. Sp., 40; auch Dihm GRUR 79, 208 l. Sp., hat dagegen „grundsätzlich keine Bedenken“.

[96] So aber GRUR-Unterausschuß aaO (FN 95).

[97] Dafür spricht sich auch Dihm GRUR 79, 208 l. Sp., aus.

[98] Vgl. dazu Thomas/Putzo § 256, Anm. 5.

[99] Vgl. etwa die den oben zitierten Entscheidungen (FN 90, 93) zugrundeliegenden Fälle und Bühring § 7, RN 14 m. N.

[100] So ausdrücklich auch Dihm GRUR 79, 208 l. Sp., der sich auf das BPatG beruft, welches (vgl. Mitt. 70, 176, 178 r. Sp.; 77, 119 r. Sp.; 78, 174 r. Sp.) zur Bestimmung des „besonderen eigenen Rechtsschutzinteresses“ unter Verweisung auf § 256 ZPO Kriterien heranzieht, die für das „rechtliche Interesse“ gelten. — a. A. Bühring § 7, RN 14, der ein „rechtliches Interesse“ nicht für notwendig hält, ohne allerdings eine Abgrenzung vorzunehmen.

selben Grundgedanken beruhende und daher nicht mit verschiedenen Maßstäben zu beurteilende Feststellungsinteresse[101] geht. — Der in § 3 Abs. 5 S. 2 GbmG und § 31 Abs. 1 S. 1 PatG (= § 24 Abs. 3 S. 1 PatG a. F.) verwendete Begriff des „berechtigten Interesses" reicht hingegen nicht so weit und paßt deshalb nicht; mit ihm soll lediglich gewährleistet werden, daß nur derjenige die Akten einsehen kann, der schutzwürdigere Belange als der von der Akteneinsicht Betroffene hat[102].

4. Abschnitt

Das Löschungsverfahren in der Beschwerdeinstanz

Eine Kostenentscheidung ist im Löschungsverfahren für die 1. Instanz gemäß § 9 Abs. 3 S. 2 GbmG zwingend vorgeschrieben; in der Beschwerdeinstanz ist sie gemäß § 10 Abs. 3 GbmG, § 80 Abs. 1 PatG (= § 36 q Abs. 1 PatG a. F.) dagegen nur fakultativ. Diese Regelung ist inkonsequent[103], weil das Beschwerdegericht über die Berechtigung der Kostenentscheidung der 1. Instanz allein oder mit zu befinden hat[104]. — § 10 Abs. 3 GbmG sollte daher in Zukunft bestimmen, daß bei Beschwerden in Löschungssachen eine Entscheidung über die Kosten nach Maßgabe des § 9 Abs. 3 GbmG ergehen muß.

§ 10 GbmG sollte aber weder dahingehend geändert werden, daß eine mündliche Verhandlung über die Regelung der §§ 78, 79 Abs. 2 PatG hinaus unterbleiben kann[105], noch sollte man dem bedenkenbehafteten[106] Vorschlag des GRUR-Unterausschusses folgen und die Verwertbarkeit des zur Verfügung stehenden Materials — gleich in welcher Instanz — beschränken[107].

---

[101] Das Feststellungsinteresse ist die „spezielle Ausgestaltung des bei jeder Rechtsverfolgung erforderlichen Rechtsschutzinteresses" und dient der Prozeßwirtschaftlichkeit, Thomas/Putzo § 256, Anm. 5.

[102] Vgl. Benkard PatG § 31, RN 24, 26; Schulte § 31, RN 12.

[103] So Reimer GbmG § 9, RN 9; Schickedanz Mitt. 72, 44 ff., 47 l. Sp.

[104] Das Bundespatentgericht hält „in der Regel eine Kostenentscheidung schon deshalb (für) notwendig" (E 1, 181, 182) und es für der Billigkeit (§ 36 q Abs. 1 PatG a. F.) entsprechend, auch über die Kosten des Beschwerdeverfahrens (unter Heranziehung der §§ 91 ff. ZPO) zu entscheiden, E 1, 175 ff., 181, 12, 193, 201; vgl. auch Bühring § 10, RN 41.

[105] So GRUR-Unterausschuß, S. 39, 40, § 10 Abs. 3 iVm § 9 Abs. 3 S. 2 der Vorschläge 1 A und 1 B; dagegen Dihm GRUR 79, 208 l. Sp., der zu Recht meint, eine mündliche Verhandlung dürfe nicht gegen den Willen des betroffenen Antragstellers ausfallen, wenn die Beschwerde zulässig sei.

[106] Vgl. 1. Abschn. III und die Nachweise dort.

[107] GRUR-Unterausschuß, S. 40, § 10 Abs. 3 des Vorschlags, wonach dem Beschluß (in der Beschwerdeinstanz) nur die Tatsachen und Beweismittel zu-

In einem neu in § 10 Abs. 4 GbmG einzufügenden Satz sollte man aus den genannten Gründen[108] bestimmen, daß das Patentgericht in Löschungsangelegenheiten die Sache an die Gebrauchsmusterabteilung zurückverweisen kann.

§ 10 Abs. 4 GbmG enthält keine Regelung darüber, in welcher Besetzung das Beschwerdegericht in den nicht in Satz 2 angesprochenen Fällen entscheidet. § 67 Abs. 1 PatG (= § 36 d Abs. 1 PatG a. F.) wird deshalb analog herangezogen[109]. — Der Vollständigkeit halber sollte in § 10 Abs. 4 GbmG eingefügt werden, daß sich der Beschwerdesenat „im übrigen" aus 3 rechtskundigen Mitgliedern zusammensetzt. — In § 10 Abs. 4 S. 5 GbmG ist statt auf § 36 g PatG a. F. auf § 69 PatG Bezug zu nehmen.

§ 10 Abs. 5 GbmG bedarf materiell keiner Korrektur. Insbesondere besteht kein Anlaß, isoliert für das Gebrauchsmusterrecht der Kritik stattzugeben, die sich gegen die als zu starr empfundene Zurückverweisungspflicht des BGH gem. § 108 Abs. 1 PatG (= § 41 Abs. 1 PatG a. F.) richtet[110]. — In § 10 Abs. 5 S. 2 GbmG ist daher lediglich den formellen Änderungen Rechnung zu tragen und an Stelle der alten Paragraphenbezeichnungen auf die § 100 Abs. 2, 3, §§ 101 bis 109 PatG zu verweisen.

5. *Abschnitt*

Auswirkungen des Löschungsverfahrens auf einen anhängigen Zivilrechtsstreit

Die Ungültigkeit eines Gebrauchsmusters kann nicht nur im Wege eines Löschungsverfahrens, sondern auch einredeweise in einem Rechtsstreit vor den ordentlichen Gerichten, die insoweit eine umfassende Prüfungs- und inzidente Verwerfungskompetenz besitzen, geltend gemacht werden[111]. Dieser für das geltende Recht feststehende Ausgangs-

---

grundegelegt werden dürfen, „die dem Inhaber des Gebrauchsmusters mit dem Löschungsantrag (so Vorschlag 1 A) oder (außerdem) im Verfahren vor dem Patentamt (so Vorschlag 1 B) mitgeteilt wurden"; dagegen Dihm GRUR 79, 208 l. Sp. unten, r. Sp. oben.

[108] Vgl. 2. Abschn. III 2.

[109] Vgl. Bühring § 10, RN 28, Benkard GbmG § 10, RN 9; BGH GRUR 64, 310, 312 l. Sp.; der BGH aaO, S. 311 l. Sp. stellt fest, daß sich die Anwendung des § 36 d Abs. 1 PatG a. F. nicht bereits über § 10 Abs. 3 GbmG ergebe, weil § 36 d PatG a. F. nicht im 5. Abschnitt („Verfahren vor dem Patentgericht") stehe.

[110] Vgl. Löscher GRUR 66, 5 ff., 18; Schlenk GRUR 68, 44 r. Sp. (Anm. zu BGH GRUR 68, 40; trotz zweier Beschwerdeverfahren vor dem Bundespatentgericht und zweier Rechtsbeschwerdeverfahren vor dem BGH war noch keine Eintragung erfolgt). — Nach der amtlichen Begründung zu § 41 x PatG a. F. (Bl. 61, 140 ff., 158 r. Sp.) soll das Verbot einer positiven Entscheidung einer vermeidbaren Arbeitsbelastung des BGH entgegenwirken; außerdem liege der „Zweck des Rechtsbeschwerdeverfahrens lediglich darin, eine Entscheidung über Rechtsfragen von grundsätzlicher Bedeutung herbeizuführen".

punkt[112] sollte unangetastet bleiben, da sich die Erschwerung der gegen ein Gebrauchsmuster gerichteten Abwehr nicht damit vertrüge, daß der Gebrauchsmustereintragung nur eine beschränkte Kontrolle vorangeht. Die Folge ist aber, daß einander widersprechende Entscheidungen möglich sind. Um dem entgegenzuwirken[113], gibt § 11 GbmG Voraussetzungen an, unter denen die Verhandlung eines Rechtsstreits bei gleichzeitiger Anhängigkeit eines Löschungsverfahrens ausgesetzt werden kann bzw. muß, und normiert die Bindung des Gerichts an eine den Löschungsantrag zurückweisende Entscheidung im Fall der Parteiengleichheit.

I. Die Aussetzungsanordnung in § 11 S. 1, 2 GbmG

Es wurde vorgeschlagen[114], den zur Aussetzung zwingenden § 11 S. 2 GbmG ersatzlos zu streichen. Das dafür angeführte Argument der Prozeßökonomie[115] trifft jedoch nicht zu; eine unzulässige oder unbegründete Verletzungsklage kann nämlich ohne Rücksicht auf ein laufendes Löschungsverfahren abgewiesen werden, wenn nur das Bestehen des Gebrauchsmusters nicht entscheidungserheblich ist[116]. — Die in § 11 S. 2 GbmG ausgesprochene Verpflichtung ist sinnvoll — und daher beizubehalten —, weil es besonders mißlich wäre, würde das ordentliche Gericht die Schutzfähigkeit verneinen, das Patentamt bzw. Patentgericht sie hingegen bejahen[117].

§ 11 S. 2 GbmG würde mangels eigener Bedeutung allerdings entbehrlich, entschlösse man sich im Gegenteil dazu, die Aussetzung des von der materiellen Rechtmäßigkeit des Gebrauchsmusters abhängigen

111 Vgl. amtliche Begründung zur Neufassung vom 5. 5. 36, Bl. 36, 117 r. Sp. (zu §§ 8—11): derjenige, der sich auf die Nichtigkeit des Rechts berufe, solle „... nach wie vor berechtigt bleiben, gegenüber der Unterlassungs- oder Schadensersatzklage ... (die) Nichtigkeit ... im Wege der Einrede ... geltend zu machen“, st. Rspr. und h. M., vgl. RG GRUR 38, 43 = Bl. 37, 224 ff.; BGH GRUR 57, 270, 271 l. Sp.; GRUR 62, 299 ff., 304 r. Sp.; GRUR 69, 184 r. Sp., 185 l. Sp.; OLG Düsseldorf GRUR 52, 192 ff., 193 l. Sp.; Wichards GRUR 37, 428 ff., 430 l. Sp.; Krieger GRUR 50, 131 ff., 133; Bühring § 11, RN 2; Benkard GbmG § 11, RN 1; Reimer GbmG § 11, RN 1. — a. A. Zeller GRUR 37, 5 ff., 6, 427 r. Sp.; ders. GRUR 66, 421, 422; Neumann GRUR 37, 102; Heydt GRUR 50, 330 ff., 333 r. Sp.; Schramm GRUR 65, 251 l. Sp., letzter Absatz (Anm. zu BGH GRUR 65, 234 ff., 239 ff., 247 ff.).

112 Eine andere Auslegung ist mit § 11 GbmG nicht vereinbar.

113 Zum Sinn des § 11 GbmG vgl. Bühring § 11, RN 1; Benkard GbmG § 11, RN 1.

114 GRUR-Unterausschuß, S. 33 l. Sp., 41 (§ 11 des Vorschlags 1); Wolf GRUR 80, 265 ff., 269 l. Sp. (zu Nr. 7), 270 (§ 11 des Vorschlags).

115 So GRUR-Unterausschuß, S. 33 l. Sp.

116 Vgl. Dihm GRUR 79, 208 r. Sp.; Bühring § 11, RN 6; Benkard GbmG § 11, RN 5.

117 Vgl. Reimer GbmG § 11, RN 1; Benkard GbmG § 11, RN 7.

Prozesses immer dann vorzuschreiben, wenn ein Löschungsantrag erhoben ist. In der Regel wird, da im Hinblick auf die Ausschaltung konträrer Entscheidungen, aber auch auf die Vermeidung unnötiger Arbeit zweckmäßig, ohnehin so verfahren[118]. Andererseits bietet das Ermessen des § 11 S. 1 GbmG die Gewähr, daß zum Schutze des Gebrauchsmusterinhabers offensichtlich erfolglosen Löschungsanträgen und dem mißbräuchlichen Zunutzemachen[119] einer zwingenden Aussetzungsregelung wirksam begegnet werden kann.

Die Sätze 1 und 2 des § 11 GbmG brauchen daher nicht geändert zu werden.

II. Die Bindung des Gerichts an zurückgewiesene Löschungsanträge in § 11 S. 3 GbmG

Gemäß § 11 S. 3 GbmG ist das Gericht an eine das Gebrauchsmuster aufrechterhaltende Entscheidung im Löschungsverfahren gebunden, wenn diese „zwischen denselben Parteien ergangen ist"; die Rechtsgültigkeit des Gebrauchsmusters soll von demselben Verletzer nicht erneut in Zweifel gezogen werden können. Um diesem Zweck volle Geltung zu verschaffen, wird es für erforderlich gehalten, den Schutz des § 11 S. 3 GbmG — über den Gesetzeswortlaut hinaus — auch dem Rechtsnachfolger und dem ausschließlichen Lizenznehmer des Gebrauchsmusterinhabers zugute kommen zu lassen[120]. — An diesem Ergebnis ist festzuhalten; es sollte jedoch in Zukunft unmittelbar aus dem Gesetz hervorgehen.

§ 11 S. 3 GbmG schränkt die darin angeordnete materielle Rechtskraft nicht für den Fall ein, daß das Gebrauchsmuster — in einem anderen, späteren Verfahren — gelöscht worden ist. Fraglich ist daher, ob der Aussage des § 11 S. 3 GbmG[121] oder der damit in Widerstreit stehenden absoluten Wirkung der Löschung[122] der Vorzug zu geben ist. Richtig

[118] Vgl. Bühring § 11, RN 7.

[119] Denkbar wäre etwa der Fall zeitlich gestaffelter Löschungsanträge durch verschiedene, vom Gebrauchsmusterinhaber in Anspruch genommener Gebrauchsmusterverletzer; § 11 S. 3 GbmG nützt dem Gebrauchsmusterinhaber dann nichts.

[120] BGH GRUR 69, 681 m. N.; Bühring § 11, RN 11; Benkard GbmG § 11, RN 10; Klauer/Möhring GbmG § 11, RN 2; Reimer GbmG § 11, RN 2 (hinsichtlich „Rechtsnachfolger"). — Vgl. auch § 325 Abs. 1 ZPO, der auf demselben Gedanken beruht.

[121] So OLG Karlsruhe Mitt. 41, 152 ff., 153 r. Sp. mit zustimmender Vorbemerkung von Wirth, S. 153 l. Sp.; wohl auch Benkard, 6. Auflage, GbmG § 7, RN 29, der kommentarlos das OLG Karlsruhe aaO zitiert; anders Benkard, 7. Auflage, GbmG § 7, RN 32, wo die Entscheidung als „bedenklich" bezeichnet wird.

[122] So Wichards GRUR 37, 428 ff., 429, 431 l. Sp., der sich im Rahmen des § 11 S. 3 GbmG für eine Durchbrechung der Rechtskraft auch dann aus-

dürfte es nur sein, § 11 S. 3 GbmG bei einem gelöschten Gebrauchsmuster nicht anzuwenden. Die Löschung des Gebrauchsmusters ist für das Gericht nämlich in gleicher Weise verbindlich[123]. Außerdem ist es vom Sinn des § 11 S. 3 GbmG[124] nicht gedeckt, dem Gebrauchsmusterinhaber Vorteile zuzuweisen, deren mangelnde Rechtfertigung durch die Löschung offenbar geworden ist; die Vorschrift will nur verhindern, daß sich der Gebrauchsmusterinhaber mit derselben Person sowohl im Löschungs- als auch im Verletzungsverfahren über die Schutzfähigkeit auseinandersetzen muß. Steht die Ungültigkeit des Gebrauchsmusters aber fest, dann wäre es unbillig, allein gegenüber dem in einem früheren Löschungsverfahren unterlegenen Antragsteller von der Wirksamkeit des Schutzrechts auszugehen[125]. — Dementsprechend billigt die h. M. dem aus einem Gebrauchsmuster zu Unrecht in Anspruch Genommenen sogar zu, geleistete Zahlungen nach den §§ 812 ff. BGB vom Gebrauchsmusterinhaber zurückzufordern, obwohl der Verletzungsstreit bereits rechtskräftig abgeschlossen war[126]; die nachträgliche Feststellung der Unwirksamkeit des Schutzrechts wird dabei als neue und somit nicht von der Rechtskraft berührte[127] Tatsache angesehen[128].

Bei der Neuformulierung des § 11 S. 3 GbmG sollte man daher ausdrücklich den Vorbehalt kenntlich machen, daß die dort festgelegte Bindung nicht eintritt, wenn das Gebrauchsmuster gelöscht worden ist.

---

spricht, wenn der Verletzungsbeklagte neuheitsschädliches Material unverschuldet nicht vorgebracht hatte.

[123] Zur Allgemeinverbindlichkeit der Löschung vgl. BGH GRUR 68, 86 ff., 91 l. Sp. a. E. m. N.; Bühring § 7, RN 43, § 14, RN 22 („... im Verletzungsprozeß von Amts wegen zu berücksichtigen"); Benkard § 7, RN 32; Reimer GbmG § 7, RN 9 m. N.

[124] Vgl. FN 120.

[125] In diesem Sinne auch Wichards aaO (FN 122).

[126] Vgl. Horn GRUR 69, 196 ff., 175 r. Sp., 176 l. Sp.; Schulte, 2. Auflage, § 13, RN 62; Benkard PatG § 22, RN 63; Reimer PatG § 13, RN 33; sämtliche unter Berufung auf RG Bl. 3, 229 r. Sp., 230 l. Sp., wo die Anwendbarkeit der §§ 812 ff. BGB für den Fall bejaht wird, daß sich der mit der Bekanntmachung der (Patent-)Anmeldung (nach früherem Recht; jetzt vgl. § 33 PatG) gewährte einstweilige Schutz nachträglich als unberechtigt herausstellt. a. A. Schwerdtner GRUR 68, 9 ff., 16 l. Sp. — Ferner kann gegen ein bereits rechtskräftig gewordenes Urteil die Vollstreckungsgegenklage nach § 767 ZPO erhoben werden (RG 48, 384, 386; Horn aaO, S. 174 l. Sp.; Schulte aaO, Benkard aaO). Auch die Restitutionsklage nach § 580 Nr. 6 ZPO soll nach herrschender Ansicht gegeben sein (BPatGE 22, 251; Schulte § 21, RN 56; Horn aaO, S. 174, 175; Benkard aaO sowie PatG § 139, RN 149; a. A. Schwerdtner aaO, S. 15 r. Sp., Reimer aaO, Kisch GRUR 36, 277. Für eine Restitutionsklage gem. § 580 Nr. 7 b ZPO bereits früher Wichards GRUR 37, 431 r. Sp., 432); der Bereicherungsausgleich richtet sich dann nach § 717 Abs. 3 S. 3 ZPO mit der Besonderheit, daß § 818 Abs. 3 BGB keine Anwendung findet, vgl. BAG NJW 61, 1989 ff.; Horn aaO, S. 176 r. Sp., Thomas/Putzo § 717, Anm. 3 d.

[127] Vgl. Thomas/Putzo § 322, Anm. 7 d.

[128] Horn GRUR 69, 176 l. Sp.

Sechstes Kapitel

Die Schutzfrist (§ 14 GbmG)

1. Abschnitt

Begriffe „Schutzdauer", „Laufzeit", „Schutzfrist"

§ 14 Abs. 1 GbmG erweckt den Anschein[1], als dauere der Gebrauchsmusterschutz 3 Jahre und beginne mit dem auf die Anmeldung folgenden Tag. Diese Aussage des Gesetzes trifft so nicht zu. Das durch ein Gebrauchsmuster gewährte Ausschließungsrecht entsteht gemäß § 5 Abs. 1 GbmG nämlich erst mit der Eintragung, welche der Anmeldung nachfolgt, und kann daher nicht volle 3 Jahre geltend gemacht werden. Die andere Komponente des Gebrauchsmusterschutzes, die freilich auch von einer Eintragung abhängige, aber auf den Zeitpunkt der Anmeldung zurückfallende Prioritätswirkung nach § 5 Abs. 2 GbmG[2], kann mit dem Wort „Schutzdauer" nicht gemeint sein, weil sie ihrem Wesen nach zeitlich unbegrenzt ist und ihre Bindung an die Fristen des § 14 GbmG keinen Sinn ergäbe.

Auch die Formulierungen in § 14 Abs. 2 S. 1, 6, Abs. 5 S. 2, Abs. 7 GbmG sind unstimmig, soweit sie den Begriff „Schutzdauer" gebrauchen. Wird die schutzbegründende Eintragung später als 3 Jahre nach dem Anmeldetag vollzogen, tritt weder eine „Verlängerung" der Schutzdauer ein, noch umfaßt diese den in § 14 Abs. 2 S. 1 GbmG angegebenen Zeitraum. Ein Gebrauchsmuster entfaltet unter Umständen niemals Schutzwirkung iSd § 5 Abs. 1 GbmG und weist also überhaupt keine „Schutzdauer" auf, wenn es, was zur Wahrung wenigstens der Priorität möglich ist[3], erst nach Ablauf der 6-Jahres-Frist eingetragen wird. Die

---

[1] Darauf weisen Bühring § 14, RN 3 und Zeller, Gebrauchsmusterrecht, S. 343 hin.

[2] Zur Doppelbedeutung des Begriffs „Gebrauchsmusterschutz", der sowohl die sich gegen unbefugte Benutzer richtende Ausschließungswirkung als auch die sich gegen Anmelder wendende Prioritätswirkung umfaßt, vgl. BGH GRUR 67, 477 ff., 479 r. Sp., 481 l. Sp.; BPatGE 13, 173 ff., 176; vgl. auch BGHZ 1, 196, 197, wo allerdings die Prioritäts- der Schutzwirkung noch gegenübergestellt und nicht als zu dieser gehörend behandelt wird.

[3] Seit BGH GRUR 67, 477 ff. einhellige Meinung, vgl. etwa Bühring § 14, RN 20, Benkard GbmG § 14, RN 5; zum früheren — abweichenden — Meinungsstand vgl. die Nachweise bei BGH aaO, S. 478 l. Sp.

somit erforderliche sprachliche Präzisierung läßt sich auf verschiedenem Wege erreichen. Ebensowenig wie im Patentgesetz[4] bedarf es im Gebrauchsmustergesetz einer Erwähnung der „Schutzdauer“, deren Länge ohnehin nur negativ bestimmt werden kann[5] und daher offen bleiben muß. Für § 14 Abs. 1 GbmG kommt entsprechend § 16 Abs. 1 PatG die zwar wenig deutliche, aber noch vertretbare Fassung „Dauer des Gebrauchsmusters“ in Betracht. Möglich ist es ferner, in § 14 GbmG statt auf „Schutzdauer“ auf den bereits üblichen[6] Ausdruck „Laufzeit des Gebrauchsmusters“ abzustellen; dem steht jedoch entgegen, daß diese Bezeichnung neu in das Gesetz eingeführt werden müßte. Am günstigsten erscheint es, in § 14 GbmG einheitlich, also nicht nur wie bisher in § 14 Abs. 2 S. 3, 4, 6, Abs. 3 S. 3 GbmG, den plastischen Begriff „Schutzfrist“[7] zu verwenden, der schon vom Wortsinn her sich mit der zeitlichen Grenze des Gebrauchsmusterschutzes befaßt, ohne zugleich — wie die „Dauer“ — Beginn und Bestand eines solchen Schutzes vorauszusetzen.

2. Abschnitt

Länge

Es wurde die Forderung erhoben, die Gebrauchsmusterschutzfrist zu verlängern[8]. Die darauf abzielenden Vorschläge sind jedoch zum Teil an eine Verschärfung der Schutzvoraussetzungen[9] oder an ein der Schutzerlangung vorangehendes strengeres Prüfungsverfahren[10] ge-

---

[4] Die in der Beck'schen Textsammlung bei § 10 PatG a. F. zu findende Überschrift „Schutzdauer“ (so auch Benkard, 6. Auflage, PatG § 10) ist daher verfehlt.

[5] Möglich wäre z. B. die Formulierung: „Der — mit der Eintragung beginnende — Gebrauchsmusterschutz endet 3 Jahre nach dem Anmeldetag.“

[6] Vgl. BGHZ 1, 196; GRUR 67, 481 r. Sp.; Bühring § 14, z. B. RN 1, 3, 4, 5, 6, 9, 10, 20; Benkard GbmG § 14, RN 1, 2; Reimer GbmG § 14, RN 1; Zeller, Gebrauchsmusterrecht, S. 343.

[7] Unter „Schutzfrist“ wird nach einhelliger Meinung der in § 14 Abs. 1 bzw. Abs. 2 S. 1 GbmG angegebene 3-Jahres-Zeitraum verstanden; gleichwohl wird der Begriff nicht nur iSv „Laufzeit“ (so ausdrücklich Benkard GbmG § 14, RN 2, 4), sondern auch, was nicht korrekt ist, iSv „Schutzdauer“ gebraucht (vgl. etwa Bühring § 14, 3); dies liegt daran, daß das Gesetz selbst die Worte „Schutzdauer“ und „Schutzfrist“ als gleichbedeutend und daher als austauschbar ansieht, vgl. § 14 Abs. 2 S. 1 und Abs. 3 S. 3 oder auch Abs. 2 S. 6 GbmG.

[8] Schmidt GRUR 57, 311; Dick GRUR 58, 156 r. Sp., 157 l. Sp.; ders. GRUR 65, 176 l. Sp.; GRUR-Unterausschuß, S. 35 r. Sp., 41 (§ 14 Abs. 1 des Vorschlags 1 B); Wolf GRUR 80, 265 ff., 268 r. Sp., 270 (§ 14 Abs. 1 des Vorschlags).

[9] So GRUR-Unterausschuß aaO (FN 8).

[10] So Wolf aaO (FN 8) und Schmidt, S. 312 r. Sp., der sich dafür ausspricht, „... aber gleichzeitig eine Eintragung erst nach einer redaktionellen Überprüfung bzw. Klarstellung vorzunehmen“.

knüpft. Im übrigen wird angeführt, eine gewinnbringende Verwertung sei in der kurzen Zeitspanne des tatsächlichen Schutzes häufig nicht möglich; eine Ausdehnung der Schutzfrist mache die Anmeldung eines Patents in vielen Fällen überflüssig und bewirke somit — wegen der größeren Einfachheit des Gebrauchsmusters — eine Entlastung des Patentamts[11] und eine schnellere Verlautbarung der Erfindungen[12]. Ferner könnte man die Empfehlung mit der Heraufsetzung der Patentschutzfrist auf 20 Jahre[13] begründen.

Wenn man das Gebrauchsmusterrecht im hier vertretenen Sinne neu konzipiert und die Erlangbarkeit des gesetzlichen Schutzes einfach gestaltet, dann sollte man von einer dazu nicht passenden[14] Erhöhung der Laufzeit des Gebrauchsmusters absehen. Außerdem erscheint für den in erster Linie maßgeblichen Regelfall eine sechsjährige Schutzfrist genügend, um aus einem Gebrauchsmuster den ihm zukommenden Nutzen zu ziehen. Die weiteren Argumente reichen für sich bereits deshalb nicht aus, weil den darin ausgesprochenen Erwartungen die davon nicht isolierbare Frage nach der sachlichen Berechtigung einer Verlängerung der Gebrauchsmusterschutzfrist vorgelagert ist; diese ist jedoch trotz des insoweit nicht relevanten Hinweises auf das Patentrecht zu verneinen. — An der insgesamt 6 Jahre umfassenden Frist des § 14 GbmG sollte somit festgehalten werden.

§ 14 Abs. 2 S. 4 GbmG sollte entsprechend der dazu gebildeten Praxis[15] dahingehend korrigiert werden, daß die Zahlungsfrist auch dann 4 Monate beträgt, wenn die Eintragung zwar vor Ablauf der ersten Schutzfrist beschlossen, aber erst danach vorgenommen wird. — An der von dem Grundsatz des § 3 Abs. 1 GbmG abweichenden Form des Beschlusses sollte in dem in § 14 Abs. 2 S. 4 GbmG geregelten Fall aus den genannten Gründen[16] festgehalten werden.

In § 14 Abs. 6 GbmG sollte man zusätzlich auf § 19 S. 2 PatG[17] (vgl. § 11 Abs. 9 S. 2 PatG a. F.) verweisen, da diese die Gebührenerstattung betreffende Vorschrift zu Recht für analog anwendbar erachtet wird[18]. — Der Be-

---

[11] So Dick aaO (FN 8) und Schmidt, S. 311 r. Sp.

[12] Schmidt, S. 312 l. Sp.

[13] Die Verlängerung erfolgte durch Art. IV Nr. 8 IntPatÜG entsprechend Art. 63 Abs. 1 EPÜ; sie betrifft Patente, die auf nach dem 1. 1. 1978 eingereichte Patentanmeldungen erteilt worden sind, Art. XI § 1 Abs. 1 IntPatÜG. Zum Übergangsrecht vgl. Benkard PatG § 16, RN 1.

[14] Vgl. Einführung II.

[15] Vgl. BPatGE 10, 253 ff., 256; Bühring § 14, RN 10; Benkard GbmG § 14, RN 10.

[16] Vgl. 3. Kap., 2. Abschn. I (FN 53).

[17] § 19 PatG ist gegenüber § 11 Abs. 9 PatG a. F. sprachlich einfacher gefaßt, vgl. Begründung zum GPatG Bl. 79, 276 ff., 181 l. Sp.

[18] Vgl. BPatGE 19, 168 ff., 171; 20, 86, 88; Benkard GbmG § 14, RN 8; Bühring § 14, RN 9, 18.

zugnahme auf § 20 PatG an Stelle des § 12 PatG a. F. stehen keine Bedenken entgegen. Insbesondere dürften sich bei einer sinngemäßen Übertragung des Inhalts des § 20 PatG auf das Gebrauchsmusterrecht keine Unklarheiten daraus ergeben, daß in § 20 Abs. 1 Nr. 3 PatG — anders als in § 12 Abs. 1 Nr. 3 PatG a. F. — von der „Jahresgebühr" die Rede ist, die es im Gebrauchsmusterrecht nicht gibt.

Siebentes Kapitel

Die Schutzrechtsverletzung

1. Abschnitt

Folgen (§§ 15, 16 GbmG)

Die gebrauchsmusterrechtliche Regelung der Folgen einer Schutzrechtsverletzung in § 15 GbmG entspricht weitgehend der patentrechtlichen in § 139 Abs. 1, 2, § 141 PatG (vgl. § 47 Abs. 1, 2, § 48 PatG a. F.). Diese Übereinstimmung ist wegen des gemeinsamen Charakters von Patent und Gebrauchsmuster, die als Ausschließungsrechte in gleicher Weise wirken sollen, zu wahren. Damit wird zwar der Rahmen für etwaige an § 15 GbmG vorzunehmende Korrekturen begrenzt; es scheiden deshalb aber nicht solche Änderungen aus, die den Gesetzeswortlaut präzisieren oder nur eine bestehende, aus dem Gesetz jedoch nicht ersichtliche Rechtspraxis wiedergeben.

I. Ansprüche des Gebrauchsmusterinhabers

In § 15 Abs. 1 GbmG sollte nicht mehr auf die „Benutzung eines Gebrauchsmusters", sondern entweder auf dessen „Verletzung" oder auf die „Benutzung einer durch ein Gebrauchsmuster geschützten Neuerung" abgestellt werden[1]. Ferner sollte man zum Ausdruck bringen[2], daß es für die Geltendmachung des der Vorbeugung dienenden Unterlassungsanspruchs[3] nicht auf eine bereits erfolgte Benutzung, sondern auf die Gefahr künftiger Beeinträchtigung ankommt[4].

§ 15 Abs. 3 GbmG sollte in Anpassung an § 141 S. 2 PatG durch die Anordnung ergänzt werden, daß § 852 Abs. 2 BGB analog anzuwenden ist[5].

---

[1] Vgl. 4. Kap., 1. Abschn.

[2] So auch die auf ein erleichtertes Gesetzesverständnis abzielende Empfehlung des GRUR-Unterausschusses „Schutzbereich, Lizenz, Verletzung" GRUR 71, 541 ff., 547 l. Sp. (zu Nr. 30).

[3] Zum präventiven Charakter des Unterlassungsanspruchs, der auch gegen erstmalig drohende Beeinträchtigungen zugebilligt wird, vgl. Baur JZ 66, 381, 382 l. Sp.

[4] Vgl. Bühring § 15, RN 10, 11, 12; Schulte § 139, RN 11 ff.

Schließlich erscheint die Einfügung einer klarstellenden Bestimmung darüber vorteilhaft, daß für den Fall einer nicht schuldhaften Schutzrechtsverletzung das rechtswidrig Erlangte nach den Vorschriften über die ungerechtfertigte Bereicherung herausverlangt werden kann. Diese dem Rechtsinhaber früher wegen der angeblich erschöpfenden Regelung in § 15 GbmG[6] verwehrte Möglichkeit ist seit der Grundsatzentscheidung des Bundesgerichtshofs vom 30. 11. 76 mit Recht anerkannt[7]. — Kein Hindernis für die Aufnahme einer solchen Vorschrift in das Gesetz sollte es sein, daß man bei der Neufassung des Patentgesetzes davon — bedauerlicherweise — abgesehen hat. Inhaltlich sollte die Bestimmung der jeweils gleichlautenden Formulierung in §§ 97 Abs. 3 UrhG, 14a Abs. 2 GeschmMG, 47 Abs. 5 SortenschG entsprechen und nur die Klarstellung enthalten, daß „Ansprüche aus anderen gesetzlichen Vorschriften unberührt bleiben", also nicht von der speziellen Entschädigungsregelung ausgeschlossen werden[8].

II. Strafvorschriften

Sofern man die wenig bedeutsame[9], dem § 142 PatG (vgl. § 49 PatG a. F.) entsprechende Strafvorschrift des § 16 GbmG beibehalten will[10],

---

[5] Die Verjährungsvorschriften der §§ 15 Abs. 3 GbmG, 141 PatG sind dem § 852 BGB nachgebildet. Für § 15 Abs. 3 GbmG ist die Angleichung an den neuen § 852 Abs. 2 BGB (vgl. BGBl. I 1977, S. 1577) noch nicht vollzogen. Hinsichtlich der Änderung des § 48 PatG a. F. vgl. Begründung zum GPatG Bl. 79, 276 ff., 290 l. Sp. (zu Nr. 63).

[6] § 15 Abs. 3 S. 2 GbmG billigt — ebenso wie § 141 S. 2 PatG — dem Rechtsinhaber einen Bereicherungsanspruch zu, allerdings nur im Fall der Verjährung des (insoweit fortwirkenden) Schadensersatzanspruches.

[7] BGH GRUR 77, 250 = JZ 77, 515 = Mitt. 77, 117; der BGH GRUR 77, 255 l. Sp., hält es insbesondere für unbillig, könne der Verletzer unangefochten behalten, was er durch seine widerrechtliche Handlung erlangt habe; die gewerbliche Nutzung stehe allein dem Inhaber zu. — Der Bereicherungsausgleich ist zum Schutz des Rechtsinhabers vor allem dann erforderlich, wenn dieser ein Verschulden des Verletzers nicht nachweisen kann. — Zu der die Anwendbarkeit der §§ 812 ff. BGB verneinenden Rechtsprechung des RG und zum Meinungsstand im Schrifttum, das die RG-Rechtsprechung ganz überwiegend ablehnte, vor der Entscheidung des BGH vgl. die zahlreichen Nachweise bei BGH aaO, S. 253 und ferner v. Stein GRUR 56, 248 ff., Spengler GRUR 58, 212 ff., 221 r. Sp.; in neuerer Zeit siehe Kraßer GRUR Int. 80, 259 ff., der insbesondere auf die unterschiedliche Regelung der Frage des Bereicherungsausgleichs in den §§ 97 Abs. 3 UrhG, 14a Abs. 2 GeschmMG, 47 Abs. 5 SortenschG einerseits, den §§ 141 S. 2 PatG, 15 Abs. 3 S. 2 GbmG andererseits sowie auf das Fehlen jeder Bezugnahme auf das Bereicherungsproblem im Warenzeichengesetz verweist (S. 259 r. Sp., 260 l. Sp.), Ullmann GRUR 78, 615 ff., Bühring § 15, RN 26, und Schulte § 139, RN 35 sowie Benkard PatG § 139, RN 81 ff.

[8] Vgl. hierzu Kraßer, S. 259 r. Sp., 260 l. Sp.

[9] Vgl. Bühring § 16, der auf eine Kommentierung der Vorschrift verzichtet, Benkard PatG § 142, RN 1; Schulte § 142, RN 1.

[10] So GRUR-Unterausschuß, S. 34 r. Sp., 42 (Vorschlag 1 A) wegen des „zumindest ethischen Sinns" der Strafvorschriften, der in ihrer Warnfunktion

ist der Wortlaut zunächst wie in § 15 Abs. 1 GbmG zu ändern (Streichung des § 6; Benutzung der „Neuerung“, nicht des Gebrauchsmusters)[11] und ferner — zur Erzielung einer Übereinstimmung mit dem Patentrecht — der neuen Regelung des § 142 PatG anzupassen. Weil der Tatbestand des § 142 PatG nicht den Fall der mittelbaren Schutzrechtsverletzung erfaßt[12], darf diese — worauf bei der Neuformulierung zu achten sein wird[13] — auch in § 16 Abs. 1 GbmG nicht unter Strafe gestellt werden. In § 16 Abs. 3 GbmG sollte man die Voraussetzungen, unter denen die Anordnung einer öffentlichen Bekanntmachung der Verurteilung erfolgt, ebenso wie in § 142 Abs. 3 PatG bestimmen[14].

2. Abschnitt

Zuständigkeiten bei Gebrauchsmusterstreitsachen (§§ 18, 19 GbmG)

Für Patentstreitsachen sind gemäß § 143 Abs. 1 PatG die Landgerichte, und zwar die nach § 143 Abs. 2 PatG gebildeten Patentstreitkammern[15] ausschließlich zuständig. Mit Gebrauchsmusterstreitsachen können dagegen gemäß § 18 GbmG je nach Höhe des Streitwerts sowohl die Landgerichte als auch die Amtsgerichte befaßt sein. Kläger und Beklagter sind gemäß § 19 Abs. 1, 2 GbmG lediglich berechtigt, aber nicht verpflichtet, den vor ein Landgericht gehörenden Gebrauchsmusterrechtsstreit vor einer bestehenden Patentstreitkammer auszutragen.

---

vor vorsätzlichen Schutzrechtsverletzungen liege; für Abschaffung dagegen GRUR-Unterausschuß, S. 42 (Vorschlag B) und Reimer PatG § 49, RN 1, unter Berufung auf Wiegand GRUR 42, 468, 469 wegen der geringen Bedeutung der §§ 49 PatG, 16 GbmG.

11 Vgl. oben 1. Abschn. I.

12 Von einer Einbeziehung der mittelbaren Verletzungstatbestände in § 142 PatG sah man im Hinblick darauf ab, daß „die Vorschriften des Allgemeinen Teils des StGB über Anstiftung, Beihilfe und Mittäterschaft iVm den strafbewehrten unmittelbaren Verletzungstatbeständen einen hinreichenden strafrechtlichen Schutz gewährleisten“, vgl. Begründung zum GPatG Bl. 79, 276 ff., 291 r. Sp. (zu Nr. 64 a).

13 Vgl. unten Gesetzesvorschlag, § 16 Abs. 1.

14 Diese Voraussetzungen wurden im Patentrecht verschärft, weil man „die bloße Behauptung des berechtigten Interesses an der Bekanntmachung (als) nicht ausreichend“ für diese erachtete, vgl. Begründung zum GPatG Bl. 79, 276 ff., 291 r. Sp. (zu Nr. 64 b). — „Dartun“ dürfte jedoch über „behaupten“ hinausgehen; zur Erforderlichkeit einer Interessenabwägung unter Geltung des alten Rechts vgl. BGH GRUR 57, 231 ff., 236 r. Sp., 237 l. Sp.

15 Vgl. dazu Schulte § 51, RN 7 und die Anmerkung in der Schönfelder-Textsammlung bei § 51 PatG a. F.

Davon abgesehen, daß die Zuständigkeit der Amtsgerichte praktisch keine Rolle spielt, da der Streitwert in aller Regel jenseits der Grenze des § 23 Nr. 1 GVG liegt, erscheint es in Anbetracht der spezifischen Probleme des Erfindungsschutzrechts vorteilhaft, auch die Gebrauchsmusterstreitsachen vor Gerichten mit besonderer Sachkunde zu konzentrieren. Zu diesem Zweck sollte man in § 18 GbmG die ausschließliche sachliche Zuständigkeit den Zivilkammern der Landgerichte zuweisen[16] — die für diese anfallende geringfügige Mehrbelastung ist leicht zu verkraften — und § 19 Abs. 1, 2 GbmG durch eine dem § 143 Abs. 2 PatG entsprechende Ermächtigungsnorm ersetzen[17] bzw. an Stelle einer eigenständigen, mit § 143 Abs. 2 bis 5 PatG inhaltlich übereinstimmenden Regelung in § 19 GbmG die analoge Anwendbarkeit des § 143 Abs. 2 bis 5 PatG in einem Satz 2 des § 18 GbmG vorschreiben; in jedem Fall sollte klargestellt sein, daß die Konzentration nur bei den gleichen Landgerichten, die für Patentstreitsachen zuständig sind, statthaft ist. — Der Zusammenfassung der mit den Gebrauchsmusterstreitsachen zusammenhängenden Fragen in nur einer Vorschrift ist wegen der besseren Übersichtlichkeit der Vorzug zu geben. Ferner ist die in § 19 GbmG getroffene Aussage nicht von solchem Gewicht, daß man auf ihre wörtliche Wiedergabe im Gebrauchsmustergesetz nicht verzichten könnte; das gleiche gilt für die Bestimmung in § 17 a GbmG; man sollte sie zugunsten einer Verweisung in § 18 GbmG auf § 144 PatG streichen; die Geltung des § 145 PatG sollte ebenfalls in § 18 GbmG normiert werden.

---

[16] So auch GRUR-Unterausschuß, S. 35 r. Sp., 43; Dihm GRUR 79, 209 l. Sp.; Bühring zu § 18.

[17] So auch Dihm GRUR 79, 209 l. Sp.

Achtes Kapitel

Verweisungen auf das Patentgesetz

Spezielle Verweisungen auf — in den jeweiligen gebrauchsmusterrechtlichen Regelungszusammenhang gehörende — patentrechtliche Vorschriften finden sich gegenwärtig in § 2 Abs. 1 S. 2, § 3 a Abs. 2, § 4 Abs. 3 S. 2, Abs. 4 S. 3, § 5 Abs. 4, § 8 S. 4, § 9 Abs. 3 S. 3, § 10 Abs. 3, Abs. 4 S. 5, Abs. 5 S. 2, § 14 Abs. 6 und § 19 Abs. 1 GbmG. Die §§ 11 a, 12 GbmG erklären weitere Bestimmungen des Patentgesetzes für entsprechend anwendbar. Darüber hinaus ist wegen der engen Verwandtschaft der beiden Schutzrechte anerkannt, daß auch andere, im Gebrauchsmustergesetz nicht ausdrücklich genannte Patentrechtsnormen analog gelten, soweit nicht die Besonderheiten des Gebrauchsmusterrechts entgegenstehen[1].

Bei einer Reform ist zunächst die Neufassung des Patentgesetzes zu berücksichtigen, da eine Inbezugnahme ungültigen Rechts nicht in Betracht kommt. Ferner bietet sich an, den § 11 a GbmG in den § 12 GbmG mit aufzunehmen, da es nicht angemessen erscheint, für den Regelungsinhalt des § 11 a GbmG, der sich auf die Inbezugnahme der patentrechtlichen Vorschriften über die Zwangslizenz beschränkt, einen eigenen Paragraphen zur Verfügung zu stellen. — Gemäß dem Vorschlag des GRUR-Unterausschusses[2] sollte die Anwendung des die Wiedereinsetzung in den vorigen Stand betreffenden § 123 (= § 43 PatG a. F.) anstatt in § 14 Abs. 6 GbmG in dem allgemeineren § 12 GbmG festgelegt werden, weil die Wiedereinsetzung nicht nur bei der Versäumung von Fristen nach § 14 Abs. 2 bis 4 GbmG statthaft ist[3].

---

[1] Benkard GbmG RN 4 vor § 1, § 12, RN 1 ff.; Bühring § 12, RN 1, 2; Reimer GbmG § 12, RN 1; Starck GRUR 79, 200 l. Sp. m. N. — Vgl. etwa BPatG Bl. 79, 425 (§ 33 Abs. 1 S. 2 PatG a. F. = § 46 Abs. 1 S. 2 PatG n. F.); BPatG Bl. 78, 19 (§ 28c Abs. 1 S. 1, Abs. 2 PatG a. F. = vgl. jetzt § 45 Abs. 1 S. 1, Abs. 2 PatG n. F.); Gbm-Richtlinien Bl. 73, 350 l. Sp. (§ 29 PatG a. F. = § 48 PatG n. F.); Mitt. PräsPA Bl. 69, 3 l. Sp. (§ 30 Abs. 4 PatG a. F. = vgl. jetzt § 49 Abs. 2 PatG n. F.); BGH GRUR 68, 86, 88 ff.; GRUR 68, 360, 363 BPatGE 6, 207, 210; 13, 216, 220, 223; 18, 56, 62; PA Bl. 94/95, 152; Mitt. 56, 164, 165; Bühring § 2, RN 32, 45 (§ 26 Abs. 5 PatG a. F. = vgl. jetzt § 38 PatG n. F.); Bühring § 2, RN 33 (§ 26 Abs. 1 S. 4 PatG a. F. = vgl. jetzt § 35 Abs. 2 PatG n. F.); Bossung GRUR 79, 667 l. Sp.; Bericht zum GPatG Bl. 79, 292 ff., 294, 295 (§ 23 Abs. 3 PatG a. F. = § 29 PatG n. F.).

[2] Vgl. GRUR-Unterausschuß, S. 35 r. Sp., 41 (§§ 12 und 14 Abs. 6 des Vorschlags).

[3] Vgl. Bühring § 14, RN 28.

Auch in Zukunft sollte man allerdings darauf verzichten, in der generellen Verweisungsanordnung des § 12 GbmG auszusprechen, daß zur Schließung von Lücken das Patentgesetz heranzuziehen ist, falls der Charakter des Gebrauchsmusterrechts nicht eine Abweichung erfordert. Zwar gilt dieser selbstverständliche Grundsatz fort; auch ist es trotz der um eine vollständige Regelung bemühten Reform sehr wohl möglich, daß im Zuge der Rechtsentwicklung Fälle auftreten, in denen auf das Patentgesetz zurückgegriffen werden muß. Eine gesetzliche Normierung ist aber deshalb nicht von entscheidendem Vorteil, weil bei der Anwendung des Prinzips, selbst wenn es im Gesetz festgeschrieben ist, stets fraglich bleibt, ob überhaupt eine Lücke vorliegt bzw. ob die Besonderheiten des Gebrauchsmusterrechts die Übernahme patentrechtlicher Gedanken ausschließen. Enthielte das Gebrauchsmustergesetz eine dahingehende Bestimmung, könnte dies eher dazu verleiten, sich vorschnell auf eine einschlägige patentrechtliche Vorschrift zu stützen, obwohl in jedem Einzelfall eine sorgfältige Prüfung geboten ist[4].

In § 13 GbmG, der sich mit § 15 Abs. 1 PatG (= § 9 PatG a. F.) deckt, sollte man aus den gleichen Motiven[5] wie im Patentrecht und um eine volle Übereinstimmung mit § 15 PatG zu erzielen, eine Regelung über die Lizenzvergabe aufnehmen; es genügt allerdings die Verweisung auf § 15 Abs. 2 PatG.

Die §§ 4[6], 20[7] und 21 GbmG kann man unverändert beibehalten. Die Formulierung des § 22 GbmG[8] sollte dagegen dem Sinngehalt, der hier dem Begriff „Gebrauchsmuster" beigemessen wird[9], angepaßt werden.

---

[4] So ist beispielsweise in § 14 GbmG ein Gebührenerlaß im Gegensatz zu § 18 Abs. 1 S. 1 PatG (vgl. § 11 Abs. 7 PatG a. F.) nicht vorgesehen. Eine analoge Anwendung der patentrechtlichen Vorschrift wird in diesem Fall nicht für zulässig erachtet, vgl. Bühring § 14, RN 17. Die in § 14 GbmG ebenfalls nicht geregelte Erstattung von Gebühren soll dagegen analog § 19 PatG (vgl. § 11 Abs. 9 S. 2 PatG a. F.) möglich sein, vgl. Bühring § 14, RN 18.

[5] Der aus Art. 43 Abs. 1, 2 GPÜ übernommene § 15 Abs. 2 PatG entspricht inhaltlich den Grundsätzen, die von der Rechtsprechung für die Vergabe von Lizenzen gebildet worden sind und hat insoweit klarstellende Bedeutung, vgl. Begründung zum Entwurf des GPatG Bl. 79, 276 ff., 280 r. Sp. (zu Nr. 6).

[6] Insbesondere sollte nicht dem zur Entlastung des Patentamts, zur Verfahrensbeschleunigung und zur Kostensenkung gedachten Vorschlag von Conradt GRUR 59, 3 ff., 6 r. Sp., gefolgt werden, die Entscheidung über Löschungsanträge auf den Einzelprüfer zu übertragen, weil sich die Regelung in § 4 Abs. 3 GbmG bewährt hat und es um den Bestand des Rechts geht. — Es sind also lediglich die Verweisungen in § 4 Abs. 3 S. 2, Abs. 4 S. 3 GbmG auf § 18 PatG a. F. durch solche auf § 27 PatG n. F. zu ersetzen.

[7] § 20 S. 2 GbmG knüpft die Vertretungsbefugnis an die Eintragung des Vertreters, während die inhaltsgleiche Bestimmung des § 25 PatG (§ 16 PatG a. F.) nur dessen Bestellung verlangt. Die Formulierung in § 20 GbmG entspricht der Regelung in § 3 Abs. 2, 4 S. 3 GbmG besser und bringt deutlicher zum Ausdruck, daß für das Patentamt die Eintragung als ausreichender Vollmachtsnachweis gilt; vgl. dazu Pietzcker GRUR 73, 561 ff., 568 r. Sp.

[8] Vgl. § 22 GbmG: „... Gegenstände als Gebrauchsmuster ... geschützt ..." — § 22 GbmG a. E. stellt zutreffend lediglich auf ein Gebrauchsmuster, nicht

aber wie der im übrigen gleichlautende § 146 PatG (§ 55 PatG a. F.) auch auf eine Anmeldung ab. Während nämlich Patentanmeldungen gem. § 33 PatG geschützt sind — „Patentanmeldung" iSd § 146 PatG ist daher nur eine offengelegte, vgl. Schulte § 146, RN 3 —, ist dies bei der Gebrauchsmusteranmeldung nicht der Fall; vgl. hierzu Schliebs GRUR 55, 1 ff., 2 l. Sp.

[9] Vgl. 1. Kap., 1. Abschn.

Zusammenfassung

Die Auseinandersetzung mit den Grundfragen des deutschen Gebrauchsmusterrechts hat gezeigt: das Gebrauchsmustergesetz vermag die ihm obliegende Funktion, primäre Auskunftsquelle für das geltende Recht zu sein, in verschiedener Hinsicht nicht zu erfüllen. Ferner hat sich die aus dem Gesetz nur unzureichend ersichtliche, von Rechtsprechung und Schrifttum im Zuge der Entwicklung des gewerblichen Rechtsschutzes geschaffene gegenwärtige Rechtssituation teilweise als korrekturbedürftig erwiesen. Es wurde daher versucht, geeignete Reformansätze für eine zukünftige Gestaltung des Gebrauchsmusterrechts aufzuzeigen und die gewonnenen Ergebnisse in Gesetzesform auszudrücken.

Leitender Gedanke der Untersuchung war, das Gebrauchsmuster systemgerecht auf das Patent abzustimmen, um zu einem einheitlichen, in sich stimmigen und geschlossenen, die Interessen des Anmelders und der Allgemeinheit ausgewogen berücksichtigenden Recht des Erfindungsschutzes zu gelangen. Aus dieser Zielsetzung ergibt sich von selbst eine stärkere Anlehnung an das Patentrecht in den Regelungsbereichen, in denen die Wesensgleichheit von Gebrauchsmuster und Patent im Vordergrund steht, zugleich jedoch auch die Bewahrung wesentlicher gebrauchsmusterrechtlicher Eigenheiten, soweit diese den Erfindungsschutz erst vervollständigen.

Die Studie soll nur ein Diskussionsbeitrag sein, der aber vielleicht zu einer Neukonzeption anregen und auf dem Weg zu einer vernünftigen Lösung weiterhelfen kann.

Der hier erarbeitete Vorschlag hat folgende Schwerpunkte:

1. Schutzgegenstand

   Der durch das Gebrauchsmuster — der Begriff wird iSv Schutzrecht verstanden — gewährte Schutz bezieht sich auf technische Neuerungen. Diese sind Erfindungen, die nicht dieselbe hohe Qualität wie beim Patent haben müssen.

2. Schutzvoraussetzungen

   Die Neuerung muß an einem leblosen körperlichen Gegenstand in fester Gestalt zutage treten; nicht erforderlich ist, daß die Neuerung selbst in räumlich-körperlichen Maßnahmen besteht, sich also — wie nach geltendem Recht — in einer „Raumform“ verkörpert.

Der Neuheitsbegriff entspricht dem absolut formellen des Patentrechts; die Schonfrist bleibt jedoch erhalten. — Bei der Feststellung der „Erfindungshöhe“ ist auf die gegenüber dem Patent kürzere Schutzfrist des Gebrauchsmusters Rücksicht zu nehmen.

3. Anmeldung

Eine Anmeldung liegt prioritätsbegründend erst dann vor, wenn die im Gesetz aufgestellten Formerfordernisse erfüllt sind. — Für die Änderung von Anmeldeunterlagen gelten im wesentlichen die von Rechtsprechung und Lehre erarbeiteten, im Gesetz festzuschreibenden Grundsätze.

4. Innere Priorität

Auch dem Gebrauchsmusteranmelder wird das Recht eingeräumt, die in § 40 PatG gewährte „innere Priorität“ in Anspruch zu nehmen.

5. Gebrauchsmusterhilfsanmeldung; „Abzweigung“

Die Gebrauchsmusterhilfsanmeldung wird nicht durch die Möglichkeit der „Abzweigung“ ersetzt.

6. Prüfungsumfang bei Eintragung

Der Eintragung geht — wie bisher schon — keine umfassende Vorprüfung voran. Die Gebrauchsmusterstelle führt nur eine dem § 42 PatG entsprechende Offensichtlichkeitsprüfung durch. Eine Kontrolle, die sich am Stand der Technik orientieren müßte, ist nicht statthaft.

7. Schutzinhalt und -umfang

Die Benutzungsbefugnis und die Methode der Schutzumfangsermittlung richten sich nach denselben Grundsätzen wie im Patentrecht.

8. Löschung

Die Grundstruktur des Löschungsverfahrens wird beibehalten. Der Gebrauchsmusterinhaber kann die aufgrund unterbliebenen Widerspruchs erfolgte Löschung angreifen; das Patentgericht erhält die Befugnis, in Löschungsangelegenheiten die Sache an die Gebrauchsmusterabteilung zurückzuverweisen. Die Kostenregelung des Patentnichtigkeitsverfahrens wird für das Gebrauchsmusterlöschungsverfahren übernommen.

9. Schutzrechtsverletzung

   Im Gesetz wird klargestellt, daß dem Gebrauchsmusterinhaber Bereicherungsansprüche auch gegen den schuldlos handelnden Rechtsverletzer zustehen.

10. Zuständigkeit

   Die bei bestimmten Landgerichten bestehenden Patentstreitkammern sind auch für Gebrauchsmusterstreitsachen ausschließlich sachlich zuständig.

Die Fassung des Gesetzesvorschlags war von dem Anliegen getragen, den Text so zu gestalten, daß er aus sich heraus verständlich ist und dem Rechtsuchenden eine möglichst erschöpfende Auskunft gibt. Bei der Übernahme des Inhalts patentrechtlicher Vorschriften war es jeweils eine Frage der Abwägung, ob man sich zu einer eigenen gebrauchsmusterrechtlichen Bestimmung oder zu einer bloßen Inbezugnahme des betreffenden Paragraphen des Patentgesetzes entschließen sollte. — Um die Orientierung nicht unnötig zu erschweren, wurde darauf verzichtet, das Gesetz mit einer neuen Paragraphenfolge zu versehen.

Gesetzesvorschlag

Für ein iSd hier vertretenen Vorschlags reformiertes Gebrauchsmustergesetz kommt folgende Fassung in Betracht:

§ 1

(1) Technische Neuerungen an leblosen körperlichen Gegenständen in fester Gestalt werden durch Gebrauchsmuster geschützt, wenn sie neu sind, auf einer erfinderischen Tätigkeit beruhen und gewerblich anwendbar sind.

(2) Sie gelten als neu, wenn sie nicht zum Stand der Technik gehören. Der Stand der Technik umfaßt alle Kenntnisse, die vor dem für den Zeitrang der Anmeldung maßgeblichen Tag durch schriftliche oder mündliche Beschreibung, durch Benutzung oder in sonstiger Weise der Öffentlichkeit zugänglich gemacht worden sind. Eine innerhalb von sechs Monaten vor der Anmeldung erfolgte Offenbarung bleibt außer Betracht, wenn sie auf die erfinderische Tätigkeit des Anmelders oder seines Rechtsvorgängers zurückgeht.

(3) Die Vorschriften des § 4 Satz 1 und des § 5 Abs. 1 des Patentgesetzes gelten sinngemäß, § 4 Satz 1 des Patentgesetzes jedoch mit der Maßgabe, daß auf die geringere Dauer der Gebrauchsmusterschutzfrist Rücksicht zu nehmen ist.

(4) Gebrauchsmusterschutz tritt nicht für Neuerungen ein, deren Veröffentlichung oder Verwertung gegen die öffentliche Ordnung oder die guten Sitten verstoßen würde; ein solcher Verstoß kann nicht allein aus der Tatsache hergeleitet werden, daß die Verwertung der Neuerung durch Gesetz oder Verwaltungsvorschrift verboten ist. § 2 Nr. 1 Satz 2 des Patentgesetzes gilt entsprechend.

§ 2

(1) Neuerungen, für die Gebrauchsmusterschutz verlangt wird, sind beim Patentamt schriftlich anzumelden. Für jede Neuerung ist eine besondere Anmeldung erforderlich. Die Anmeldung muß enthalten:

1. einen Antrag auf Eintragung eines Gebrauchsmusters, in dem die Neuerung kurz und genau bezeichnet ist;
2. eine Beschreibung der Neuerung;
3. einen oder mehrere Schutzansprüche, in denen angegeben ist, was als gebrauchsmusterfähig unter Schutz gestellt werden soll;
4. eine zeichnerische Darstellung der Neuerung.

Eine Anmeldung liegt in dem Zeitpunkt vor, in dem sämtliche in den Nrn. 1 bis 4 genannten Voraussetzungen erfüllt sind. Die Vorschriften der §§ 40* und 41 des Patentgesetzes gelten entsprechend.

---

* Zu dessen zu ändernder Fassung vgl. unten. Die an sich nicht erforderliche Zitierung des sodann ohne weiteres im Gebrauchsmusterrecht geltenden § 40 PatG sollte aus Gründen der Übersichtlichkeit im GbmG dennoch erfolgen.

(2) Die Neuerung ist in der Anmeldung so deutlich und vollständig zu offenbaren, daß ein Fachmann sie ausführen kann.

(3) Der Anmelder kann den oder die Erfinder benennen.

(4) Der Bundesminister der Justiz wird ermächtigt, durch Rechtsverordnung Bestimmungen über die sonstigen Erfordernisse der Anmeldung zu erlassen. Er kann diese Ermächtigung durch Rechtsverordnung auf den Präsidenten des Patentamts übertragen.

(5) Mit der Anmeldung ist für jede zum Gebrauchsmusterschutz angemeldete Neuerung eine Gebühr nach dem Tarif zu zahlen. Unterbleibt die Zahlung, so gibt das Patentamt dem Anmelder Nachricht, daß die Anmeldung als zurückgenommen gilt, wenn die Gebühr nicht bis zum Ablauf eines Monats nach Zustellung der Nachricht entrichtet wird.

(6) Änderungen der in der Anmeldung enthaltenen Angaben sind zulässig, sofern sie den Gegenstand der Anmeldung nicht erweitern. Nach dem Erlaß der Eintragungsverfügung durch die Gebrauchsmusterstelle (§ 4) sind Änderungen jedoch nur noch zur Berichtigung offensichtlicher Unrichtigkeiten und ferener dann möglich, wenn sie die Schutzansprüche betreffen. Zu diesem Zweck kann der Anmelder neugefaßte Schutzansprüche nachreichen, die zu den Eintragungsakten zu nehmen sind; vom Zeitpunkt ihrer Einreichung an binden sie den Anmelder, wenn eine dahingehende Änderung zulässig ist; andernfalls verbleibt es bei der Geltung der eingetragenen Schutzansprüche oder, wenn Änderungen wiederholt vorgenommen worden sind, bei der engsten Fassung. Aus Änderungen, die den Gegenstand der Anmeldung erweitern, können Rechte nicht hergeleitet werden.

(7) Wenn der Anmelder für den gleichen Gegenstand um ein Patent nachgesucht hat oder gleichzeitig nachsucht, kann er beantragen, daß das Eintragungsverfahren bis zur Erledigung der Patentanmeldung ausgesetzt wird. In diesem Fall ist bei der Anmeldung nur die Hälfte der Gebühr, die andere Hälfte erst vor der Eintragung zu entrichten.

§ 3

(1) Das Patentamt verfügt die Eintragung in die Rolle für Gebrauchsmuster, sofern nicht offensichtlich ist, daß

1. die Anmeldung den Anforderungen des § 2 nicht entspricht,
2. eine gewerblich anwendbare technische Neuerung an einem leblosen körperlichen Gegenstand in fester Gestalt nicht vorliegt oder
3. der Gebrauchsmusterschutz gemäß § 1 Abs. 4 ausgeschlossen ist.

(2) Die Eintragung wird auf Antrag des Anmelders bis zum Ablauf einer Frist von 15 Monaten, die mit dem Prioritätstag beginnt, ausgesetzt.

(3) Genügt die Anmeldung den Anforderungen des § 2 offensichtlich nicht, so fordert das Patentamt den Anmelder auf, die Mängel innerhalb einer bestimmten Frist zu beseitigen. Kommt das Patentamt zu dem Ergebnis, daß die Neuerung offensichtlich nicht gebrauchsmusterfähig ist (Absatz 1 Nr. 2 und 3), so benachrichtigt es den Anmelder hiervon unter Angabe der Gründe und fordert ihn auf, sich innerhalb einer bestimmten Frist zu äußern. Das Patentamt weist die Anmeldung zurück, wenn die nach Satz 1 gerügten Mängel nicht beseitigt werden oder wenn die Anmeldung aufrechterhalten wird, obgleich die Neuerung offensichtlich nicht gebrauchsmusterfähig ist (Absatz 1 Nr. 2 und 3). § 42 Abs. 3 Satz 2 des Patentgesetzes gilt entsprechend.

(4) Die Eintragung muß Namen und Sitz oder Wohnsitz des Anmelders und seines etwa bestellten Vertreters (§ 20) sowie die Zeit der Anmeldung angeben.

(5) Die Eintragungen sind im Patentblatt in regelmäßig erscheinenden Übersichten bekanntzumachen. Mit der Eintragung und ihrer Bekanntmachung gibt das Patentamt die Eintragungsunterlagen als Mikrofilm oder, wenn dies nicht zu einer Verzögerung der Eintragung führt, als gedruckte Gebrauchsmusterschrift heraus. Geänderte Unterlagen sind nachzuverfilmen bzw. nachzudrucken und den Eintragungsunterlagen beizufügen.

(6) Das Patentamt vermerkt in der Rolle eine Änderung in der Person des Inhabers des Gebrauchsmusters oder seines Vertreters, wenn sie ihm nachgewiesen wird. Mit dem Antrag auf Eintragung der Änderung in der Person des Rechtsinhabers ist eine Gebühr nach dem Tarif zu entrichten; wird sie nicht entrichtet, so gilt der Antrag als nicht gestellt. Solange die Änderung nicht eingetragen ist, bleiben der frühere Rechtsinhaber und sein früherer Vertreter nach Maßgabe dieses Gesetzes berechtigt und verpflichtet.

(7) Die Einsicht in die Rolle sowie in die Akten eingetragener Gebrauchsmuster einschließlich der Akten von Löschungsverfahren steht jedermann frei. Im übrigen gewährt das Patentamt jedermann auf Antrag Einsicht in die Akten, wenn und soweit ein berechtigtes Interesse glaubhaft gemacht wird.

(8) In den patentamtlichen Publikationen (Absatz 5) ist der Erfinder zu nennen, sofern er bereits benannt worden ist. Die Nennung ist in der Rolle zu vermerken. § 63 Abs. 1 Satz 3 bis 5, Abs. 2 bis 4 des Patentgesetzes gilt sinngemäß.

§ 3a

(1) Wie Gesetzestext.

(2) Im übrigen gelten die Bestimmungen des § 31 Abs. 5, des § 50 Abs. 2 bis 4 und der §§ 51 bis 56 des Patentgesetzes entsprechend.

§ 4

(1) Wie Gesetzestext.

(2) Wie Gesetzestext.

(3) Über Löschungsanträge (§§ 7 bis 9) beschließt eine der im Patentamt zu bildenden Gebrauchsmusterabteilungen, die mit zwei technischen Mitgliedern und einem rechtskundigen Mitglied zu besetzen ist. Die Bestimmungen des § 27 Abs. 7 des Patentgesetzes gelten entsprechend. Innerhalb ihres Geschäftskreises obliegt jeder Gebrauchsmusterabteilung auch die Abgabe von Gutachten.

(4) Für die Ausschließung und Ablehnung der Mitglieder der Gebrauchsmusterstelle und der Gebrauchsmusterabteilungen gelten die §§ 41 bis 44, 45 Abs. 2 Satz 2, §§ 47 bis 49 der Zivilprozeßordnung über Ausschließung und Ablehnung der Gerichtspersonen sinngemäß. Das gleiche gilt für die Beamten des gehobenen und des mittleren Dienstes, soweit sie nach Absatz 2 mit der Wahrnehmung einzelner der Gebrauchsmusterstelle oder den Gebrauchsmusterabteilungen obliegender Geschäfte betraut worden sind. § 27 Abs. 6 Satz 3 des Patentgesetzes gilt entsprechend.

§ 5

(1) Die Eintragung hat die Wirkung, daß allein der Gebrauchsmusterinhaber befugt ist, die durch das Gebrauchsmuster geschützte Neuerung zu benutzen. Jedem Dritten ist es verboten, ohne seine Zustimmung ein Erzeugnis, an dem die Neuerung zutage tritt, herzustellen, anzubieten, in Verkehr zu bringen oder zu gebrauchen oder zu den genannten Zwecken entweder einzuführen oder zu besitzen. § 10 PatG gilt entsprechend.

(2) Absatz 1 gilt nicht, wenn die Neuerung die Voraussetzungen für den Gebrauchsmusterschutz gemäß § 1 nicht erfüllt. Die Eintragung hat ferner keine Wirkung, soweit die Neuerung bereits Gegenstand eines früher angemeldeten Patents oder Gebrauchsmusters gewesen ist.

(3) Wenn der Gegenstand des Gebrauchsmusters den Beschreibungen, Zeichnungen, Modellen, Gerätschaften oder Einrichtungen eines anderen ohne dessen Einwilligung entnommen worden ist, tritt dem Verletzten gegenüber der durch das Gebrauchsmuster gewährte Schutz nicht ein.

(4) Die Vorschriften des Patentgesetzes über das Recht auf den Schutz (§ 6), über den Anspruch auf Erteilung des Schutzrechts (§ 7 Abs. 1), über den Anspruch auf Übertragung (§ 8) und über die Einschränkungen der Wirkung (§§ 11, 12, 13, 123 Abs. 5) gelten entsprechend.

§ 5a

Der Schutzbereich des Gebrauchsmusters wird durch den Inhalt der Gebrauchsmusteransprüche bestimmt. Die Beschreibung und die Zeichnung sind jedoch zur Auslegung der Gebrauchsmusteransprüche heranzuziehen.

§ 6

Wird gestrichen.

§ 7

(1) Das Gebrauchsmuster wird auf Antrag gelöscht, wenn sich ergibt, daß

1. die Neuerung nach § 1 nicht gebrauchsmusterfähig ist,
2. die Anmeldung die Neuerung nicht so deutlich und vollständig offenbart, daß ein Fachmann sie ausführen kann,
3. die Neuerung bereits Gegenstand eines früher angemeldeten Patents oder Gebrauchsmusters gewesen ist,
4. der Gegenstand des Gebrauchsmusters den Beschreibungen, Zeichnungen, Modellen, Gerätschaften oder Einrichtungen eines anderen ohne dessen Einwilligung entnommen worden ist.

Nachgereichte, eine unzulässige Erweiterung im Sinne des § 2 Abs. 6 enthaltende Schutzansprüche werden auf Antrag für unbeachtlich erklärt; die Vorschriften des § 4 Abs. 3 und der §§ 8, 9, 10 und 11 gelten hierfür entsprechend.

(2) Zur Stellung des Antrags ist jedermann, im Falle des Absatzes 1 Nr. 4 nur der Verletzte berechtigt.

(3) Der Antrag ist gegen den in der Rolle als Gebrauchsmusterinhaber Eingetragenen zu richten.

(4) § 21 Abs. 2 und 3 Satz 1 und 2 Halbsatz 1 des Patentgesetzes gilt entsprechend. § 2 Abs. 6 bleibt unberührt.

§ 8

Die Löschung des Gebrauchsmusters nach § 7 ist beim Patentamt schriftlich zu beantragen. Der Antrag muß die Tatsachen angeben, auf die er gestützt wird. Mit dem Antrag ist eine Gebühr nach dem Tarif zu zahlen; wird sie nicht gezahlt, so gilt der Antrag als nicht gestellt. Die Vorschriften des § 81 Abs. 7 und des § 125 des Patentgesetzes gelten entsprechend.

§ 9

(1) Das Patentamt teilt dem als Gebrauchsmusterinhaber Eingetragenen den Antrag mit und fordert ihn auf, sich dazu innerhalb eines Monats zu erklären. Widerspricht er nicht rechtzeitig, so beschließt das Patentamt die Löschung.

(2) Andernfalls teilt das Patentamt den Widerspruch dem Antragsteller mit und trifft die zur Aufklärung der Sache erforderlichen Verfügungen. Es kann die Vernehmung von Zeugen und Sachverständigen anordnen. Für sie gelten die Vorschriften der Zivilprozeßordnung entsprechend.

(3) Über den Antrag wird auf Grund mündlicher Verhandlung beschlossen. Entspricht der Antrag nicht der gesetzlichen Form oder stimmen die Parteien zu, kann der Beschluß ohne mündliche Verhandlung ergehen. Das Patentamt hat über die Kosten des Verfahrens zu entscheiden. Die Vorschriften der Zivilprozeßordnung über die Prozeßkosten sind entsprechend anzuwenden, soweit nicht die Billigkeit eine andere Entscheidung erfordert. § 62 Abs. 2 Satz 2 bis 5 des Patentgesetzes gilt entsprechend.

§ 9a

Nach Beendigung des Gebrauchsmusterschutzes infolge Zeitablaufs oder Verzichts kann jedermann, der hieran ein rechtliches Interesse hat, die Feststellung begehren, daß von Anfang an ein gültiges Gebrauchsmuster nicht bestanden hat. Die Feststellung der Ungültigkeit hat absolute Wirkung. Die Vorschriften des § 4 Abs. 3 und der §§ 7, 8, 9, 10 und 11 gelten entsprechend.

§ 10

(1) Wie Gesetzestext.

(2) Wie Gesetzestext.

(3) Im übrigen gelten die Vorschriften des Patentgesetzes über das Beschwerdeverfahren vor dem Patentgericht entsprechend; richtet sich die Beschwerde gegen einen Beschluß über einen Löschungsantrag, so ist über die Kosten nach Maßgabe des § 9 Abs. 3 Satz 3 und 4 zu entscheiden.

(4) Über Beschwerden gegen Beschlüsse der Gebrauchsmusterstelle sowie gegen Beschlüsse der Gebrauchsmusterabteilungen entscheidet ein Beschwerdesenat des Patentgerichts. Über Beschwerden gegen die Zurückweisung einer Gebrauchsmusteranmeldung entscheidet der Senat in der Besetzung mit zwei rechtskundigen Mitgliedern und einem technischen Mitglied, über Beschwerden gegen Beschlüsse über Löschungsanträge in der Besetzung mit einem rechtskundigen Mitglied und zwei technischen Mitgliedern, im übrigen in der Besetzung mit drei rechtskundigen Mitgliedern. Der Vorsitzende muß stets ein rechtskundiges Mitglied sein. Auf die Verteilung der Geschäfte innerhalb des Beschwerdesenats ist § 21 g Abs. 1 und 2 des Gerichtsverfassungsgesetzes anzuwenden. Für die Verhandlung über Beschwerden gegen die Beschlüsse der Gebrauchsmusterstelle gilt § 69 Abs. 1 des Patentgesetzes, für die Ver-

handlung über Beschwerden gegen die Beschlüsse der Gebrauchsmusterabteilungen § 69 Abs. 2 des Patentgesetzes entsprechend. Das Patentgericht kann in Löschungsangelegenheiten die Sache an die Gebrauchsmusterabteilung zurückverweisen.

(5) Gegen den Beschluß des Beschwerdesenats des Patentgerichts findet die Rechtsbeschwerde an den Bundesgerichtshof statt, wenn der Beschwerdesenat in dem Beschluß die Rechtsbeschwerde zugelassen hat. § 100 Abs. 2 und 3 sowie die §§ 101 bis 109 des Patentgesetzes sind anzuwenden.

§ 11

Ist während des Löschungsverfahrens ein Rechtsstreit anhängig, dessen Entscheidung von dem Bestehen des Gebrauchsmusterschutzes abhängt, so kann das Gericht anordnen, daß die Verhandlung bis zur Erledigung des Löschungsverfahrens auszusetzen ist. Es hat die Aussetzung anzuordnen, wenn es die Gebrauchsmustereintragung für unwirksam hält. Ist der Löschungsantrag zurückgewiesen worden, so ist das Gericht an diese Entscheidung nur dann gebunden, wenn sie zwischen denselben Parteien ergangen ist; die Rechtskraft der Entscheidung wirkt auch für den Rechtsnachfolger und den ausschließlichen Lizenznehmer des Gebrauchsmusterinhabers. Satz 3 gilt nicht, wenn das Gebrauchsmuster gelöscht worden ist.

§ 12

(1) Die Vorschriften des Patentgesetzes über die Erteilung einer Zwangslizenz (§ 24 Abs. 1) und über das Verfahren wegen Erteilung einer Zangslizenz (§§ 81 bis 99, 110 bis 122) gelten für eingetragene Gebrauchsmuster entsprechend.

(2) Für Gebrauchsmustersachen gelten die Vorschriften des Patentgesetzes über die Erstattung von Gutachten (§ 29), über die Wiedereinsetzung in den vorigen Stand (§ 123), über die Wahrheitspflicht im Verfahren (§ 124), über die Amtssprache (§ 126), über Zustellungen (§ 127), über die Rechtshilfe der Gerichte (§ 128) und sinngemäß diejenigen über die Bewilligung von Verfahrenskostenhilfe (§ 129 bis 138).

§ 13

Das Recht auf das Gebrauchsmuster, der Anspruch auf seine Eintragung und das durch die Eintragung begründete Recht gehen auf die Erben über. Sie können beschränkt oder unbeschränkt auf andere übertragen werden. § 15 Abs. 2 des Patentgesetzes gilt entsprechend.

§ 14

(1) Die Gebrauchsmusterschutzfrist beträgt drei Jahre; sie beginnt mit dem Tag, der auf die Anmeldung folgt.

(2) Gegen Zahlung einer Gebühr nach dem Tarif tritt eine Verlängerung der Schutzfrist um drei Jahre ein. Die Verlängerung wird in der Rolle vermerkt. Die Verlängerungsgebühr ist bis zum Ablauf von zwei Monaten nach Beendigung der ersten Schutzfrist zu entrichten. Erfolgt die Eintragung des Gebrauchsmusters erst nach Beendigung der ersten Schutzfrist, so ist die Verlängerungsgebühr bis zum Ablauf von vier Monaten nach Zustellung des Beschlusses zu entrichten. Wird die Frist versäumt, so muß der tarifmäßige Zuschlag für die Verspätung der Zahlung entrichtet werden. Nach Ablauf

der Frist gibt das Patentamt dem Eingetragenen Nachricht, daß eine Verlängerung der Schutzfrist nur eintritt, wenn die Gebühr mit dem tarifmäßigen Zuschlag bis zum Ablauf von sechs Monaten nach Beendigung der ersten Schutzfrist oder bis zum Ablauf eines Monats nach Zustellung der Nachricht, sofern diese Frist später als sechs Monate nach Beendigung der ersten Schutzfrist abläuft, entrichtet wird.

(3) Wie Gesetzestext.

(4) Wie Gesetzestext.

(5) Satz 1: Wie Gesetzestext.

Satz 2: Geleistete Teilzahlungen werden nicht erstattet, wenn die Verlängerung der Schutzfrist wegen Nichtzahlung des Restbetrages unterbleibt.

(6) Die Vorschriften des § 19 Satz 2 und des § 20 des Patentgesetzes gelten entsprechend.

(7) Löschungen, die aus anderem Grunde als wegen Ablaufs der Schutzfrist vorgenommen werden, sind im Patentblatt in regelmäßig erscheinenden Übersichten bekanntzumachen.

§ 15

(1) Wer entgegen § 5 eine durch ein Gebrauchsmuster geschützte Neuerung benutzt, kann vom Verletzten auf Unterlassung in Anspruch genommen werden. Entsprechendes gilt, wenn eine solche Benutzung nach den Umständen zu besorgen ist.

(2) Wie Gesetzestext.

(3) Satz 1: Wie Gesetzestext.

Satz 2: § 852 Abs. 2 des Bürgerlichen Gesetzbuchs ist entsprechend anzuwenden.

Satz 3: Wie Satz 2 des Gesetzestextes.

(4) Ansprüche aus anderen gesetzlichen Vorschriften bleiben unberührt.

§ 16

(1) Wer entgegen § 5 Abs. 1 Satz 1 und 2 eine durch ein Gebrauchsmuster geschützte Neuerung benutzt, wird mit Freiheitsstrafe bis zu einem Jahr oder mit Geldstrafe bestraft.

(2) Die Tat wird nur auf Antrag verfolgt.

(3) Wird auf Strafe erkannt, so ist auf Antrag des Verletzten, der ein berechtigtes Interesse daran hat, anzuordnen, daß die Verurteilung auf Verlangen öffentlich bekannt gemacht wird. Die Art der Bekanntmachung ist im Urteil zu bestimmen.

§ 17a

Wird gestrichen.

§ 18

(1) Für alle Klagen, durch die ein Anspruch aus einem der in diesem Gesetz geregelten Rechtsverhältnisse geltend gemacht wird (Gebrauchsmusterstreitsachen), sind die Zivilkammern der Landgerichte ohne Rücksicht auf den Streitwert ausschließlich zuständig. Die Vorschriften des § 143 Abs. 3 bis 5 und der §§ 144, 145 des Patentgesetzes gelten entsprechend.

(2) Die Landesregierungen werden ermächtigt, durch Rechtsverordnung die Gebrauchsmusterstreitsachen für die Bezirke mehrerer Landgerichte einem von ihnen zuzuweisen. Die Landesregierungen können diese Ermächtigungen auf die Landesjustizverwaltungen übertragen. Soweit gemäß § 143 Abs. 2 des Patentgesetzes bereits Gerichte für Patentstreitsachen bestimmt worden sind, können Gebrauchsmusterstreitsachen nur denselben Gerichten zugewiesen werden.

§ 19

Wird gestrichen.

§ 20

Wie Gesetzestext.

§ 21

Wie Gesetzestext.

§ 22

Wer Gegenstände oder ihre Verpackung mit einer Bezeichnung versieht, die geeignet ist, den Eindruck zu erwecken, daß hinsichtlich der Gegenstände Gebrauchsmusterschutz nach diesem Gesetz bestehe, oder wer in öffentlichen Anzeigen, auf Aushängeschildern, auf Empfehlungskarten oder in ähnlichen Kundgebungen eine Bezeichnung solcher Art verwendet, ist verpflichtet, jedem, der ein berechtigtes Interesse an der Kenntnis der Rechtslage hat, auf Verlangen Auskunft darüber zu geben, auf welches Gebrauchsmuster sich die Verwendung der Bezeichnung stützt.

§ 23

(1) Bestimmung über die Aufhebung des Gebrauchsmustergesetzes in der Fassung vom 2. Januar 1968.

(2) Bestimmung über das Inkrafttreten des neuen Gesetzes.

(3) Übergangsbestimmungen.

§ 3 Abs. 2 und § 40 PatG könnten folgendes Aussehen haben:

§ 3 Abs. 2 PatG

(2) Als Stand der Technik gilt auch der Inhalt folgender Anmeldungen mit älterem Zeitrang, die erst an oder nach dem für den Zeitrang der jüngeren Anmeldung maßgeblichen Tag der Öffentlichkeit zugänglich gemacht worden sind:

1. der nationalen Gebrauchsmuster- und Patentanmeldungen in der beim Deutschen Patentamt ursprünglich eingereichten Fassung;
2. der europäischen Patentanmeldungen in der bei der zuständigen Behörde ursprünglich eingereichten Fassung, wenn mit der Anmeldung für die Bundesrepublik Deutschland Schutz begehrt wird, es sei denn, daß die europäische Patentanmeldung aus einer internationalen Anmeldung hervorgegangen ist und die in Artikel 158 Abs. 2 des Europäischen Patentübereinkommens geannten Voraussetzungen nicht erfüllt sind;
3. der internationalen Anmeldungen nach dem Patentzusammenarbeitsvertrag in der beim Anmeldeamt ursprünglich eingereichten Fassung, wenn für die Anmeldung das Deutsche Patentamt Bestimmungsamt ist.

Beruht der ältere Zeitrang einer Anmeldung auf der Inanspruchnahme der Priorität einer Voranmeldung, so ist Satz 1 nur insoweit anzuwenden, als die danach maßgebliche Fassung nicht über die Fassung der Voranmeldung hinausgeht. Anmeldungen nach Satz 1 Nr. 1, für die eine Anordnung nach § 50 Abs. 1 oder 4 des Patentgesetzes oder § 3a Abs. 1 des Gebrauchsmustergesetzes erlassen worden ist, gelten vom Ablauf des achtzehnten Monats nach ihrer Einreichung an als der Öffentlichkeit zugänglich gemacht.

§ 40 PatG

(1) Dem Anmelder steht innerhalb einer Frist von zwölf Monaten nach dem Anmeldetag einer beim Patentamt eingereichten früheren Patent- oder Gebrauchsmusteranmeldung für die Anmeldung derselben Erfindung zum Patent, zum Gebrauchsmuster oder zum Patent und Gebrauchsmuster ein Prioritätsrecht zu, es sei denn, daß für die frühere Anmeldung schon eine inländische oder ausländische Priorität in Anspruch genommen worden ist.

(2) Für die Anmeldung können die Prioritäten mehrerer beim Patentamt eingereichter Patent- oder Gebrauchsmusteranmeldungen in Anspruch genommen werden.

(3) Wie Gesetzestext.

(4) Wie Gesetzestext.

(5) Unter der Voraussetzung, daß das Recht aus der Nachanmeldung zur Entstehung gelangt ist, gelten frühere, beim Patentamt noch anhängige Anmeldungen mit Abgabe der Prioritätserklärung nach Absatz 4 als zurückgenommen. Bereits entstandene Rechte, deren Prioritäten in Anspruch genommen werden, haben von dem nach Satz 1 maßgeblichen Zeitpunkt an keine Wirkung mehr. Die Sätze 1 und 2 kommen nicht zur Anwendung, wenn Patent und Gebrauchsmuster aufeinandertreffen.

Literaturverzeichnis

Ackermann: Techniker oder Jurist für Patentsachen?, Mitt. 1961, 21—29.

Allfeld: Kommentar zu den Reichsgesetzen über das gewerbliche Urheberrecht, München 1904.

Baader: Schutzfähigkeit elektrischer Schaltungen durch Gebrauchsmuster, GRUR 1962, 437—438.

Baltzer: Grenzen der Patentfähigkeit zwischen technischen und geistigen Anweisungen, Mitt. 1966, 170—174.

Baumbach/Hefermehl: Wettbewerbsrecht, 13. Auflage, München 1981.

Baur: Zu der Terminologie und einigen Sachproblemen der „vorbeugenden Unterlassungsklage", JZ 1966, 381—383.

Beier: Zukunftsprobleme des Patentrechts, GRUR 1972, 214—225.

Benkard: Patentgesetz und Gebrauchsmustergesetz, 6. Auflage, München 1973; zitiert: Benkard, 6. Auflage.

— Patentgesetz und Gebrauchsmustergesetz, 7. Auflage, München 1981; zitiert: Benkard.

Berner: Inflation im Recht, BayVBl. 1978, 617—625.

Bernhard: Beitrag zur Beurteilung einer Erfindung im Sinne des Patentrechts, GRUR 1917, 26—27.

Bernhardt: Lehrbuch des deutschen Patentrechts, 3. Auflage, München 1973.

Blasendorff: Einstweiliger Patentschutz und Zwischenbenutzung, GRUR 1939, 447—449.

— Die Auswirkung von Benutzungshandlungen zwischen Patentanmeldung und Bekanntmachung, GRUR 1953, 149—154.

Boecker: Der Begriff der Einheitlichkeit der Erfindung und seine Anwendung, GRUR 1962, 63—67.

Bomborn: Das neue Patent- und Gebrauchsmusterrecht, Leipzig 1932.

Bossung: Das nationale Vorverfahren im europäischen Patentsystem, GRUR Int. 1975, 272—282.

— Stand der Technik und eigene Vorverlautbarung im internationalen, europäischen und nationalen Patentrecht, GRUR Int. 1978, 381—398.

— Innere Priorität und Gebrauchsmuster, GRUR 1979, 661—668.

Brockhaus: Enzyklopädie, 17. Auflage, Band 5, Wiesbaden 1968, Band 14, Wiesbaden 1972, Band 15, Wiesbaden 1972.

Bruchhausen: „Erfindungshöhe", Mitt. 1981, 144—146.

Bucher: Zur Frage des Weiterbenutzungsrechts nach der Zwischenbenutzung, GRUR 1960, 365—367.

Bühring: Gebrauchsmustergesetz, Köln, Berlin, Bonn, München 1977.

Bühring/Schlitzberger/Dihm/Starck: Zu einer Reform des Gebrauchsmusterrechts, GRUR 1979, 193—209; zitiert nach Bearbeiter.

Bunke: Gebrauchsmusterschutz oder kleines Patent, GRUR 1957, 110—118.

Busse: Probleme des Gebrauchsmusterrechts, GRUR 1952, 123—135.

— Patentgesetz und Gebrauchsmustergesetz, 3. Auflage, Berlin 1964; zitiert: Busse, 3. Auflage.

— Patentgesetz und Gebrauchsmustergesetz, 5. Auflage, Berlin, New York 1972; zitiert: Busse.

Cantor: Gesetz betreffend den Schutz von Gebrauchsmustern, Berlin 1911.

Conradt: Schnellere Patenterteilung, GRUR 1959, 3—8.

— Versuch einer neuen Deutung des Begriffs „Erfindungshöhe", GRUR 1959, 111—113.

— Gesetzwidrige Verweigerung des Gebrauchsmusterschutzes durch das Deutsche Patentamt?, GRUR 1961, 209—212.

— Gebrauchsmuster nur für Erfindungen?, GRUR 1963, 405—407.

Damme/Lutter: Das Deutsche Patentrecht, 3. Auflage, Berlin 1925.

Dick: Verbesserung des gewerblichen Rechtsschutzes und Entlastung des Patentamts, GRUR 1958, 156—161.

— Überlastung als Folge der Patentrechtsprechung, GRUR 1965, 169—177.

Dieterle: Zur Spruchpraxis des Deutschen Patentamts aus der Sicht des Ingenieurs und Naturwissenschaftlers, Mitt. 1961, 29—36.

Dihm/Schlitzberger/Starck/Bühring: Zu einer Reform des Gebrauchsmusterrechts, GRUR 1979, 193—209; zitiert nach Bearbeiter.

Eggert: Ist das Patentgericht patentfeindlich?, GRUR 1968, 676—678.

Ehrenstein: Schutz von chemischen Erfindungen in deutschen Gebrauchsmustern, GRUR 1979, 209—213.

Elben: Technische Lehre und Anweisung an den menschlichen Geist im Patent- und Gebrauchsmusterrecht, Frankfurt a. M. 1960 (Jur. Diss.).

Englert: Grundzüge des Rechtsschutzes der industriellen Formgebung, Köln, Berlin, Bonn, München 1978.

Ephraim: Die Ausdehnung des Gebrauchsmusterschutzes auf Verfahren, GRUR 1898, 100—104.

Essel: Die elektrische Schaltung als Gebrauchsmuster, Mitt. 1962, 84—86.

Eyermann/Fröhler: Verwaltungsgerichtsordnung, 7. Auflage, München 1977.

v. Falck: Durchschnittsfachmann und Stand der Technik, Mitt. 1969, 252—258.

v. Falck/Ohl: Zur Reform der Bestimmungen über Schutzbereich und Verletzung des Patents, GRUR 1971, 541—550; zitiert: GRUR-Unterausschuß „Schutzbereich, Lizenz, Verletzung".

Faust: Schutz für Gebrauchsmuster!, GRUR 1948, 274—275.

— Kein Gebrauchsmusterschutz für unbewegliche Sachen und deren Bestandteile?, GRUR 1964, 15.

Feder: Können durch ein Gebrauchsmuster mehrere neue Gestaltungen geschützt werden?, GRUR 1968, 413—414.

Fischer: Gibt es ein geheimes Patentrecht für die amtliche Praxis im Reichspatentamt?, GRUR 1942, 45—48.

— Ausstellungspriorität, GRUR 1959, 402—406.

— Anmerkung zum Urteil des BGH vom 3. 10. 1968, GRUR 1969, 186.

Fromme: Schutzumfang und Erfindungshöhe im Gebrauchsmusterrecht, GRUR 1958, 261—266.

v. Gamm: § 93 ZPO und die Abmahnung im gewerblichen Rechtsschutz, NJW 1961, 1048—1050.

Gaul: Patentnichtigkeitsklage und Rechtskraft, GRUR 1965, 337—341.

Gaul/Bartenbach: Handbuch des gewerblichen Rechtsschutzes, 2. Auflage, Köln 1969/74.

Gewiese: Der Beginn des Patentschutzes, GRUR 1952, 276—279.

Goebel: Das neue Verfahrensrecht, Mitt. 1981, 15—22.

Goebel/Steup: Stand der Technik und eigene Vorverlautbarung im internationalen Patentrecht — Eine Erwiderung, GRUR Int. 1979, 336—338.

Gorny: Gebrauchsmuster für Nahrungsmittel, GRUR 1973, 578—580.

Gramm: Probleme der inneren Priorität, GRUR 1980, 954—960.

GRUR-Unterausschuß: s. Pietzcker, Rolf.

Habrich: Welcher der beiden Recherchen, der isolierten oder der im Rahmen einer Prüfung auf Patentwürdigkeit durchgeführten, ist der Vorzug zu geben?, GRUR 1969, 599—600.

Hägermann: Die gesetzliche Regelung des Gebrauchsmusterrechts, Mitt. 1959, 142—150.

Hamburger: Vorschläge für eine internationale Regelung des Ausstellungsschutzes und der Neuheitsschonfrist, GRUR Int. 1963, 189—193.

Hansen: Zum Schutz von Lebensmitteln bzw. Arzneimitteln im Gebrauchsmusterrecht, GRUR 1976, 162—165.

Harraeus: Der Erfindungsbegriff und das Einheitlichkeitsproblem, GRUR 1962, 393—397.

Haupt: Zur Frage des Zwischenbenutzungsrechts im deutschen Patentrecht, GRUR 1957, 70—73.

Hegel: Benutzung des Anmeldegegenstands zwischen Anmeldung und Bekanntmachung durch Dritte, GRUR 1959, 508—511.

Heine: Bedeutung der Bekanntmachung einer Patentanmeldung für deren Schutzwirkung gegenüber Benutzungshandlungen, die vor der Bekanntmachung begonnen und später fortgesetzt werden, GRUR 1952, 114—116.

— Anmerkung zum Urteil des BGH vom 13. 12. 1962, GRUR 1963, 523.

Hesse: Die Einheitlichkeit der Raumform im Gebrauchsmusterrecht, GRUR 1967, 329—332.

Heydt: Unwirksamkeit eines Gebrauchsmusters nach § 9 des Ersten Überleitungsgesetzes, GRUR 1950, 330—333.

Hillermeier: Eindämmung der Gesetzesflut, BayVBl. 1978, 321—323.

Horn/Wieland: Patentverletzungsprozeß und Nichtigkeitsverfahren, GRUR 1969, 169—177.

Horn, Wolfgang / *Horn,* Wieland: Der Fortschritt und das Patentrecht, GRUR 1977, 329—337.

Hubbuch: Das deutsche Gebrauchsmusterrecht, GRUR 1959, 225—229.

Hubmann: Gewerblicher Rechtsschutz, 4. Auflage, München 1981.

Isay: Patentgesetz und Gesetz, betreffend den Schutz von Gebrauchsmustern, 4. Auflage, Berlin 1926.

Jungblut: Zur Frage der Aufhebung des Gebrauchsmusters, GRUR 1922, 191—193.

Karl: Betrachtungen zum Referentenentwurf eines Gesetzes zur Änderung des Patentgesetzes, des Warenzeichengesetzes und weiterer Gesetze, GRUR 1965, 519—521.

Katscher: Anmerkung zum Beschluß des BPatG vom 5. 7. 1973, Mitt. 1974, 79—80.

Kisch: Rückwirkung der Patentnichtigkeitserklärung, GRUR 1936, 277—283.

Klauer/Möhring: Patentgesetz, 2. Auflage, Berlin 1940; zitiert: Klauer/Möhring, 2. Auflage.

— Patentrechtskommentar, 3. Auflage, München 1971; zitiert: Klauer/Möhring.

Koch: Patentierbarkeit von Skalenanordnungen auf Rechenschiebern, Mitt. 1968, 130—132.

Kohler: Über die Grenzen des Gebrauchsmusterschutzes, GRUR 1896, 200 bis 207.

Kollmer: Der Wegfall der Neuheitsschonfrist für Erfindungen und ihre Auswirkung auf die industrielle Praxis, GRUR 1981, 107—109.

Kraßer: Schadensersatz für Verletzungen von gewerblichen Schutzrechten und Urheberrechten nach deutschem Recht, GRUR Int. 1980, 259—272.

Krieger, Albrecht: Das neue deutsche Patentrecht nach der Harmonisierung mit dem europäischen Patentrecht — eine Übersicht, GRUR Int. 1981, 273 bis 284.

Krieger, Ulrich: Ist eine gesetzliche Zulassung des sog. „Zwischenbenutzungsrechts" in Deutschland mit Art. 4 B und 5 A Abs. 4 der Pariser Verbandsübereinkunft vereinbar?, GRUR 1954, 426—434.

— Der Äquivalenzbereich — wesentliche und unwesentliche Merkmale des Patentanspruchs, GRUR 1980, 683—687.

— Die Benutzungsarten, GRUR 1980, 687—691.

Kulhavy: Die Entwicklung der Erfindungslehre, Mitt. 1980, 61—65.

— Ein europäisches kleines Patent?, Mitt. 1980, 206—213.

Kumm: Die objektive Beurteilung der erfinderischen Leistung, GRUR 1964, 236—244.

— Zur Beurteilung der erfinderischen Leistung, GRUR 1965, 1—3.

Kunze: „Sachverständige" technische Richter, Mitt. 1971, 150—152.

Landgraf: Das Deutsche Reichsgesetz betreffend den Schutz von Gebrauchsmustern, 2. Auflage, Berlin 1892.

Landstorfer/Schlenk/Walther: Sechs gebrauchsmusterrechtliche Entscheidungen des BGH mit den wesentlichen Materialien (Prüfung im Eintragungsverfahren — Die elektrische Schaltung), Köln, Berlin, Bonn, München 1965.

Lange: Eindämmung der „Vorschriftenflut" im Verwaltungsrecht?, DVBl. 1979, 533—539.

Leine: Anmerkung zum Beschluß des BPatG vom 18. 3. 1975, Mitt. 1976, 80.

Liedel: Das deutsche Patentnichtigkeitsverfahren, Köln, Berlin, Bonn, München 1979.

Liedl: Der Schutzbereich von Gebrauchsmustern, GRUR 1957, 118—120.

Lindacher: Die Haftung wegen unberechtigter Schutzrechtsverwarnung oder Schutzrechtsklage, ZHR 1980, 350—365.

Linde: Schutz für Gebrauchsmuster?, GRUR 1948, 24—26.

Lindenmaier: Die schöpferische Leistung als Voraussetzung der Patenterteilung (Erfindungshöhe und technischer Fortschritt), GRUR 1939, 153—161.

— Zum Begriff der technischen Erfindung, GRUR 1953, 12—15.

— Erfindungshöhe, Mitt. 1959, 121—124.

Lindenmaier/Krausse/Katluhn: Das Patentgesetz, 4. Auflage, Köln, Berlin 1958.

Loewenheim: Wettbewerbskonforme Gestaltung des Patent- und Gebrauchsmusterrechts, GRUR 1979, 683—685.

Löscher: Vier Jahre Rechtsbeschwerde in Patent-, Muster- und Zeichensachen, GRUR 1966, 5—26.

Lutter: Patentgesetz und Gebrauchsmustergesetz, 10. Auflage, Berlin und Leipzig 1936.

Maassen: Die Freiheit des Bürgers in einer Zeit ausufernder Gesetzgebung, NJW 1979, 1473—1478.

Mediger: Das Verhältnis des Gebrauchsmusters zum Patent, GRUR 1935, 711—712.

— Die Rückwirkungen des jüngeren Schutzrechtes auf das ältere Recht, GRUR 1943, 266—273.

— Die gewerbliche Weiterbenutzung der von einem Dritten im Intervall zwischen Anmeldung und Bekanntmachung hergestellten geschützten Sache, GRUR 1952, 489—490.

— Die Erfindung und ihr Maß, Mitt. 1959, 125—130.

— Die Patent- bzw. Musterschutzfähigkeit von Anweisungen an den menschlichen Geist, GRUR 1959, 449—458.

— Für die Geistesanweisungen mit technischer Funktion, GRUR 1961, 5—6.

— Skalen gegen Tabellen an Meßgeräten, Mitt. 1961, 85—86.

— Die verkannte Schaltung, GRUR 1961, 164—167.

— Schutzfähigkeit von Raumformen von Genußmitteln in Patenten oder Gebrauchsmustern, Mitt. 1962, 168—169.

— Elektrische Schaltung und Raumform, Mitt. 1962, 234—236.

— Anmerkung zum Bescheid der Gebrauchsmusterstelle vom 24. 7. 1962, Mitt. 1962, 241.

— Die Anweisung an den menschlichen Geist als Voraussetzung des Patentwesens, Mitt. 1964, 9—11.

— Patentfähigkeit von Skalen, Mitt. 1965, 107—108.

— Geräte mit elektrischen Schaltungen im Gebrauchsmusterrecht, GRUR 1965, 515—517.

— Auswirkungen der Patentvernichtung, GRUR 1968, 564—565.

Meyer: Maschinen im Gebrauchsmusterrecht, GRUR 1939, 11—19.

Minoudis: Der Entwurf eines griechischen Geschmacksmustergesetzes, GRUR Int. 1980, 145—152.

— Die europäischen Patentkonventionen und die griechische Patentrechtsreform, GRUR Int. 1980, 585—590.

Moser: Zur Schutzfähigkeit von Schaltungen im Rahmen der gewerblichen Schutzrechte, Mitt. 1962, 15—19.

Moser von Filseck: Anmerkung zum Urteil des BGH vom 5. 11. 1962, GRUR 1963, 260—263.

— Zur Frage der Patentverletzung durch Benutzung äquivalenter Mittel, GRUR 1974, 506—511.

Müller, Hans-Jürgen: Novellierter Gebrauchsmusterschutz, GRUR 1979, 453 bis 455.

Müller, Wolf: Anmerkung zum Zwischenbescheid des 1. Beschwerdesenats des Deutschen Patentamts vom 29. 1. 1959, GRUR 1960, 30—31.

— Anmerkung zum Beschluß des BPatG vom 8. 5. 1963, GRUR 1963, 571—572.

Müller-Börner: Zur Problematik des Gebrauchsmusters, GRUR 1974, 511—514.

— — Gebrauchsmusterschutz für neue Formgebung bei Lebensmitteln, GRUR 1975, 333—335.

— — Zum Begriff der technischen Erfindung im Gebrauchsmustereintragungsverfahren, GRUR 1980, 430—433.

Neumann: Kann die Rechtsungültigkeit eines Gebrauchsmusters im Verletzungsstreit nach dem neuen Gebrauchsmustergesetz vom 5. Mai 1936 noch im Wege der Einrede geltend gemacht werden?, GRUR 1937, 102—104.

Ohl: Der Rechtsschutz gegenüber unberechtigter Geltendmachung gewerblicher Schutzrechte, GRUR 1966, 172—187.

— Zur Rechtsnatur des einstweiligen Patentschutzes nach § 24 Abs. 5 PatG, GRUR 1976, 557—565.

Ohl/v. Falck: Zur Reform der Bestimmungen über Schutzbereich und Verletzung des Patents, GRUR 1971, 541—550; zitiert: GRUR-Unterausschuß „Schutzbereich, Lizenz, Verletzung".

Öhlschlegel: Die Beurteilung der Erfindungshöhe mit Hilfe der Informationstheorie, GRUR 1964, 477—484.

Ohnesorge: Patentrecht und Mathematik, GRUR 1935, 461—465.

v. Pechmann: Ist der Fortfall der Neuheitsschonfrist des § 2 Satz 2 PatG noch zeitgemäß?, GRUR 1980, 436—441.

Pfanner: Die geschichtliche Entwicklung der Einsichtnahme in die ausgelegten Unterlagen von Patentanmeldungen und eingetragenen Gebrauchsmustern seit 1877, GRUR 1955, 110—124.

— Die Lissaboner Konferenz (B. Patente), GRUR Ausl. 1959, 60—80.

— Vereinheitlichung des materiellen Patentrechts im Rahmen des Europarats, GRUR Ausl. 1962, 545—554.

— Vereinheitlichung des materiellen Patentrechts im Rahmen des Europarats, GRUR Ausl. 1964, 247—253.

Pietzcker, Eduard: Patentgesetz und Gebrauchsmusterschutzgesetz, Berlin, Leipzig 1929.

Pietzcker, Rolf: Zur rechtlichen Bedeutung der patentamtlichen Rollen für die gewerblichen Schutzrechte, GRUR 1973, 561—571.

— Bericht über die Tätigkeit des Unterausschusses für Gebrauchsmusterrecht, GRUR 1979, 29—44; zitiert: GRUR-Unterausschuß.

Preu: Die patentierbare Erfindung und der Fortschritt, GRUR 1980, 444—449.

— Stand der Technik und Schutzbereich, GRUR 1980, 691—697.

— Die unmittelbare und die mittelbare Benutzung, GRUR 1980, 697—699.

Rainer: Die Notwendigkeit der Gebrauchsmusterzeichnung, GRUR 1941, 408 bis 412.

Reimer: Patentgesetz und Gebrauchsmustergesetz, 3. Auflage, Köln, Berlin, Bonn, München 1968.

Reimer/Schade/Schippel: Das Recht der Arbeitnehmererfindung, Berlin 1975.

Reinländer: Zur Gebrauchsmusterfähigkeit elektrischer Schaltungen, GRUR 1961, 389—396.

— Nochmals: Gebrauchsmusterfähigkeit elektrischer Schaltungen, Mitt. 1962, 211—214.

Röber: Der Schutz von Skalen und Kurvenbildern, GRUR 1937, 270—276.

Rülf: Die Anmeldung von Gebrauchsmustern auf den Gegenstand früherer Patentanmeldungen, Mitt. 1904, 33—35.

Schäfer: Aus der Gebrauchsmuster-Praxis, GRUR 1896, 81—83.

Schanze: Zum Begriff des Gebrauchsmusters, GRUR 1900, 242—252.

Schickedanz: Die Kostenentscheidung im Gebrauchsmusterlöschungsverfahren, Mitt. 1972, 44—47.

— Anmerkung zum Beschluß des BPatG vom 29. 3. 1972, Mitt. 1973, 118—119.

Schiller: Zur Einheitlichkeit von Erfindungen, GRUR 1980, 24—36.

Schips: Die Gebrauchsmusterschutzfähigkeit von Schaltungen, GRUR 1959, 229—230.

Schirm: Gebrauchsmusterschutzfähigkeit von unbeweglichen Sachen, GRUR 1958, 474—476.

Schlatter: Umfang und Wesen der Vorprüfung von Gebrauchsmustern, MuW 1938, 153—154.

Schlenk: Anmerkung zum Beschluß des BGH vom 2. 3. 1967, GRUR 1967, 354 bis 355.

— Anmerkung zum Beschluß des BGH vom 27. 6. 1967, GRUR 1968, 43—44.

— Anmerkung zum Beschluß des BPatG vom 31. 10. 1969, Mitt. 1970, 155—158.

Schlenk/Landstorfer/Walther: Sechs gebrauchsmusterrechtliche Entscheidungen des BGH mit den wesentlichen Materialien (Prüfung im Eintragungsverfahren — Die elektrische Schaltung), Köln, Berlin, Bonn, München 1965.

Schliebs: Berühmung aus einer Patent- oder Gebrauchsmusteranmeldung, GRUR 1955, 1—5.

Schlitzberger: Die jüngere Entwicklung auf dem Gebiet des Gebrauchsmusterrechts, Mitt. 1968, 101—111.

Schlitzberger/Dihm/Starck/Bühring: Zu einer Reform des Gebrauchsmusterrechts, GRUR 1979, 193—209; zitiert nach Bearbeiter.

Schmidt: Über die Verlängerung der Laufzeit von Gebrauchsmustern, GRUR 1957, 311—312.

Schmieder: Justizreform und Patentgerichtsbarkeit, GRUR 1972, 682—685.

— Die „feststellende Vernichtung" bei unzulässig erweitertem Streitpatent, GRUR 1980, 895—900.

Schramm: Anmerkung zum Urteil des BGH vom 28. 11. 1963, GRUR 1964, 225—226.

— Anmerkung zu den Beschlüssen des BGH vom 30. 1. 1964, GRUR 1965, 249—251.

— Zur Vereinfachung der deutschen Patentauslegungsbegriffe als Beitrag zur Europäisierung des Patentrechts, GRUR 1975, 335—339.

Schulte: Patentgesetz, 2. Auflage, Köln, Berlin, Bonn, München 1978; zitiert: Schulte, 2. Auflage.

— Patentgesetz, 3. Auflage, Köln, Berlin, Bonn, München 1981; zitiert: Schulte.

Schwerdtner: Das patentrechtliche Nichtigkeitsurteil und seine zivilprozessualen und zivilrechtlichen Auswirkungen, GRUR 1968, 9—24.

Seligsohn: Patentgesetz und Gesetz, betreffend den Schutz von Gebrauchsmustern, 7. Auflage, Berlin und Leipzig 1932.

Sendler: Normenflut und Richter, ZRP 1979, 227—232.

Spengler: Ist das Verschuldensprinzip nicht mehr zeitgemäß?, GRUR 1958, 212—221.

Starck, Christian: Übermaß an Rechtsstaat?, ZRP 1979, 209—214.

Starck (Joachim) / *Schlitzberger* / *Dihm* / *Bühring:* Zu einer Reform des Gebrauchsmusterrechts, GRUR 1979, 193—209; zitiert nach Bearbeiter.

Starck, M.: Die Bedeutung des Fortschrittgedankens für das Gebrauchsmusterrecht, GRUR 1935, 341—343.

v. Stein: Der Bereicherungsanspruch wegen einer Betriebseinstellung auf Grund einer objektiv unbegründeten Patentverwarnung, GRUR 1956, 248 bis 252.

Steup/Goebel: Stand der Technik und eigene Vorverlautbarung im internationalen, europäischen und nationalen Patentrecht — Eine Erwiderung, GRUR Int. 1979, 336—338.

Stolle: Erfinderrecht, GRUR 1965, 353—354.

Tetzner: Kostenerstattung nach Aufforderung zur Gebrauchsmusterlöschung, Mitt. 1961, 210—212.

— Vorbenutzungsrecht bei Erfindermitteilung unter Vertrauensbruch?, GRUR 1973, 337—340.

— Der Fortschritt als Erfordernis der Patentfähigkeit, GRUR 1974, 766—768.

— Sind unbewegliche Sachen patentschutzfähig?, Mitt. 1976, 61—66.

Thomas/Putzo: Zivilprozeßordnung mit Gerichtsverfassungsgesetz und den Einführungsgesetzen, 11. Auflage, München 1981.

Timpe: Zur Frage der Gebrauchsmusterschutzfähigkeit von Pflanzenzüchtungen, GRUR 1962, 131—135.

Trüstedt: Der patentrechtliche Zwischenzustand von der Anmeldung bis zur Bekanntmachung, GRUR 1952, 109—114.

— Die sachliche Prüfung einer Gebrauchsmusteranmeldung auf ihre Eintragungsfähigkeit, GRUR 1954, 137—143.

— Das Gebrauchsmuster im Verletzungsstreit, GRUR 1954, 244—250.

— Fortschritt und Erfindungshöhe als Voraussetzung der Patentfähigkeit nach deutscher Rechtsentwicklung, GRUR 1956, 349—361.

— Zum Thema „Erfindungshöhe" beim Patent und Gebrauchsmuster, GRUR 1958, 309—313.

— Gedanken zur Reform des Patentrechts, Mitt. 1958, 121—127.

— Technische Erfindungsmerkmale und ihre Grenzen (Anweisung an den menschlichen Geist), GRUR 1960, 414—419.

— Die Behandlung prioritätsgleicher Anmeldungen und Schutzrechte gleichen Inhalts, GRUR 1967, 2—7.

— Gebrauchsmuster, GRUR 1980, 877—882.

v. Uexküll: Anmelderfreundlichkeit und/oder Ungereimtheiten im Gemeinschaftspatentgesetz, Mitt. 1980, 191—193.

Ullmann: Die Verschuldenshaftung und die Bereicherungshaftung des Verletzers im gewerblichen Rechtsschutz und Urheberrecht, GRUR 1978, 615 bis 623.

Vogel: Zur Diskussion um die Normenflut, JZ 1979, 321—325.

Völp: Das neue Patentgesetz, GRUR 1981, 234—241.

Vomhof: Zur Frage der Nachreichung von Zeichnungen im Gebrauchsmuster-Eintragungsverfahren, GRUR 1966, 550—551.

Walleser: Das Leistungsprinzip und der technische Fortschritt, GRUR 1964, 533—537.

Walther: Gesichtspunkte für die Beurteilung der Gebrauchsmusterschutzfähigkeit von elektrischen Schaltungen, GRUR 1962, 221—226.

— Kriterien der Gebrauchsmusterfähigkeit elektrischer Schaltungen und Prüfungsbefugnis des Patentamts nach den BGH-Beschlüssen vom 30. Januar 1964, GRUR 1965, 644—646.

Walther/Landstorfer/Schlenk: Sechs gebrauchsmusterrechtliche Entscheidungen des BGH mit den wesentlichen Materialien (Prüfung im Eintragungsverfahren — Die elektrische Schaltung), Köln, Berlin, Bonn, München 1965.

Wank: Das neue Maklerrecht, DB 1979, 1877—1884.

Weber: Sind Nahrungs-, Genuß- und Arzneimittel vom Gebrauchsmusterschutz völlig ausgeschlossen?, MuW 1932, 492—493.

— Die Grenzen des Gebrauchsmusterrechts. Die Anwendungsmöglichkeiten des Gebrauchsmusterschutzes auf allen Grenzgebieten der modellfähigen technischen Schöpfung, Berlin 1934.

— Zur Rechtssicherheit im Patentwesen, MuW 1941, 189—190.

Weidlich: Brauchen wir ein Gebrauchsmustergesetz?, GRUR 1948, 240—242.

Weiß, Hans-Dietrich: Verrechtlichung als Selbstgefährdung des Rechts, DÖV 1978, 601—608.

Weiss, Konrad: Die Schutzfähigkeit informationsvermittelnder Vorrichtungen, GRUR 1961, 113—118.

Weiss, Ulrich: Verdient die Aufhebungsklage gegenüber der Patentnichtigkeitsklage den Vorzug?, GRUR 1952, 306—310.

Werner: Unzulässige Anspruchsänderung bei eingetragenem Gebrauchsmuster als Löschungsgrund, GRUR 1980, 1045—1046.

— Vorschlag für eine Neufassung des § 1 Abs. 1 GbmG, Mitt. 1981, 58—59.

Wertenson: Patentschutz für nicht-technische Erfindungen, GRUR 1972, 59—63.

Wichards: Zusammentreffen von Löschungsverfahren und Verletzungsstreit nach dem Gebrauchsmustergesetz vom 5. Mai 1936, GRUR 1937, 99—101.

— Die Rechtskraftwirkungen der Entscheidungen des Reichspatentamts im Gebrauchsmusterlöschungsverfahren nach dem Gebrauchsmustergesetz vom 5. Mai 1936, GRUR 1937, 428—432.

Wiegand: Die europäische Vereinheitlichung auf dem Gebiet der Rechtsprechung in Patentangelegenheiten, GRUR 1942, 468—484.

Wilde: Kann eine gesetzliche Regelung des sog. „Zwischenbenutzungsrechts" empfohlen werden?, GRUR 1954, 421—425.

Windisch: Wirkliche und vermeintliche Schutzrechtsbeschränkungen aus der Sicht des Verletzungsrichters, GRUR 1963, 225—231.

Winkler, Franz: Die Quantisierbarkeit der Erfindungshöhe, Mitt. 1963, 61—67.

Winkler, Heinz: Zur Definition der Erfindungshöhe, GRUR 1958, 153—155.

— Die Gebrauchsmusterverletzung im Vergleich zur Patentverletzung, GRUR 1958, 205—211.

— Fortschritt und Erfindungshöhe im europäischen Patentamt, Mitt. 1977, 13—17.

— Probleme der Schutzrechtsverwarnung, GRUR 1980, 526—530.

Wirth, P.: Anmerkung zum Urteil des OLG Karlsruhe vom 26. 2. 1941, Mitt. 1941, 152—153.

— Rückwirkungen des Patentschutzes auf Handlungen zwischen Anmeldung und Bekanntmachung, GRUR 1941, 301—307.

Wirth, Richard: Das Maß der Erfindungshöhe, GRUR 1906, 57—85.

— Die verantwortliche Wertprüfung von Erfindungen, Mitt. 1938, 169—171.

Witte: Die Anweisung an den menschlichen Geist, GRUR 1959, 105—111.

— Die Irrtumsanfechtung von Willenserklärungen gegenüber dem Patentamt, GRUR 1962, 497—500.

Wolf: Zur Gestaltung eines zukünftigen Gebrauchsmusterrechts, GRUR 1980, 265—271.

Zahn: Erlebt das Gebrauchsmuster einen Bedeutungszuwachs?, Mitt. 1979, 5—7.

Zeller: Einzelfragen des neuen Erfindungsrechts unter dem Gesichtspunkt neuerer Rechtsentwicklung, GRUR 1937, 5—14.

— Zusammentreffen von Löschungsverfahren und Verletzungsstreit nach dem neuen Gebrauchsmustergesetz vom 5. Mai 1936, GRUR 1937, 427—428.

— Anmerkung zur Entscheidung des 13. Beschwerdesenats des RPA vom 22. 12. 1941, GRUR 1942, 167.

— Feststellungsanträge im Gebrauchsmusterverfahren. Klarheit der Anmeldeunterlagen, insbesondere der Beschreibung, GRUR 1943, 155—160.

— Gibt es ein Weiterbenutzungsrecht für Benutzungshandlungen nach der Anmeldung?, GRUR 1952, 441—447.

— Gebrauchsmusterrecht, 2. Auflage, Köln, Berlin 1952.

— Älteres Gebrauchsmuster, jüngeres Patent und Weiterbenutzung, GRUR 1953, 235—236.

— Flächenmuster als Gebrauchsmuster, GRUR 1953, 515—516.

— Erfindungshöhe von Gebrauchsmustern, GRUR 1956, 532—533.

— Die Raumform beim Gebrauchsmuster, GRUR 1961, 118—120.

— Die Einrede der Schutzunfähigkeit im Gebrauchsmusterverletzungsprozeß, GRUR 1966, 421—422.

Zipse: Technischer Fortschritt im Sinne besserer Umweltbedingungen, GRUR 1972, 333—335.

Zuck: Der parlamentarische Gesetzgeber — ein Garant der Freiheit?, NJW 1979, 1681—1687.

Kolibri 360 GmbH
Ferdinand-Jühlke-Straße 7
99095 Erfurt, Deutschland
produktsicherheit@kolibri360.de

Druck:
CPI Druckdienstleistungen GmbH
im Auftrag der
Kolibri 360 GmbH
Ferdinand-Jühlke-Str. 7
99095 Erfurt